VERLAG
FRITZ
MOLDEN

E L M E E R
TEL AVIV
AMMAN
JERUSALEM
GAZA
DUMIAT
PORT SAID
RASCHID
ALEXANDRIA
GAZA-STREIFEN
ISRAEL
Negev
JORDANIEN
UNTERÄGYPTEN
Suez-Kanal
El-Kantara
EL-ARISCH
ZAGAZIG
TUK
ISMAILIA
Katmia-Paß
Giddi-Paß
SUEZ
Mitla-Paß
GIZEH
KAIRO
estliche Wüste
HELUAN
SINAI
ELATH
AKABA
FAIUM
BENI SUEF
EL FASCHN
MAGADA
BENI MAZAR
Golf von Suez
Arabische Wüste
Golf von Akaba
El Makna
Tabuk
Ras Garib
Esch Scheik Humeid
aharia
EL MINIA
SCHARM-EL-SCHEIK
Dschebel Dibag
MALLAWI
DAIRUT
El Muwaili
Meerenge Tiran
MANKABAD
HURGADA
ASSIUT
Farafra
Nil
Bur Safaga
SOHAG
AKMIM
PTEN
EL BALIANA
KENA
Kusair
KUS
LUXOR
ROTES MEER
ase Dakla
EL KARGA
OBERÄGYPTEN
Die große Oase
El-Wahat-El-Karga
EDFU
Marsa Alam
ASSUAN
ASSUAN-HOCHDAMM
BERENICE
NASSER-SEE
WADI HALFA
DAN

Anwar El-Sadat

UNTERWEGS ZUR GERECHTIGKEIT

Auf der Suche nach Identität:
Die Geschichte meines Lebens

MIT 27 SCHWARZWEISS-ABBILDUNGEN
UND EINER KARTE

VERLAG FRITZ MOLDEN
WIEN–MÜNCHEN–ZÜRICH–INNSBRUCK

Alle Einkünfte des Autors aus der Veröffentlichung dieses Buches fließen einem Komitee zu, das sich der sozialen, kulturellen und erzieherischen Entwicklung des Dorfes Mit Abu-el-Kom, Ägypten, widmet.

1. Auflage
1.–20. Tausend

Aus dem Amerikanischen übertragen von
JOHANNES EIDLITZ

Titel der amerikanischen Originalausgabe
IN SEARCH OF IDENTITY

Schutzumschlag und Ausstattung: Hans Schaumberger, Wien
Lektor: Johannes Eidlitz
Technischer Betreuer: Herbert Tossenberger
Satz: Filmsatzzentrum Ges. m. b. H.
Gesamtherstellung: Wiener Verlag, Wien
ISBN 3-217-00948-7

Um der Liebe zum Frieden willen

Inhalt

Einleitung		9
I	Von Mit Abu-el-Kom ins Gefängnis der Fremden	11
II	Der Kampf um die Befreiung Ägyptens	53
III	Die Befreiung des „Selbst“ Zelle 54	83
IV	Die Revolution des Juli 1952	111
V	Revolutionäre an der Macht	143
VI	Die Machtlosigkeit der Macht Ägypten unter Nasser von Juli 1956 bis Juni 1967	171
VII	Zwischenspiel Kampf ums Überleben	213
VIII	Die zweite Revolution	237
IX	Der Oktoberkrieg	275
X	Die Straße zum Frieden	315
Epilog		361

Anhang I	Die Botschaft Präsident Sadats an Präsident Leonid Breschnjew am 30. August 1972	373
Anhang II	Weisungen des Präsidenten Sadat an den Oberbefehlshaber der Streitkräfte am 1. Oktober 1973	373
Anhang III	Strategische Weisung des Präsidenten Sadat an den Oberbefehlshaber der Streitkräfte am 5. Oktober 1973	377
Anhang IV	Telegramm an Präsident Hafis Al-Assad am 20. Oktober 1973	379
Anhang V	Rede vor der israelischen Knesset am 20. November 1977	381

Register	395
Bildquellennachweis	399

Einleitung

Ich, Anwar El-Sadat, ein Bauer, geboren und aufgewachsen an den Ufern des Nil, wo der Mensch zum ersten Mal die Morgenröte der Zeiten erblickt hat, stelle dieses Buch den Lesern in aller Welt vor.

Es ist die Geschichte meines Lebens und zu gleicher Zeit die Geschichte Ägyptens seit dem Jahre 1918: So hat es das Schicksal gefügt!

Die Ereignisse meines Lebens stimmen mit den Ereignissen überein, die Ägypten in dieser Zeitspanne durchmachen mußte. Deshalb berichte ich meine Geschichte so ausführlich, nicht nur als Präsident Ägyptens, sondern als ein Ägypter, dessen Existenz aufs innigste mit jener seines Landes verbunden ist.

Mein Leben ist, so glaube ich, wie das Leben eines jeden Mannes: eine Reise auf der Suche nach der Identität, dem wahren Selbst, der Gerechtigkeit. Jeder Schritt, den ich in all den Jahren unternommen habe, galt dem Wohl Ägyptens und war darauf ausgerichtet, der Sache der Gerechtigkeit, der Freiheit und des Friedens zu dienen.

Dies ist das Bild, das ich mir seit meiner Kindheit von mir selbst gemacht habe. Darf ich nun, da die Landschaft meines Lebens vor mir ausgebreitet liegt, den Anspruch erheben, daß dieses Bild, das auch jenes Ägyptens ist, Wirklichkeit geworden ist – ja auch nur Anerkennung gefunden hat?

Dies zu entscheiden überlasse ich dem Leser!

Kapitel I

Von Mit Abu-el-Kom ins Gefängnis der Fremden

1

„Der Sirup ist angekommen“, verkündet der Ausrufer auf den Straßen und Plätzen unseres Dorfes. Meine Großmutter läuft hinaus; sie zieht mich an der Hand nach, in Richtung Kanal, wo ein Schiff, beladen mit Sirup, gerade aus dem nahen Kafr Zirkan angekommen ist. Der Weg dorthin ist nicht weit, doch jeder Schritt erfüllt mich mit Freude und Stolz: Wenn wir vorbeigehen, stehen die Männer auf und grüßen meine Großmutter. Obgleich ungebildet, ist sie doch die Zuflucht aller Dorfbewohner. Sie löst deren Probleme und kuriert die Kranken mit alten arabischen Kräutertränken, die in unserem Dorf oder in irgendeinem der benachbarten Orte ihresgleichen suchen.

Wir kaufen einen großen Topf mit Sirup und kehren nach Hause zurück. Ich trotte hinter ihr her, barfuß – ein kleiner, dunkelhäutiger Knabe, der ein langes arabisches Gewand über einem weißen Baumwollhemd trägt –, die Augen auf den Siruptopf gerichtet: ein schließlich und endlich gewonnener Schatz.

Wie köstlich schmeckte doch dieser Sirup, gemischt mit geronnener Milch. Er machte mich glücklich. Alles in diesem Dorf ließ mich glücklich sein. Karotten kaufen zu gehen, nicht etwa vom Gemüsehändler, sondern vom Bauern selbst; eine Zwiebel in unseren Backofen zu schieben, während die Familie Brot buk, um es bei Sonnenuntergang herauszunehmen und zu essen; unsere Knabenspiele im Dorf bei Mondlicht und unsere nächtlichen Unterhaltungen auf dem ländlichen flachen Hausdach inmitten der Landschaft, die Natur rund um uns und den wolkenlosen Himmel über uns. Und der Sonnenaufgang . . . Wenn ich mit vielen Knaben und jungen und alten Männern hinauszog, um unser Vieh und unsere Lasttiere auf die Weide zu bringen; wenn die Bauern zur Arbeit gingen, in eine weite grüne Landschaft, die sich – so schien es – endlos ausbreitete.

In Mit Abu-el-Kom machte mich alles glücklich: mein stilles Dorf, tief im Nildelta, ja sogar das kalte Wasser im Winter, wenn wir am Morgen zum Bewässerungskanal gingen. Der Kanal war zwei

Wochen lang bis zum Überfließen gefüllt, das war die Zeit unserer Bewässerungsperiode, da mußte aller bearbeiteter Boden des Dorfes mit Wasser versorgt werden. Das hatte rasch und gemeinschaftlich zu geschehen. Wir arbeiteten den ganzen Tag gemeinsam auf dem Land des einen von uns und wechselten dann zu den Äckern eines anderen über. Dabei verwendeten wir jede benützbare Tunbur*, ganz gleich, wem sie gehörte. Die Hauptsache war, daß am Ende dieses festgelegten Zeitraumes aller Boden des Dorfes bewässert war.

Diese Art kollektiver Arbeit – mit anderen und für andere Leute, ohne Profit und ohne Aussicht auf irgendeine Art von persönlichem Gewinn – ließ mich fühlen, daß ich nicht bloß zu meiner unmittelbaren Familie gehörte oder etwa auch nur zu der großen Familie des Dorfes, sondern zu etwas Größerem und Bedeutenderem: dem ganzen Land. Es war dieses Gefühl, das mich bei Sonnenuntergang auf dem Wege nach Hause die abendliche Szene mit glücklicher Zufriedenheit betrachten ließ, denn ich erkannte ein unsichtbares Band der Liebe und Freundschaft, das uns alle und alles umschlang – Rauch lag über dem Dorf und versprach ein köstliches Mahl am Ende dieses Tages und wundervolle Ruhe und beglückenden Frieden in den Herzen aller.

Dieser große schattige Baum war von Gott geschaffen worden; er hatte es so befohlen, und so begann das Sein. Diese frischen grünen Pflanzen, deren Samen wir selbst ausgesät hatten, wären niemals dagewesen, hätte nicht Gott es befohlen. Dieses Land, auf dem ich schreite, das fließende Wasser im Kanal, alles rund um mich ist von einem allmächtigen Gott geschaffen worden, einem gewaltigen und machtvollen Wesen, das auf uns blickt und für uns alle, auch für mich, sorgt. Bäume, Samen und Früchte sind deshalb meine Brüder in der Existenz, sie alle kommen aus der Erde und könnten niemals ohne sie bestehen. Der Boden ist fest und hart, und alles, was zu ihm gehört, muß ebenfalls hart sein.

All diese Gedanken gingen durch meinen jungen Kopf, es war mir, als hörte ich einen Ausspruch meiner Großmutter: „Nichts ist so bedeutend, außer daß du ein Kind dieses Bodens bist: das Land ist unsterblich, denn es beherbergt die Geheimnisse der Schöpfung.“ Oh, wie ich diese Frau liebte. Sie war eine sehr starke Persönlichkeit und besaß außerordentliche Weisheit – eine natürliche, angeborene Weisheit, gereift durch die Erfahrung eines langen Lebens. Während meiner Kindheit war sie das Haupt der Familie, denn mein Vater arbeitete fern von uns für die Armee im Sudan. Sie sorgte für uns und überwachte die Arbeit auf den zweieinhalb Morgen, die meinem

* Archimedische Schraube.

Vater gehörten. Jedermann im Dorf nannte sie „die Mutter des Effendi", und dahinter steckte eine eigene Geschichte.

Obwohl es für einen Dorfbewohner höchstes Glück und größte Hoffnung sein mußte, an der geistlichen Universität El-Azhar in Kairo zu studieren und ein Scheik* der Moschee zu werden, wollte doch mein Großvater, der lesen und schreiben gelernt hatte (eine große Ausnahme in jener Zeit), daß mein Vater einen anderen Weg beschreiten sollte. Er wählte für ihn die weltliche Erziehung und half ihm sein „General Certificate of Primary Education" (G. C. P. E.) zu erwerben, das in jener Zeit eine sehr wichtige Qualifikation bedeutete, denn die Engländer hatten erst kürzlich Ägypten besetzt, und alle Fächer wurden damals englisch gelehrt. Mein Vater war der erste in unserem Dorf, der ein solches Zeugnis bekam, und wenn jemand den „Effendi" und seine Söhne erwähnte, so wußte jeder, daß damit mein Vater und wir gemeint waren, obwohl seither manche Dorfbewohner sich als Doktoren, Ingenieure und sogar als Universitätsprofessoren qualifiziert haben.

Meine Großmutter wünschte offensichtlich, daß ich denselben Weg beschreiten sollte wie mein Vater. Sie ließ mich zunächst einmal die Koranschule des Ortes besuchen, wo ich lesen, schreiben und auch den Koran auswendig lernte. Dann ließ sie mich eine koptische** Schule in Tuk besuchen, nahe einem alten Kloster, dem der Bischof des Wadi Natrun vorstand. Die Schule war etwa einen Kilometer von unserem Dorf entfernt. Ich blieb dort nicht sehr lange, aber ich kann mich an Herrn Mena sehr gut erinnern, jenen Lehrer, der alle Fächer unterrichtete und von allen geliebt und gefürchtet wurde. Ich erinnere mich noch an die große Schulglocke, die morgens läutete, als Zeichen des täglichen Arbeitsbeginns. Mein Herz schlug sogar, so erinnere ich mich noch, fast im gleichen Takt, und ich war von Ehrfurcht und Respekt vor der Weisheit überwältigt.

Die Koranschule des Dorfes sehe ich noch so klar vor meinen Augen, daß ich das Gefühl habe, sie erst gestern verlassen zu haben. Der freundliche Lehrer war der nun schon verstorbene Scheik Abdel-Hamid, Gott lasse seine Seele in Frieden ruhen. Ihm schulde ich viel: Er war der erste, der in mir die Liebe zur Gelehrsamkeit und zum Geist des wahren Glaubens erweckte. Ich erinnere mich, wie ich neben meinen Mitschülern auf dem Boden saß; meine Schreibtafel und eine bäuerliche Schilffeder waren meine einzigen Lehrmittel. Ich

* Wörtlich: Älterer, Oberer, Oberhaupt eines Stammes, einer Sippe, eines Dorfes. Hier: Korangelehrter, der religiöse, erzieherische, aber auch richterliche Funktionen ausübt. (A. d. Ü.)

** Kopten: Monophysitische Sekte des orthodoxen Christentums, Nachkommen der alten Ägypter. (A. d. Ü.)

hatte auch eine große Tasche, in die ich am Morgen trockenen Käse und Brotkrusten steckte; das waren die Lebensmittel, von denen ich während der Stunden oder auch in den Pausen ein wenig zu mir nahm.

So begierig nach Wissen ich auch war, so konnte ich mich doch dem Leben des Dorfes nicht entziehen. Es war eine Serie von ununterbrochenen Vergnügungen. Jeden Tag durfte man etwas anderes erwarten: die Aussaat, die Bewässerung, die Zeit der Weizenernte, die Erntefeiern, Dorfhochzeiten und Festlichkeiten, zu denen es viel köstliches Kunafa-Dessert zu verzehren gab. Dann die Zeit der Baumwollernte, die immer auch mit der Dattelernte zusammenfiel. Ich erinnere mich noch, wie ich genug Baumwolle pflückte, um mein geschürztes Gewand zu füllen, und dann zu einer Frau lief, die Datteln feilhielt, um meine „Ernte" für die reifen, süßen Früchte einzutauschen. Jedesmal, wenn ich das Vieh an den Kanal zur Tränke führte, an unserer von Ochsen gezogenen Dreschvorrichtung arbeitete oder auch mit anderen Knaben Baumwolle pflückte, hatte ich das Gefühl, dies zum allerersten Mal zu tun.

Mein Leben im Dorf war eine Reihe von angenehmen „Entdeckungen" – wie ein Wasserrad, das aus einem Brunnen voll erfreulicher Neuigkeiten schöpft.

Das Gefühl, daß alles, was ich im Dorf tat oder sah, neu sei, verließ mich während meiner ganzen Kindheit niemals. Es war eine unerschöpfliche Quelle der Freude. Nichts war alt, nicht einmal jene Schlafenszeitgeschichten, die meine Großmutter und meine Mutter mir erzählten. Sie entzückten mich jedesmal von neuem, obwohl es immer dieselben waren. Doch was ich da hörte, waren nicht die alten traditionellen Geschichten, romantische oder kriegerische Abenteuer wie jene des El-Schatir Hassan oder des Said El-Hilali. Vielmehr stammten diese Erzählungen aus dem wirklichen Leben und aus der zeitgenössischen Geschichte.

Eine Geschichte handelte von der Vergiftung Mustafa Kamils durch die Engländer, die seinem Kampf gegen die Okkupation Ägyptens ein Ende setzen wollten. Ich wußte damals weder, wer Mustafa Kamil gewesen, noch daß er tatsächlich in jungen Jahren gestorben war. Ich wußte nur – trotz meiner Jugend –, daß es Kräfte gab, genannt die „Engländer", die für uns fremd und böse waren, weil sie Menschen vergifteten.

Meine Großmutter rezitierte mir auch die Ballade von Adam El-Sharkaui, die von seinem Heldentum handelte, von seinem Kampf und seiner großen Klugheit im Widerstand gegen die Engländer und das damalige Regime.

Die Ballade jedoch, die mich am meisten ergriff, war jene von

Zahran, dem Helden von Denshway. Ich erinnere mich, daß ich meiner Mutter zuhörte, wenn sie sie rezitierte, während ich auf dem Dach unseres großen ländlichen Backofens ruhte, nur noch halbwach, während meine jüngeren Brüder (genau wie unsere Kaninchen) längst eingeschlafen waren. Die Ballade gefiel mir jedesmal von neuem: Denshway war nur fünf Kilometer von uns entfernt, und die Ballade behandelte eine wirkliche Begebenheit. Britische Soldaten hatten in Denshway Tauben geschossen, so erzählt die Ballade, als ein fehlgegangener Schuß einen Weizensilo in Brand steckte. Bauern liefen zusammen, und ein britischer Soldat feuerte auf sie, rannte aber dann davon. Die Bauern liefen ihm nach, und in dem darauffolgenden Handgemenge kam der Engländer ums Leben. Viele Leute wurden verhaftet und vor ein Kriegsgericht gestellt. Ein Schafott wurde errichtet, bevor noch die Urteile gesprochen waren; einige Bauern wurden ausgepeitscht, andere gehenkt. Zahran war der Held des Kampfes gegen die Engländer und auch der erste Gehenkte. Die Ballade handelt vom Mut und der Hartnäckigkeit Zahrans im Kampf. Sie beschreibt, wie er mit hocherhobenem Haupt das Schafott bestieg, voll Stolz, daß er sich gegen die Aggressoren empört und einen von ihnen getötet hatte.

Ich hörte halb schlafend, halb im Wachen, Nacht um Nacht diese Ballade, deshalb mag sie sich auch in meinem Unterbewußtsein verankert haben. Meine Phantasie kannte keine Grenzen: Oft sah ich Zahran sogar und lebte seine Heldentaten im Traum mit; ich wünschte, Zahran zu sein.

Daheim, auf dem Ofendach ruhend, wurde mir klar, daß irgend etwas in unserem Leben nicht stimmte. Selbst bevor ich noch Engländer gesehen hatte, lernte ich die Aggressoren hassen, die unsere Leute peitschten und töteten.

Aber das war nicht alles, was ich in Mit Abu-el-Kom erfahren sollte – ich lernte etwas, das mir mein ganzes Leben geblieben ist: Wohin immer ich gehe, wo immer ich sein werde, stets werde ich wissen, wer ich tatsächlich bin. Ich kann niemals von meinem Weg abkommen, denn ich weiß, daß ich tief unten im Boden meines Dorfes verwurzelt bin, in der Erde, aus der ich gewachsen bin wie Baum und Pflanze.

Ich verbrachte meine Jugend in meinem Dorf. Plötzlich jedoch übersiedelten wir nach Kairo, weil mein Vater, wie mir gesagt wurde, aus dem Sudan zurückgekommen sei. Wie alt ich war, wußte ich nicht. Später wurde mir klar, daß bedeutende Ereignisse in meinem Leben mit Ereignissen von allgemeiner, ja sogar historischer Bedeutsamkeit zusammentrafen. So hat es offensichtlich das Schicksal gefügt.

2

Unsere Übersiedlung nach Kairo fand 1925 statt, ein Jahr nach der Ermordung des britischen Sirdar (Oberbefehlshaber der Streitkräfte) Sir Lee Stack. Eine der Sanktionen, die die Engländer Ägypten als Vergeltung auferlegt hatten, war der Rückzug der ägyptischen Armee aus dem Sudan. Das geschah, und mit ihr kam mein Vater also nach Hause.

Wir lebten in einem kleinen Haus in Kubri-el-Kubbeh nahe bei Kairo. Um meine Ausbildung fortzusetzen (die in der koptischen Schule von Tuk begonnen hatte), wählte mein Vater eine Privatschule, weil das Schulgeld, das sie verlangten, nicht zu hoch war. Erst als ich meine Personalpapiere in die Schule der Islamischen Wohlfahrtsgesellschaft brachte, wußte ich das Datum meiner Geburt: 25. Dezember 1918.

Die Schule befand sich in Zaitun, nicht allzu weit von unserem Haus. Mein täglicher Schulweg führte mich am Kubbeh-Palast vorüber, den König Fuad hatte erbauen lassen. Ich erinnere mich noch, wie ich und meine Freunde uns im Frühling beim Park des Palastes herumtrieben, um ein paar Aprikosen aufzulesen, wenn auch ängstlich und zögernd. Denn irgend etwas zu nehmen, was dem König gehörte, konnte den Tod nach sich ziehen. Wie hätte ich jemals ahnen können, daß ich aufwachsen würde, um mit einer Anzahl meiner Kameraden an einer Änderung des Laufes der Geschichte teilzunehmen; daß ich eines Tages jene schreckliche Mauer überwinden und in ebenjenem Sessel sitzen würde, auf dem König Fuad und später König Faruk gesessen haben.

In der Schule der Islamischen Wohlfahrtsgesellschaft verbrachte ich die Vorbereitungsklasse und die ersten beiden Jahre meiner Volksschulausbildung. Ich erinnere mich, daß ich recht gut dabei bestand. Der kürzlich verstorbene frühere Minister für Sozialversicherungswesen, Dr. Hassan El-Scharif, und ich waren damals die Klassenbesten. Später wechselte ich in die Sultan-Hussein-Schule in Heliopolis, wo ich das „General Certificate of Primary Education“ (G.C.P.E.)* erwarb. 1930 besuchten dann mein älterer Bruder Talaat und ich die König-Fuad-Oberschule (Gymnasium). Obwohl entsprechend den Gesetzen jener Zeit von zwei Brüdern an einer Schule nur einer Schulgeld bezahlen mußte, gelang es mir doch nicht, diese Befreiung zu erhalten. Mein Vater mußte in Raten für uns beide zahlen. Die erste Rate waren 15 ägyptische Pfund, das entsprach einem ganzen

* Abschlußzeugnis der Grundschule.

Monatsgehalt meines Vaters. Ich brachte damals das Geld selbst in die Schule. Aber schon die zweite Rate konnte nicht bezahlt werden, denn mein Bruder übernahm das Geld, brannte aber damit durch. Er verbrauchte es, ich weiß nicht wofür. Als er dann schließlich zurückkam, erklärte er, seine schulische Ausbildung nicht weiter fortsetzen zu wollen.

Doch vielleicht hat es das Schicksal so gewollt. Hätte mein Bruder nicht auf seine Ausbildung verzichtet, so wäre mein Vater bei seinem sehr begrenzten Einkommen wohl nicht imstande gewesen, uns beide auf der Schule zu halten. Höchstwahrscheinlich hätte er schließlich mich aus der Schule genommen, da der ältere Bruder natürlich den Vorrang gehabt hätte.

In der Oberschule begriff ich nun zum ersten Mal, was es hieß, Stadtbewohner zu sein, und was Klassenunterschiede bedeuten. Zu meinen Klassenkameraden gehörten die Söhne des Kriegsministers und des Staatssekretärs im Unterrichtsministerium. Beide wurden in Autos zur Schule gebracht, in einem „Kombile", wie wir das in unserem Dorf nannten. Das war natürlich sehr eindrucksvoll, ließ mich aber doch niemals neidisch oder eifersüchtig werden. Meine Klassenkameraden waren natürlich besser gekleidet als ich, aber auch das habe ich niemals als peinlich empfunden. Viele meiner Freunde kamen aus wohlhabenden Familien und lebten in luxuriösen Häusern. Ich kann mich aber nicht erinnern, jemals gewünscht zu haben, zu besitzen, was sie besaßen. Vielmehr war ich stets stolz auf unser Haus und unser Vieh im Dorf und darauf, daß man mich den „Sohn des Effendi" nannte; vor allem aber war ich stolz auf das Land, zu dem ich gehörte – auf den festen, beständigen und unveränderlichen Boden, eben auf die Werte des dörflichen Lebens, die vielen Städtern ganz unverständlich bleiben.

Kaufte ich in den Geschäften der Straße, in der wir in Kairo wohnten, ein, so passierte es manchmal, daß die Leute mich, weil ich vom Lande kam, verspotteten. Warum? Weil wir dieses und jenes anders taten oder aussprachen als sie. Was glaubten sie zu sein? Wie konnten sie ihren Spott rechtfertigen? Sie hielten den Reicheren für den Überlegenen und glaubten auch, daß es Unterschiede nach der Geburt gebe. Im Dorf aber kannte man solche Unterscheidungen nicht. Ein integerer Mann ist stets ein Vorbild, so arm er auch sein mag. Im Dorf verabscheuen wir alles, was verabscheuungswürdig ist, wir gehören zueinander, wir sind auf das innigste durch Brüderlichkeit, Zusammenarbeit und Liebe miteinander verbunden.

In der Stadt dagegen zählen für die Leute nur ihr Reichtum, ihre Macht und ihre großen, weitläufigen Häuser, alles höchst unwichtige und in Wirklichkeit triviale Besitztümer.

Jene moralischen Werte, die zu schätzen ich im Dorf erzogen worden war und die dem Leben in der Stadt mangelten, halfen mir in diesem frühen Stadium meines Lebens. Sie schenkten mir ein Gefühl innerer Überlegenheit, ein Gefühl, das mich niemals verlassen hat und das zu einer inneren Kraft wurde, unabhängig von allen materiellen Reichtümern. Vielleicht gewinnt dieses Gefühl noch an Stärke, in dem Maß, als die materiellen Verhältnisse sich verschlechtern, oder wenn man ohne alle Mittel ist.

Während der ganzen Zeit, in der ich in Kairo die Oberschule besuchte, lebten wir unter dem Existenzminimum. Mein Vater mußte mit seinem begrenzten Einkommen dreizehn Söhne und Töchter ernähren. Obwohl wir in Kairo lebten, buken wir das Brot doch in unserem eigenen Backofen, denn Brot in der Bäckerei zu kaufen, wie es die Stadtbewohner taten, war für uns unerschwinglich. Mein Taschengeld betrug zwei Millimes am Tag. Ein Millime war ein Tausendstel eines ägyptischen Pfundes,* die kleinste Scheidemünze. Damit erstand ich eine Tasse Milchtee und fühlte mich wie ein König. Meine Mitschüler kauften sich die besten Sorten Schokolade und Süßigkeiten in der Schulkantine und hatten viele wunderschöne Anzüge, so daß sie immer großartig aussahen. Ich hatte nur einen einzigen alten Anzug, den ich weder wechseln noch ausbessern lassen konnte. Wenn ich mich heute an diese Dinge erinnere, kann ich dennoch nicht sagen, daß ich mich jemals unterlegen gefühlt hätte. Selbst in jenem jugendlichen Alter zog ich niemals Vergleiche zwischen meiner Situation und der meiner Schulkameraden.

Ich erinnere mich, daß man, um die Prüfung für das „General Certificate of Secondary Education“** ablegen zu können, ein Formular ausfüllen und zusammen mit einer Fotografie bei der Schulbehörde abgeben mußte. Diese Fotografie war für den Studenten von besonderer Bedeutung insofern, als das „G.C.S.E.“ einen Wendepunkt im Leben bedeutete. Ich bat meinen Vater, mir einen neuen Anzug zu kaufen, der dieses historischen Ereignisses würdig war. Mein Vater zeigte für meine Bitte Verständnis, sagte aber: „Warte ein oder zwei Tage, bis ich das notwendige Geld aufgetrieben habe.“ Drei Tage später sagte er fröhlich: „Die Lösung ist gefunden, geh auf den Wikalat-el-Balah (einen Gebrauchtwarenmarkt in Kairo). Die Geschäfte dort sehen zwar eines wie das andere aus, ich weiß es, aber du mußt eben den richtigen Geschäftsbesitzer finden.“ Und mein Vater gab mir 150 Piaster (1 Piaster: 1/100 Pfund).

Das Geschäft war klein, wohl kaum mehr als eineinhalb Meter mal

* 1 ägyptisches Pfund: 1930: 30 RM (öS 35,40), 1978: 5 DM (öS 21,50).
** Abschlußzeugnis der Mittleren Reife (Oberschule).

zwei. Vorne war eine lange Theke, hinter der der Geschäftsbesitzer stand, hinter ihm auf den Boden lagen Ballen von Stoffen, und in der Ecke befand sich eine Nähmaschine. Ich suchte das Material, das ich haben wollte, aus, und der Mann schnitt den nötigen Stoff mit seiner Schere ab. Dann setzte er sich an seine Nähmaschine. Eineinhalb Stunden später erhielt ich meinen neuen Anzug. Natürlich ließ er sich mit den Anzügen, die meine Kollegen bei dieser Gelegenheit trugen, nicht vergleichen, dennoch war ich sehr glücklich. Er entsprach seinem Zweck, das war die Hauptsache. Es spielte keine Rolle, ob er nun elegant oder wenig elegant, billig oder merkwürdig aussah. Außerdem war ich mit oder ohne Anzug doch der, der ich eben war, ein junger Dorfbewohner, der aber die Bearbeitung des Bodens als eine außerordentliche Auszeichnung gegenüber dem Stadtbewohner betrachtete, der nur vom Handel lebte.

Die Zeit, die ich in der Schule in Kairo verbrachte, führte mir die Unterschiede zwischen Stadt und Dorf deutlich vor Augen. Die Schlüsse, die ich daraus zog, fielen entschieden zu ungunsten der Stadt aus. Mich störten in Kairo viele Dinge. Da war zum Beispiel der hassenswerte Anblick des typisch britischen Polizisten, der auf seinem Motorrad Tag und Nacht wie ein Verrückter durch die Straßen der Stadt fuhr, mit seiner tomatenroten Gesichtsfarbe, grob, dick, mit hervorquellenden Augen und offenem Mund, wie ein Idiot mit einem Wasserkopf, auf dem ein roter Fez saß, der ihm bis zu den Ohren herunterrutschte. Jedermann fürchtete ihn – ich haßte diesen Mann. Oft wunderte ich mich: Was brachte diesen häßlichen Fremden in unsere Stadt? Wenn er in unser Dorf käme, würde er nicht imstande sein, auch nur einen einzigen Schritt zu unternehmen. Aber er tat es nicht und würde es niemals tun. Er würde es nicht wagen.

Dann gab es auch eine Dampfwalze, die, wann immer ich sie erblickte, mir nachzufolgen schien. Wenn ich rascher ging, fuhr auch sie rascher. Wenn ich langsamer wurde, wurde auch sie langsamer. Was wollte sie wirklich von mir? Sie schien mich offensichtlich unter ihren gewaltigen eisernen Walzen zerquetschen zu wollen. Aber warum? Wir kannten einander doch gar nicht. Solche Fragen waren natürlich vergeblich. Immer wenn ich mich umblickte, war sie da und verfolgte mich. Ich konnte mich nur dadurch in Sicherheit bringen, daß ich rasch in eine Gasse einbog, die für die Dampfwalze zu schmal war, und dann so rasch lief, daß wir einander aus den „Augen“ verloren. Denn trotz ihrer gewaltigen Größe konnte sie doch meine Schnelligkeit nicht überbieten.

Ich erinnere mich an meinen ersten Kinobesuch. Es war ein furchtbares Erlebnis. Ich sah einen Zug, der aus der Tiefe der

Leinwand mit einer Geschwindigkeit auf mich zukam, die ich niemals für möglich gehalten hätte. Was konnte ich tun? Ich schloß die Augen und kauerte mich auf meinem Sitz zusammen, aber der donnernde Lärm der Maschine füllte immer noch meine Ohren. Worauf sollte ich warten? So verließ ich meinen Sitz und lief, um mich in Sicherheit zu bringen, nach draußen. Jedoch verblüffte mich der Anblick der Leute, die immer noch auf ihren Sitzen blieben und in aller Ruhe zuschauten, als ob nichts geschehen sei oder nichts geschehen werde. „Das ist ihre Angelegenheit", dachte ich, aber als ich den Seitengang erreicht hatte, die Augen immer noch auf die Leinwand geheftet, war plötzlich der Zug verschwunden. Die Szene hatte gewechselt, statt eines Zuges waren nur ein Mann und eine Frau da, die miteinander in einem kleinen Café speisten. So ging ich wieder zu meinem Sitz zurück und betrachtete den Rest des Films, so ruhig wie alle anderen Kinobesucher. Das alles war so faszinierend, so aufregend, daß ich mir für die nächste Vorstellung wieder eine Karte kaufte und nun bewegungslos sitzen blieb, um den großartigen Zug noch einmal auf mich zurasen zu sehen.

Ich hatte damals meine Prüfungen des zweiten Schuljahres bestanden. Nun ging es um die Auswahl für einen Platz im dritten Jahrgang. Jedoch waren meine Noten nicht gut genug, so wurde mir gesagt, um das Abschlußzeugnis „General Certificate of Proficiency" (G.C.P.) am Ende des dritten Jahres erreichen zu können. Ich sollte die Prüfungen des zweiten Jahrganges noch einmal machen, um durch bessere Ergebnisse vielleicht einen höheren Grad zu erreichen. Dadurch hätte ich meine Chancen, ebenjenes Zeugnis zu erhalten, vergrößert. Ich ging jedoch von der Schule ab und bewarb mich um Aufnahme an der El-Ahram-Schule, die eine Privatschule war. Dort wurde ich auch für den dritten Jahrgang zugelassen. Am Ende dieses Schuljahres erhielt ich dann auch mein „General Certificate of Proficiency".

Beflügelt von dem unbewußten Drang, das Schicksal herauszufordern, den ich in jenen frühen Jahren aber an mir selbst noch gar nicht entdeckt hatte, ging ich nun mit meinen Papieren wiederum in meine alte König-Fuad-Oberschule und wurde dort in der Tat für den vierten Jahrgang zugelassen. Doch waren meine Prüfungsergebnisse am Ende des Schuljahres und die Kommentare der Schuldirektion eine Wiederholung dessen, was sich zwei Jahre zuvor zugetragen hatte. So ging ich wieder zur El-Ahram-Schule zurück, reichte dort ein, gelangte auch in die fünfte Klasse und bestand schließlich die Schlußprüfung in allen Fächern; aber in der Gesamtsumme – im Jahresdurchschnitt – waren meine Noten für das „General Certificate of Education" unbefriedigend.

Dieses Resultat war ein Wendepunkt in meinem Leben. Mir wurde klar, daß mein Versagen ein Zeichen war. Gott war mit mir nicht zufrieden, vielleicht wegen meiner Nachlässigkeit, vielleicht wegen meines allzu großen Selbstvertrauens. Ich hatte nichts Besseres als die Werte unseres Dorfes, um mich an etwas zu halten und meine innere Kraft zu stärken. In dieser Stimmung, mit einem unbestimmten Empfinden kombiniert aus Schuldgefühl und einem Entschluß zu bereuen, bewarb ich mich noch einmal bei einer anderen Schule, der Advanced Learning School in Schubra, wo es mir dann schließlich gelang, mein Abschlußzeugnis („General Certificate of Education") zu erwerben.

3

Meine Bemerkung, wonach ich während meiner Ausbildung in Kairo Reue empfunden hätte, könnte vielleicht dahingehend mißverstanden werden, daß ich zumindest für einige Zeit die innere Bindung an mein Dorf verloren hätte, aber das ist niemals geschehen. Jedes Jahr, wenn die Schule zu Ende ging, eilte ich in mein Dorf zurück; ich warf mich geradezu in seine Arme. Dort war meine ideale Gemeinschaft, dort konnte ich mich selbst begreifen, mich und mein ganzes Heimatland. Für geraume Zeit war Ägypten für mich gleichbedeutend mit Mit Abu-el-Kom. Erst als ich mein G.C.E. erworben hatte, verstand ich das große Konzept meiner Heimat. Das war eine ganz natürliche Entwicklung, denn in Mit Abu-el-Kom hatte ich zum ersten Mal gefühlt, daß irgend etwas fehlte, daß irgend etwas in unserem Leben falsch war und in Ordnung gebracht werden mußte; etwa, wenn ich Nacht für Nacht auf dem Backofendach in unserem Haus der Ballade von Zahran zuhörte.

Tief in meinem Unterbewußtsein identifizierte ich Zahran mit Mustafa Kamil und Adam El-Sharkaui; sie waren derselbe Typus Mann: Herausforderer der barbarischen britischen Unterdrücker, die unsere Leute in Denshway peitschten und henkten.

In unserem Haus in Kairo gab es ein Bildnis von Kemal Atatürk. Ich fragte meinen Vater nach ihm und erhielt zur Antwort, er sei ein großer Mann, der Staatspräsident der Türkei. Tatsächlich wurde Kemal Atatürk zu einem Idol der islamischen Welt. Sein Name war uns als der eines Führers bekannt, der sein Land befreit hatte und es wieder aufbauen wollte. Abgesehen von Atatürk bewunderte mein

Vater Napoleon Bonaparte und erzählte mir viel von ihm. So berichtete er, daß der britische Gouverneur der Insel St. Helena befohlen hatte, den Türstock der Wohnung des Kaisers niederer zu machen, um den Kaiser zu zwingen, jedesmal, wenn er ein- oder ausging, das Haupt zu beugen. Doch Napoleon vereitelte diesen Anschlag des Gouverneurs, indem er sich niederhockte und in dieser unbequemen Stellung, aber doch mit hocherhobenem Haupt, ein- und ausging.

Das war offenbar eine Altweibergeschichte, aber sie reflektierte das lebendige Konzept des Heldentums in der Vorstellung der Ägypter. Besonders, da der Held ein mächtiger Gegner der Engländer, unserer Feinde, war, die unser Land besetzt hielten und denen wir in jeder nur möglichen Weise Widerstand leisteten. Daher kam auch meine Bewunderung für Saad Zaglul, der 1919 die Wafd-Partei gegründet hatte. (Wafd bedeutet „Delegation“: Saad Zaglul forderte im November 1918 als Führer einer Delegation vom britischen Hochkommissar die totale Unabhängigkeit für Ägypten. A. d. Ü.)

Jeden Abend ging ich in die El-Kalifa-el-Maamum-Straße, um Nahas Pascha zu sehen, den Mann, der ihm in der Führung der Partei gefolgt war und der durch diese Straße seinen Weg von seinem Heim in Heliopolis zur Nationalversammlung und wieder zurück nahm. Im alten Nahas Pascha und der Wafd-Partei sah ich ein Symbol des Kampfes des ganzen ägyptischen Volkes gegen die Engländer.

Ich kann nicht sagen, daß damals mein politisches Bewußtsein schon gereift gewesen wäre oder auch nur Umrisse angenommen gehabt hätte. Ich teilte natürlich die patriotischen Gefühle aller Ägypter, nahm an Demonstrationen teil, am Einschlagen von Fensterscheiben, am Anzünden von Straßenbahnen und an Sprechchören, die die Entfernung von Sidki Pascha und die Wiederinkraftsetzung der Verfassung von 1923 verlangten. Aber ich wußte noch nicht einmal, was diese Verfassung wirklich war.

Ich kann jedoch sagen, daß zur Zeit, als ich die Schule verließ, ein bestimmtes Gefühl in mir Wurzeln geschlagen hatte: Haß gegen die Aggressoren und Liebe und Bewunderung für jedermann, der sich um die Befreiung des Landes bemühte. Ich erinnere mich, daß Gandhi 1932 auf seinem Weg nach England durch Ägypten reiste. Berichte über seinen heroischen Kampf in Vergangenheit und Gegenwart füllten täglich die Zeitungen und Magazine. Ich war tief beeindruckt von seinem Charakter und verliebte mich in sein Bild, ja begann sogar ihn nachzuahmen. Ich zog meine Kleider aus, bedeckte mich von der Taille abwärts mit einem Schurz, machte mir selbst eine Wollspindel und zog mich in eine einsame Ecke auf dem Dach unseres Hauses in Kairo zurück. Dort blieb ich ein paar Tage, bis mein Vater mich überredete, meinen „gewaltlosen Widerstand“ aufzugeben. Er argumentierte, daß das, was ich tat, weder mir noch Ägypten etwas nützen würde. Im Gegenteil: ich würde sicherlich Lungenentzündung bekommen, besonders da bitterkaltes Winterwetter herrschte.

Ich war in unserem Dorf in den Sommerferien, als Hitler einen gewaltigen Wahlerfolg in Deutschland erzielte. Ich wußte nur, daß Hitler die Folgen der Niederlage Deutschlands im Ersten Weltkrieg beseitigen und sein Land wiederaufbauen wollte. Ich hatte gehört, daß Hitler nach Berlin marschieren werde. Ich sammelte meine Freunde und sagte ihnen, wir müßten Hitlers Beispiel folgen und von Mit Abu-el-Kom nach Kairo marschieren. Damals war ich zwölf. Meine Gespielen lachten und liefen davon.

Das waren in der Hauptsache frühe Zeichen einer natürlichen Tendenz, mich an einem Kampf zu beteiligen, dessen Ausmaße mir damals noch unklar waren, die meine individuelle Reaktion auf die jeweiligen Ereignisse darstellten. Meine Liebe für Kemal Atatürk jedoch überdauerte. Mir gefiel seine Uniform, und ich begriff, daß er ohne die Armee weder seine Revolution noch irgend etwas anderes fertiggebracht hätte.

Wichtige Ereignisse in meinem Leben trafen, wie ich schon sagte, mit historischen Ereignissen zusammen. Als ich mein G.C.E. erwarb, hatte Nahas Pascha im Juli 1936 den Bündnisvertrag von Montreux mit Großbritannien abgeschlossen. (Auf Grund dessen wurde die Anwesenheit britischer Truppen auf die Kanalzone beschränkt. A. d. Ü.) Entsprechend dem Vertrag wurde die ägyptische Armee vergrößert. So wurde es für mich möglich, in die Militärakademie einzutreten. Vor 1936 war die ägyptische Armee klein, und nur Mitglieder der Aristokratie, Söhne von Paschas und Beis, wurden in die Akademie aufgenommen. Aber trotz all der neuen Möglichkeiten war es für mich doch nicht so einfach, in die Militärakademie einzutreten und damit die höchste Hoffnung, die ich bis dahin gehegt hatte, zu erfüllen.

Die Militärakademie durfte nun zwar auch Mitglieder des Mittelstandes aufnehmen, ja sogar Leute aus unteren Einkommensschichten, aber zwei Punkte der Bewerbungsformulare bildeten ein eher restriktives Hindernis. Der erste forderte von den Bewerbern Einzelheiten über den Besitz und das Einkommen des Vaters. Der andere verlangte die Nennung einer hochstehenden Persönlichkeit als Bürgen. Bei der Aufnahmeprüfung wurden dann die Namen in folgender Ordnung aufgerufen: Zuerst der Name des Bewerbers, dann der seines Vaters und schließlich der seines Bürgen. Die Stellung meines Vaters als eines höheren Verwaltungsbeamten im Ministerium für Gesundheit befriedigte zunächst einmal das erste Erfordernis, zumindest soweit, als er ja über ein fixes Einkommen verfügte. Das andere Erfordernis war schwerer zu erfüllen: Mein Vater kannte keinen der Beis oder Paschas jener Zeit. Man sagte ihm, daß der Vorsitzende des Komitees, das die Bewerbungsschreiben beurteilte, der Generalmajor Ibrahim Khairi Pascha sei und daß man sich an diesen wenden müsse. Die Frage war natürlich, wie man an diesen Pascha herankommen sollte.

Ibrahim Pascha war typisch für die Spitzen der aristokratischen Gesellschaft jener Zeit. Er hatte auf Befehl König Fuads dem damaligen Kronprinzen Faruk Reitunterricht gegeben und war daher einer der Lehrer des gegenwärtigen Königs; außerdem war er Staatssekretär im Kriegsministerium, und seine Frau gehörte zur königlichen Familie. Ibrahim Pascha war also wirklich ein Prominenter: Konnten wir hoffen, an ihn heranzukommen, da wir doch kaum Zugang zu dem Sekretär eines Ministers fanden?

Schließlich erinnerte sich mein Vater an einen Freund, einen Stabsfeldwebel, der mit ihm im Sudan gedient hatte und der nun für Ibrahim Pascha arbeitete. Diesem Freund gelang es nun – wie, weiß ich nicht –, zu erreichen, daß wir von dem Pascha „empfangen" wurden. Eines Morgens ging mein Vater mit mir zum Palais des Paschas in den El-Kubbeh-Gärten, einem der aristokratischen Viertel Kairos zu jener Zeit.

Wir betraten ein sehr elegantes Haus und warteten in der Vorhalle. So war es verabredet. Der Pascha mußte bei seinem Weg nach draußen an uns vorbeigehen, würde unsere Gegenwart bemerken und nach unserem Begehren fragen. In der Tat kam der Pascha schon ein paar Minuten später, woraufhin der mit Vater befreundete Feldwebel ihm ein paar Worte zuflüsterte. Der Pascha sah meinen Vater an, dann sagte er sehr von oben herab: „Na ja, Sie sind der höhere Beamte aus dem Gesundheitsministerium, und das ist Ihr Sohn. Ja, ja, ich sehe schon, gut, gut." Damit schoß er zur Tür hinaus, mit meinem Vater auf den Fersen, irgend etwas murmelnd, was weder ich noch, wie ich glaube, mein Vater verstand.

Diese Erfahrung blieb für immer in meinem Gedächtnis verankert. Es war das erste Mal, daß ich das Haus eines Paschas oder eines Mitglieds dieser Klasse gesehen habe. Jahre später, als ich Präsident der Nationalversammlung war, traf ich mit diesem Ibrahim Pascha in meinem Büro zusammen. Er kam zu mir im Zusammenhang mit ein paar Problemen, von denen einige seine Söhne betrafen, andere seine Besitzungen und ähnliches. Ich half ihm, sie alle zu lösen, und erinnerte ihn daran, wie wir uns das erste Mal in seinem Haus gesehen hatten. Ich fügte hinzu: „Glauben Sie nicht, daß ich Ihnen wegen dieses ersten Zusammentreffens irgendwie gram bin; im Gegenteil, ich bin bereit, Ihnen jederzeit zu helfen. Ich schulde Ihnen viel. Sie waren der Vorsitzende des Aufnahmeausschusses und haben es dadurch mir ebenso wie Gamal Abdel-Nasser und den übrigen Offizieren des Revolutions-Kommandorates ermöglicht, in die Militärakademie einzutreten. Ohne Sie wäre die Revolution gar nicht möglich gewesen!"

Eine wahre Ironie. Aber ich erinnere mich einer endlosen Reihe solcher ironischer Situationen. Typisch war vielleicht, daß auch die Engländer mir halfen, in die Militärakademie aufgenommen zu werden, obwohl ich nichts sehnlicher wünschte, als sie aus Ägypten zu vertreiben:

Nach unserer Audienz bei Ibrahim Pascha begannen wir nach einem Bürgen zu suchen, der in dem Bewerbungsschreiben genannt werden konnte. Mein Vater wandte sich an den obersten Militärarzt der ägyptischen Armee, bei dem er gearbeitet hatte. Es war ein Engländer namens Dr. Fitzpatrick. Dieser schrieb uns auch tatsächlich eine Befürwortung und legte sogar persönlich ein gutes Wort für mich ein; er rekommandierte mich an den Cheferzieher der Akademie, ebenfalls ein Engländer, der auch im Aufnahmeausschuß saß. Und so wurde ich in die Akademie aufgenommen, obgleich mein Protektor der am wenigsten einflußreiche war. Zu jener Zeit rangierten die Protektoren vom Kronprinzen Mohammed Ali bis zu höchst einflußreichen Paschas und Beis. Mein Name stand daher ganz am Ende der Liste. Wir waren alles in allem 52 Kadetten! Als ich mein Schulgeld bezahlen wollte, gab es eine unangenehme Überraschung. Hamdi Saif El-Nasr Pascha, der Kriegsminister, war damals mit Nahas Pascha in Montreux, um an dem Abschluß eines Abkommens teilzunehmen, das die Privilegien der Fremden abschaffte, darunter jenes, wonach die Ausländer nicht den ägyptischen Gerichtshöfen unterstanden. (Es war in der Tat merkwürdig und ekelhaft zu sehen, wie Fremde, die Verbrechen in Ägypten begangen hatten, von der ägyptischen Regierung weder in Haft genommen noch zur Verantwortung gezogen werden konnten. Die Regierung mußte die Sache an den Botschafter des jeweiligen Landes weiterleiten, der allein die Macht besaß, Angehörige seines Staates entweder vor Gericht zu stellen oder freizulassen.) Dieser Pascha erhielt nun in Montreux die Liste mit den Namen der neuen Kadetten, um sie entsprechend dem Gesetz zu bestätigen. Er telegraphierte aber an die Akademie, daß er sechs Plätze für einige seiner Verwandten reserviert haben wolle. Daher mußte die Akademie die Namen der letzten sechs Kadettenanwärter wieder streichen, und ich war unter diesen natürlich der erste.

Daraus entstand eine Menge Ärger. Ich ließ mich zunächst auf der

Fakultät der Schönen Künste, dann auf der juridischen Fakultät und schließlich auf der Fakultät für Wirtschaftswissenschaften einschreiben. Unterdessen kehrte Hamdi Saif El-Nasr Pascha nach Kairo zurück und besetzte die sechs Plätze mit seinen Verwandten. Doch nun intervenierten sowohl der oberste Militärarzt als auch der Cheferzieher in der Akademie zu meinen Gunsten. Ich hatte schon alle Hoffnung aufgegeben, als meine Mutter mich eines Morgens zu meiner großen Überraschung aufforderte, sofort in das Büro meines Vaters zu gehen und dort das Schulgeld abzuholen, denn ich sei nun schließlich doch in die Akademie aufgenommen worden. Meine Kadettenkameraden hatten inzwischen schon 26 Tage dort verbracht.

In der Zeit, in der ich die Akademie besuchte, blieb Atatürk weiterhin mein Ideal. Ich las Bücher über die türkische Revolution und über die Geschichte Ägyptens, ging mit der Lektüre aber nicht weiter zurück als bis zur französischen Expedition nach Ägypten. Ich konzentrierte mich auf die britische Okkupation Ägyptens im Jahre 1882, auf den Betrug, der zu ihr geführt hatte, und auf die tragische Situation, in die wir in der Folge gerieten.

Nach wie vor liebte ich Mustafa Kamil, glaubte aber nun, daß er unrecht gehabt hatte, nicht Gewalt anzuwenden. Ich war überzeugt, daß die Engländer das Land nur verlassen würden, wenn sie dazu mit Waffengewalt gezwungen würden. Waren übrigens die Engländer die einzigen Schuldigen? Wie stand es denn mit der Herrscherfamilie – einer Familie von Nicht-Ägyptern? Wie stand es mit dem Khediven Taufik, der die britische Armee auf dem Abdin-Platz paradieren ließ und auf diese Weise die britische Okkupation nach der Niederlage der ägyptischen Armee im Jahre 1882 legalisierte? War nicht in erster Linie das Regime jener Zeit für das verantwortlich, was geschehen war und noch geschah? (In Denshway zum Beispiel waren die Mitglieder des Kriegsgerichts – Richter, Ankläger und Verteidiger – ausschließlich Ägypter gewesen.)

Während sich mir nun diese Fragen aufdrängten, begann ich nach und nach die wahren Dimensionen der Situation zu begreifen. Voll Ungeduld sehnte ich mich nach dem Tag meiner Ausmusterung aus der Militärakademie, weil ich ja erst dann imstande sein würde, etwas ins Werk zu setzen. Ich war von höchster Hoffnung erfüllt, wollte alles für Ägypten tun, kannte aber noch nicht die Mittel, um Phantasien in Realitäten zu verwandeln.

4

Im Februar 1938 wurde ich von der Militärakademie ausgemustert. Nun konnte ich endlich auch die Energien, die seit Jahren in meinem Unterbewußtsein aufgespeichert lagen, in die Tat umsetzen.

Wie ich schon berichtet habe, hörte ich in meiner Kindheit die Ballade von Zahran jede Nacht. Ich sah vor meinem geistigen Auge Zahran furchtlos auf das Schafott schreiten, mit erhobenem Haupt, ohne jede Angst, sei es vor den Engländern, die ihn zum Tode verurteilt hatten, sei es vor dem Tode. Ungeachtet der Macht der Feinde fühlte sich Zahran ihnen überlegen, denn er besaß die machtvollste und wirksamste Waffe: die Abscheu vor allen, die versuchten, ihn und sein Volk zu erniedrigen. Ich sah Zahran im Traum bei Tag und Nacht und wünschte mir, er zu sein. Ich hoffte, meine Geschichte würde ebenso zu einer Ballade werden, die in den Herzen der Nachwelt lebte. Obwohl ich von Mustafa Kamil, Achmed Arabi und Kemal Atatürk gehört hatte und sie bewunderte, blieb doch Zahran meinem Herzen am nächsten. Ich identifizierte mich mit ihm und hoffte, so handeln zu können, wie er es getan hatte. Natürlich wollte ich nicht zum Tode verurteilt werden, wollte aber der Führer einer Revolution sein, die die Briten vernichtete und Ägypten von ihrer Herrschaft befreite.

Ablehnung war und wird stets die wirksamste Waffe in unseren Händen sein. Der Mensch ist selbstverständlich ein Kind des eigenen Landes und der Erbe seiner Vorfahren. Mein Gefühl, innere Kraft zu besitzen, war natürlich nach wie vor da, aber nun als Offizier der Armee wußte ich, daß ich auch über wirksame Machtmittel verfügen konnte. Ich glaubte, daß Ägypten nur durch Gewalt sowohl von den Engländern wie von der korrupten Regierung jener Zeit befreit werden konnte.

Warum dann warten? Sollten wir nicht sofort eine Organisation innerhalb der Streitkräfte bilden, um die Revolution, von der ich träumte, auszuführen? Nur dies führte zur Befreiung: Es gab keine Alternative. Eine Revolution konnte nicht aus einem Vakuum entstehen. Wir mußten die Vorbereitungen treffen, indem wir den Menschen die Situation und die Verhältnisse, unter denen Ägypten damals lebte, so bewußt wie nur irgend möglich machten. Ich entschloß mich, mit unserer eigenen Lage als Offiziere der ägyptischen Armee zu beginnen. Der sicherste Weg zum Herzen eines Mannes ist es, sich mit den Dingen zu befassen, die ihn persönlich betreffen. Ich konzentrierte mich daher in meinen Gesprächen mit meinen Kameraden auf zwei Themen, die – wie jedermann einräumte

– der Armee und unserem Leben als Offiziere ganz allgemein schadeten. Das erste war die absolute Macht der britischen Militärkommission, das andere die Unwissenheit und blinde Unterwürfigkeit unserer höheren Offiziere gegenüber den Engländern und deren Befehlen.

Wir waren damals in Mankabad, einer Kleinstadt in Oberägypten, stationiert. Zusammenkünfte fanden in meinen Räumen im Offiziersheim statt. Es war die Unterkunft eines Stabsoffiziers, eigentlich eine kleine Wohnung, denn als ich nach Mankabad versetzt wurde, waren alle Einzelzimmer für jüngere Offiziere schon besetzt gewesen. Wir trafen uns dort jeden Abend, tranken Tee und redeten. Ohne mein Ziel zu enthüllen, war ich doch während langer Gespräche aufs intensivste bemüht, meinen Kollegen die Augen für die Realitäten der Situation und die Position der Engländer im besonderen zu öffnen.

Wir hielten lange Sitzungen ab und führten endlose Gespräche. Meinen Kameraden fehlte es in der Hauptsache an politischer Bildung. Nun aber gewannen sie Nacht um Nacht politisches Bewußtsein; das Gefühl, daß ganz entschieden irgend etwas mit der Situation in Ägypten nicht in Ordnung sei, wuchs ständig in ihnen. Ich diskutierte über unsere alte Geschichte, hob entsprechende Ereignisse und Situationen hervor und setzte sie in Beziehung zu den gegenwärtigen Ereignissen, den gegenwärtigen Problemen und der Tragödie unserer Zeit. Ich hütete mich aber, irgendwelche Lösungen vorzuschlagen. Das wirkte auch. Meine Methode erwies sich sowohl als stimulierend wie auch als überzeugend. Meine Kollegen hörten mir zu und begannen mich eingehend über Themen zu befragen, die ihre Aufmerksamkeit geweckt hatten. Schließlich wußten sie schon gut Bescheid. Zunehmendes Wissen rief neue Interessen hervor und änderte auch die Haltung zu schon erläuterten Problemen. Die jüngeren Offiziere befaßten sich mit großem Enthusiasmus, gelegentlich auch in einer verzweifelten Stimmung, mit Ägypten und dessen Befreiung aus seiner gegenwärtigen Erniedrigung. Mein großer Raum im Offizierskasino erhielt bald den Spitznamen „die Nationalversammlung".

Unsere Gespräche waren natürlich keineswegs immer ernster Natur, es gab auch heitere Anekdoten, Scherze und Plaudereien. Ich nahm an dieser leichtfertigeren Seite unserer Gespräche ebenso teil, wie ich auch zu den ernsten Diskussionen beitrug. Wir alle waren jung, keiner von uns über zwanzig Jahre. Außerdem war gerade diese Methode ausgezeichnet für meinen Zweck geeignet. Denn es wäre verfehlt gewesen, hätte ich mich isoliert oder meine Kollegen fühlen lassen, daß ich mich irgendwie von ihnen unterschied.

Die einzige Gelegenheit, bei der ich das Gefühl hatte, anders zu sein, kam, als Asis El-Masri Pascha unsere Garnison in seiner Eigenschaft als Generalinspekteur der Armee besichtigte und uns – die Offiziere der Truppe – zu einem Besuch des Maragh-Klosters mitnahm, das sich nicht allzuweit von unserem Lager in Oberägypten befand. (Dort sollen, der Legende nach, Jesus und Maria Zuflucht gefunden haben.) Asis Pascha wollte mit diesem Ausflug wohl zu unserer Bildung beitragen. In jenem Kloster – keiner von uns hatte vorher das Innere eines Klosters gesehen – fanden wir einen Priester, einen jungen Mönch, der in einer Zelle lebte, die kein Fenster, sondern nur einen zwei Zoll breiten Lichtspalt besaß. Als Bett diente dem Mönch eine „Mastaba", eine gemauerte Bank. Alle waren überrascht über diese außergewöhnlich asketische Art zu leben und bedauerten den Priester. Ich jedoch sah darin kein besonders ungewöhnliches Verhalten, denn ich war in einem kaum größeren Raum geboren – wir bei uns zu Hause nannten ihn freilich eine „Halle" –, und wir hatten auch in Mit Abu-el-Kom ähnlich gemauerte Bänke, auf denen ich die Tage und Nächte meiner frühen Kindheit verbrachte.

Asis El-Masris Besuch beeindruckte mich sehr tief. Ich fühlte mich glücklich, tatsächlich nun jenen legendären Mann gesehen zu haben, der eine große Rolle in der türkischen Revolution gespielt hatte, der einer der Gründer des berühmten Komitees für Einheit und Fortschritt gewesen war und der auch zusammen mit Kemal Atatürk die „Gesellschaft für die Befreiung der Arabischen Nation" mitbegründet hatte. Hinter ihm lag ein langer Weg des Kampfes um die Freiheit, der schon Geschichte geworden war. Asis El-Masri war ein beredter Anwalt einer kulturellen Höherentwicklung. Ich selbst war besonders in jener frühen Phase meines Lebens kulturell sehr interessiert. Abgesehen von der politischen Aktivität, in die ich mich sogleich nach Absolvierung der Militärakademie gestürzt hatte, spielten kulturelle Fragen für mich eine bedeutende Rolle; ich hielt sie insofern für wichtig, als sie meiner politischen Aktivität nutzten. Darum bewarb ich mich auch um Aufnahme in das Britische Institut, um den Grad eines B.A. (Bachelor of Arts) der Londoner Universität zu erwerben. Meine große Leidenschaft war schon damals das Lesen. In Kairo bekam ich meine Bücher aus einer Antiquariatsbuchhandlung in der Nähe des Esbekieh-Parkes. Diente ich in den Provinzen, so schrieb ich an die Verleger und die Buchhandlungen um Bücherlisten und Kataloge. Was mir gefiel, ließ ich direkt an „Leutnant Mohammed Anwar El-Sadat" senden.

Möglicherweise war es dies, was mich von meinen Kollegen unterschied. In Mankabad, so erinnere ich mich, pflegte ein spezieller Armeeautobus uns jeden Donnerstag nachmittags nach Assiut zu bringen, wo wir dann den ganzen Abend verbrachten. Meine Kollegen gingen in die Kinos oder suchten nach anderer Unterhaltung. Ich saß im Kaffeehaus, nahe der Eisenbahnstation, rauchte eine Wasserpfeife und las glücklich in Büchern, die ich in Kairo gekauft hatte, bis meine Kollegen von ihren Vergnügungen zurückkehrten und der Autobus uns ins Lager brachte.

Der Freundeskreis, der sich bei mir traf, wurde täglich größer, die Sitzungen wurden immer länger. Ich erinnere mich, daß ich Gamal Abdel-Nasser zum ersten Mal bei einer dieser Sitzungen sah, als sein Bataillon nach Mankabad verlegt worden war. Er machte mir den Eindruck eines sehr ernsten jungen Mannes, der das Interesse seiner Kameraden an dummen Späßen nicht teilte. Er duldete auch keine Frivolitäten, die er als eine Kränkung seiner Ehre betrachtet hätte. Die meisten meiner Kameraden hielten daher zu ihm eine gewisse Distanz und sprachen oft gar nicht mit ihm, aus Angst mißverstanden zu werden. Unseren Diskussionen hörte Nasser mit Interesse zu, sprach selbst aber nur selten. Ich begriff sofort, daß er ein seriöser Mann war, und suchte ihn besser kennenzulernen; doch hatte er zwischen sich und anderen Menschen eine fast unüberwindliche Barriere errichtet. Er sonderte sich so offensichtlich ab, daß unsere Beziehungen damals stets distanziert blieben und niemals über gegenseitigen Respekt hinausgingen.

Die Zusammenkünfte dauerten an. Unsere Diskussionen über die Probleme Ägyptens und die allgemeine Situation bewegten sich innerhalb der engen Grenzen unseres Kreises. Ich suchte freilich das Feld meiner Arbeit zu erweitern und strebte danach, jenen Plan einer politischen Aktion durchzuführen, den ich mir bald nach meiner Ausmusterung zurechtgelegt hatte. Das konnte man aber natürlich nur in Kairo. Solange ich bei der Infanterie blieb, würde ich immer weit weg von Kairo stationiert sein. Das war einer der Gründe, warum mir der Dienst in dieser Waffengattung nicht allzusehr lag. Ein anderer Grund war, daß mir sowohl die dortige britische Militärkommission unerträglich schien wie auch der Kommandant unserer Garnison in Mankabad, der den Spottnamen „Sultan Abdul-Hamid“ wegen seines tyrannischen Verhaltens erhalten hatte. Er versuchte dadurch seine eigene Unfähigkeit zu verschleiern, und seine britischen Vorgesetzten zufriedenzustellen. Aber was konnte ich tun, um wegzukommen?

Schließlich ergab sich eine Gelegenheit. Ich war unter den wenigen Offizieren, die ausgewählt wurden, um einen höheren Kurs in der Nachrichtenschule der Armee in Maadi, in der Nähe von Kairo, zu absolvieren. Das war Anfang 1939. Obwohl Abdel-Nasser sechs Monate später als ich in Mankabad eingetroffen war, sollte er doch denselben Kurs absolvieren. Aber auch in dieser Zeit hielt sich Nasser wie durch eine unsichtbare Mauer von uns abgesondert.

Nach zweieinhalb Monaten war der Kurs vorüber. Wir unterzogen uns einer Prüfung und nahmen dann an der Feier zum Abschluß des Kurses teil. Es war die übliche Prozedur. Ich erhielt die Aufgabe, im Namen meiner Kameraden bei dieser Feier eine Rede zu halten. Damals hegte ich noch recht wenig Hoffnung, daß es mir gelingen könnte, zum Nachrichtenkorps versetzt zu werden. Es war das eine neugegründete Einheit, und sie wurde damals als außerordentlich wichtig betrachtet. Natürlich mußte man – wie überall – auch hier die entsprechenden Fäden ziehen, wollte man zu dieser Einheit versetzt werden. Bei der Vorbereitung meiner Rede erlebte ich eine erfreuliche Überraschung: Ich entdeckte, daß ich schreiben konnte und neue Konzepte in einem zusammenhängenden Text darzulegen verstand. Doch hielt ich die Rede aus dem Gedächtnis. Ihr Ziel war klar, sie besaß eine innere Einheit. Offensichtlich war auch der Kommandeur des Nachrichtenkorps, Brigadegeneral Iskander Fahmi Abul-Saad beeindruckt: Kurz nach meiner Rückkehr nach Mankabad ließ er mich zum Nachrichtenkorps in Maadi versetzen. Das war einer der glücklichsten Tage meines Lebens. Nun erhielt ich die Gelegenheit, auf die ich so lange gewartet hatte.

Ich begann sofort Verbindungen in sehr großem Maßstab aufzunehmen. Ich habe dabei die meisten Armeekorps (die Mehrheit der Offiziere war in Kairo stationiert) kontaktiert. Nun fanden Zusammenkünfte in meiner Wohnung in Kubri-el-Kubbeh, im Offiziersklub, in Kaffeehäusern oder in den Häusern unserer Kameraden statt. Diese Kontakte waren ursprünglich auf Offiziere beschränkt, die jeweils im selben Korps dienten und meist mit mir gleichaltrig waren. Aber ermutigt durch die andauernden Siege Hitlers über die Engländer in den Jahren von 1939 bis 1941 erweiterte ich nach und nach den Kreis. Viele jüngere, aber auch höhere Offiziere wurden angesprochen und schlossen sich schließlich unserer Sache an, vor allem, weil wir dazu aufriefen, die Gelegenheit zu nutzen, um durch eine bewaffnete Revolution die Engländer aus Ägypten zu vertreiben. Die erste geheime Organisation der Armeeoffiziere wurde im Jahre 1939 gegründet. Ihr gehörten an: Abdel-Moneim Abdel-Rauf, der mein Stellvertreter war, Abdel-Latif Al-Bagdadi, Hassan Ibrahim, Khaled Mohieddin, der verstorbene Achmed Saudi Hussein – Gott lasse seine Seele in Frieden ruhen –, Hassan Izzat, der ebenfalls schon verstorbene spätere Feldmarschall Achmed Ismail Ali, der zwar an unseren Besprechungen teilnahm, sich aber an den politischen Aktionen nicht beteiligte, weil er – möge auch er in Frieden ruhen – sich ganz seiner militärischen Karriere widmete.

Meine Methode war es nicht, geheime Zellen zu organisieren, um unsere Revolution ihr Ziel erreichen zu lassen. Diese Organisationsform führte vielmehr Abdel-Nasser ein, als er 1942 aus dem Sudan zurückkehrte und als Folge meiner Verhaftung im Sommer jenes Jahres die Führung der Organisation übernahm. Als die Siege Hitlers sich in Niederlagen zu verwandeln begannen und die Engländer im gleichen Maße Ägypten wieder fester in den Griff bekamen, mußte Abdel-Nasser Pläne für die Zukunft entwerfen. Ich andererseits hatte vorher keinen Anlaß, Pläne auf längere Sicht zu entwerfen, da doch die rasche Folge der Ereignisse (mit ihren unvermeidlichen Auswirkungen) nach unmittelbarer Aktion schrie. Mit anderen Worten, die Siege Hitlers und die Niederlagen der Engländer schienen mir die Chance zu bieten, sofort zu handeln. Da sich eine Gelegenheit dazu tatsächlich anbot – wie ich noch berichten werde –, hielt ich es für meine Pflicht, die Gelegenheit zu nutzen, bevor es zu spät war.

Ich unternahm dementsprechende Schritte und beschleunigte den Ablauf der Dinge. Abgesehen von meinen sehr umfangreichen Kontakten mit Offizieren und der Schaffung einer Organisationsstruktur für die Revolution begann ich, Verbindungen mit Soldaten in meiner Einheit in Maadi anzuknüpfen. Ich unterrichtete sie über „den Krieg", nämlich über die militärische Situation in der Welt und unsere Position gegenüber den Engländern sowie über die Lage Ägyptens in Vergangenheit und Gegenwart. Ich sprach zu ihnen über die Bedeutung der Begriffe „Heimat" und „Patriotismus" und betete mit ihnen.

Nun gehörten einige der Soldaten der Moslem-Bruderschaft an. Am Geburtstag des Propheten, dem Muled-El-Nabi-Fest, im Jahre 1940 teilte mir einer von ihnen zu meiner großen Überraschung mit, ein Mann, der in der Religion des Islam auf das höchste bewandert sei, wolle bei dieser Gelegenheit zu den Soldaten sprechen. Ich war an jenem Tag Offizier vom Dienst. Als ich erfuhr, daß der Mann niemand anderer sei als Scheik Hassan El-Banna, der Oberste Führer der Moslem-Bruderschaft, hieß ich ihn herzlich willkommen und bat ihn, an meiner Stelle den Vortrag zu halten. Seine Wahl des Themas war ausgezeichnet, sein Verständnis und seine Interpretation der Religion tiefschürfend und die Art und Weise seiner Rede ausdrucksvoll. Er war in der Tat von allen Gesichtspunkten her auf das Beste qualifiziert, ein religiöser Führer zu sein. Außerdem war er ein echter Ägypter: humorvoll, anständig und duldsam.

Ich hatte nach dem, was ich über die Moslem-Bruderschaft gehört hatte, angenommen, es handle sich lediglich um eine religiöse Gesellschaft, deren Ziel es sei, die Werte des Islam wieder zu beleben und für den sittlichen Fortschritt zu arbeiten. Als ich aber nun Scheik El-Banna hörte, begann ich anders zu denken. Dieser Mann sprach ebenso von weltlichen wie von jenseitigen Dingen. Sein Stil war für einen religiösen Prediger höchst ungewöhnlich. Meine Bewunderung für ihn war grenzenlos. Ich gratulierte ihm zu seinem Vortrag, und wir unterhielten uns eine Weile. Er lud mich zu seinen allwöchentlichen Predigten ein, die er jeden Dienstag nach den Abendgebeten im Hauptsitz der Gesellschaft, in El-Hilmieh-el-Gadideh, einem Vorort Kairos, hielt. Ich nahm an und hörte tatsächlich einige seiner Predigten. Jedesmal lud er mich in sein privates Büro ein, wo wir lange Gespräche führten. Ich war von seiner großartigen Organisation der Moslem-Bruderschaft sehr beeindruckt und auch von dem Respekt, ja der außerordentlichen Verehrung, die dieser Oberste Führer genoß. Mitglieder der Gesellschaft behandelten ihn fast wie einen Heiligen. Sogar vor mir knieten sie beinahe nieder und waren nahe daran, den Boden, den ich betrat, zu küssen, nur weil er mich zu sich in sein Büro eingeladen hatte.

Die Moslem-Bruderschaft war ohne Zweifel eine Macht, die man nicht ungestraft beleidigen durfte. Der folgende Vorfall mag beleuchten, was ich meine. Scheik El-Banna wollte eines Tages das Hauptquartier der Gesellschaft in ein wunderschönes neues Haus verlegen, es fehlte ihm jedoch am notwendigen Kapital. Eine Kampagne, um die notwendigen Mittel aufzutreiben, wurde eingeleitet, und noch bevor der Tag zu Ende war, war das Ziel erreicht und das Haus gekauft.

Die wenigen Dienstagpredigten, denen ich beiwohnte, bestärkten den Verdacht, den ich schon während Scheik El-Bannas Vortrag am Geburtstag des Propheten gehegt hatte, nämlich daß seine Aktivität politische Ziele habe und er mit großer Finesse arbeitete: Er befaßte sich niemals mit Fragen der „Regierung“ oder der „Macht“ im allgemeinen, sondern schien sein Interesse stets auf den Islam zu konzentrieren, sowohl als Religion als auch einer Lebensart, die gleichermaßen wichtig für einen gesunden Geist und eine gesunde Regierung sei. Dieser Verdacht bestätigte sich auch in einem Gespräch mit einem der höheren Offiziere meiner Division. Dieser Stabsoffizier hatte mich unmittelbar nach dem Vortrag aus Anlaß des Geburtstages des Propheten noch spät nachts in meinem Zimmer aufgesucht. „Was gibt es?“ fragte ich. Er erklärte, er wolle mir eigentlich nur anläßlich des Festes die üblichen Glückwünsche aussprechen, kam aber bald auf den wahren Kern der Sache. Der Geheimdienst habe, so sagte er, von diesem Besuch Scheik El-Bannas erfahren. Die Aktivitäten des Scheiks würden vom Staat beobachtet, seine Organisation sei eine politische und wolle Mitglieder aus den Streitkräften rekrutieren, um damit ihren Zielen näherzukommen. Der Stabsoffizier sagte mir jedoch nicht, was ich später erfuhr, daß nämlich ein entlassener Offizier namens Mahmud Labib für Scheik El-Banna als Leiter des militärischen Zweiges der Moslem-Bruderschaft arbeitete und es ihm auch tatsächlich gelungen war, einige Offiziere und Soldaten anzuwerben.

Dies war die erste Warnung, die ich erhielt. Dennoch besuchte ich weiter die Dienstagpredigten. Der Anblick von Mitgliedern, die die Hand ihres Obersten Führers küßten, gefiel mir allerdings nicht, denn ich lehnte diese Art von Beziehung zwischen Männern ab, da wir doch alle als menschliche Wesen gleich sind. Freilich habe auch ich – selbst nachdem ich das Amt des Präsidenten übernommen hatte – weiterhin die Hand meines Vaters geküßt. Nichtsdestoweniger ging ich nun bei seiner nächsten Predigt schon mit einer klaren Absicht zu El-Banna. Wieder begleitete ich ihn in sein Büro, um unsere üblichen Gespräche zu führen.

Er war wie immer außerordentlich taktvoll und vorsichtig. Seine Worte zielten stets darauf ab, mein Herz zu gewinnen, seine Fragen waren forschend. Er wollte wissen, was eigentlich genau meine Absichten seien. Ich war mir vollkommen bewußt, worauf er aus war. So sagte ich ihm nur einfach:

„Hören Sie, Scheik Hassan, Sie sind zu vorsichtig, zu zurückhaltend, und dies ganz unnötigerweise. Ich möchte Ihnen offen sagen, daß ich versuche, eine militärische Organisation aufzubauen, um das gegenwärtige Regime zu stürzen."

Überrascht, ja sogar erschrocken starrte El-Banna mich an und wußte nicht, was er sagen sollte. Er mochte gefürchtet haben, daß ich für den Geheimdienst arbeitete oder etwa ein Agent irgendeiner anderen solchen Körperschaft sei. Ich brach das Schweigen: „Es ist wahr, ich versuche eine bewaffnete Revolution herbeizuführen; eine beträchtliche Anzahl von Armeeoffizieren aus allen Dienststellen arbeitet schon mit mir."

Erst dann begann er, mir gezielte Fragen zu stellen: Welche Armeekorps auf unserer Seite stünden; wie stark wir seien; wie viele Offiziere wir für eine solche Revolution brauchen würden. Und ich antwortete ihm. Plötzlich forderte er mich auf, unsere Aktivitäten zu koordinieren. Ich sagte: „Ich bin sehr offen mit Ihnen gewesen, lassen Sie mich ferner sagen, daß unsere Organisation weder einer besonderen Partei oder Gruppe folgt oder dient. Sie arbeitet für Ägypten als Ganzes. Ich hoffe, daß Ihnen das von allem Anfang an klar ist."

Der Scheik stimmte zu. Zusammenarbeit werde genügen, sagte er.

Nicht lange danach gelang es ihm, Abdel-Moneim Abdel-Rauf anzuwerben, der in der Organisation der Freien Offiziere der Zweite nach mir war. Und nun begann dieser für die Moslem-Bruderschaft zu arbeiten.

5

Asis El-Masris Charakter faszinierte mich vom ersten Moment an, als ich ihn in Mankabad sah. Sein Haß gegen die Engländer war so bekannt, daß der damalige britische Botschafter, Sir Miles Lampson (später Lord Killearn), den Ministerpräsidenten Achmed Maher aufforderte, El-Masri aus der Armee zu entfernen. Achmed Maher aber gab ihm nur „Urlaub auf unbestimmte Dauer".

Mir schien, daß wir der Erfahrungen und Kenntnisse dieses großen „Kämpfers" bedurften. So bat ich Scheik Hassan El-Banna, er möge ein Treffen zwischen uns zustande bringen. Das war im Jahre 1940. Scheik Hassan handelte sofort: Er forderte mich auf, in die chirurgische Klinik des Dr. Ibrahim Hassan im Saida-Zeinab-Viertel zu gehen. Der Arzt war zu jener Zeit der stellvertretende Führer der Moslem-Bruderschaft. Dort sollte ich eine Untersuchungskarte lösen, wie alle anderen Patienten, sodann in den Untersuchungsraum gehen und das übrige dem Arzt überlassen. Ich tat wie geheißen. Als ich meine Karte vorwies, öffnete sich die Tür zu einem Büroraum, in dem Asis El-Masri auf mich wartete.

Ich begrüßte ihn, erinnerte ihn an unser Zusammentreffen in Mankabad und begann dann über die Lage in unserem Lande zu reden, über die Stellung der Engländer und ähnliches. Ich werde diese lange Unterredung mit Asis El-Masri niemals vergessen. Zunächst war er zurückhaltend und sagte mir offen, daß er in bezug auf meine Person seine Zweifel habe. Vielleicht, so meinte er, arbeitete ich für den Geheimdienst oder etwas ähnliches.

„Wenn dem so wäre", so sagte ich, „dann würde ich doch direkt zu Ihnen gekommen sein, aber wie Sie sehen, kam ich zu Ihnen auf Empfehlung von Scheik El-Banna. Dem trauen Sie doch wohl?"

Er war nun einigermaßen sicher geworden. „Aber warum kommen Sie zu mir?" fragte er. „Was wollen Sie, was soll ich für Sie tun?"

Darauf antwortete ich: „Wir sind eine Gruppe von Offizieren, die an der Bildung einer Organisation arbeiten, mit dem Ziel, die Engländer aus Ägypten zu vertreiben und die gegenwärtige Lage zu verändern. Wir hoffen, daß Sie, der Sie eine so prominente Persönlichkeit sind, zu der wir alle aufblicken, uns gestatten werden, an Ihren großen Erfahrungen teilzuhaben und uns von Zeit zu Zeit um Rat und Anleitung an Sie zu wenden."

„Meine erste Lektion für euch", sagte er, „lautet, verlaßt euch auf euch selbst. Sucht nicht nach einem fix und fertigen Führer. Ihr selbst müßt die Initiative ergreifen! Napoleon war in der Tat ein General, ein Führer mit 27. Wie alt sind Sie?"

„Zweiundzwanzig", sagte ich.

„Gut! Arbeitet zusammen, Schulter an Schulter, und damit werdet ihr es schaffen!" antwortete er und begann dann, sich über die Lage zu beklagen und zu erklären, daß er mit demselben Ziel vor Augen, das ich zu erreichen suchte, viele Leute kontaktiert habe, daß aber die meisten sich nur als Narren herausgestellt hätten und jeder Versuch mit einem Fiasko geendet habe. Ich versicherte ihm, daß wir seriös seien und er das auch selbst herausfinden werde, falls er uns erlaube, mit ihm in Verbindung zu bleiben, um seinen Rat einzuholen und Ansichten auszutauschen.

„Nun gut", sagte er, „das Wichtigste ist, das habe ich schon betont, daß ihr euch auf euch selbst verlassen müßt. Das zweite ist die Kultur: Ihr sollt euer Wesen kultivieren. Aber Kultur darf nicht mit Zeugnissen oder Diplomen irgendeiner formellen Ausbildung verwechselt werden. Kultur kann man nur durch Lesen erwerben. Lest viel auf jedem Gebiet und in jeder nur möglichen Richtung. Das dritte ist, daß ihr eure Organisation so ‚wasserdicht' als nur irgend möglich machen müßt und – wenn es geht – auch narrensicher. Es dürfen keine Fremden in eure Reihen infiltrieren können, und ihr dürft euch auch keinen Intrigen preisgeben. Ich habe zu meiner Zeit sehr unter Verrätern und Überläufern gelitten."

Plötzlich wandte er sich mir persönlich zu und fragte:

„Welcher Art ist Ihre Verbindung mit der Moslem-Bruderschaft?"

„Nun, ich habe Scheik Hassan El-Banna von Anfang an ganz offen gesagt, daß wir für Ägypten arbeiten und nicht für irgendeine Partei oder irgendeinen Block."

„Gut gemacht", antwortete er darauf, „das ist genau die richtige Art, von der man ausgehen soll. Sie haben das wirklich gut gemacht."

Am Ende des Gespräches kamen wir überein, wie und wo wir uns wieder treffen wollten. Sein Haus befand sich in Ain-Schams, wurde aber vom britischen und ägyptischen Geheimdienst überwacht. Ich sagte ihm, daß dies kein unüberwindliches Problem sei, denn unserer Organisation gehörten auch Polizeioffiziere an. Und so habe ich ihn sehr oft in seinem Haus besucht. Manchmal sahen wir einander auch in der berühmtesten Konditorei Kairos, bei „Groppi". Eine Zeitlang lebte er in einer Pension in der inneren Stadt, genannt „La Viennoise". Dort trafen wir uns ebenfalls. Unterdessen blieb ich auch mit Scheik Hassan El-Banna in Verbindung und erweiterte den „Kreis der Freien Offiziere" dauernd. Die Weltereignisse entwickelten sich unterdessen durchaus zu unseren Gunsten. Die Armeen Hitlers stürmten durch Europa, und unerwartet schnell wurde die Position der Engländer von Tag zu Tag an allen Fronten schwächer. Die Chance, unseren Staatsstreich durchzuführen und sowohl die Kolonialmacht als auch die politischen Parteien loszuwerden, schien schon sehr nahe zu sein.

Eines Tages jedoch wurde ich als Nachrichtenoffizier der Artilleriebrigade nach Marsa Matruh versetzt. Marsa Matruh liegt westlich von Alexandrien an der Küste des Mittelmeeres. Dort intensivierte ich die politische Aktivität unter meinen Offizierskameraden.

Bis dahin teilte sich die ägyptische Armee mit den britischen Truppen in die Aufgabe, die Westliche Wüste, wo die berühmte Schlacht von Alamein stattfand, gegen einen Angriff der Achsenmächte zu verteidigen. Ägypten wurde durch diesen Angriff in den Weltkonflikt verwickelt, obwohl die Achse uns nicht den Krieg erklärt hatte. Mit anderen Worten, wir sollten für die Engländer bei Verletzung des Vertrages von 1936, welcher die Souveränität Ägyptens wiederhergestellt hatte, kämpfen. Außerdem war in erster Linie, wenn nicht ausschließlich, Großbritannien unser Feind. Die ägyptische öffentliche Meinung war über diese Entwicklung aufs äußerste erbittert. Der Scheik von El-Azhar, Mohammed Mustafa El-Maragi, ein Mann von höchstem Ansehen, gab im Verlauf einer Predigt eine Erklärung ab, die dann im Munde fast jedes Ägypters war, nämlich: „Wir haben mit diesem Krieg nichts zu tun.“ Ministerpräsident Achmed Maher proklamierte im Parlament eine Politik, die darauf abzielte, „Ägypten vor der Geißel des Krieges zu retten“. Diese Politik wurde sofort und einstimmig durch das Parlament akzeptiert. Wir erhielten dementsprechend Befehl, Marsa Matruh zu räumen, was bedeutete, daß die Engländer allein die Verteidigung aller drei Sektoren dieses Gebietes übernehmen mußten, während bis dahin wir für zwei dieser Abschnitte die Verantwortung getragen hatten.

Erbittert über dieses Verhalten der Ägypter verlangten die Engländer, wir sollten bei unserem Rückzug Waffen und Ausrüstung abliefern. Diese Zumutung versetzte mich in Wut, doch kam ich dann zu der Ansicht, es handle sich um Glück im Unglück, denn diese Forderung mußte nun unsere Offiziere endgültig zu Feinden der Engländer machen, sie aber auch zur Empörung gegen unsere Armeeführung reizen, die diese Erniedrigung zuließ. Es war eine militärische Demütigung, ganz abgesehen von der Tatsache, daß wir unsere Waffen ja brauchten. Ich nahm mit all meinen Offizierskameraden Verbindung auf, und wir beschlossen, dem Befehl Widerstand zu leisten. Wir würden unsere Waffen nicht abgeben. Wenn die Engländer auf ihrer Forderung bestehen sollten, würden sie kämpfen müssen. Von unserem Entschluß unterrichtet, änderte das Armeekommando seine Befehle: Nun konnten wir uns mit unseren Waffen zurückziehen.

In jener Zeit, dem Sommer 1941, entwarf ich den ersten Plan für eine Revolution. Wir kamen überein, daß alle aus Marsa Matruh abgezogenen Truppen sich zu einem bestimmten Zeitpunkt rund um das Mena-House, einem Hotel in unmittelbarer Nachbarschaft der großen Pyramiden, am Ende der Wüstenstraße Alexandrien–Kairo sammeln sollten, um dort umgruppiert zu werden und auf Kairo zu marschieren, die Engländer zu überwältigen und die Macht zu übernehmen. Die britischen Streitkräfte waren zu diesem Zeitpunkt so schwach, daß wir uns durchaus sicher fühlten, das Abenteuer wagen zu können, ohne eigentlich die Konsequenzen voll zu überlegen. Es gab einen ausgearbeiteten Plan, und ich hatte alle Einzelheiten vorbereitet. Weder die Moslem-Bruderschaft noch irgendeine andere Organisation hatte dabei eine Rolle zu spielen. Würde dies aber eine ausreichende Basis geben?

Jedenfalls führte ich meine Einheit von Marsa Matruh zurück, und wir verbrachten kurz danach die Nacht bei Agami, einem kleinen Ort knapp vor Alexandrien. Ich fühlte mich sehr glücklich: Am nächsten Tag würden wir beim Mena-House Hotel mit den anderen Einheiten zusammentreffen. Wir würden den Plan studieren, die Aufgaben verteilen und die richtige Zeit zum Marsch auf Kairo wählen, um unsere lang erträumte Revolution durchzuführen.

Nichts von all dem geschah. Beim Mena-House befanden sich keine Einheiten, als wir dort ankamen. Wir wuschen unsere Fahrzeuge und warteten – meine Soldaten und ich – nun auf die anderen Truppen. Wir warteten vergeblich. Ich dachte, sie seien vielleicht schon vorausmarschiert, weil sie zu lange hatten warten müssen. Daher befahl ich meiner Truppe, in unser Lager nach Maadi abzurücken.

So scheiterte unser erster Revolutionsplan. Vielleicht war es ein Segen gewesen, denn hätten wir den Versuch unternommen und wären gescheitert, so wären die Behörden zweifellos doppelt so argwöhnisch gewesen, man hätte die Armee auf das strengste überwacht, und die Revolution vom 23. Juli 1952 hätte niemals stattgefunden.

Meine Reaktion war eher die eines Sportsmannes: Statt zu resignieren, verdoppelte ich meine Kontakte mit allen Armeedienststellen. Unsere Kreise weiteten sich aus wie nie zuvor. Neue Mitglieder traten jeden Tag der Organisation der Freien Offiziere bei. Abdel-Moneim Abdel-Rauf wurde mein Stellvertreter. Versammlungen wurden entweder in seinem Haus im Saida-Zeinab-Viertel abgehalten oder in meinem in Kubri-el-Kubbeh oder im Hause von Hassan Izzat oder auch jenem von Saudi, der ebenfalls in Kubri-el-Kubbeh wohnte. In jenem Stadium begann ich innerhalb der Organisation Komitees zu bilden, und zwar eines für Kontakte mit politischen Körperschaften, ein anderes für Offiziere in verschiedenen Armeedienststellen, die zu unserer Organisation gehörten, und ein drittes, an dessen Funktion ich mich nicht mehr erinnern kann. Unterdessen hielt ich sowohl meine Kontakte mit Asis El-Masri als auch mit der Moslem-Bruderschaft aufrecht.

6

Eines Tages, spät im Jahre 1941, traf ich, auf seinen Wunsch, Asis El-Masri bei „Groppi". Er wollte, daß die Organisation Freier Offiziere ihm helfen sollte, in den Irak zu gelangen. Er hatte eine Botschaft von den Deutschen erhalten, die ihn aufforderten, in den Irak zu gehen, um Raschid Ali El-Keilani, den Führer einer Revolution gegen die Briten, zu unterstützen. Damals war es den Engländern schon gelungen, die Absetzung Asis El-Masris zu erreichen. Der Geheimdienst, der von unseren Zusammenkünften wußte, hatte mir geraten, mich von Asis Pascha fernzuhalten. Ich beachtete diese Warnung natürlich nicht, denn ich hielt es für meine Pflicht, ihm zu helfen. Jedoch war alles, was wir anbieten konnten, der Transport nach Beirut, das sich damals noch unter der Kontrolle der Vichy-Regierung befand, von dort konnte er dann aus eigenem weiterreisen.

Kurz danach sagte mir Asis Pascha, er habe eine weitere Botschaft der Deutschen erhalten, wonach ihn ein deutsches Flugzeug am Gebel Rozza, an der Autostraße Kairo–Faium, an einem bestimmten Tag bei Sonnenuntergang erwarten werde. Nun ging mir ein Licht auf, was jene Gruppen deutscher Reisender wohl gewesen waren, die, wie die Presse vor dem Krieg so oft berichtet hatte, sich in der Westlichen Wüste verirrten. Diese Touristen unternahmen in Wirklichkeit Kundschafterexpeditionen, denn die Deutschen hatten offenkundig die Topographie unserer Wüste genau studiert. Sonst hätten sie niemals diesen Gebel Rozza gekannt, der auf der Karte ein kaum erkennbarer Punkt ist.

Wir kauften ein für Wüstenreisen geeignetes Fahrzeug. Der Verkäufer mußte aber entsprechend den damals geltenden Gesetzen den Verkauf anmelden, und so erfuhr auch der Geheimdienst davon. Da ich ohnehin unter Verdacht stand, wurde ich kurzerhand in die Garnison El-Garaulah, nicht allzuweit von Marsa Matruh, versetzt. Ich meldete mich jedoch krank, wurde in das Militärlazarett aufgenommen, aber kurz danach wieder entlassen und erhielt eine Woche

Urlaub. Das war aber nicht lang genug für mich, um Asis El-Masri bei seiner Flucht zu helfen. Ich betraute daher Abdel-Moneim Abdel-Rauf mit der Durchführung des Fluchtplanes und reiste nach El-Garaulah. Dort lernte ich Dr. Jussuf Raschid kennen, der später König Faruks Leibarzt wurde. Unsere Freundschaft war später der Anlaß, daß Dr. Raschid eine wichtige Rolle in der Vorbereitung unserer Revolution spielte, obwohl er sich dessen keineswegs bewußt war.

Ich weiß nicht, was aus dem Fahrzeug wurde. Die Engländer müssen es beschlagnahmt haben, denn Abdel-Moneim Abdel-Rauf und Hussein Zulfikar Sabri – beide waren sehr gute Piloten – mußten sich eines Militärflugzeuges bemächtigen, um Asis El-Masri mit seinem Gepäck an Bord zu bringen und ihn nach Beirut zu fliegen. Der Libanon stand damals unter der Oberhoheit der Vichy-Regierung, die vor den Deutschen kapituliert hatte. Ein paar Minuten nach dem Start jedoch entdeckte Sabri, daß er nicht genug Öl hatte. Er hatte offenbar die Ölpumpe ab- statt aufgedreht und mußte daher eine Notlandung vornehmen. Er landete in einem Baumwipfel in den Feldern von Benha. Mit Hilfe des Polizeichefs von Kaljub erreichten alle drei Kairo, wo sie sich dann versteckten.

Aber inzwischen war die Affäre mit dem Flugzeug schon entdeckt worden. Ein Koffer mit den Initialen A. M. führte dazu, daß der Verdacht der Geheimdienstleute auf Asis El-Masri fiel, besonders als sich herausstellte, daß das Flugzeug Beirut zum Ziel gehabt hatte. Da Asis El-Masris antibritische Gesinnung nur zu bekannt war, schloß man daraus, daß er in den Irak gewollt hatte, um dort Kontakt mit den Deutschen aufzunehmen. Meine Verbindung mit ihm führte dazu, daß auch ich in Verdacht geriet. Ich wurde in El-Garaulah sogleich verhaftet und nach Kairo gebracht.

Dort kam ich sehr früh am Morgen an. Man brachte mich ins Kriegsministerium, führte mich in das Büro des Sekretärs des Ministers und ließ mich dort allein. Ich hatte Armstrongs wohlbekanntes Buch über Atatürk, „Der graue Wolf", bei mir und war vollkommen darin versunken, als ich plötzlich merkte, daß jemand neben mir stand und mich aus der Nähe betrachtete. Es war Ibrahim Atallah Pascha, der Stabschef der Armee, mit seinem Gefolge. Ich nahm sogleich Achtungsstellung ein und grüßte. Er wandte sich an seine Begleiter und fragte: „Ist das der Hauptmann Mohammed Anwar El-Sadat?" Man meldete ihm, daß ich am Morgen aus der Westlichen Wüste angekommen sei. Er warf mir einen prüfenden Blick zu und ging hinaus. Hätte er sich die Mühe genommen, das Buch anzusehen, das ich las, so glaube ich, hätte er eine Menge verstehen können. Oder vielleicht auch gar nichts!

Ich wurde am Abend in das Büro des Stellvertretenden Staatsanwaltes geholt. Dort wartete ich, bis die Reihe an mich kam. Der Staatsanwalt war außerordentlich beschäftigt, die Aussagen der Zeugen über den Zwischenfall mit dem Flugzeug aufzunehmen, aber auch zahlreiche Angehörige der Luftwaffe zu verhören. Ich mußte ziemlich lange warten und bereitete mich unterdessen auf die Befragung vor. Da ich die Zeitungen gelesen hatte, war ich im Besitz aller notwendigen Informationen. Gegen Mitternacht begann mein Verhör. Der Stellvertretende Staatsanwalt fragte:

„Haben Sie Verbindungen zu Asis El-Masri? Haben Sie ihn besucht?"

„Ja, das habe ich getan. Der Geheimdienst hat mich aufgefordert, diese Verbindung abzubrechen, aber ich habe nicht darauf gehört, weil ich darin weder ein Verbrechen noch irgendein Vergehen sah."

„Kennen Sie Abdel-Moneim Abdel-Rauf und Hussein Zulfikar Sabri?"

„Ja, wir sind Jahrgangskameraden und Freunde."

„Hat sich Asis El-Masri in irgendeiner Form, vor allem in Zusammenhang mit seiner Reise ins Ausland, an Sie gewandt?"

„Meine Kontakte zu Asis El-Masri gründen sich auf Liebe und Loyalität. Ich bin von seinem Charakter, seit er uns in Mankabad besucht hat, sehr beeindruckt gewesen."

Ich beschrieb sehr ausführlich diesen Besuch, auch unseren Ausflug ins Maragh-Kloster und was wir dort gesehen hatten. Ich schloß mit den Worten: „Als Asis Pascha aus der Armee entlassen wurde, hatte ich das Gefühl, ihn aus Anhänglichkeit von Zeit zu Zeit aufsuchen zu müssen. Das ist alles."

Darauf fragte mich der Staatsanwalt:

„Besitzen Sie irgendwelche Informationen über die versuchte Reise ins Ausland oder über die Kontakte zwischen ihm und den Deutschen?"

„Wie könnte ich solche Informationen besitzen, da ich doch 550 Kilometer entfernt von Kairo lebe? Ich bin fünf Tage vor diesen Ereignissen nach El-Garaulah gereist."

Da der Stellvertretende Staatsanwalt keinerlei mich belastendes Material finden konnte, ordnete er an, daß ich zu entlassen sei und in meine Garnison nach El-Garaulah zurückzukehren habe.

Dies zeigte – so dachte ich auf dem Weg zurück in die Wüste – die Vorteile des Rechtsstaates, in dem das Gesetz herrscht. Tausende Fragen und Gedanken schossen mir durch den Kopf. Was konnte mit Abdel-Moneim Abdel-Rauf geschehen sein? Was mit Hussein Zulfikar Sabri? Und mit Asis El-Masri? Was war aus ihnen geworden? Warum bedrückte mich der Fehlschlag seines Versuches, in den Irak zu gelangen, so sehr? Auf diese letzte Frage wußte ich die Antwort. Asis El-Masri hätte zu dem Erfolg der Revolution beigetragen, deren Ziel es war, die Engländer aus dem Irak zu vertreiben. Alles, was eine Beeinträchtigung der Stellung der Briten im Nahen Osten herbeiführte, war für mich von besonderer Bedeutung. Jede Schwächung der britischen Position, wo immer es war, bedeutete für uns bessere Voraussetzungen, um unseren Schlag zu führen.

7

Gegen Ende des Jahres 1941 hatten wir – wie berichtet – Befehl erhalten, aus Marsa Matruh abzurücken. Das Bataillon Gamal Abdel-Nassers lag ganz in unserer Nähe, in einem Hamam genannten Gebiet. Er selbst war damals im Sudan und kehrte erst Ende 1942 nach Ägypten zurück. Anfang 1942 nahm ich vor meiner Beförderung in Kairo an einem Lehrkurs teil, setzte aber meine politische Aktivität fort und baute die Organisation der Freien Offiziere weiter aus.

Rommel war zu diesem Zeitpunkt mit den deutschen Panzerdivisionen in Libyen eingetroffen. Die allgemeine Stimmung in Ägypten war gegen die Engländer gerichtet und damit natürlich für deren Feinde eher günstig. Die Engländer wußten dies und verlangten von König Faruk, er solle Nahas Pascha, den Führer der parlamentarischen Majorität, mit der Bildung einer neuen Regierung beauftragen. Sie hofften, dadurch die öffentliche Meinung Ägyptens für sich zu gewinnen. Als der König ablehnte, ließ der damalige englische Botschafter, Lord Killearn, am 4. Februar 1942 den königlichen Abdin-Palast durch britische Panzer einschließen und überreichte dem König ein Ultimatum, wonach dieser entweder die Forderungen der Engländer anzunehmen oder abzudanken hatte. Angesichts dieser Drohung betraute der König tatsächlich dann Nahas Pascha mit der Bildung einer neuen Regierung.

Der 4. Februar 1942 ist ein Datum, das unsere Generation nicht vergessen kann. An diesem Tag büßte Nahas Pascha allen Respekt ein, den er bis dahin bei uns genossen hatte. Wie hatte er nur zustimmen können, sich dem ägyptischen Volk auf solche Weise aufzwingen zu lassen, buchstäblich mit vorgehaltener Pistole und noch dazu durch die Kolonialmacht! Offiziere sammelten sich in Kairo und marschierten zum Abdin-Palast, um dem König demonstrativ die Ehrenbezeugungen zu erweisen. Faruk erschien auch, um den Gruß zu erwidern. Natürlich waren wir mit König Faruk nicht glücklich, aber er repräsentierte doch die Souveränität Ägyptens, die in ihm verletzt worden war. Der Zwischenfall bedeutete eine Erniedrigung Ägyptens, der Armee und des Volkes. Als wir nun hörten, daß ein paar Tage nach der Belagerung des Abdin-Palastes Lord Killearn dem König ein weiteres Ultimatum gestellt hatte, und zwar im Zusammenhang mit einem Zwischenfall auf dem Flughafen von Kairo, durch den die Engländer ihr Prestige für angeschlagen hielten, entschlossen wir uns – die Freien Offiziere –, rund um den königlichen Palast Stellung zu beziehen und notfalls gegen die Engländer zu kämpfen, sollten ihre Panzer wiederum den Palast belagern. Ich lieh mir Zakaria Mohieddins Auto (er war der einzige von uns, der einen Privatwagen besaß) und fuhr die ganze Nacht rund um den Palast, um zu beobachten, ob sich in der Nähe oder Ferne irgend etwas Ungewöhnliches ereignete, und um meine Kameraden warnen zu können, falls was wir erwarteten eintrat.

Es ereignete sich jedoch nichts, und ich gab das Auto am Morgen seinem Besitzer wieder zurück.

Die allgemeine, den Engländern feindliche Stimmung wurde von Tag zu Tag stärker. Im Sommer vernichtete Rommel die englische Achte Armee und erreichte Alamein, nur 70 Kilometer westlich von Alexandrien. Die Ägypter zeigten unverhohlen ihre Schadenfreude. Sie demonstrierten in den Straßen mit Sprechchören wie „Vorwärts, Rommel!" und ähnlichen Schlagworten. Sie sahen in der Niederlage der Engländer den einzigen Weg, den Feind aus dem Land hinauszubekommen.

Die Engländer gerieten in Panik, und ihre Dienststellen begannen offizielle Dokumente und Papiere zu verbrennen. Sie evakuierten alle britischen Untertanen und deren Anhang in den Sudan. Nachdem Alamein den Deutschen in die Hände gefallen war, lag der Weg nach Ägypten für Rommel offen. Niemand zweifelte, daß er seinen Vormarsch bis Alexandrien und dann nach Kairo fortsetzen würde. Es war nur eine Frage der Zeit, und noch dazu einer sehr kurzen Zeit.

Es liefen schon Gerüchte um, Ägypten werde an Italien fallen, und Mussolini habe schon das weiße Pferd ausgesucht, auf dem er in Kairo einziehen wolle, wie das Feldherren in den Tagen des römischen Reiches getan hatten.

Ich berief eine Zusammenkunft meiner Freunde in der Organisation der Freien Offiziere ein. Es mußte etwas geschehen, so sagte ich. Wir konnten doch nicht Rommel in Ägypten einmarschieren lassen, ohne irgend etwas dazu zu tun. Wir kamen überein, daß einer von uns zu Rommel nach Alamein gehen solle, um ihm zu erklären, daß wir ehrenhafte Ägypter seien, die eine Organisation innerhalb der Armee aufgebaut hätten. Ferner, daß wir ebenso wie die Deutschen gegen die Engländer kämpften und bereit seien, eine ganze Armee aufzubieten, um „an eurer Seite" zu kämpfen; ferner, daß wir Rommel Luftaufnahmen liefern könnten, die die Stellungen der britischen Streitkräfte in Ägypten zeigten. Schließlich würden wir dafür sorgen, daß nicht ein britischer Soldat Kairo verlassen könne. Als Preis hiefür verlangten wir die Zusicherung vollständiger Unabhängigkeit für Ägypten, das also nicht an Italien fallen oder unter deutsche Herrschaft kommen dürfe. Ferner wollten wir eine Zusicherung erreichen, daß niemand sich in unsere inneren und äußeren Angelegenheiten einmischen werde.

Diese Bedingungen eines Vertragsentwurfes hatte ich diktiert. Das entsprechende Schreiben sollte unser Kamerad Achmed Saudi in einem Militärflugzeug nach Alamein bringen. Der Vertragsentwurf wurde meinen Kollegen vorgelegt und von ihnen auch bestätigt (mit Ausnahme von Abdel-Nasser, der sich damals im Sudan befand). Um die Erfüllung des Vertrages zu garantieren und auch unserem Widerstand Kraft zu verleihen, ging ich auf den Glasmarkt und kaufte 10.000 Flaschen, die wir verwendeten, um Molotow-Cocktails herzustellen. Bagdadi, Hassan Ibrahim, Saudi und Hassan Izzat machten indessen Luftaufnahmen von den britischen Militärstellungen. Die Filme davon und der Vertragsentwurf wurden in einer Tasche Saudi überreicht, der nun nach Alamein zu Rommel fliegen sollte.

An diesem Tag hatte Hassan Ibrahim Flugdienst. Er überließ seine Maschine Saudi, der so flog, als ob er sich auf einem routinemäßigen Patrouillenflug befände; er steuerte aber Alamein an. Seine Maschine war natürlich ein Flugzeug britischer Herkunft, eine „Gladiator".

Obwohl jedoch Saudi Freundschaftszeichen gab, schossen die Deutschen sein Flugzeug ab, wobei er den Tod fand. Als bekannt wurde, daß das Flugzeug verlorengegangen war, kam Hassan Ibrahim vor eine Untersuchungskommission, und seine Beförderung wurde ausgesetzt, niemand aber entdeckte irgend etwas von der Planung, die hinter dem Zwischenfall stand.

Zu jener Zeit stand ich beim Nachrichtenkorps am Gebel-el-Asfar in der Nähe von Kairo. Ich wartete auf eine Botschaft entweder von Saudi oder von den Deutschen. Doch alles blieb stumm. So begann ich mir Sorgen zu machen, bis ich schließlich die Wahrheit erfuhr.

Doch eines Tages im Sommer 1942 gab es eine außerordentliche Überraschung. Einer meiner Kameraden, Hassan Izzat, berichtete mir, zwei Offiziere der deutschen Armee wünschten mit uns in Verbindung zu treten, um eine Zusammenarbeit zu begründen. Ich war darüber sehr froh und hielt dies für eine Fügung Gottes.

Einer der Deutschen hieß John W. Eppler. Seine Mutter – eine Deutsche – hatte einen ägyptischen Richter des Obersten Gerichtshofes geheiratet und hatte mit ihm auch einen Sohn, der Hassan Gaafar hieß, ein sehr anständiger junger Mann. Eppler dagegen unterschied sich weitgehend von seinem Halbbruder. Er hatte lange Zeit in Ägypten gelebt und sprach fließend Arabisch. Er trug auch einen arabischen Namen, nämlich Hussein Gaafar, doch hatte ihn sein ägyptischer Stiefvater aus dem Hause der Familie verwiesen, weil er sich dort so übel aufführte. Ein deutscher Funker namens Sandy, der kein Wort Arabisch konnte, begleitete Eppler. Als ich sie fragte, wie es ihnen gelungen sei, nach Ägypten zu gelangen, sagten sie, sie hätten sich als Offiziere der britischen Armee verkleidet und in wüstengängigen Fahrzeugen von Libyen her dann auf Beduinenwegen, die nur den Nomaden in der Wüste bekannt sind, die Kharga-Oase erreicht und von dort Assiut und Kairo.

In Kairo pflegten Eppler und sein Kamerad Sandy ihre Abende im „Kit-Kat"-Nachtklub zu verbringen, wo sie unklugerweise recht auffällig auftraten. Da sie große Summen Geldes in Pfundnoten besaßen, die in Griechenland gedruckt worden waren, und mit dem Geld großzügig um sich warfen, zogen sie jedermanns Aufmerksamkeit auf sich, bis schließlich eine Tänzerin sie den Behörden meldete. Natürlich wurden sie dann vom englischen Geheimdienst beobachtet, was ich aber erst später erfuhr. Als ich sie traf, wußte ich nur, daß sie in einem Hausboot auf dem Nil in der Nähe des „Kit-Kat" wohnten. Das Boot hatte Hikmat Fahmi für sie gemietet, eine Tänzerin in einem anderen Nachtklub, dem „Badia Musabni". Ich wußte ferner auch, daß sie einen Sender bei sich hatten, der aber gestört war.

Ich ging mit ihnen zu ihrem Hausboot am Nil, um den Sender zu untersuchen. Ich fand jedoch zwei Sender vor: Der eine, ein deutsches Fabrikat, war tatsächlich nicht in Ordnung, aber der andere war amerikanischer Herkunft und vollkommen neu. Es war ein sogenannter „Helicrofter Skychallenger", ein ganz ausgezeichnetes und sendestarkes Funkgerät. Eppler erklärte uns, daß er, als der deutsche Sender ausfiel, heimlich Kontakt mit der ungarischen Botschaft hergestellt habe (Ungarn vertrat damals die deutschen Interessen in Ägypten). Der Beamte, der mit den deutschen Angelegenheiten betraut war (selbst ein Deutscher), habe ihn mit diesem neuen amerikanischen Sender ausgerüstet. Ich fand heraus, daß dieses Gerät tatsächlich viel besser war als das deutsche, daß aber an beiden Sendern Schalter fehlten, und schlug daher vor, ägyptische Schalter zu verwenden. Sie stimmten zu. Ich brachte die Sender in einem Taxi in mein Haus nach Kubri-el-Kubbeh.

Ich probierte nun die Sender zu Hause aus. Der amerikanische besaß wirklich eine große Reichweite. Das freute mich ganz außerordentlich. Damit, so dachte ich, würde es mir möglich sein, mit Rommel in Verbindung zu treten und unsere Bedingungen für eine Zusammenarbeit vorzulegen, wie sie seinerzeit in dem Vertragsentwurf enthalten waren, der ihn offenbar niemals erreicht hatte. Wir konnten nicht weiter untätig dasitzen, denn die Zeit arbeitete nicht für uns. Ich überlegte, daß jeden Augenblick Rommel in Kairo sein konnte. Wenn er die Stadt ohne eine vorhergehende Abmachung mit uns einnahm, daß heißt, wenn Rommel nicht von unserem Widerstand gegen die Engländer und von der Hilfe wußte, die unsere Organisation ihm als Austausch für die Unabhängigkeit Ägyptens zu geben bereit war, dann bestand die Gefahr, daß die britische Okkupation unseres Landes einfach durch eine andere ersetzt werden würde, nämlich die der Deutschen und Italiener. Und selbstverständlich wünschten wir uns nichts Derartiges. Der einzige Weg aus dieser Schwierigkeit war eben, den direkten Kontakt mit Rommel aufzunehmen, und hier besaß ich nun endlich die Möglichkeit einer solchen Kommunikation, nachdem unsere früheren Versuche offensichtlich fehlgeschlagen hatten. Alles was ich tun mußte war, den Sender in meine Werkstätte in Gebel-el-Asfar mitzunehmen, einen endgültigen Test mit ihm durchzuführen und den Funkverkehr aufzunehmen.

Da ich nicht wußte, daß Eppler und sein Kamerad Sandy beobachtet wurden, war ich überrascht, als eines Morgens Hassan Izzat und mir eine Botschaft zugestellt wurde, die von Abdel-Mugni Said stammte, der ursprünglich den Kontakt mit den beiden Deutschen hergestellt hatte. In der Botschaft hieß es, der britische Geheimdienst, der Intelligence Service, habe Eppler und Sandy verhaftet. Der Sender mußte nun versteckt werden. Hassan Izzat und ich brachten ihn zu einem meiner Freunde in Schubra – einem Bezirk Kairos –, aber unglücklicherweise war dieser nicht zu Hause. Die Tür war versperrt, und man sagte uns, daß er für einige Zeit „in sein Dorf gereist sei". Ich nahm nun den Sender mit in mein Haus in Kubri-el-Kubbeh und versteckte ihn dort in einem der beiden von mir bewohnten Räume. Noch in derselben Nacht kamen die Geheimpolizisten. Sie klopften so lange an die Tür, bis jedermann aufgewacht war.

„Ist Hauptmann Anwar El-Sadat hier?"

„Ja."

Sie kamen sofort herein. Es war eine ganze Kompanie englischer und ägyptischer Offiziere und vielleicht 20 oder 30 Detektive, die Garten und Haus durchsuchten. Es war schwierig zu erkennen, wie viele es wirklich waren. Wir besaßen einen Hund – eine „Promenadenmischung" –, der, offensichtlich überwältigt von dieser Armee von Fremden, sich in eine Nische hinter dem Ofen verkroch und von dort hervorbellte. Offensichtlich protestierte er gegen das Unrecht, vielleicht aber verteidigte er auch den Ofen, der ihm als eine Quelle der Nahrung galt, da doch dort das Brot für die Mitglieder dieses stillen und friedlichen Haushaltes gebacken wurde, in dem er lebte und dessen Angehöriger er ja auch war.

„Wo ist Ihr Zimmer?“ wurde ich gefragt. Ich zeigte auf einen der beiden Räume im Hinterhaus meines Vaters. Es war mein Schlafzimmer. Während es durchsucht wurde, fand Saif El-Jasal, ein Geheimdienstoffizier, neben meiner Dienstpistole noch eine weitere Schußwaffe. Er nahm unauffällig die zweite Pistole und steckte sie einfach in die Tasche, statt sie der Polizei zu übergeben. Wir kannten einander nicht besonders gut, aber es verband uns doch die festeste aller Bindungen, der Patriotismus. Die Herzen aller Ägypter – was immer sie auch für einen Beruf hatten – waren von diesem Patriotismus erfüllt.

Nach meinem Schlafraum wollte man mein Studierzimmer durchsuchen. Ich sagte, dort hielten sich die weiblichen Mitglieder der Familie auf und müßten entsprechend den Sitten unseres Landes zuerst den Raum verlassen. Die Polizisten stimmten zu. Ich ging in das Zimmer, wo ich den Sender aufbewahrt hatte. Dort befand sich der Sender und auch eine Büchse mit Schießpulver, im Dorf aus Weidenholz und Düngesalzen hergestellt. Ich bat meinen älteren Bruder Talaat, beides – Sender und Schießpulver – verschwinden zu lassen. Er trug sie durch eine Hintertüre hinaus und versteckte den Sender unter einem Haufen von Feuerholz im Ofenraum. Der brave Hund verteidigte das Versteck; sein ununterbrochenes lautes Gebell bildete für Talaats Manöver eine ausgezeichnete Tarnung.

Nun wurde mein Studierzimmer durchsucht, man fand aber nur ein paar Bücher, die die Geheimpolizisten mitnahmen. Mich forderten sie auf, mit ihnen zu gehen. Sie wollten mich in das Gefängnis der Ausländer bringen, aber ich weigerte mich, denn, so sagte ich, laut Gesetz könne ein Offizier der ägyptischen Armee nur im Offizierskasino festgehalten werden und müsse von Offizierskameraden bewacht werden. Sie beugten sich diesem Gesetz und schlugen vor, daß ich die Nacht als „Gast“ der Polizei in den Büros der Division B in der „Garden City“ verbringen sollte. Das Armeekommando werde mich am Morgen kommen lassen. Ich willigte ein.

Der nächste Morgen sah mich im Kasino des Kavalleriekorps. Mein Kamerad Hassan Izzat war ebenfalls da, aber am anderen Ende des Gebäudes. Wir sahen einander lediglich beim Frühstück. Achmed Riad, der Kommandeur des Kavalleriekorps erlaubte uns, nebeneinander zu sitzen und miteinander zu reden. Er flüsterte uns aber zu, wir sollten uns beeilen, denn er müsse uns nach dem Frühstück sofort wieder trennen. Er half uns genauso, wie Saif El-Jasal mir geholfen hatte, als er meine „andere“ Pistole in die Tasche steckte. Wir fühlten, daß wir eben alle Ägypter waren, die im Widerstand gegen die Feinde und die Regierung zusammenarbeiten mußten. Trotz unserer verschiedenen Stellungen und Aufgaben arbeiteten wir zusammen. Unsere Pflicht der Heimat gegenüber kam zuerst und stand über allem anderen.

Durch drei Tage und Nächte konnte ich nichts essen. Ich trank nur Wasser, aber es löschte meinen Durst nicht. Irgend etwas in mir brannte. Meine Gedanken arbeiteten Tag und Nacht auf der Suche nach einem Ausweg. Es hatte keinen Zweck zu bestreiten, daß ich Eppler kannte, denn ich war mehrmals mit ihm gesehen worden. Der einzige Ausweg war, alles was geschehen war, in vollem Umfang, jedoch so darzustellen, daß es unverfänglich und glaubhaft klang. Aber wie? Da war guter Rat teuer.

Nach harter Arbeit an diesem Problem hatte ich mir am Ende der drei Tage eine vollständige Geschichte ausgedacht, die alle Antworten und Alibis umfaßte und alle möglichen Fangfragen des Feindes abblockte. Ich teilte meinem Kameraden Hassan Izzat alle Einzelheiten meiner Geschichte mit, damit unsere Aussagen bei einem Kreuzverhör einander nicht widersprachen. Erst nun konnte ich wieder ein normales Leben führen, konnte wieder essen, trinken und schlafen.

Wir wurden zum Armeehauptquartier gebracht, wo eine Art Identifizierungsparade arrangiert wurde. Die beiden deutschen Spione identifizierten mich natürlich ohne weiteres. Eppler ging ohne irgendwie zu zögern mehrmals direkt auf mich zu. Sandy war weniger kühn: Er bewegte sich etwas weniger zielsicher, bis er in meine Nähe gekommen war, dann aber zeigte er auf mich.

Wir wurden nun vor einem Untersuchungsgericht verhört, das das Verfahren vor dem Obersten Militärtribunal vorbereiten sollte. Dieses Untersuchungsgericht bestand aus zwei britischen und zwei ägyptischen Offizieren sowie einem Polizeioffizier, Kamal Riad, von der Division B, was ohne Zweifel nicht dem Reglement entsprach.

Das Verhör begann:

„Kennen Sie Eppler?“

„Nein.“

„Kennen Sie Hussein Gaafar?“

„Nein.“

„Kennen Sie den Mann, der Sie identifiziert hat?“ Der Verhörende zeigte auf Eppler.

„Ja, natürlich! Das ist Major Abraham von der britischen Armee.“ (Es entstand Verwirrung im Gericht, dann ging das Verhör weiter.)

„Erhielten Sie nicht einen Radiosender von ihm?"

„Einen Sender? Natürlich nicht, dieser Mann und sein Kamerad haben sich mir als Offiziere des britischen Nachrichtenkorps vorgestellt. Da es meine Aufgabe ist, mit diesem Korps zusammenzuarbeiten, habe ich ihn mehrmals getroffen."

Da ich mich erinnerte, daß die beste Methode der Verteidigung der Gegenangriff sei, wandte ich mich plötzlich an Eppler und fragte ihn:

„Erinnern Sie sich, Major Abraham, an unser Zusammentreffen bei El-Gammal?"

„Ja, natürlich," antwortete er, „aber ich habe Ihnen nicht gesagt, daß ich Abraham heiße. Ich sagte Ihnen, daß ich ein Deutscher bin und daß mein Name Eppler ist."

„Wenn Sie das getan hätten, würde ich Sie gemeldet haben."

„Und wie war das mit dem Hausboot am Nil?"

Da ich bestritt, das Boot zu kennen, wollte er mich daran erinnern, indem er mich fragte: „Haben Sie vergessen, wie der Hund gebellt hat, als Sie das Hausboot verließen und den Sender mitnahmen?"

Dies machte mich so wütend, daß ich ihm sehr kräftig auf die Zehen trat.

Er sprang auf und schrie: „Warum sind Sie mir auf die Zehen getreten?"

Ich spielte große Überraschung und antwortete: „Ich bin auf Ihre Zehen getreten? Warum erheben Sie solche falschen Anklagen gegen mich? Ein Hausboot, ein Sender, ein bellender Hund und jetzt Ihre Zehen! Was wollen Sie eigentlich?"

„Es hat keinen Sinn zu leugnen. Ich habe ein volles Geständnis abgelegt, und jetzt müssen auch Sie gestehen."

Darauf antwortete ich sehr ruhig: „Was soll ich gestehen? Ich kenne Sie, aber als einen britischen Offizier."

„Was ist mit Heliopolis?"

Ich hatte ihn tatsächlich Asis El-Masri in Heliopolis vorgestellt, aber ich sagte: „Ja, wir haben einander in Heliopolis getroffen."

„Und wer war mit uns in Heliopolis?"

Darauf erfand ich eine ganze Geschichte, daß er zu mir nach Heliopolis gekommen sei, um mir von einer Erkrankung seines Freundes Sandy zu berichten.

Nach mir wurde Hassan Izzat ins Kreuzverhör genommen. Seine Erklärungen waren mit den meinen identisch. Dann rief man Sandy, und wir verfuhren mit ihm genauso wie mit Eppler.

Die Anklage gegen uns schien zusammenzubrechen. Hassan Izzat und ich wurden wieder zurück in Gewahrsam im Offizierskasino gebracht.

Im Juli jenes Jahres hatte Churchill nach dem Zusammenbruch der Achten Britischen Armee und der Eroberung Alameins durch Rommel Ägypten einen geheimen Besuch abgestattet. Er hatte die Befehlshaber der britischen Armee ausgewechselt und Montgomery zum Oberbefehlshaber ernannt. Er ging dann nach Alamein, um die Moral der britischen Truppen zu heben. Er ließ sich auch die beiden deutschen Spione vorführen, Eppler und seinen Kameraden, und versprach ihnen – wie ich später erfuhr – ihr Leben, falls sie gestanden. Dies war die Ursache des vollen Geständnisses Epplers.

Ich war immer noch in Gewahrsam im Offizierskasino. Eines Tages, während des Ramadan, etwa eine Stunde vor Sonnenuntergang, kam mein Vater mich besuchen. Er sah blaß aus, mager und völlig erschöpft. Mein Bewacher, ein Artillerieoffizier, ging sofort aus dem Raum und ließ uns allein, damit wir frei sprechen konnten. Ich fragte meinen Vater nach dem Grund seines Besuches. Er versuchte, gefaßt zu erscheinen, und sagte:

„Generalmajor Ali Muwafi Pascha, der Chef der Militärverwaltung, hat mich heute zu sich gerufen. Er hat zu mir gesagt: ‚Der Fall Ihres Sohnes ist hoffnungslos. Es ist besser für ihn, wenn er gesteht. Wenn er das tut, wird man ihm gegenüber bei der Urteilsprechung Milde walten lassen. Wenn er es nicht tut, wird er in der Morgendämmerung von einem Exekutionskommando erschossen.'"

Ich begriff damals, daß alle Bemühungen, eine Anklage gegen mich zusammenzubringen, vollkommen fehlgeschlagen waren und man nun einen billigen Trick als letzten Ausweg versuchte. Ich sagte meinem Vater:

„Um erschossen zu werden, muß man mich erst vor dem Obersten Militärtribunal anklagen und schuldig sprechen. Das ist das System, das in der Armee gültig ist. Hätten sie mich jetzt schon verurteilt, dann würden sie sich nicht deiner zu bedienen versuchen, um mich zu einem Geständnis zu bewegen."

Auch mein Vater war überzeugt. Er war, Gott segne seine Seele, gewohnt, meine Ansichten ohne viele Fragen zu akzeptieren. Er gewann seine Haltung wieder und blieb bis zum Sonnenaufgang bei mir. Wir frühstückten gemeinsam, und er ging dann durchaus getröstet fort, in der Gewißheit, daß das Leben seines Sohnes keineswegs in Gefahr war.

Später erfuhr ich, daß Muwafi Pascha meinen Vater am folgenden Tag wieder hatte in sein Büro rufen lassen, um zu erfahren, wie die Zusammenkunft verlaufen sei. Mein Vater sagte zu ihm: „Hören Sie, Pascha, wenn mein Sohn schuldig ist, dann lassen Sie ihn erschießen. Aber wenn er unschuldig ist, dann müssen Sie ihn freilassen und auf seinem früheren Posten einsetzen."

Muwafi Pascha warnte ihn wieder vor den Konsequenzen meiner Hartnäckigkeit, ein Geständnis zu verweigern. Doch mein Vater beharrte auf seinem Standpunkt: „Tun Sie, was Sie wollen, ich habe dazu nichts mehr zu sagen."

Unterdessen traf General Montgomery alle Vorbereitungen, um den Sieg über die Deutschen zu sichern: starke Truppenkonzentrationen waren bereitgestellt. Montgomery konnte vor allem die Nachschublinien Rommels über das Mittelmeer unterbinden. Die Aufregung der Engländer kühlte daher ein wenig ab, und ihre Haltung zu unserem Fall begann sich zu ändern. Am 26. Ramadan im Jahre 1942 – eine Stunde vor Sonnenuntergang – rief mich der Stabschef der Militärzone von Kairo zu sich, um mir mitzuteilen, daß ich entsprechend einem königlichen Dekret von meinen Pflichten als Offizier suspendiert sei.

Ich legte meine Rangabzeichen ab. Mohammed Ibrahim Imam, der Chef der politischen Polizei, kam zu mir und sagte: „Komm mit mir in das Regierungshauptquartier in Kairo, gewisse Formalitäten müssen erledigt werden." Ich begriff, daß er mich nun verhaften würde. Ich fragte ihn: „Wo gehen wir hin? Ich möchte, daß meine Ordonnanz weiß, wohin sie mir das Frühstück zu bringen hat."

„In das Gefängnis der Ausländer", antwortete er lakonisch.

Während des ganzen Weges, den wir zum Gefängnis der Ausländer zurücklegten, stieg das Bild Zahrans vor meinem inneren Auge auf. Ich sah, wie er in den Tod ging, hocherhobenen Hauptes und glücklich über das, was er getan hatte.

Ich hatte jetzt endlich auch vollendet, was Zahran vor mir gelungen war. Überwältigt von diesem Gefühl begriff ich, so klar wie niemals zuvor, daß Zahran nicht besiegt worden war. Er wurde hingerichtet, aber die Kraft seines Willens starb nicht mit ihm. War es denn nicht dieser Wille, den ich seit meiner frühesten Kindheit besessen hatte? Der Wille herauszufordern, der Wille zu siegen?

Wir erreichten das Gefängnis. Als ich die Stiege zu meinem Raum hinaufstieg, wurde ich von einer sonderbaren Freude überwältigt: Es war die Freude des Erkennens einer gewaltigen inneren Kraft, die ich allein verspürte.

Ich hatte gesiegt, so wie Zahran gesiegt hatte, obwohl man ihn tötete; ich hatte gewonnen, obwohl man mich meines Ranges entkleidet und verhaftet hatte ...

Kapitel II

Der Kampf um die Befreiung Ägyptens

1

Am 26. Ramadan des Jahres 1942 schritt ich zum ersten Mal durch das Tor des Gefängnisses für Ausländer. Der Abend des 27. Ramadan, im Koran die „Nacht der Macht“ genannt, wird in Ägypten als religiöses Fest gefeiert. An diesem Abend verspeisen wir – als erste Mahlzeit des Tages – besonders in den ländlichen Gegenden eine Ente oder eine Gans, aber auch ein paar Kapaune, je nachdem, was man sich leisten kann, um das Fasten zu beenden.

Das Gefängnis der Ausländer war für jene Fälle reserviert, die irgendwie eine Beziehung zu dem von England geführten Krieg hatten. Sein Direktor war ein gewisser Hickman, ein britischer Untertan maltesischer Abstammung. Ich wurde in meine Zelle gebracht, die sich im ersten Stockwerk befand. Kurz danach brachte mir meine Ordonnanz eine Mahlzeit. Bei Sonnenuntergang verrichtete ich das Abendgebet; dann aß ich.

Bis dahin fühlte ich mich mehr oder weniger normal. Ich war mir kaum eines Gefühls des Schocks bewußt. Erst als ich mein Essen verzehrt und eine Zigarette geraucht hatte (Rauchen war in diesem Gefängnis ausnahmsweise erlaubt), kam mir die volle Bedeutung des Geschehenen zu Bewußtsein. Ich fühlte mich völlig verloren. Was sollte ich tun? Ich würde nun für eine ziemlich lange Zeit im Gefängnis bleiben müssen, dessen war ich sicher. Aber was sollte ich mit mir anfangen, und was würde nachher mit mir geschehen? Was blieb mir zu tun, mir, der degradiert und dessen Armeekarriere zerstört worden war?

Diese und viele tausend andere Fragen bestürmten mich. Es trieb mich in meinem Zimmer auf und ab, von einer Ecke in die andere, von einer Wand zur anderen – stundenlang. Schließlich setzte ich mich auf den Boden und lehnte mich gegen das Bett (genauso wie wir es im Dorf zu tun gewohnt sind). Ich liebe es, auf dem Boden zu sitzen, vielleicht, weil ich mich in dieser Stellung näher der Natur fühle, und vielleicht auch, weil ich einfach gewöhnt war, in unserem

Dorf auf dem Boden zu hocken. Das Dorf! Plötzlich dachte ich an unser Dorf!

Gewiß, es war nur ein Gedanke, aber er gab mir unglaubliche Kraft. Mein Dorf war da, im Herzen des Nildeltas, und natürlich würde ich eines Tages dorthin zurückkehren. Warum sollte ich mir denn dann Sorgen um meine Zukunft und mein Schicksal machen? In seiner Heimat – in seinem Dorf – findet der Mensch Seelenfrieden. Alle Bewohner des Dorfes haben an diesem inneren Frieden teil, so gering, arm oder schwach sie auch sein mögen. Denn jeder besitzt ein Heim oder doch zumindest die Vorstellung eines Heimes. Selbst wenn seine tatsächliche Heimstätte nur aus einem Zimmer, einem Waschraum und aus einer gemauerten Bank besteht. Sobald ein Mensch die Türe hinter sich geschlossen hat, kann es für ihn keinen größeren Seelenfrieden geben. Dies ist die Quintessenz des bäuerlichen Lebens: Seelenfrieden und Sicherheit. Durch den gegenseitigen Prozeß des Gebens sind Bauer und Land auf das innigste miteinander verbunden. Der Bauer, der sein Land bearbeitet, empfindet, daß er nichts anderes bedarf.

Obwohl ich mein wahres Selbst noch nicht erkannt hatte, war ich doch durch diese Seelenerforschung im Gefängnis imstande, einen mir bis dahin unbekannten Zug meines Charakters zu erkennen. Ich begriff, daß es mir genügte, ein einfacher Bauer zu sein, um der glücklichste Mensch auf Erden zu werden. Das Gefühl, nichts zu brauchen außer meinem Land – obwohl es nicht mehr als zwei Morgen umfaßte –, bedeutete eine Quelle der Kraft während der ganzen Zeit, die ich im Gefängnis verbrachte. Und es ist tatsächlich auch heute noch so. Zu welcher Zeit und unter welchen Umständen immer: das Bewußtsein, ein Bauer zu sein, gibt mir das seltene Gefühl der Bedürfnislosigkeit. Tatsächlich ist ja der Boden immer da. Ich kann jederzeit auf das Land zurückgehen, ich kann es selbst mit meinen eigenen Händen bearbeiten. Und das allein wäre schon genug, mehr als genug. Ich bin Herr meines Schicksals, mein Wille allein entscheidet, ich bin mein eigener Herr!

Wie eine dunkle Wolke, die aber der Sonne weicht, um das Licht strahlen zu lassen, kam mir ein Gedanke: Die meisten Leute trachten nach dem, was sie nicht besitzen, und lassen sich daher von jenen Dingen, die sie erwerben wollen, versklaven. Sie werden die Gefangenen ihrer Wünsche, obwohl sie scheinbar frei sind, obwohl sie nicht hinter Schloß und Riegel gehalten werden, wie es mir hier in diesem Gefängnis geschah.

2

Das Gefängnis der Ausländer war einzigartig: Jede Zelle war mit einem Bett, mit Decken, einem Sessel und einem kleinen Tisch ausgestattet. Rauchen war – wie ich schon sagte – erlaubt, obwohl ein Wärter die Zigarette anzünden mußte, da es nicht gestattet war, in den Zellen Streichhölzer oder Feuerzeuge zu besitzen. Dadurch ermutigt, bat ich um Zeitungen.

Nicht nur diese erhielt ich, sondern auch Bücher. Solche Unterschiede der Behandlung in den Gefängnissen der Ausländer und der Einheimischen gab es in ganz Ägypten.

Im Misr-Gefängnis, wohin ich etwas später gebracht wurde, blieb ich ein ganzes Jahr lang völlig von der Außenwelt abgeschnitten. Dort verweigerte man mir alles: Zeitungen, Bücher, Decken und Sessel.

Doch im Gefängnis der Ausländer bat ich, da ich mein Englisch verbessern wollte, um einige Bücher in dieser Sprache. Der Gefängnisdirektor, Mr. Hickman, sandte mir eine Sammlung von Kurzgeschichten, die mir großen Spaß machte. Eines der Bücher, das ich im Gefängnis las und an das ich mich immer noch erinnere, handelte von einer Gesellschaft auf dem Lande in England, deren Mitglieder einander einmal in der Woche trafen, um eine Vielzahl von Themen zu diskutieren: ihre Ansichten über ihre Gemeinde, die laufenden Ereignisse in ihrem Dorf oder in benachbarten Orten, landwirtschaftliche Fragen, Erntebedingungen und anderes mehr. Ein Bericht über ihre Gespräche wurde in einem Protokollbuch festgehalten, das nützliches Material für eine vierteljährliche Publikation darstellte. Die Idee gefiel mir so gut, daß ich beschloß, sobald ich einmal frei sein würde, ein ähnliches Projekt in meinem Dorf ins Leben zu rufen. Ich dachte daran, Verwandte und Freunde zu periodischen Zusammenkünften zu versammeln. Oh, die Freiheit des Landlebens, oh, das Gefühl inneren Friedens, den das eigene Heim verleiht! Wie schön war es, der spontanen, echten und einfachen Sprache unseres Landvolkes zuzuhören, die so reich an tiefer Bedeutung ist und eine Tausende Jahre alte Kultur widerspiegelt.

So war die Zeit, die ich in diesem Gefängnis verbrachte, im ganzen gesehen keine schlimme. Ich las die meiste Zeit und machte lange Spaziergänge rund um den Gefängnishof (Gehen war mein Lieblingssport). Es waren uns jedoch nur zwei solche „Pausen" im Tag gestattet, jede fünfzehn Minuten lang, während der wir innerhalb der Gefängnismauern spazierengehen durften.

Viele interessante Dinge geschahen, während ich im Gefängnis war, aber unglücklicherweise entsinne ich mich nicht mehr aller. Doch ich erinnere mich, daß ich eines Tages von einer weiblichen Stimme geweckt wurde, die sang: „Nein, wirklich, Abdel!" Das war ein berühmter Schlager jener Tage, dann aber fing die Frau plötzlich zu weinen und zu schreien an, wie es manchmal in melodramatischen Filmen passiert. Auf meine Frage erhielt ich die Antwort, das sei die Tänzerin Hikmat Fahmi, die in der nächsten Zelle gefangen saß, da sie eine der Angeklagten in unserem Prozeß war. Das schien mir ganz selbstverständlich, denn sie hatte den deutschen Spionen ja das Nil-Hausboot besorgt. Alle, die im Gefängnis der Ausländer festgehalten wurden, standen unter Anklagen, die die britischen Behörden gegen sie erhoben hatten. Sobald die Untersuchung ihrer Fälle abgeschlossen war, wurden sie in andere Gefängnisse verlegt. Ich war daher nicht überrascht, als man mich eines Tages zum Gefängnisdirektor brachte, der mich noch einmal, in Gegenwart Epplers, des deutschen Spions, in ein Kreuzverhör nahm. Ich änderte jedoch meine Aussagen nicht. Während ich dort stand und wartete, läutete das Telefon, und Hickman antwortete. Er wurde offensichtlich über das Ergebnis meines neuerlichen Verhöres befragt, denn ich hörte ihn sagen (gewiß vermutete er nicht, daß ich Englisch konnte): „Es hat keinen Zweck! Er leugnet alles!"

Mein Kamerad Hassan Izzat wurde ebenfalls im Gefängnis der Ausländer festgehalten, aber es gelang uns nicht, zusammenzukommen. Als die Wärter erfuhren, daß wir Offiziere waren, begannen sie uns zu helfen, indem sie Botschaften zwischen uns hin und her trugen. Sie begannen uns auch mehr Sympathie, Freundlichkeit und Respekt zu zeigen. Praktisch machten sie mich mit den meisten Insassen des Gefängnisses bekannt: so mit einem Deutschen namens Max, der dort schon neunzehn Monate verbracht hatte, und einem Italiener, der bereits seit acht Monaten gefangen war. Da niemand kürzer als sechs Monate in diesem Gefängnis blieb, schloß ich daraus, daß ich wahrscheinlich für eine ähnlich lange Zeit dort bleiben müsse – eine schreckliche Aussicht, besonders, da es schon Winter war und unsere Kleidung dafür nicht warm genug schien. Das war um so schlimmer, als wir die meiste Zeit in den Zellen verbringen und fast völlig auf gesunde Bewegung im Freien verzichten mußten. Eines Morgens jedoch erschien der Wärter, beladen mit Geschenken für mich. Was mich aber, abgesehen von den Eßpaketen, die mir meine Familie schickte, ganz besonders freute, war etwas wirklich Großartiges: ein wollener Schlafrock. Ich faltete ihn auseinander, legte ihn auf das Bett und starrte ihn immer wieder ungläubig an und betastete ihn. Der Schlafrock war ungewöhnlich schön, so etwas sieht man sonst nur in Filmen. Erstaunt – aber voll Freude – rief ich den Wärter und fragte ihn, ob der Schlafrock wirklich für mich bestimmt sei. Er war tatsächlich an die Zelle Nummer 7 adressiert, also wirklich an mich. Nun, ich zog ihn an und fühlte mich außerordentlich glücklich. Selbst als Hauptmann der ägyptischen Armee hätte ich mir ein solches Kleidungsstück nicht leisten können. Wie war meine Familie nur zu einem so wertvollen Geschenk für mich gekommen? Vielleicht hatten sie meine Abfertigung in Höhe von 80 Pfund, die ich beim Ausscheiden aus der Armee erhalten hatte, dafür ausgegeben? Ich war zutiefst bewegt. Ich vollzog die vorgeschriebenen Waschungen vor dem Dankgebet. Es war nicht so sehr der Schlafrock an und für sich, der mich so freute, so angenehm er mir auch war. Ich war vielmehr von der Geste gerührt, von der Tatsache, daß „irgend jemand" sich meiner noch erinnerte, daß ich noch irgend etwas für Menschen bedeutete, für bestimmte Menschen zumindest.

3

Ich begann mich an das Leben im Gefängnis zu gewöhnen, besonders als man mir erlaubte, meinen Kameraden Hassan Izzat zu sehen. Das bedeutete, daß die Untersuchung unseres Falles abgeschlossen war. Hassan sprach immer wieder über seine Zukunftspläne. Er wollte Fischfang hinter dem Assuan-Damm betreiben und machte Pläne für landwirtschaftliche Projekte, während ich an nichts anderes denken konnte, als in mein Dorf zurückzukehren und von neuem zu beginnen.

Für das Gefühl des Eingewöhnens, das der Akklimatisierung folgte (ein Segen Gottes), blieb mir jedoch nicht viel Zeit. Eines Tages forderte mich der Wärter auf, einzupacken. „Warum?" fragte ich. „Du wirst versetzt", sagte er. Ich fragte wiederholt nach dem Ziel, erhielt aber keine Antwort. So packte ich meine Sachen zusammen und ging zum Büro des Direktors, wo man mir meine Schuhbänder, meine Krawatte, meinen Rasierapparat und drei Pfund zurückgab (diese drei Pfund hatte meine Familie für mich an der „Rezeption" deponiert). „Sind deine Sachen in Ordnung?" fragte man mich. Ich bejahte das. „Unterschreibe hier." Ich tat es. Dann mußte ich, eskortiert von zwei Soldaten, zum Gefängnistor marschieren. Dort wartete ein Geländewagen. Das Stiegenhaus war mit Tuchbahnen verhängt, so daß ich auf dem Weg nach unten nicht hinaussehen konnte. Es war, als ob man mich entführen wollte. Hassan Izzat befand sich schon im Auto, ich war offenbar der letzte, der zustieg, denn kaum war ich eingestiegen, wurde eine Zeltplane über den Wagen gespannt, und die Fahrt ging los.

Minuten später waren wir auf dem Bahnhof von Kairo und wurden auf einen Bahnsteig gebracht, von dem die Züge in Richtung Süden abfuhren. Offensichtlich sollte es irgendwohin nach Oberägypten gehen. Der Bahnsteig war überraschenderweise von allen Passagieren geräumt worden; nur zahlreiche Polizisten waren zu sehen, so als ob wir eine beträchtliche Macht darstellten, die eine Bedrohung für die Sicherheit des Staates hätte bedeuten können (und daher eben auf das genaueste bewacht werden mußte).

Ein kurzer Zug mit einer Diesellokomotive wartete auf uns. Wir nahmen in einem der Waggons Platz. Es gab auch noch andere Passagiere, andere Gefangene, an zwei von ihnen kann ich mich noch erinnern: Es waren höhere Armeeoffiziere, die sich mit Parteipolitik befaßt hatten. Jeder von uns wurde von einem Polizeibeamten bewacht, der neben ihm saß. Der Zug fuhr an und brachte uns zu einem anderen Gefangenenzentrum, diesmal in Oberägypten.

Das Anhaltelager befand sich nur zwei Kilometer von Minia entfernt (etwa 275 Kilometer von Kairo). Das Auto, das uns hinbrachte, war ebenfalls mit Planen abgedeckt, so daß wir buchstäblich wiederum während der ganzen Zeit wie mit verbundenen Augen fuhren. Es war kein Anhaltelager im üblichen Sinn des Wortes, sondern ein weitläufiger Palast, der isoliert am Ufer des Ibrahimia-Kanals stand, inmitten von Ödland und in der Nähe eines kleinen Dorfes, das sich nicht sehr viel von meinem Mit Abu-el-Kom unterschied. Wie kam ein Palast in eine trostlose Gegend wie diese?

Wir erfuhren schließlich, daß er einem prominenten Mann der Wafd-Partei gehörte – Abdel-Rahman El-Maksi –, der finanzielle Schwierigkeiten gehabt und deshalb den Palast der Regierung vermietet hatte, die ihn in eine Art Gefängnis verwandelte, beziehungsweise im Begriff stand, das zu tun. Als wir ankamen, waren Armeepioniere fleißig dabei, rund um den Palast Stacheldrahtverhaue zu errichten. Der Drahtzaun war so hoch, daß niemand auch nur davon träumen konnte, ihn zu überklettern.

Ich blieb in Maksa (denn dies war der Name des Ortes) vom Dezember 1942 bis Ende Oktober oder Anfang November 1943. Im November 1942 hatte Montgomery seinen Gegenangriff gegen die Italiener und Deutschen in der Wüste gestartet, hatte die Streitkräfte Rommels umgangen, so daß alle ihre Nachschublinien abgeschnitten waren. (Es gelang Rommel allerdings, seine Streitkräfte intakt zurückzuziehen.) Vielleicht war es dieser Sieg der Alliierten, der dazu beitrug, daß die Engländer sich beruhigten und nicht weiter auf unserer Bestrafung bestanden.

Die Anfangszeit meines Aufenthaltes in Maksa war in der Tat recht hart. Der Palast selbst war luxuriös: Es gab französische Spiegel, großartige Schnitzarbeiten, farbige Glasfenster und wundervolle Badezimmer. Ich hatte niemals zuvor derartiges gesehen und war einfach davon fasziniert. Aber mit der Zeit gewöhnte ich mich daran und begann in dem Palast das zu sehen, was er tatsächlich war: ein Gefängnis wie jedes andere und sonst nichts.

Besonders irritierte es uns, als man eiserne Stäbe vor die Fenster zu montieren begann! Das war gewiß eine unnötige Vorsicht, da ja das gesamte Gebäude von Stacheldrahtverhauen umgeben war. Wir entfernten die Stäbe, und als sie erneut angebracht wurden, entfernten wir sie wiederum, bis schließlich eines Tages entschieden wurde, daß der Stacheldraht genüge.

Epplers Halbbruder, Hassan Gaafar, war ebenfalls in Maksa eingekerkert. Obwohl er in all dem, was geschehen war, keinerlei Rolle gespielt hatte, hielten die Engländer ihn doch vorsichtshalber gefangen. Ich empfand ihn als anständigen und außerordentlich netten Mann. Da er sowohl Deutsch als auch Englisch konnte, kam ich auf den Einfall, ihn zu bitten, mich Deutsch zu lehren. Ich sprach ihn darauf an, und er stimmte sogleich zu. Ich hatte gelesen, Scheik Mohammed Abduh (einer der Führer der modernen religiösen Erneuerung in Ägypten) habe entdeckt, die beste Methode, Französisch zu lernen, sei, einen Roman in dieser Sprache mit Hilfe von jemandem zu lesen, der sowohl Französisch als auch Arabisch konnte. Ein Roman ist ja ein Stück des Lebens, und in ihm werden alle Verschiedenheiten der Sprache, im Gespräch, in der Beschreibung, im abstrakten Denken und so weiter verwendet. Hassan Gaafar besaß einen Roman von Edgar Wallace in deutscher Übersetzung. Wir vereinbarten, ihn zusammen zu lesen. Wir setzten uns auf eine Stiege des Palastes und absolvierten unsere tägliche Unterrichtsstunde. Am Anfang las ich nicht mehr als vier Zeilen pro Tag. Dann eine halbe Seite, dann eine ganze Seite, und schließlich konnte ich – sieben Monate später – pro Tag schon ein ganzes Kapitel bewältigen. Nach zehn Monaten hatte ich den ganzen Roman hinter mich gebracht, und meine Deutschkenntnisse entsprachen denen von Hassan Gaafar.

Als ich vor nicht allzulanger Zeit Österreich besuchte, hielt ich in Salzburg eine Rede in deutscher Sprache. Der damalige US-Außenminister Kissinger, der zuhörte, soll – so wurde mir gesagt – zum damaligen Präsidenten Gerald Ford bemerkt haben, mein Akzent sei besser als der seine! Denn Kissinger stammt aus Süddeutschland, während ich einen nördlichen Akzent spreche, der dem Hochdeutschen näherkommt.

Bei diesem Besuch legte der österreichische Bundeskanzler Bruno Kreisky besonderen Wert darauf, mich mit dem Kardinal von Wien, Franz König, bekannt zu machen, einer auch im Vatikan bedeutenden Persönlichkeit. Ich traf mit ihm zusammen und bemerkte, daß er eine ganze Anzahl Sprachen beherrscht, darunter Englisch, Französisch und Arabisch. Der Kardinal fragte mich im Laufe unseres Gespräches, wie ich denn zu meinem perfekten Deutsch gekommen sei. Als ich die Geschichte meines „Unterrichts" erzählte, war er recht überrascht. Ich erinnere mich noch des verwunderten Ausdrucks in seinem Gesicht.

Besuche von Familienmitgliedern durften nur einmal im Monat stattfinden, außerdem waren die Fahrpreise auf der Eisenbahn für meine Anverwandten zu teuer. Doch meine Kameraden und ich gaben sehr oft vor, krank zu sein, wir wurden dann häufig in das Spital von Minia geschickt. Als ich wieder einmal dort war, ging ich in die Bibliothek und traf dort Hauptmann Wagih Kalil. Er war einer unserer Gesinnungsgenossen. Da er wußte, daß ich zu dieser Zeit in Minia sein würde, hatte er es so eingerichtet, mich dort treffen zu können. Er teilte mir mit, daß meine Offizierskameraden beschlossen hatten, meiner Familie in Kairo eine monatliche Unterstützung von zehn Pfund zukommen zu lassen. Die Wirkung dieser Geste der Solidarität war unbeschreiblich, denn ich war doch hier – viele Hunderte Kilometer von meinen Kameraden entfernt – im Gefängnis, und wenn man es genau betrachtete, gehörte ich gar nicht mehr zu ihnen.

Das Jahr ging dahin, der Ramadan war wieder gekommen, aber der Schauplatz war nun nicht mehr das Gefängnis der Ausländer, sondern jenes von Maksa. Wie ich es gewohnt war, las ich während des Ramadan den ganzen Koran dreimal, einmal alle zehn Tage. Es war nun schon das Jahr 1943, und die Achsenmächte hatten die ersten Niederlagen – Alamein und Stalingrad – erlitten. Der gesamte Verlauf des Krieges begann sich zu ändern, besonders nach dem großartigen Sieg der Russen bei Stalingrad. Dabei hatte ihnen natürlich auch ihr bitterkalter Winter geholfen, ein General, der schon Napoleon besiegt hatte und nun der Hauptfaktor zur Niederlage der Deutschen wurde.

Bevor jedoch das Jahr 1943 zu Ende war, wurden wir in das Anhaltelager von Zaitun in der Nähe von Kairo verlegt.

4

Unter den in Zaitun Festgehaltenen konnte man zwei Kategorien unterscheiden: zur ersten gehörten Ägypter, die gegen die Anwesenheit der Engländer in Ägypten kämpften, und ägyptenfreundliche Syrer und Libanesen, die, motiviert durch ihre Opposition gegen den französischen Kolonialismus (die traditionelle französische Präsenz in der Levante entsprach ja der britischen Anwesenheit in Ägypten), ihre Dienste der Vichy-Regierung und den Deutschen angeboten hatten. Die zweite Gruppe bestand aus Mitgliedern von Parteien, die in Opposition zur regierenden Wafd-Partei standen: so zum Beispiel die Jungägyptische Partei und die Partei des Nationalen Blocks. Die letztere war von Makram Ubaid aus einer Absplitterung des Wafd gebildet worden; er hatte ein „Schwarzbuch" verfaßt, eine kleine Broschüre, in der er geheime Machenschaften, nämlich die politischen Praktiken des Wafd, aufdeckte. Obwohl Nahas Pascha, der Führer des Wafd, zu jener Zeit an der Macht war, erschien das „Schwarzbuch" dennoch und fand weite Verbreitung.

In Zaitun lernte ich einen sehr interessanten Gefangenen kennen: einen baltischen Grafen. Er war eine sehr sympathische Persönlichkeit. Obwohl er, völlig jeder Macht entkleidet, ein armseliger Gefangener wie jeder andere von uns war, so ließ er doch nie vergessen, daß er ein europäischer Graf war. Immer noch schien er Befehle zu erteilen und sprach mit einer Autorität, als lebte er nach wie vor in seinem Palast. Er legte eine stolze, aristokratische Haltung an den Tag, die er niemals verlor. Doch wurde er für uns eine Zielscheibe des Spottes und schließlich die einzige Quelle der Erheiterung.

Das Leben in Zaitun war langweilig. Die Zeit schien wie eine Schnecke langsam dahinzuschleichen: Wir hatten nicht das Geringste zu tun. Wir kamen auf die Idee, Kaninchen zu züchten, kauften zwei oder drei Paare und hatten tatsächlich innerhalb von drei Monaten eine Menge Kaninchen, genug, um die große Halle des Gebäudes zu füllen. Wir mußten einen Umweg um die Kaninchen machen, um in unsere Zimmer zu gelangen. Es war schließlich geradezu unmöglich, dort auch nur einen einzigen Schritt zu tun, weil rund um uns eine Armee von Kaninchen herumsprang. Was sollten wir mit ihnen anfangen? Doch da entdeckten wir bei unserem Freund, dem baltischen Grafen, ein einzigartiges Talent: Er konnte kochen, und ganz besonders Kaninchen schmackhaft zubereiten. Natürlich erfreute uns nun dieses Hobby, das sich als so delikat entpuppte: Wir lebten eine Zeitlang von Kaninchen; wir züchteten und verspeisten sie, bis schließlich eines Tages eines von ihnen krank wurde. Die Infektion erfaßte alle, und innerhalb einiger Tage war ihre Zahl so rasch zusammengeschmolzen, wie sie sich vermehrt hatten. Die Halle war wieder leer. Unser Freund hatte nun keine Verwendung mehr für den Topf, in dem er bisher jeden Morgen Kaninchen zubereitet hatte und den er zwischen zwei Matratzen in seinem Bett aufzustellen pflegte, um das Abendessen warm zu halten.

Eine der Personen, die ich in Zaitun recht gut kennenlernte, war ein früherer Unterstaatssekretär im Innenministerium. Er hatte sich die Ungnade von Nahas Pascha zugezogen und wurde eingesperrt, obwohl er keiner oppositionellen Partei angehörte. Sein Name war Abu Schadi. Ich sah ihn Jahre nach der Revolution wieder. Sein Besitz war unter Staatsverwaltung gestellt worden, ich weiß nicht mehr, unter welchen Umständen. Das war gegen Ende des Jahres 1961, nach dem Scheitern unserer Vereinigung mit Syrien. Alle Staatsverwaltung von Eigentum war in Wirklichkeit eine Angelegenheit der Sozialistischen Unions-Partei. Das Scheitern der Vereinigung mit Syrien hatte bei Abdel-Nasser die Befürchtung hervorgerufen, daß sich in der Bevölkerung die Kritik an der Regierung verstärken werde. Einige seiner Mitarbeiter bestärkten ihn in dem Gedanken, daß eine solche Mißstimmung in der Bevölkerung tatsächlich den Beginn einer Konterrevolution bedeuten könnte. Daraufhin ging er dazu über, den Besitz gewisser Leute unter Staatsverwaltung zu stellen, darunter vor allem jenen ehemaliger Parteiführer. Ironischerweise stand auf der diesbezüglichen Liste auch der Name von Abu Schadi, obwohl dieser zu keiner Partei gehörte, sondern ein vorbildlicher Beamter war, der ein außerordentliches Verantwortungsgefühl besaß, danach handelte und nur kluge und vernünftige Maßnahmen getroffen hatte. Doch war es natürlich, daß der Zusammenbruch unserer Union mit Syrien dazu führte, daß die Leute über das Regime redeten und es kritisierten. Abu Schadi war ein Opfer dieser Mißstimmung. Dasselbe widerfuhr nach 1965 der Moslem-Bruderschaft.

Man machte die zuständigen Behörden glauben, daß die Moslem-Bruderschaft den Sturz der Regierung plane, das heißt, daß sie eine Gegenrevolution herbeiführen wolle, was jedoch reinste Einbildung und Phantasie war. Vielleicht glaubten die Herrschenden tatsächlich daran oder wünschten, daß es so wäre, um ihre eigenen Ziele dabei zu erreichen. Jedenfalls ging die Zahl der Opfer in die Tausende, unter denen sich auch Said Kutub befand, ein hervorragender Führer der Bruderschaft, der hingerichtet wurde. Unter der Kollektivanklage, den Sturz der Regierung geplant zu haben, wurde gegen die meisten Mitglieder der Bruderschaft keinerlei spezielle Anklage erhoben, sie wurden vielmehr alle zusammen verhaftet und summarisch verurteilt, und zwar zu oft sehr harten Strafen. Sie wurden alle in Gefängnisse oder Anhaltelager gebracht und kamen erst frei, als ich 1971 nach der Liquidierung des größten Machtblocks Nassers die Schließung all dieser Lager anordnete. Jene Häftlinge, die nach einem individuellen Prozeß verurteilt worden waren, ob es sich nun um Mitglieder der Bruderschaft oder um andere in politische Verfahren verwickelte Personen handelte, sind alle unmittelbar nach dem Krieg von 1973 entlassen worden.

5

Um aber wieder von Zaitun zu berichten, so muß ich sagen, daß es gegenüber Maksa doch einige Vorzüge hatte. Es befand sich in Kairo, und so konnten unsere Familien uns besuchen kommen, ohne daß sie eine teure Bahnfahrt zu bezahlen hatten. Außerdem war Zaitun ein Haus in einem großen Garten, wo wir uns mit mehr Freiheit bewegen konnten als in dem engen Hof von Maksa. Um die Zeit totzuschlagen, entschlossen sich mein Kamerad Hassan Izzat und ich, im Garten Klee anzupflanzen, um unsere Kaninchen damit zu füttern. Als es aber dann keine Kaninchen mehr gab, versuchten wir es mit Süßkartoffeln: Es war meine erste Erfahrung mit dem Anbau dieser Feldfrucht.

Es war ein ruhiges Leben, das nur durch den Besitzer einer Druckerpresse im El-Hussein-Bezirk unterbrochen wurde, der stets, wenn man ihn aus dem Anhaltelager freiließ, wiederum ein Flugblatt druckte, in dem die Regierung angegriffen wurde. Und so wurde er jedesmal wieder zu uns zurückgeschickt. Der Grund, warum er das Leben im Anhaltelager dem Leben in der Freiheit draußen vorzog, war, daß die Behörden nun jedem Angehaltenen ein monatliches Gehalt von $7^1/_2$ Pfund bezahlten (wiederum ausgenommen Hassan Izzat und mir). Ich hatte Hassan überredet, die Annahme dieses Gehalts zu verweigern, weil unsere Ehre es nicht gestattete, Geld von Okkupanten anzunehmen. Der Drucker jedoch war froh über das Geld, da ja außerdem noch Kost und Quartier frei waren. So war er eifrig bestrebt, so lange als möglich im Anhaltelager zu bleiben, in der Hoffnung, schließlich mit einem beträchtlichen ersparten Kapital entlassen zu werden.

Eines Tages begannen wir uns ein wenig Sorge zu machen, als wir hörten, daß ein neuer Superintendent ernannt worden sei. Es war ein übelbeleumundeter Mann, der auf Grund seiner Missetaten wiederholt entlassen worden war, aber es durch seine Beziehungen stets erreichte, wieder eingesetzt zu werden. Sein Onkel war Senator der Wafd-Partei für die Baharija-Provinz, und seine Familie verfügte über großen Einfluß und Reichtum, deren Wurzeln in Libyen lagen (woher der Clan auch ursprünglich stammte).

Ich erinnere mich nicht mehr der Gründe für den Streit, den ich mit dem neuen Gefängnisleiter hatte, aber ich kann mich sehr klar an die Folgen erinnern. Ich versammelte alle Mitgefangenen, und gemeinsam brachten wir all unser Gepäck und Mobiliar, das sich in unseren Räumen befand, heraus, stellten alles auf die Stiege in den ersten Stock und verbarrikadierten uns so gegen jeden Eindringling. Wenig später stürzte der Superintendent, den Revolver in der Hand, in mein Zimmer; er fluchte und tobte. „Sie sind ein Feigling", sagte ich zu ihm, „weil Sie einen unbewaffneten Mann so bedrohen." Daraufhin ging er in großem Zorn davon und ließ Soldaten vor seinen Türen Posten beziehen. Er hielt es auch für sicherer, seine Amtsräume nicht zu verlassen. Ich wollte aber dem unverschämten Kerl eine Lehre erteilen: So kletterte ich durch das Fenster und entlang des Simses, bis ich schließlich sein Zimmer erreichte. Als ich durch das Fenster hineinsprang, geriet er in Panik, so als käme ich aus dem Nichts. „Du hast dein Zimmer abgesperrt, nicht wahr, und Wachen aufgestellt", sagte ich zu ihm. „Du glaubst, daß du nun sicher genug bist. Aber hier bin ich und könnte dir den Hals umdrehen. Ich kann alles mit dir tun, was ich nur will, ist dir das klar?" Darauf folgte eine hitzige Auseinandersetzung, nach der ich in meinen Raum zurückging. In der Folge verbarrikadierten wir das Stiegenhaus vollständig.

Die politische Weltsituation hatte sich zu jener Zeit schon entscheidend geändert. In den Jahren 1943 und 1944 war es ganz klar geworden, daß Deutschland einer Niederlage entgegenging, was für uns eine gute Chance bedeutete, entlassen zu werden. Hassan Izzat und ich entschlossen uns, in Zaitun die „öffentliche Meinung" in Aufruhr zu versetzen. Wir organisierten eine Meuterei. Aus dem Garten wurde sogar zweimal auf uns geschossen: Das war eine Verschärfung der Situation, die wir erwartet und – ich darf es wohl sagen – auch gewollt hatten. Wir entschlossen uns daher, den Behörden eine Lehre zu erteilen, die sie niemals vergessen würden. Wie aber sollten wir das anfangen?

6

Sechs von uns, so wurde beschlossen, sollten entfliehen. Ein Plan wurde entworfen und auch auf das genaueste durchgeführt. Die beste Zeit für die Flucht war die Stunde der abendlichen Wachablösung, wenn genügend Lärm herrschte, um unsere „Arbeit" zu übertönen. Unsere Methode bestand darin, zunächst in das Dach eine Öffnung zu brechen, was keineswegs schwierig war, denn es bestand nur aus Schilf und Stukkatur, und dann mittels einer einfachen Stufenleiter auf das Dach hinaufzugelangen. Am festgelegten Tag kletterte ich als erster hinauf, legte mich mit dem Gesicht nach unten flach auf das Dach, so daß mich niemand sehen konnte, und streckte den Arm hinunter, um meinen Kameraden beim Aufstieg zu helfen. Hassan Izzat stand unten, in der Mitte des Zimmers, um den Flüchtenden behilflich zu sein. Er war schließlich auch der letzte, der heraufkam. Wir alle kletterten dann hinunter zur Straße. Es war stockfinster, trotzdem konnten wir ein Auto, Marke Oldsmobile, ausmachen, das auf uns wartete. Wie verabredet, fuhren wir sechs davon.

Hassan war sehr stolz auf das Auto. Man hatte ihm gesagt, es habe neue Reifen, die damals kaum aufzutreiben waren, außer mit einem speziellen Bezugschein der britischen Behörden. Wir waren jedoch kaum ein paar Kilometer gefahren, als wir auch schon eine Reifenpanne hatten. Hassan schlug vor, zu einer in der Nähe befindlichen Garage zu gehen, um die Panne beheben zu lassen, aber ich lehnte das ab. „Macht ihr nur weiter und tut, was ihr wollt", sagte ich, „ihr werdet eben – wie beschlossen – die Rolle der entflohenen Gefangenen spielen. Mohsen und ich aber haben etwas anderes im Sinn!"

Mohsen Fadil war ein sehr anständiger Mann, der viele Jahre in Frankreich verbracht hatte. Die Frage war nun, wo wir uns bis zum Morgen verstecken konnten, um unseren Plan auszuführen. Mohsen schlug die Wohnung einer französischen Dame vor, die er gut kannte. Sie hatte mit einem ägyptischen Freund einige Zeit in Kairo gelebt. Als der Mann sie jedoch verließ, wollte sie hier das Kriegsende abwarten, bevor sie nach Frankreich zurückkehrte. Ihre Wohnung befand sich in der Stadt, auf dem Ismailia-Platz. Wir läuteten an der Wohnungstür. Sie öffnete und hieß uns herzlich willkommen. Mohsen erzählte ihr unsere Geschichte, und sie bewies uns viel Sympathie. Sie war eine wirkliche Dame, die auf das beste den Geist des französischen Volkes repräsentierte, eines Volkes, das genauso edel und freiheitsliebend ist wie das der Ägypter. Sie suchte uns von der Rückkehr in das Anhaltelager nach Ausführung unseres Planes am Morgen abzubringen. Ihre Worte klingen mir noch in den

Ohren: „Wie könnt ihr, da ihr nun frei seid, freiwillig ins Gefängnis zurückgehen? Ich habe 2000 Pfund gespart, es ist alles, was ich habe. Nehmt es, nehmt alles und seht zu, daß ihr in ein anderes Land kommt. Vorwärts, geht!" Wir dankten ihr, lehnten aber ihr Angebot ab. Da schlug sie vor, uns in ihrer Wohnung versteckt zu halten und alle Kosten zu tragen, solange wir dort blieben. Diese Frau war wundervoll, einzigartig und bemerkenswert. Sie meinte, daß sie – so alt sie auch war – von neuem anfangen werde, einfach aus Liebe zur Freiheit. Morgens war ein Frühstückstisch vorbereitet, sogar mit arabischen Zeitungen. Es war wirklich vollendet. Wir frühstückten, dankten und gingen fort. Ein Taxi brachte uns zum Abdin-Palast.

Als wir in den Palast eintraten, stand einer der Palastsekretäre bei der „Rezeption" mit dem königlichen Zeremonienbuch, das offen auflag, so daß jeder, der wollte, dort seinen Namen eintragen konnte – um seinen Dank für eine königliche Gnade auszudrücken, sich vor einer Abreise oder ähnlichem zu beurlauben oder zu verabschieden. Wir gingen direkt zur „Rezeption" und trugen unsere Namen in das Buch ein. Wir erklärten sodann, wir seien Gefangene aus Zaitun und ganz speziell hierher gekommen, um dem König mitzuteilen, daß die Regierung sich nicht länger den britischen Behörden unterwerfen dürfe. Ferner wollten wir aufzeigen, daß wir unerträglich und unwürdig schlecht behandelt würden. Dennoch würden wir nun aus eigenem freien Willen sogleich in das Anhaltelager zurückkehren. Jedoch seien vier unserer Kameraden mit uns entflohen, diese würden nicht zurückgehen, sondern weiterhin in Freiheit bleiben, und zwar als eine Herausforderung an die Regierung, die Freiheit aller Menschen wiederherzustellen.

Der für das königliche Zeremonienbuch verantwortliche Sekretär war völlig sprachlos. Er lief zum Zeremonienmeister, der sogleich herunterkam und mich sofort erkannte. Er war in der Zeit, in der ich in Maksa war, Gouverneur von Minia gewesen. Er sagte, das Ganze sei reiner Wahnsinn und werde nur aus einer Krise in die andere führen. Ich erklärte aber, daß wir nun geradewegs in das Anhaltelager zurückgehen würden und er sich eben damit abfinden müsse. Wir verließen den Palast, während er und sein Untergebener uns nachstarrten. Wir nahmen ein Taxi und fuhren nach Zaitun zurück. Die Tore waren weit geöffnet, so daß wir direkt hineinfuhren und „uns zurückmeldeten".

Niemand hatte bis zum Morgen unsere Flucht bemerkt. Nun erschien der Staatsanwalt, um unseren Fall zu untersuchen. Bei den Verhören erklärten wir, das Ganze sei ein Protest gegen unsere schlechte Behandlung gewesen. Die gesamte Operation habe den Sinn gehabt, dem Innenminister und der Verwaltung von Zaitun eine

Lehre zu erteilen. Natürlich wurde nun der Lagerleiter versetzt, und unsere Behandlung besserte sich bedeutend. So verlebten wir eine verhältnismäßig ruhige Zeit bis zum Oktober 1944.

Noch war Nahas Pascha an der Macht. Seit die Engländer ihn König Faruk im Februar 1942 als Ministerpräsidenten aufgezwungen hatten, wartete dieser stets auf eine Gelegenheit, ihn wieder absetzen zu können. Nun war die Zeit dazu gekommen. Im Oktober 1944 waren die Alliierten ihres Sieges sicher. Die Engländer hatten sich beruhigt, und ihr Mißtrauen war völlig geschwunden. In dieser Situation setzte der König Nahas Pascha ab und ernannte Achmed Maher zum Ministerpräsidenten. Maher war ebenfalls ein Führer der Wafdis gewesen, der aber auf Grund von Meinungsverschiedenheiten mit Nahas Pascha ausgeschieden war und eine andere Partei, die Saadi-Partei (genannt nach Saad Zaglul), gegründet hatte.

Sobald Achmed Maher an der Macht war, wurden alle Häftlinge, die dem Nationalen Block angehörten, entlassen. Es gab eine Art Bündnis zwischen dem Nationalen Block, den Saadisten und den Konstitutionellen Liberalen, die in Opposition zum Wafd standen. Mitglieder der Jungägyptischen Partei wurden ebenfalls entlassen. Es wurde überhaupt jedermann entlassen, mit Ausnahme von uns, die wir auf Befehl der britischen Behörden eingekerkert waren. Wie lange sollte unsere Anhaltung noch dauern? Das Jahr 1944 ging schon zu Ende, und es gab keine Zweifel mehr über den Ausgang des Krieges. Irgend etwas mußte geschehen. So begann ich einen Hungerstreik. Meine Kameraden hielten nicht durch, aber da ich nicht aufgeben wollte, wurde ich entsprechend den Vorschriften in das neue Kasr-el-Aini-Krankenhaus gebracht.

Dort beendete ich meinen Hungerstreik. Kurz danach kam Hassan Izzat mich besuchen. „Was hast du hier noch verloren? Wir müssen einen Weg finden, um dich herauszubringen!“ sagte er. So wurde ein Plan für meine Flucht entworfen.

Zur Essenszeit, als eine Menge Leute ein und aus gingen, fuhr Hassan Izzat mit seinem kleinen Austin in das Krankenhausgelände ein und parkte neben den Fahrzeugen der Ärzte, ließ aber den Motor laufen. Mir gelang es, meinen Bewachern zu entschlüpfen, während wir uns einen Weg durch die Menschenmenge bahnten. Ich sprang in das Auto, auf den Sitz neben Hassan, und im Nu waren wir aus dem Krankenhaus heraus. Eine Fahrt von zwei Minuten führte uns nach Fumm-el-Kalig, wo Hassan ein Versteck – eine wirklich schöne Wohnung – vorbereitet hatte.

Das war – wie schon gesagt – im Oktober 1944. Ich lebte als Flüchtling bis September 1945 – bis das Kriegsrecht aufgehoben wurde und dementsprechend auch meine Anhaltung ein Ende nahm.

Man sieht daraus den Vorteil des Rechtsstaates, der Herrschaft des Gesetzes, eines Prinzips, das ich respektiere, an das ich glaube und das ich auch in Kraft gesetzt habe, seit ich Präsident von Ägypten bin.

Was ich in diesem ganzen Jahr erlebte – vom Oktober 1944 bis zum September 1945 –, als ich auf der Fahndungsliste stand, ein Flüchtling, der jede Minute verhaftet werden konnte, um zurück in ein Anhaltelager, ja sogar in ein Gefängnis gebracht zu werden – das ist eine andere Geschichte.

7

Die Zeit, die ich als Flüchtling verbrachte, war tatsächlich ereignisreich. Ich mußte ja nun meinen Lebensunterhalt in irgendeiner Weise verdienen und noch dazu meine Familie erhalten. Mein Vater war viel zu arm, um mir helfen zu können. Ich war also gezwungen, mein Versteck zu verlassen. Ich ließ mir einen Bart wachsen und nannte mich, um meine Tarnung zu vervollständigen, Hadschi Mohammed.

Zuerst arbeitete ich als Träger und hatte einen Lastwagen zu beladen und zu entladen, der meinem Kameraden Hassan Izzat gehörte. Wir arbeiteten für einen Händler, einen gewissen Guwaiba, der die britische Armee in Ismailia belieferte. Eines Tages, als wir spät abends in Ismailia ankamen, war Guwaiba freundlich genug, uns die Nacht auf dem Boden seines Büros verbringen zu lassen.

Guwaiba war fast ein Millionär, einer jener Emporkömmlinge, die man oft „Kriegsgewinnler" nennt. Als Abdel-Nasser im Jahre 1961 seine „sozialistischen Gesetze" erließ, versteckte Guwaiba sein Geld buchstäblich unter den Brettern des Fußbodens und ging in Lumpen, so daß man glaubte, er sei tatsächlich arm. Dies war keineswegs ein Einzelfall, viele reiche Leute taten in den sechziger Jahren und auch schon vor Nassers Zeiten dasselbe. Das ägyptische Volk hat in seiner langen Geschichte immer wieder Mittel gefunden, um seine Beherrscher zu betrügen, besonders, wenn die Befehle der Regierenden den Wünschen und Interessen des Volkes entgegengesetzt waren.

Um aber auf meine Geschichte zurückzukommen: Guwaiba beauftragte mich ein wenig später, Gemüse und Früchte in das britische Lager bei Tel-el-Kebir zu bringen. Ich erinnere mich, daß die erste Ladung aus Orangen schlechter Qualität bestand. Zuerst war ich überrascht, fand aber bald heraus, daß der ägyptische Lieferant mit dem britischen Quartiermeister, der für diesen offenkundigen Betrug verantwortlich war, einen geheimen Handel geschlossen hatte. Nicht lange danach mußten wir alle Lieferungen an die Engländer beenden, weil die britische Armee nunmehr von den Juden in Palästina beliefert wurde. Vielleicht haben sich diese als noch bessere Schwindler und Korruptionisten herausgestellt, es mag aber auch noch andere, mir nicht bekannte Gründe gegeben haben. Wie immer es sich damit auch verhielt, meine Arbeit für Guwaiba ging damit zu Ende.

Danach arbeitete ich in der Stadt Mazguna, die nahe bei Kairo liegt. Meine Aufgabe war es, aus Schiffen, die im Nil ankerten, Kies zu der Baustelle einer neuen Straße zu bringen, die zwischen Kairo und Assuan errichtet werden sollte. Wir arbeiteten ohne Unterbrechung vom frühen Morgen bis zum Sonnenuntergang; dann erst ging ich in ein kleines Café, um etwas zu essen. Halb verhungert nach so harter Arbeit eines ganzen Tages war die heiße Linsensuppe, die ich üblicherweise zu mir nahm, höchst delikat. Von der Suppe gesättigt, mit einem Völlegefühl, ging ich in die Garage, um unter dem Blechdach die Nacht zu verbringen.

Das war im Dezember 1944. Anfang 1945 übersiedelte ich nach Abu Kebir im Scharkija-Gouvernement. In diesem Gebiet wurde ein neuer Kanal gegraben (es war die eingeführte Praxis des Ministeriums für Bewässerung, jedes Jahr einen neuen Kanal graben zu lassen). Ich schloß mich den Arbeitern, die bei diesem Projekt beschäftigt waren, an. Von einem Wächter, einem Mitglied der örtlichen Polizei, der Nachtdienst machte, mietete ich ein Zimmer. Das Dach des Raumes bestand aus Baumwollstengeln. Als es nun eines Nachts heftig regnete, drang plötzlich Wasser durch das Dach, floß auf die wenigen Möbel herab, die ich besaß, und durchnäßte sie völlig. Ich zog mir die Plane eines kleinen Zeltes, das ich stets mit mir führte, über den Kopf: Das hielt mich trocken, aber der Lärm des Regens, der heftig auf die Zeltbahn herabtrommelte, ließ mich zunächst nicht schlafen. Doch schließlich – ob aus völliger Erschöpfung oder vielleicht wegen des eintönigen Rhythmus der Regentropfen – schlief ich ein und schlief noch dazu fast bis zum Morgen. Der Wächter war höflich genug, mir jeden Morgen frische Milch anzubieten (manchmal war sie auch abgerahmt oder nicht so frisch). Ich trank sie, ohne daran zu denken, daß ich unter Verdauungsstörungen litt und Milch im besonderen niemals gut vertrug.

Sobald der Kanal gegraben war, stand ich wieder ohne Arbeit da. Ich mußte aber nicht allzu lange warten, da in Sannur, einer kleinen Stadt in der Wüste östlich des Nil, Arbeit zu bekommen war. Ich erhielt einen Posten als Transport-Kontraktor bei der Ägyptischen Gesellschaft für Bergwerke und Steinbrüche, die eine Konzession für den Betrieb der Marmorsteinbrüche in diesem Gebiet besaß. Der

Steinbruch von Sannur stand schon zu Zeiten der Pharaonen in Gebrauch, war aber durch Jahrhunderte vernachlässigt worden, bis Mohammed Ali – der Begründer der herrschenden Dynastie – ihn wiederentdeckte und seinen Marmor für den Bau der Moschee der Kairoer Zitadelle verwenden ließ. Die Entfernung vom Nil betrug fast 50 Kilometer. Schon Mohammed Ali hatte auf der Straße zwischen Strom und Steinbruch in einer Entfernung von je 17 Kilometern Raststellen erbauen lassen, die bis heute erhalten geblieben sind.

Ich arbeitete, wie gesagt, als Transport-Kontraktor für Marmor. Ich empfand es als Ironie, daß „mein" Marmor verwendet wurde, um auf Befehl von König Faruk ein „königliches Rasthaus" in der Nähe der Pyramiden zu bauen.

8

Mit Ende des Krieges wurde auch das Kriegsrecht aufgehoben. Das war im September 1945 und bedeutete das Ende meiner „Flucht". Ich konnte wieder ein normales Leben beginnen.

Ich kehrte nun nach drei Jahren der Heimatlosigkeit und der Entbehrungen in mein Haus zurück, trug wieder normale Kleidung und durfte wieder mein normales Aussehen haben, so wie meine Familie und meine Freunde mich kannten.

Als Arbeitsloser war eine Fünfmillimemünze für mich schon ein Betrag, der in Betracht kam. Ich ging von meinem Haus in Kubri-el-Kubbeh jeden Tag zu Fuß nach Ataba, das waren mehr als 20 Kilometer, weil ich mir den Straßenbahnfahrschein für sechs Millime nicht leisten konnte.

Ich war schon immer ein Perfektionist; das bezog sich auch auf die Art, mich zu kleiden. Zu jener Zeit besaß ich einen Rock, den ich liebte, auf den ich sogar stolz war. Ich hatte ihn vor meiner Haft nur ein paarmal getragen. Nun entschloß ich mich – da ich dringend Geld brauchte –, ihn in einem Altwarengeschäft in der Stadt zu verkaufen. Ich ging mit dem Rock zu dem Laden, aber einige Meter davor bekam ich doch wieder „kalte Füße" und blieb stehen: Der Geschäftsinhaber, so redete ich mir ein, würde glauben, ich hätte diesen Rock gestohlen, denn es war unwahrscheinlich, daß ein in Fetzen gekleideter Mann wie ich der legitime Besitzer eines solchen eleganten Kleidungsstückes sein sollte. Also überlegte ich es mir und ging zu Fuß mitsamt dem Rock wieder nach Hause. Natürlich wußte ich, daß der Geschäftsmann mir keine derartigen Fragen gestellt hätte, ich war sogar sicher, daß er für den Rock verhältnismäßig gut gezahlt hätte. Dieses Geld – selbst wenn es nur wenig gewesen wäre – hätte mir in meinen großen Schwierigkeiten geholfen. Aber ich wollte um keinen Preis, selbst in den Augen eines völlig Fremden, mit „einem Flecken auf der Ehre" erscheinen. Wie stand es aber mit meinem Bild in meinen eigenen Augen? Entsprach ich meinen eigenen Erwartungen? Ich war wiederum ein freier Mann – automatisch durch die Aufhebung des Kriegsrechtes –, aber fühlte ich mich wie ein befreiter Gefangener? Gewiß nicht. Ägypten lag immer noch in Ketten, und das Volk war weit davon entfernt, Herr seines eigenen Schicksals zu sein. Ich begann daher sofort, meine wiedergewonnene Freiheit dazu zu benützen, um eine geheime Organisation aufzubauen. Echte Freiheit konnte es erst geben, wenn das ganze Heimatland befreit war.

Im September 1945, ein paar Tage nachdem ich mein Versteck verlassen hatte, traf ich einen alten Bekannten: Omar Abu Ali, den Bruder meines Kameraden Saudi Hussein, jenes Piloten, der zu Rommel fliegen sollte, aber von den Deutschen abgeschossen worden war. Omar stellte mich einem jungen Mann namens Hussein Taufik vor, der in Maadi aktiv geworden war, indem er auf britische Soldaten geschossen hatte. War das Erschießen einer Handvoll britischer Soldaten die richtige Methode, um Ägypten zu befreien? Gewiß nicht. Aber es war vielleicht eine Art Probe für die Hauptaufgabe, jene zu beseitigen, die die Engländer unterstützten. Der Anführer dieser Kollaborateure war Mustafa El-Nahas Pascha, der Führer der Wafd-Partei, der unseren Respekt verloren hatte, seit er sich von den Engländern am 4. Februar 1942 sozusagen mit vorgehaltener Pistole hatte zwingen lassen, das Amt des Ministerpräsidenten zu übernehmen. Nichts ist für einen jungen Menschen schmerzlicher, als von einem Führer, der ein Idol war, enttäuscht zu werden. Ich habe schon berichtet, wie wir als Schüler zweimal täglich auf die Straße liefen, nur um Nahas zu sehen und ihm zuzurufen und zuzuwinken, wenn er zur Arbeit und wieder zurück nach Hause fuhr. Er war ein legendärer Held gewesen, ein Symbol des Patriotismus ohne Furcht und Tadel, der Selbstaufopferung und der Loyalität. Aber am 4. Februar hatte er all dies verloren, so vollkommen, daß wir ihn nun als einen Verräter betrachteten. Seine Illoyalität gegenüber Ägypten und seinem Volk machte seine Beseitigung zur nationalen Pflicht, und daher entschlossen wir uns, das Urteil zu vollstrecken.

Seit langem pflegte Nahas am Geburtstag des Propheten (der 1945 auf den 6. September fiel) eine Rede im Saadi-Klub zu halten. Einige Mitglieder unserer geheimen Organisation und auch ich lauerten ihm auf, als sein Wagen die Garden City verließ und sich in den

Verkehrsstrom in der Kasr-el-Aini-Straße einordnete. Überall war Polizei eingesetzt, damit weder Unruhen noch Zusammenstöße Nahas daran hindern konnten, seine Rede zu halten – und das, obwohl Achmed Maher an der Macht und Nahas gestürzt war. Es gab da gewisse Übereinkünfte, die zu jener Zeit von allen Seiten eingehalten wurden.

Ich hatte Mitglieder unserer Geheimorganisation im Gebrauch von Handgranaten ausgebildet. Hussein Taufik sollte in der Kasr-el-Aini-Straße das Attentat ausführen. Er warf die Handgranate im richtigen Augenblick, jedoch mußte der Fahrer des Autos von Nahas in ebendiesem Moment ein wenig beschleunigen, um einen Zusammenstoß mit einer Straßenbahn zu vermeiden. So explodierte die Granate einige Meter hinter dem Fahrzeug und verfehlte es völlig. Die Splitter trafen einen Autobus, in dem sich A. T. S.-Mädchen der britischen Streitkräfte befanden. Wir, die Mitglieder der geheimen Organisation, beobachteten natürlich den ganzen Vorgang. Als das Attentat fehlging, zogen wir uns still zurück. Wir bestiegen eine Straßenbahn, die uns nach dem Ismailia-Platz brachte, der heute Tahrir-Platz, das bedeutet „Platz der Befreiung", heißt und der einige Minuten Fußmarsch von dem Schauplatz des „Zwischenfalls" entfernt liegt. Dort setzten wir uns in das Café „Astra", unseren häufigsten Treffpunkt.

Dort beschlossen wir nun, Amin Osman zu beseitigen, der in der Regierung von Nahas ab dem 4. Februar 1942 Finanzminister gewesen war. Jedoch war nicht dies der Grund für seine Verurteilung. Sein Einfluß auf die Politik des Wafd oder auf Nahas selbst war gering, aber seine Haltung den Briten gegenüber war mehr als freundlich. Er trat mit ungewöhnlichem Nachdruck für ihre Anwesenheit in Ägypten ein. Amin Osman hatte zu jener Zeit eine Partei gebildet, die er die „Erweckungsliga" nannte. Hier darf ich übrigens berichten, daß ich jeder einzelnen politischen Partei in Ägypten beigetreten bin: entweder aus Neugierde oder in der Hoffnung, daß sie einen Weg zeigen könne, der aus unserer mißlichen Lage herausführte. Das Hauptquartier der „Erweckungsliga" befand sich in der Adli-Straße, im Zentrum Kairos. Das zweite ihrer sechs politischen Prinzipien lautete, daß ein unauflösliches Band Ägypten mit den Engländern verbinde. Außerdem hatte Osman erklärt, die Verbindung zwischen Ägypten und England gleiche einer unauflösbaren katholischen Ehe: selbst wenn England sich zu einer Trennung entschließen sollte, so könne doch Ägypten niemals dasselbe tun. Diese Erklärung kam einem selbstverhängten Todesurteil gleich.

Am 6. Januar 1946 wurde das Urteil vollstreckt. Amin Osman war kurz vorher aus England zurückgekommen, hatte am Nachmittag dem britischen Hochkommissar einen Besuch abgestattet und fuhr am Abend in das Hauptquartier seiner Liga. Dem Plan entsprechend wartete Hussein Taufik am Eingang des Gebäudes auf ihn. Als Osman gerade in den Lift steigen wollte, rief Hussein ihn an: „Pascha! Pascha!" Und als Amin Osman sich dem Rufer zuwandte, feuerte Hussein seine Pistole auf ihn ab. Durch den Anruf hatte Hussein der Regel entsprochen, niemals einen Mann von rückwärts zu erschießen.

Zu jener Zeit war in Kairo Verdunkelung angeordnet, und Hussein Taufik hätte leicht entkommen können. Doch zufällig ging, gerade als Hussein schoß, ein Offizier der Luftwaffe namens Mursi vorbei. Er wurde Augenzeuge des Attentats und rief zur Verfolgung des Täters auf. In der Tat liefen eine Menge Leute Hussein nach. Ich hatte ihm zwei Handgranaten mitgegeben, die er aber nur im Notfall, und ohne Menschen zu gefährden, verwenden sollte. Er warf eine Handgranate hinter die Mauer des „Sanduk-el-Dain" – eines Kreditinstitutes –, und die Explosion hatte die gewünschte Wirkung. Seine Verfolger ließen von ihm ab, und Hussein konnte ungehindert nach Heliopolis in seine Wohnung zurückkehren. Unterdessen saß ich in einem nahe liegenden Kaffeehaus. Als ich die Explosion hörte, lief ich hin, um nachzusehen, ob irgend jemand verletzt war. Nachdem ich mich überzeugt hatte, daß es keine Verwundeten gab, bestieg ich eine Straßenbahn und fuhr nach Kubri-el-Kubbeh in mein Haus zurück.

Die Geschichte von der Ermordung Amin Osmans stand natürlich in allen Morgenzeitungen. Ein Bericht sprach von dem verzweifelten Versuch des britischen Hochkommissars, Amins Leben zu retten: Er habe eigens den Chefarzt der britischen Armee gerufen. Ein anderer Bericht schilderte die Zusammenkunft, die am Nachmittag dieses Tages zwischen Osman und dem Hochkommissar stattgefunden hatte. In jenen Tagen war es tatsächlich für jeden Politiker eine hohe Ehre, vom Hochkommissar empfangen zu werden, denn es konnte die Nominierung als Ministerpräsident bedeuten.

Osman hatte sich der Protektion der britischen Regierung und ihrer Repräsentanten in Ägypten erfreut. Doch den Menschen wurde klar, daß er dennoch oder vielmehr gerade deshalb getötet worden war. Der Eindruck dieses Ereignisses war offenkundig; das Volk sah, daß die Engländer unfähig waren, ihre Anhänger zu schützen. Es zeigte sich vor allem, daß jene, die bisher ihre Stärke aus der Verbindung mit den Engländern hergeleitet hatten, nun in Wirklichkeit außerordentlich schwach waren.

Die Ermordung von Amin Osman erreichte daher das gewünschte Ziel. Abgesehen davon, daß ein besonders eifriger Anhänger des Kolonialismus beseitigt worden war, hatten wir vor allem das Prestige der britischen Behörden schwer angeschlagen und mit noch nie dagewesener Deutlichkeit den Kolonialismus in den Augen der Leute entlarvt.

Die Polizei trat sofort in Aktion. Eine Fahndung lief blitzartig an. Der Luftwaffenoffizier Mursi konnte der Polizei eine genaue Beschreibung des Mörders geben, die sie rasch zu Hussein Taufik führte. Hussein stand ohnehin schon wegen seiner früheren Aktivität gegen die Engländer in Maadi auf der Liste der Verdächtigen. Die Polizisten erschienen im Haus seines Vaters, während Hussein gerade beim Abendessen saß. Da er kein Alibi hatte, wurde er sofort verhaftet.

Am ersten Tag seiner Haft schwieg Hussein beharrlich. Der Staatsanwalt tat sein Bestes, um sein Schweigen zu brechen, aber auch am zweiten Tag hielt Hussein durch. Der kluge Staatsanwalt forderte nun die Zeitungen auf, sie sollten andeuten, daß es sich um ein „crime passionel", ein „Verbrechen aus Leidenschaft", gehandelt habe. Der Staatsanwalt stellte Hussein diese Falle, weil er erfahren hatte, daß Husseins Mutter ungewöhnlich anziehend, ihr Sohn aber geradezu pathologisch eifersüchtig war. Hussein ging auch prompt in die Falle: Um den Ruf seiner Mutter zu verteidigen, legte er ein volles Geständnis ab – genauso wie der deutsche Spion Eppler, wenn nicht sogar noch hastiger.

Hussein Taufik gestand am 10. Januar 1946. Durch ihn erfuhr die Polizei von einem Waffenlager, das wir am Gebel-el-Mokottam angelegt hatten. Nun ist es passiert, dachte ich, hoffte aber immer noch, daß Hussein die Polizei nicht über meine Rolle in der „Operation" informiert hatte.

Am 11. Januar traf König Abdel-Asis El-Saud auf Einladung König Faruks in Kairo zu einem Staatsbesuch ein. Die Stadt und das ganze Land hatten sich lange Zeit schon darauf vorbereitet. Der verstorbene König Abdel-Asis – Gott lasse seine Seele ruhen – war ein edler und großmütiger Held. Er hatte sich während eines Besuches König Faruks in Saudi-Arabien äußerst gastfreundlich erwiesen, und dieser wollte nun diese Gastfreundschaft erwidern. Vor allem aber liebte König Abdel-Asis Ägypten. Die Neigung der Saudi-Herrscherfamilie für Ägypten ist traditionell, und jeder ihrer Monarchen ist stets sorgfältig um gute und enge Beziehungen mit Ägypten bemüht. Ich ging wie alle anderen auf die Straße, um König Abdel-Asis zu bewillkommnen. Wir versammelten uns auf dem Opernplatz, um auf die königliche Autokolonne zu warten. Es fiel mir auf, wie stark die Bewachung war. Ich hielt das für lächerlich. Wer hätte jemals daran gedacht, König Abdel-Asis auch nur ein Haar zu krümmen? Wir griffen nur Ägyptens Feinde an, niemals seine Freunde.

Um zwei Uhr nachmittags war die Kolonne vorbeigezogen. Ich ging sogleich in mein Haus nach Kubri-el-Kubbeh zurück. Es gab nichts, was ich tun konnte, außer in nervöser Anspannung zu warten.

Es dauerte jedoch nicht allzu lange. Gegen zwei Uhr morgens klopfte es an der Tür, und sie kamen herein! Genauso wie 1942, nur waren diesmal keine Engländer dabei. Es war eine sehr kalte Nacht. Ich sprang aus dem Bett und trat ihnen entgegen: „Habt ihr einen Durchsuchungsbefehl?" fragte ich.

„Wir haben den Staatsanwalt selbst mitgebracht", antworteten sie.

„Ja, hier bin ich!" sagte Kamil Kauisch in frechem Ton. „Und ich bin persönlich mit dem Fall der Ermordung Amin Osmans betraut." Er war es, so begriff ich, der Hussein Taufik die Falle gestellt und zum Geständnis getrieben hatte.

Nachdem jeder Raum im Hause durchsucht worden war, wurde ich in das Gefängnis der Ausländer gebracht, wie schon 1942.

9

Im Gefängnis der Ausländer wurde ich in Einzelhaft gesetzt. Ich fragte nach Hussein Taufik und hörte, daß er sich in der Zelle 1 befinde, einem sehr geräumigen Zimmer im ersten Stock. Auch die übrigen Mitglieder unserer Gesellschaft befanden sich in Einzelhaft. Da ich das Gefängnis der Ausländer und auch seine Beamten und Wärter schon kannte, fiel es mir leicht zu erfahren, was vorging. Der Staatsanwalt, so hörte ich, hielt mit meinen Kameraden umfangreiche Verhöre ab. Er verhielt sich „freundschaftlich", ja lud sie sogar zum Abendessen ein. Besonders freundlich benahm er sich zu Hussein Taufik. Ich wunderte mich, was der Staatsanwalt denn noch vorhaben konnte, aber auf alle Fälle mußte natürlich etwas unternommen werden. Ich suchte durch die Wärter Kontakt mit meinen Kameraden und wies sie an, alle ihre früheren Aussagen zurückzuziehen, da dies das einzige Mittel sei, um sie aus ihren Schwierigkeiten zu befreien. Einige von ihnen nahmen meinen Rat an und widerriefen tatsächlich ihre Geständnisse. Der Staatsanwalt merkte bald, daß etwas im Gang war und seine Pläne störte, den Fall verwirrte, und daß ich irgendwie damit zu tun hatte. So ordnete er meine Verlegung in den ersten Stock an, wo es mir unmöglich sein würde, mit den anderen Angeklagten in Verbindung zu treten. So geschah es; ich konnte in der Tat keine Kontakte mehr aufnehmen.

Eine ganze Woche hindurch besuchte mich niemand oder sprach mich auch nur an. Plötzlich, eines Nachts gegen zwei Uhr morgens, wurde die Zellentür geöffnet, und man brachte mich in den Verhörraum. Das, so dachte ich mir, ist ein Einschüchterungsversuch, sonst hätten sie nicht eine so unmögliche Zeit ausgesucht, wo es noch dazu Januar und sehr kalt war.

Das Kreuzverhör begann: „Was haben Sie zu sagen?"

„Worüber?"

„Hussein Taufik hat ein volles Geständnis abgelegt, in dem er angibt, daß auch Sie in die Affäre verwickelt sind."

Aus dem Gesagten entnahm ich, daß Hussein Taufik tatsächlich ein umfassendes Geständnis abgelegt hatte. Er hatte bis zum kleinsten Detail nichts ausgelassen. Andererseits hatten einige meiner Kameraden ihre früheren Geständnisse zurückgenommen und so ein wenig Verwirrung in die Sache gebracht. Ich sagte mir, wenn es mir gelang, glaubhaft zu machen, daß die Geständnisse nur unter Druck abgelegt worden seien, dann würde die ganze Anklage zusammenbrechen. Entsprechend diesen meinen Überlegungen sagte ich zu dem Staatsanwalt:

„Die Aussage von Hussein Taufik ist durch und durch falsch. Was die anderen anlangt, so bin ich gerne bereit, mich einem nach dem anderen gegenüberstellen zu lassen und zu zeigen, daß ihre früheren Aussagen ebenso falsch sind; übrigens ist das ja auch der Grund, warum einige ihre Erklärungen bereits widerrufen haben. Außerdem verlange ich, daß eine außerordentlich wichtige Tatsache im Protokoll vermerkt wird."

„Was für eine Tatsache?"

„Die Tatsache, daß Sie mich um zwei Uhr morgens zum Verhör geholt haben."

„Es ist verzeichnet."

„Ich weiß. Was ich meine ist, daß vermerkt werden muß, daß es eine Druckmaßnahme darstellt. Sie haben mich unnötigerweise wecken und aus dem Bett holen lassen, obwohl Sie mich auch bei Tag hätten verhören können. Es geht Ihnen um nichts anderes, als mich psychisch fertigzumachen!"

Meine Worte wurden notiert und das Protokoll mit der Feststellung geschlossen, gemäß der Geständnisse, die Hussein Taufik und die anderen abgelegt hätten, gäbe es keinen Zweifel, daß dieser Prozeß mit einem Schuldspruch enden werde. Jedoch fanden meine weiteren Verhöre bei Tag statt.

Einmal, so erinnere ich mich, fragte mich der Staatsanwalt: „Haben Sie nichts weiter zu sagen?"

„Es gibt nichts, was ich hinzufügen könnte. Alles, was ich sagen kann, ist, daß ich nach wie vor darauf bestehe, mit den anderen Angeklagten konfrontiert zu werden."

Als er sah, daß ich unbeugsam war, verfolgte der Staatsanwalt eine neue Linie, wobei er selbst eine gewisse Unsicherheit zeigte:

„Kennen Sie Omar Abu Ali?" Und er fragte mich der Reihe nach, ob ich die verschiedenen in den Fall verwickelten Kameraden kenne.

Ich antwortete, daß ich sie natürlich alle kannte. Dieser war der Bruder eines alten Freundes, jenen lernte ich bei der und der Gelegenheit kennen. Ich erklärte in jedem Fall, wieso ich die Leute kannte, leugnete aber auf das entschiedenste, daß das irgend etwas mit den Behauptungen zu tun hatte, die in den diversen Geständnissen und Aussagen enthalten waren. Um dies zu beweisen, bestand ich darauf, jedem einzelnen gegenübergestellt zu werden. Da er fürchtete, meine Hartnäckigkeit werde die ganze Anklage durcheinanderbringen, ließ mich der Staatsanwalt in meine Zelle zurückführen und belästigte mich nicht weiter. Eine ganze Woche ließ man mich solcherart in Frieden. Es war eine Woche der Spannung, denn wir kämpften in Gedanken eine erbitterte Schlacht: Der Staatsanwalt versuchte mir die Schuld anzuhängen, ich trachtete die Anklage zu Fall zu bringen. Nach eingehendem Überdenken der ganzen Situation kam ich zu dem Schluß, daß möglicherweise Mohammed Kamil, ein junger Vetter von Hussein Taufik, kein Geständnis abgelegt hatte. Wenn irgendeiner, so hätte er, jung wie er war, die Verhöre durchstehen müssen. Ich versuchte durch die Wärter mit ihm in Kontakt zu treten, und es gelang mir schließlich auch. Seine Antwort machte mich froh. Er erwies sich als verläßlich. Ich hoffte, in Zusammenarbeit mit ihm die ganze Anklage scheitern lassen zu können.

Unterdessen setzte der Staatsanwalt seine Bemühungen, mit Hussein Taufik und den anderen Angeklagten ein freundschaftliches Klima zu erzeugen, fort. Er befaßte sich mit ihnen bis in die Nacht hinein und ließ ihnen immer noch Mahlzeiten aus guten Stadtrestaurants bringen. Es war ganz offensichtlich, daß er dadurch versuchte, sie auf seine Seite zu ziehen. Ich aber entschloß mich, ihn zu überspielen.

Eines Abends überraschte ich alle, indem ich verlangte, zum Gefängnisdirektor gebracht zu werden. Sobald ich ihn sah, und noch bevor er mich nach dem Grund meines Begehrens fragen konnte, erklärte ich: „Kann ich Feder und Papier haben? Ich möchte gerne ein Telegramm an den Obersten Staatsanwalt senden."

Als ich das Verlangte erhalten hatte, begann ich zu schreiben. Ich forderte, daß angesichts des großen Druckes, der auf mich ausgeübt werde, ein anderer Staatsanwalt ernannt werden solle. Der gegenwärtig mit der Untersuchung betraute Staatsanwalt wolle, so schrieb ich, mich zwingen, Dinge zuzugeben, die ich ganz gewiß nicht getan haben konnte. Außerdem hätten der Gefängnisdirektor und die Beamten der politischen Polizei mich den ärgsten Formen der Folter unterzogen.

Der Direktor war sehr erstaunt, als er meine Worte las: „Was haben Sie denn da geschrieben? Wer sind die Polizeibeamten, von denen Sie sagen, daß sie Sie gefoltert haben?"

„Taufik El-Said und El-Gazar."

„Aber wann und wie?"

„Das ist meine Angelegenheit."

Ein besonderer Vorfall lag der von mir erfundenen Geschichte zugrunde. Eines Tages, bevor man mich vom Parterre in den ersten Stock verlegt hatte, öffnete Taufik El-Said die Türe meiner Zelle, um mich für den fünfzehn Minuten dauernden Spaziergang am Spätnachmittag in den Gefängnishof hinauszulassen. Wir kannten einander aus den Tagen meiner Haft im Gefängnis der Ausländer im Jahre 1942. Nachdem wir einander begrüßt hatten, sagte er plötzlich:

„Es hat keinen Sinn, weiter zu leugnen, Anwar! Jedermann hat gestanden. Sie haben nicht nur gestanden, sondern uns sogar zu dem Waffendepot beim Mokattam-Berg geführt. Wir haben auch tatsächlich eure Waffen beschlagnahmt. Alles ist bewiesen, und der Prozeß ist so gut wie erledigt. Warum bestehst du weiter darauf, zu leugnen?"

„Also willst du, daß ich gestehe?"

„Ja."

„Hast du irgendeinen Zweifel daran, daß wir Amin Osman getötet haben? Laß mich dir sagen, daß wir es getan haben, weil er ein Verräter war und hingerichtet werden mußte."

„Sehr merkwürdig! Hast du denn die Gesetze dieses Landes vergessen?"

„Es gibt ein Gesetz, ohne Zweifel, aber es wird leider nicht auf Verräter angewandt. Deshalb müssen wir uns selbst damit befassen."

„Jedenfalls bin ich glücklich, daß du gestanden hast. Das Geständnis wird dir helfen, mit einem milderen Urteil davonzukommen."

Plötzlich wandte ich mich um, blickte ihn an und sagte:

„Hör zu, Taufik!"

„Ja?"

„Glaubst du wirklich, daß wir Amin Osman getötet haben? Ich habe das nur gesagt, um dich persönlich herauszufordern. Wären andere anwesend gewesen, hätte ich kein Wort darüber gesagt, denn um ein Geständnis gültig zu machen, muß es in der Gegenwart von mindestens zwei Zeugen abgelegt worden sein. Du hast diese Tatsache übersehen, nicht wahr?"

„Das macht nichts! Du verschwendest nur deine Zeit, jedermann hat gestanden und dein Leugnen ist völlig sinnlos!“

„Nun, wir werden sehen.“

Dieses Gespräch hatte ich mit Taufik El-Said geführt und mir vorgenommen, es später als die Basis für das Telegramm, das ich dem Obersten Staatsanwalt sandte, zu benützen.

Der Direktor nahm das Telegramm und ging, um den Staatsanwalt Kauisch aufzusuchen. Das Protokollbuch lag offen da, und eine Eintragung, einschließlich des Textes meines Telegramms, war gemacht worden. Das Telegramm konnte daher nicht mehr ignoriert werden, obgleich die Untersuchung nach wie vor im geheimen durchgeführt wurde. Meine Anwälte hätten gewußt, daß ein Telegramm an den Obersten Staatsanwalt abgesandt, aber im Protokoll nicht vermerkt worden war. Damit aber wäre die gesamte Anklage in sich zusammengebrochen.

Kauisch ließ mich holen. Ich ging in sein Büro hinunter. Neben ihm saßen der Direktor und sowohl Taufik El-Said als auch El-Gazar. Sogleich begann ein Kreuzverhör:

„Haben Sie dieses Telegramm geschrieben?“

„Ja.“

„Warum?“

„Weil ich gefoltert worden bin.“

„Von wem?“

„Vom Direktor, von Taufik El-Said und auch von El-Gazar!“

„Gibt es irgendwelche körperliche Spuren davon?“

„Nein. Folter muß keine körperlichen Spuren hinterlassen. Sie haben mich beschimpft, sie haben mich ins Gesicht geschlagen und mich getreten. Ist das nicht genug? Muß solche Folter unbedingt körperliche Spuren hinterlassen? Außerdem wollten sie mich zwingen, ein Geständnis abzulegen. Besonders Said hat es mehrmals versucht. Um mich dazu zu bringen, hat er mir gesagt, daß ihr auf dem Mokattam-Berg gewesen seid und dort Waffen beschlagnahmt habt, von denen er behauptet, ich hätte sie dort versteckt.“

Kauisch war außerordentlich überrascht, denn dieser Vorfall war bis dahin als geheim behandelt worden, und er hatte mich offensichtlich erst später damit konfrontieren wollen. Nun kam die Reihe an den Direktor, an Taufik El-Said und El-Gazar, verhört zu werden.

Aber sie bestritten natürlich alles, was ich behauptet hatte. Ich wandte mich dann an Taufik El-Said und sagte:

„Hast du nicht eines Morgens um zwei Uhr früh (ich nannte auch das genaue Datum) die Tür meiner Zelle geöffnet, mich geweckt und mich aus dem Bett gezerrt, obwohl es eine eiskalte Nacht war, und mich ausgefragt?“

„Ich habe nie etwas Derartiges getan."

„Versuche, dich zu erinnern."

Taufik El-Said war auf das äußerste erstaunt. Er starrte mich ungläubig an.

„So ist es geschehen", sagte ich.

„Niemals", beteuerte er. „Ich habe ihn nur während der Nachmittagspause gesehen und mit ihm ein Gespräch geführt."

„Nein, es war zwei Uhr früh, und du hast mich angegriffen, mich beschimpft, geschlagen und mir gedroht, wenn ich nicht gestehe, erwarte mich ein schreckliches Schicksal, denn der Prozeß sei praktisch schon abgeschlossen. Du sagtest, ich würde ganz gewiß verurteilt werden, besonders, da ja alle anderen gestanden hätten."

Ich wußte, eine solche Erklärung mußte, falls sie veröffentlicht und entsprechend von meinen Anwälten ausgebaut wurde, die Anklage zu Fall bringen. Der Staatsanwalt begriff das auch und stellte mich nun allen Angeklagten, mit Ausnahme von Hussein Taufik, gegenüber. Einige blieben bei ihren Geständnissen, andere aber widerriefen, wie etwa Omar Abu Ali. Ich hatte Vertrauen zu ihm und wußte, daß er begriffen hatte, um was es ging. So blickte ich ihn nur bedeutungsvoll an, woraufhin er alles, was er früher gestanden hatte, zurücknahm. Kauisch war wütend: Die Anklage zerfiel ihm unter den Händen, und er wußte es. Er befahl, mich in meine Zelle zurückzubringen.

Wieder allein, überdachte ich alles, was geschehen war. Ich war glücklich, daß Omar Abu Ali an meiner Seite stand und daß es mir gelungen war, die Behauptung, gefoltert worden zu sein, protokollieren zu lassen. Sicherlich war der Weg vor mir noch lang, das wußte ich, aber ich war entschlossen, auf alle Fälle weiter aktiv zu bleiben. Ich verlangte den Direktor zu sprechen, und er kam tatsächlich in meine Zelle.

„Kann ich Papier und Feder haben?"

„Wieder? Was ist los?"

„Das ist meine Angelegenheit."

Ich schrieb folgendes Telegramm an den Obersten Staatsanwalt:

„Bitte helfen Sie mir! Ich führe Beschwerde gegen den gegenwärtigen untersuchenden Staatsanwalt. Ich habe Ihnen schon früher ein Telegramm geschickt und um Hilfe gebeten, damit Sie mich vor der Folter, der man mich unterwirft, retten. Der Staatsanwalt hat zwar eine Erklärung über meine Folter zu Protokoll genommen, aber die Folter wird fortgesetzt. Ich fordere, daß ein anderer Staatsanwalt meinen Fall untersuchen soll. Von nun an werde ich als Protest in den Hungerstreik treten. Ich habe den Direktor aufgefordert, meine Zelle zu durchsuchen, um sicherzustellen, daß es in ihr keine Lebensmittel gibt."

Kauisch ließ mich sofort holen. Es folgte ein weiteres Verhör:
„Sie haben einen Hungerstreik begonnen?“
„Ja!“
„Warum?“
„Wegen der Folter.“
„Wer foltert Sie?“
„Um damit zu beginnen: Vor allem Sie selbst und El-Gazar und Taufik El-Said und der Direktor. Dieser letztere hat seine Leute angewiesen, des Nachts in meine Zelle einzudringen, sie greifen mich an, sie beschimpfen und schlagen mich. Dann gehen sie wieder, nur, um noch einmal zu kommen und mich noch einmal anzugreifen und dann wieder wegzugehen. So geht das die ganze Nacht.“

Die Aussagen all derer, die ich angeklagt hatte, wurden aufgezeichnet. Sie bestritten natürlich alles, ganz besonders der Direktor, der betonte, alle meine Anklagen seien völlig grundlos. Aber ich blieb bei meinen Behauptungen.

Da man erkannte, daß das Ziel meiner Bemühungen war, die Anklage zu Fall zu bringen, besonders nachdem Mohammed Kamil sich weigerte zu gestehen und Omar Abu Ali seine Aussagen zurückgezogen hatte, besaß der Staatsanwalt keine anderen Möglichkeiten mehr, als eine Gegenüberstellung zwischen mir und dem geständigsten all seiner Angeklagten und damit seinem entscheidenden Verbündeten, nämlich Hussein Taufik. Bei einer eilig herbeigeführten Konfrontation wiederholte Hussein einfach alle seine schon früher abgegebenen Erklärungen, während ich eine Geschichte erfand, die unserer gesamten Bekanntschaft und unseren Zusammenkünften eine unschuldige Begründung verlieh, was natürlich vollkommen falsch war. Hussein versuchte, das alles zu bestreiten. Aber ich bestand darauf, dies sei die Wahrheit und spielte Überraschung, wie er imstande sei, die Tatsachen derart zu verdrehen. Hussein begann nun zum größten Entsetzen des Staatsanwaltes die Nerven zu verlieren. Kauisch, der den Ernst der Situation erkannte, machte der Gegenüberstellung ein Ende. Um mich loszuwerden und auch um sicherzugehen, daß ich mit den übrigen Angeklagten keinerlei Kontakte mehr habe und sie nicht in einer den Fortgang des Prozesses bedrohenden Weise beeinflusse, befahl er meine Verlegung in das Kurah-Maidan-Gefängnis.

Kapitel III

Die Befreiung des „Selbst“

Zelle 54

1

Um vier Uhr nachmittags fand ich mich in der Zelle 54 im Kurah-Maidan-Gefängnis. Ich blickte mich um: Es war vom Gefängnis der Ausländer völlig verschieden. Ganz besonders fehlten mir das Bett, der kleine Tisch, der Sessel und die Lampe. Die Zelle war vollkommen kahl: nichts als eine Matte aus Palmfasern auf dem Boden, kaum groß genug, daß ein Mann darauf schlafen konnte, dazu eine unglaublich schmutzige Decke. Es war ganz unvorstellbar, wie verdreckt diese Sachen waren. Im Winter tropfte Tag und Nacht Wasser von den Wänden der Zelle, an denen im Sommer ganze Armeen von Ungeziefer auf und nieder marschierten. Wie das Ungeziefer an diesem ständig feuchten Ort leben konnte, ist mir nie klargeworden und heute noch ein Rätsel.

Ich lebte achtzehn Monate lang in dieser gräßlichen Zelle, ohne lesen, schreiben oder Radio hören zu können. Mir wurde alles verweigert: von einer einfachen Lampe bis zu allem übrigen.

Nach und nach wurden alle Angeklagten in unserem Prozeß in das Kurah-Maidan-Gefängnis verlegt – alle in Einzelhaft natürlich. Das war sogar irgendwie ein Privileg – und auch ein Recht –, insofern, als unser Fall sich immer noch im Untersuchungsstadium befand und man uns nicht gut mit Kriminellen zusammenlegen konnte, mit Dieben, Mördern, Rauschgifthändlern, Einbrechern und so weiter. (Einbrecher galten unter den Kriminellen als die Angesehensten.)

Anfänglich war uns nur eine tägliche „Pause“ von fünfzehn Minuten für einen Einzelspaziergang erlaubt. Später waren uns dann zwei solcher Spaziergänge von jeweils 45 Minuten gestattet, einer am Morgen und einer am Nachmittag. In dieser Zeit durften wir auch miteinander reden. Unsere Gespräche befaßten sich meist mit unserem Schicksal in diesem schrecklichen Gefängnis, vor allem mit den unbeschreiblich schmutzigen Toiletten. Abgesehen von ihrem unhygienischen Zustand, der sie für Menschen ungeeignet machte, mußten wir sie auch noch kollektiv benützen, wie das vielleicht primitive Menschen im Dschungel tun oder wie es vielleicht in ländlichen Gegenden geschieht. Diese Analogie ist übrigens falsch, denn das Land ist weit, während man hier Toiletten hatte, die für etwa tausend Häftlinge bestimmt, aber stets überfüllt waren, denn es gab dreitausend Häftlinge. Dies beeinträchtigte sehr ernsthaft unsere Stimmung. Schlimmer noch, das war der Grund, daß dieses Gefängnis, wie jedes andere in Ägypten, ein Skabies*-Krankenrevier haben mußte. Das war nur zu erwarten, so glaube ich, da manche Gefangene, die aus einer außerordentlich unhygienischen Umgebung kamen, sich in diesem noch unhygienischeren Gefängnis nur zu leicht mit dieser Krankheit ansteckten. So wie im Zaitun-Anhaltelager bei den Kaninchen, so breitete sich hier die Krankheit bei den Menschen epidemisch aus. Im Gefängnis verschwand der Unterschied zwischen Kaninchen und Mensch.

Wir mußten uns ein ganzes Jahr mit diesen Zuständen abfinden. Viele meiner Kameraden zeigten nicht dieselbe Fähigkeit wie ich, Elend zu ertragen. Ich verdanke meine Härte meinem früheren Leben im Dorf und der Schwere meines Dienstes bei den Streitkräften. All das zusammen half ohne Zweifel.

Einige der Angeklagten kamen aus einflußreichen Familien. Durch deren Beziehungen wurden wir nach einem Jahr wenigstens mit Löffeln für die Einnahme der Mahlzeiten versorgt. Ferner erreichten wir, daß Glas in die Fenster der Zellen eingeschnitten wurde, die bis dahin einfach ewig offene „Löcher“ gewesen waren und im Winter die Kälte und im Sommer die Hitze einließen.

In jenem Stadium durften alle Angeklagten, die auf ihren Prozeß warteten, die Gefängnismahlzeiten ablehnen und sich Nahrungsmittel kaufen, und zwar von einem ernannten Lieferanten, der gegenüber dem Gefängnis ein Geschäft besaß. Zum Frühstück hatten wir Sirup, Brot und manchmal auch Käse, wenn ich mich recht erinnere. Sehr genau weiß ich noch, daß ich niemals mein Mittagessen von diesem Lieferanten erhielt, denn das Frühstück allein kostete $7^1/_2$ Pfund im Monat, und meine Familie war oft aus Mangel an Geld mit der Bezahlung im Rückstand.

Eines Tages trat Scheik Hassan El-Banna, der Oberste Führer der Moslem-Bruderschaft, mit Talaat, meinem älteren Bruder, in Verbindung, um ihm mitzuteilen, daß die Bruderschaft beschlossen habe, monatlich zehn Pfund an meine Familie zu bezahlen, ebenso wie es meine Kameraden in der Armee getan hatten, als ich mich noch im Maksa-Anhaltelager in Minia befunden hatte. (Meine Kameraden hatten jedoch diese Unterstützung nicht fortgesetzt, als ich entfloh,

* Skabies: Hautkrankheit, „Krätze“.

und schon gar nicht, als ich später dann wieder ins Gefängnis kam. Vielleicht hatten sie darauf vergessen. Gott verzeihe ihnen.)

Scheik Hassans Hilfsangebot war ein Gottesgeschenk. Mein Bruder Talaat konnte zu jener Zeit nicht einmal erschwingen, mir eine Flasche mit Fruchtsalz,* die zwölf Piaster kostete, zu kaufen. Im Gefängnis begann ich am Morgen Fruchtsalz zu mir zu nehmen und tue das auch heute noch. Ich bin seit etwa 30 Jahren nicht imstande, längere Zeit ohne dieses Salz auszukommen. Abgesehen davon mußte ich Miete zahlen. Was sich ereignet hatte, war folgendes: Uns, die wir noch auf unseren Prozeß warteten, wurde endlich gestattet, gewisse Einrichtungsgegenstände – wie einen Tisch, ein Bett, einen Sessel – für zehn Piaster pro Tag zu mieten. Es war zumindest merkwürdig: Denn während die Insassen des Gefängnisses der Ausländer die „Niedersten der Niederen" und dagegen die Insassen der anderen „öffentlichen Gefängnisse" normale Ägypter waren, so erfreuten sich doch die ersteren einer bevorzugten Behandlung. Denn hier mußten wir zahlen! Wofür? Hier hatten wir eine Matratze aus Reisstroh, hart und grob, mit einer Decke aus elendem Stoff. Dort hatten wir ein bequemes Bett, Elektrizität und gute Ernährung gehabt – und all das war umsonst gewesen. Es gab also eine Rassendiskriminierung selbst im Gefängnis.

Bedauerlicherweise war dies in allen unseren Gefängnissen von Assuan bis Alexandrien üblich. Es war merkwürdig: Als ich im Oktober 1975 eine Spitzhacke in Händen hielt, um den ersten Schlag gegen die Mauern des Tura-Gefängnisses** zu führen (und damit seine Demolierung zu beginnen), hatte ich das Gefühl, es sei in Wirklichkeit die Mauer des Kurah-Maidan-Gefängnisses. Die Ziegel waren naß und leicht zu brechen. Selbst der äußere Verputz war offensichtlich naß, und als ich ihn abgeschlagen hatte, quollen unzählige Küchenschaben heraus. Ich aber hob meine Spitzhacke und schlug entschlossen auf die Mauer ein, so als ob ich das ganze Gefängnis eigenhändig zerstören müßte. Man wollte mich dazu bringen, aufzuhören, aber ich sagte, das sei schon richtig so, und schlug weiter zu. Es war ein denkwürdiger Moment, denn mich beherrschte das Gefühl, solche Gefängnisse müßten beseitigt und durch andere ersetzt werden, die für menschliche Wesen geeignet seien.

Damals habe ich angeordnet, daß neue Gefängnisse gebaut werden, die hygienisch und sanitär vollkommen in Ordnung und gleichzeitig auch entsprechend ausgerüstet sind, um eine Berufsausbildung zu ermöglichen und auch eine entsprechende Produktion, so daß der

* Ein Laxativ.
** Südlich von Kairo, zwischen Maadi und Heluan.

Gefangene, statt müßig in seiner Zelle zu sitzen und eine Belastung für die Gemeinschaft zu bilden, entweder neue Fähigkeiten erwirbt oder ein neues Gewerbe erlernt und auf diese Weise auch etwas Geld verdient, indem er etwas produziert. Mit einigen Ersparnissen in seiner Tasche und mit der Fähigkeit, Dinge herzustellen, die verkauft werden können, wird der entlassene Gefangene von seiner Gefangenschaft doch immerhin einigen Nutzen gezogen haben und ein nützliches Mitglied der Gemeinschaft werden. Wir haben dieses Experiment in einem Gefängnis begonnen, das, um Kurah-Maidan zu ersetzen, an der Autostraße Kairo–Alexandrien in der westlichen Wüste gebaut wurde. Ihm angeschlossen ist ein Stück Land, das erst in jüngster Zeit urbar gemacht worden ist und das einige Gefangene in eine Gemüsefarm und einen Obstgarten verwandelt haben.

Aber um nun wieder meine Geschichte von Kurah-Maidan weiterzuführen: Der Staatsanwalt Kauisch arbeitete natürlich sehr hart und entschlossen daran, unsere Verurteilung zu erreichen. Bevor ich aus dem Gefängnis der Ausländer weggebracht worden war, war mein Bruder Talaat gekommen, um wie üblich meine Wäsche mitzunehmen, darunter auch meinen Pyjama. Ich hatte in die Brusttasche meines Pyjamas ein Stück Papier mit einer Botschaft in Englisch gesteckt, die lautete:

Formation A out of action all,
Formation B got in touch with me.

(Formation A außer Funktion, Formation B nahm Verbindung mit mir auf.)

Kauisch, dem die Wäsche verdächtig vorkam, ließ meinen Pyjama durchsuchen und fand auch die Botschaft. Er fotokopierte sie und steckte sie wieder zurück. Auf seinem Weg nach Hause hatte Talaat das Gefühl, daß er beschattet werde. Er begriff sofort, daß irgend etwas nicht in Ordnung war, und benahm sich dementsprechend. Zu Hause nahm er das Papier heraus, kopierte die Botschaft und steckte dann das Papier wieder in die Pyjamatasche zurück. Der Schlafanzug mit dem Stück Papier an seinem Ort wurde dann gewaschen und mir zurückgebracht. Talaat wurde immer noch beobachtet, als er wiederkam, denn Kauisch wartete ja auf das Ergebnis. Er durchsuchte den Pyjama, aber das Papier war nun schon zu Pulpe geworden. Verschwunden war damit das erhoffte Beweisstück. Seine Enttäuschung war entsetzlich, als ihm seine Leute sagten, die Botschaft sei an niemanden weitergegeben worden. (Mein Bruder hatte sie aber dennoch weitergegeben, aber in den frühen Morgenstunden, zu einer Zeit, als er absolut sicher war, daß niemand daran dachte, ihn zu verfolgen.) Die Formation A bestand ausschließlich aus Zivilisten, während die Formation B sowohl militärische als auch zivile Mitglieder hatte. Kein Mitglied in einer dieser Formationen konnte jedoch den anderen identifizieren. Diese Botschaft war an jene Leute weitergeleitet worden, deren Schicksal es war, die Revolution von 1952 durchzuführen.

Unmittelbar nachdem die Wäsche zurückgekommen war, erschien Kauisch bei mir im Gefängnis und wollte mich verhören. Das Verhör bestand aus einer Schreibübung. Er forderte mich auf, englisch zu schreiben:

Formation A out of action all,
Formation B got in touch with me.

Ich mußte auf die verschiedensten Arten schreiben, einmal Buchstabe für Buchstabe, dann in kursiver Schrift. Ich füllte drei Seiten damit, denn er wollte meine Schrift mit der Fotokopie der Botschaft in seinem Besitz vergleichen; wenn es ihm gelang zu beweisen, daß sie identisch waren, besaß er sehr starke Indizien gegen mich. Doch gelang ihm das Ganze nicht. Nachdem er nichts gegen mich hatte herausfinden können, erschien Kauisch nie mehr. Die anderen Angeklagten – die „Jungen", wie ich sie nannte – wurden nun einer nach dem anderen nach Kurah-Maidan verlegt, was – wie ich schon erwähnt habe – bedeutete, daß unser Fall sich immer noch im Untersuchungsstadium befand. Der nächste Schritt – das wußte ich – mußte sein, daß der Untersuchungsrichter den Fall entweder an den Kriminalgerichtshof überwies oder aber zu der Entscheidung kam, daß strafbare Tatbestände fehlten; das heißt, daß die Anklage ohne Basis war. Daher würde er die Entlassung der Angeklagten anordnen.

Sobald der Fall vor den Untersuchungsrichter kam, ging die Geheimhaltung zu Ende, und die Anwälte konnten sich mit dem Fall befassen. Sie fanden, daß ich durch mein Leugnen und dadurch, daß ich die Aussagen der anderen Angeklagten in Zweifel gezogen, vor allem aber dadurch, daß ich den Staatsanwalt, den Gefängnisdirektor und andere Beamte angeklagt hatte, mich gefoltert zu haben, den Fall ohnehin schon zum Scheitern gebracht hatte. Die Anwälte freuten sich jedoch, unseren Fall zu führen, und begannen die Angeklagten in dem Sinn zu beraten, ihre Geständnisse zurückzunehmen. „Hättet ihr nur auf Anwar El-Sadat gehört", meinten sie, „er ist ein Mann, und ihr seid alle nur Kinder." Nun, zu jener Zeit, 1946, war ich 27 Jahre alt, während der älteste der Mitangeklagten 22, der jüngste aber 14 Jahre alt war! Mein Name stand als Nummer 7 auf der Liste der 27 Angeklagten, sechs waren vor mir, 20 hinter mir. Die Anklagen lauteten verschieden: Natürlich drehten sich alle um die Ermordung von Amin Osman. Der Untersuchungsrichter ordnete die Entlassung zweier Angeklagter an, während wir anderen im Gefängnis blieben.

Im Kampf um eine Verzögerung des Prozesses forderten unsere Anwälte ständig und hartnäckig unsere Entlassung. Und zwar mit der Begründung, daß der ursprünglich gegen uns erlassene Haftbefehl ungesetzlich gewesen sei. Ihre Bemühungen blieben aber ohne Erfolg. Die einzige neue Entwicklung im Jahr 1946 war die Entscheidung, unseren Fall einem bestimmten Kriminalgerichtshof zu übertragen. (1947 gab es dann weitere „Entwicklungen".) Unsere Anwälte jedoch forderten stets, sobald der Fall vor den Richter kam, mehr Zeit, um das gewaltige Aktenmaterial und die verschiedenen Aussagen studieren zu können. Und so erreichten sie eine Vertagung nach der anderen. Sie kämpften einfach um Zeit und waren auch erfolgreich, denn schließlich wurde der Fall einem anderen Gerichtshof überwiesen, und sein ganzer Aspekt wurde ganz entscheidend verändert. Das war zu erwarten, denn unsere Anwälte waren die besten in Ägypten. In jener Zeit erhielt ein berühmter Anwalt Honorare von fünf- bis zehntausend Pfund – etwa 25.000 bis 50.000 DM – für die Übernahme eines einzigen Falles.

Die Dinge waren damals eben anders. Während der ersten zwanzig Jahre der Revolution, als die Herrschaft des Gesetzes, die Rechtsstaatlichkeit, „suspendiert" war, stellte sich eine bedeutende Veränderung im Status der Anwälte ein:

Das zivile Rechtsleben kam praktisch zum Stillstand, und viele Anwälte gingen bankrott oder waren doch am Rande des Ruins. Heute sind die Dinge wieder normal. Sobald ich die Herrschaft des Gesetzes, die Rechtsstaatlichkeit, wiederhergestellt hatte, waren auch Anwälte wieder sehr gefragt, um soziale Ungerechtigkeiten zu bekämpfen. Die Nachfrage nach Anwälten ist sogar noch höher angestiegen, seit wir unsere Politik der offenen Tür in die Tat umgesetzt haben und ausländische Geschäftsleute juristische Vertretungen in Ägypten brauchen. Die Jurisprudenz hat auf diese Weise in all ihren Aspekten ihre frühere Blüte wieder erreicht.

2

Zwei Orte in der Welt machen es einem Menschen unmöglich, vor sich selbst davonzulaufen: das Schlachtfeld und eine Gefängniszelle. In der Zelle 54 hatte ich nur mich selbst als Gesellschafter, Tag und Nacht. Und es war nur natürlich, daß ich dieses mein „Selbst" nun kennenlernte. Niemals zuvor hatte ich eine solche Gelegenheit, denn ich war stets mit meinem Dienst in der Armee und mit Politik befaßt gewesen und vom Strom des Lebens überschnell dahingetrieben worden.

Nun, in der völligen Abgeschlossenheit der Zelle 54, in der ich keinerlei Verbindungen mit der Außenwelt besaß – es gab weder Zeitungen noch Radio –, war paradoxerweise das einzige Mittel, meine Einsamkeit zu durchbrechen, die Gesellschaft jener inneren Einheit zu suchen, die ich das „Selbst" nenne. Das war nicht leicht. Eine Barriere schien zwischen uns zu stehen. Es gab Gebiete des Leidens, die dieses „Selbst" im Dunkeln hielten, Schatten, die mein Denken bedrängten und die Schwierigkeiten der Selbsterkenntnis verschärften.

Eines dieser Gebiete war meine erste Ehe.

Ich hatte in der hergebrachten Weise, wie das eben auf dem Lande üblich ist, eine meiner Verwandten geheiratet. Eine frühe Ehe ist im Dorf eine Notwendigkeit. Sie ist ein Teil, wenn nicht die Krönung des Prozesses des Erwachsenwerdens, sie ist, kurz gesagt, unvermeidlich.

Als ich dann in die Militärakademie eintrat, begannen die „Widersprüchlichkeiten", die dieser Ehe innewohnten, hervorzutreten. Ich begann zu entdecken, daß meine Frau und ich nichts gemeinsam hatten. Es war eine einfache, ländliche Ehe gewesen, die mit all dem, was ich nun kennen- oder liebenlernte, nichts zu tun hatte. Ich machte mir darüber Sorgen, konnte aber nichts tun. Ich konnte meine Frau nicht verlassen. Ja, ich dachte auch niemals daran, da ich ja von gewissen Wertvorstellungen geleitet war, die ich nicht verletzen konnte.

Ich erinnere mich, daß ich einmal als Kadett eine Familie entfernter Verwandter in dem Dorf El-Kirdasah, in der Nähe von Kairo, besuchte. Sie waren nicht viel reicher als meine Schwiegereltern, aber weil sie eben nahe der Hauptstadt lebten, war ihr gesellschaftliches Milieu viel gehobener. Eine der Töchter erhielt im Lycée eine französische Erziehung. Der Gedanke ging mir durch den Kopf, sie hätte eine viel geeignetere Frau für mich abgegeben. Aber ich fand diese Idee sofort abstoßend, ich rebellierte gegen mich selbst, fühlte mich verärgert und entehrt. Sollte ich, nur weil ich die Militärakademie besuchte, meine Frau verlassen? Wo war mein Sinn für Treue? Wo meine Moral? Ich fühlte mich beschämt.

Nun aber war ich keineswegs so zufriedengestellt, um die Angelegenheit auf sich beruhen zu lassen. Ich bedurfte einer vollen Überzeugung und begann mich daher eher philosophisch mit der Frage der Ehe zu befassen. Wozu bedurfte ich überhaupt der Ehe? Ich war dazu bestimmt – dessen war ich sicher –, im öffentlichen Leben eine Rolle zu spielen, und sei es nur als Offizier der Armee. (Die Militärakademie war das einzige Mittel, um diesen meinen lebenslangen Traum zu verwirklichen.) Eine führende Rolle aber bedeutet, sich mit Menschen aller Arten und Klassen abzugeben. Konnte irgendeine Frau in einem so hektischen, turbulenten Leben eine Rolle spielen? Der Platz einer Frau sollte im Heim sein, damit sie sich dort um mich und um meine Familie kümmerte. Außerdem war ich durch Natur und Erziehung niemals ein besonderer Freund gesellschaftlicher Veranstaltungen. Bis zum heutigen Tag kann ich nicht tanzen. Als ich 1976 in den USA war und die große Sängerin Pearl Bailey mit mir tanzen wollte, mußte ich gestehen, daß ich es nie gelernt hatte.

Aber diese Linie des „Argumentierens", wie ich sie dauernd verfolgte, war sinnlos. Tief in mir war ich mit meiner Lage unzufrieden. Ich schrieb diese Gedanken und Gefühle meiner außerordentlichen Bedrücktheit damals in einem kleinen Tagebuch nieder, das aber die politische Polizei nach meiner Verhaftung konfiszierte.

Nun, in der Zelle 54, als die Zeit stillzustehen schien, wurde dieses Problem noch viel bedrückender als bisher, ja es quälte mich sogar. Ich betrachtete es von allen Seiten und verteidigte oft den Standpunkt meiner Frau mit mehr Leidenschaft als den meinen. Oft fragte ich mich, warum sie unter all dem leiden sollte? Wäre es gerecht, sie zu verlassen, da sie doch alle diese Jahre auf mich gewartet hatte? Nur wegen einer Verschiedenheit der Bildung oder einer sogenannten „Inkompatibilität"? Was immer für Ausdrücke sie im Zusammenhang mit einer solchen Desertion verwenden mochte (und was immer für ein Bild ich in ihren Augen machen konnte), so dachte ich doch, es wäre nur natürlich und ganz nach Verdienst.

Aber oft dachte ich auch darüber nach, warum eigentlich ich leiden sollte, was mir zu tun übrigblieb und ob ich in der Sache überhaupt etwas unternehmen konnte. Gott weiß, ich hatte nichts Persönliches gegen sie, aber ich mußte irgend etwas tun, bevor es zu spät war. Wenn ich weiter mit dieser Frau lebte, so würde ich ganz sicher als ein typischer ägyptischer Regierungsbeamter enden, der nach der Arbeit nach Hause kommt, vielleicht seiner Familie eine Wassermelone mitbringt und am Nachmittag in ein nahegelegenes Kaffeehaus geht, um Backgammon zu spielen, der abends dann nach Hause zurückkehrt, nur um dort die Nacht zu verbringen und am Morgen wieder zur Arbeit zu eilen – ohne irgendeine Ambition, die vorantreibt, ohne Träume, die verwirklicht werden können. Eben nur eine Existenz unter anderen Existenzen. In einem solchen Leben würde es kein Ziel geben, keinen Sinn, keine Berufung – einfach nur ihretwegen.

Ich begann mir klarzuwerden, daß diese Frau mir tatsächlich im Wege stand, daß etwas geschehen mußte, um äußerste Hoffnungslosigkeit zu vermeiden. Ich war so mit diesem Problem beschäftigt, so versunken in meiner Selbsterforschung, daß ich spürte, wie die Adern an meinen Schläfen wie verrückt pulsierten, wenn ich des Nachts zu Bett ging und am Morgen erwachte.

Meine Qual dauerte eineinhalb Jahre. Eines Tages jedoch fühlte ich in mir, daß mein Entschluß schon gefaßt war. Wollte ich meine Pläne für die Zukunft wirklich ausführen, so mußte das Dilemma in der einen oder anderen Weise gelöst werden. Ich war völlig überzeugt, daß mein ganzes Sein einfach von der Klärung dieser besonderen Situation abhing. Zunächst – neun Monate vor meiner Entlassung – untersagte ich ihr, mich im Gefängnis überhaupt zu besuchen. Sie glaubte, daß ich auf den Rat meines älteren Bruders Talaat handelte oder meines Vaters, Gott sei seiner Seele gnädig. Das war natürlich falsch, denn niemand brachte mich jemals dazu, etwas gegen meinen Willen zu tun. Ich war vielmehr erzogen worden, Verantwortung für meine Familie zu übernehmen, die schließlich auf meinen Rat hin handelte. Als ich entlassen wurde, sagte ich ihr, daß es mein eigener Entschluß gewesen sei, ihre Besuche bei mir zu untersagen, weil ich nicht mehr mit ihr zusammenleben könne. Darauf folgten nun die Scheidungsformalitäten.

Ich hatte schließlich mich selbst kennengelernt. Mir war endlich bewußt geworden, was ich tun konnte und was ich niemals hinzunehmen imstande war. Auf diese Weise begann ich nun wie niemals zuvor, den Weg klar vor mir zu sehen und die Schritte, die ich auf diesem Weg unternehmen mußte.

3

Nichts ist so wichtig wie Selbsterkenntnis. Sobald ich begriffen hatte, was ich wollte, und überwunden hatte, was ich nicht wollte, war ich mit mir selbst wieder versöhnt und lernte in Frieden mit mir zu leben. In mein Dorf zurückzukehren wurde ein lieblicher Traum, und

Arbeit auf irgendeinem Gebiet zu leisten war einfach großartig. Kurz, es wurde eine Freude, mir die Zukunft – sowohl die vorhersehbare, wie die nicht vorhersehbare – auszumalen.

Damals gestattete man mir, Bücher, Magazine und Zeitungen zu lesen. Ich las heißhungrig und fand in jedem Wort etwas Neues, etwas, das neue Horizonte vor meinen Augen eröffnete.

Ich las mehr in Englisch als in Arabisch. Wenn irgendeine Idee, ein Gedicht oder irgend etwas Gedrucktes mir gefiel, so schrieb ich es sofort in ein Notizbuch, das ich heute noch besitze und sehr schätze und mein „Gefängnisnotizbuch" nenne. In ihm stehen Zitate von Autoren aus der ganzen Welt, östliche und westliche gleichermaßen, die einen bedeutenden Einfluß auf mein Leben hatten.

Mein umfangreiches Lesen erweiterte nicht nur meinen Horizont, sondern bereicherte auch meine Gefühle, es half mir auch, mich selbst besser zu erkennen. Durch Lesen gelang es mir, gewisse nervöse Schwierigkeiten, die meine Verhaftungen in den frühen Morgenstunden der bitterkalten Winter von 1942 und 1946 verursacht hatten, zu überwinden. Ich hatte die Art dieser nervösen „Krisen" nicht begriffen, wußte aber, daß sie mich in den Tiefen meiner Seele verwirrten. Erst durch meine lange Suche nach Selbsterkenntnis im Gefängnis kamen diese Schwierigkeiten an die Oberfläche meines Bewußtseins.

Vielleicht hätte eine Woche im Gefängnis genügt. Doch war es ein Artikel in „Reader's Digest", von einem amerikanischen Psychologen, der mir half, meine Schwierigkeiten zu überwinden. Das Wesentliche dieses Artikels (der das Ergebnis einer Forschungsarbeit von 24 Jahren war): daß sich zu jeder Zeit im Leben eines Mannes ein Schock einstellen kann, der ihn fühlen läßt, daß alle Zugänge zu ihm blockiert sind, daß das Leben selbst eine Gefängniszelle mit einer auf ewig versperrten Tür ist.

Nun gibt es zu dieser Tür mehr als einen Schlüssel. Zunächst einmal sollte der Mensch klar die Ursache seiner Schwierigkeiten erkennen. Zweitens muß er Glauben besitzen. Glauben bedeutet, Unglück als schicksalsbedingt zu betrachten, das eben ertragen werden muß. Doch sollte eine gezielte Anstrengung folgen, die Konsequenzen zu bekämpfen. Kein Problem darf je als unüberwindbar betrachtet werden. Es gibt stets Lösungen. Was uns so denken läßt, ist unser Glaube, daß Gott die Menschen geschaffen hat, um die ihnen bestimmten Rollen zu spielen. Der Gott, der uns geschaffen hat, kann in keiner Weise böse sein: Er ist gut und gnädig. Gott ist ganz anders als jenes Bild, das uns einst ein Scheik in der Koranschule in unserem Dorf zeichnete: als ein übermächtiges und furchterregendes Wesen.

Daher darf die ideale Beziehung zwischen Mensch und Gott nicht auf Angst beruhen, oder auf Furcht vor Strafe und Hoffnung auf Belohnung, sondern auf einem viel höheren Wert, dem höchsten überhaupt, nämlich der Freundschaft. Der Schöpfer ist gnädig, gerecht und liebevoll, weil er alles geschaffen hat: Wenn du ihn zum Freund hast und mit ihm eine Bindung gegenseitiger Liebe eingegangen bist, dann wirst du stets Seelenfrieden besitzen, geschehe was immer.

Die von jenem Psychologen dargelegte Analyse half mir nicht nur über meine Nervenschwierigkeiten hinweg, sondern eröffnete mir auch unendliche Horizonte der Liebe: Meine Beziehungen zum Universum erhielten neue Gestalt, und Liebe wurde zur Quelle all meiner Taten und Gefühle. Gewappnet mit dem Glauben und vollkommener Seelenruhe bin ich seither selbst durch noch so aufregende Ereignisse niemals mehr erschüttert worden, ob nun im privaten oder im öffentlichen Leben. Liebe hat mich nie im Stich gelassen, Liebe hat stets die Oberhand behalten, wie es mein Erleben – oder dieser Teil meines Erlebens – mit Gamal Abdel-Nasser zeigt. In den 18 Jahren unserer engen Zusammenarbeit gab es Zeiten, wo ich ihn weder verstehen, noch mich mit seinen Handlungen einverstanden erklären konnte, aber die Liebe, die ich für ihn fühlte, hat sich niemals verringert. Er andererseits war seit seiner Kindheit von „Komplexen" gequält und wurde oft von ihnen motiviert. Er hat, ebenso wie viele aus seiner Umgebung, darunter zu leiden gehabt.

Manche Leute haben sich gewundert, wie es mir gelang, so lange Zeit an Nassers Seite auszuharren. Da ich niemals mit ihm einen ernsteren Zusammenstoß hatte und der einzige Mann unter den Führern der Revolution von 1952 war, gegen den er nichts unternommen hat (ich war der alleinige Vizepräsident zur Zeit seines Todes), mußte ich wohl, so schlossen sie daraus, entweder zu unbedeutend oder zu schlau gewesen sein. So naive Schlußfolgerungen zeigen eine völlige Unkenntnis meiner Natur. Ich war zur Zeit Nassers weder ein Niemand noch ein besonderer Schlaukopf. Hinter der ganzen Sache steckt nichts anderes, als daß Nasser und ich seit unserem 19. Lebensjahr Freunde waren. Als er nach der Revolution die Präsidentschaft übernahm, habe ich das begrüßt. Ich war glücklich, meinen Kameraden und Freund als Staatspräsidenten von Ägypten zu sehen. Ich empfand dieselben Gefühle, als er der Führer der arabischen Welt wurde und eine Aura des Ruhmes ihn umgab.

Manchmal waren wir auch über die eine oder andere Angelegenheit verschiedener Meinung, und gelegentlich gab es auch eine Entfremdung, die ein paar Monate oder länger andauerte. Manchmal wurde das durch Meinungsverschiedenheiten verursacht, manchmal durch die Intrigen seiner Umgebung, die einen beträchtlichen Einfluß auf ihn hatte. Abdel-Nasser glaubte an „Berichte" und neigte von Natur dazu, auf Geschwätz zu hören.

Niemals jedoch habe ich eine Haltung der Selbstverteidigung eingenommen. Es liegt nicht in meinem Charakter, in der Defensive zu sein, ob nun gegenüber Abdel-Nasser oder anderen. Solange auch unsere Entfremdung dauern mochte, sie endete fast stets damit, daß er mich anrief und fragte, wo ich denn all die Zeit gewesen sei und warum ich mich nicht gemeldet hätte. Üblicherweise antwortete ich, ich hätte gedacht, er sei zu beschäftigt und wollte ihn nicht stören. Das Ende war stets, daß wir uns wieder trafen und fortsetzten, als wäre nichts geschehen.

Dies spielte sich häufig ab, dennoch stand ich immer noch allem, was Nasser betraf, in einem Geist echter Liebe gegenüber. Er hatte 1942, als ich verhaftet wurde, die Führung der Organisation der Freien Offiziere übernommen und während der ganzen Zeit beibehalten, die ich in Gefängnissen und Anhaltelagern verbringen mußte. Nach meiner Freilassung mußte ich erst wieder in die Armee aufgenommen werden, um von neuem an seiner und unserer Kameraden Aktivität teilnehmen zu können, einer Aktivität, die ursprünglich ich ins Leben gerufen hatte. Dies geschah auch im Jahre 1950.

Die Revolution fand im Jahre 1952 statt, und ich spielte eine Rolle darin. Meine Teilnahme war für mich nicht an und für sich von Bedeutung. Wichtiger für mich war, daß die Revolution stattfand und der Traum, den ich seit meiner frühesten Kindheit geträumt hatte, sich nun verwirklichte.

Das war es, was es mir möglich machte, 18 Jahre mit Nasser zu leben, ohne jemals mit ihm einen Zusammenstoß zu haben. Jede Stellung, in der ich arbeitete, machte mich glücklich, weil ich das nicht als Frage des persönlichen Gewinns betrachtete, noch jemals irgendwelche Forderungen erhob. Ob ich nun Mitglied des Revolutions-Kommandorates, Generalsekretär des Islamischen Kongresses, Chefredakteur der Zeitung „El-Gumhuria" oder Präsident der Nationalversammlung war, stets habe ich Nasser dieselbe Liebe entgegengebracht. Meine Gefühle ihm gegenüber konnten sich nicht ändern: Ich stand an seiner Seite in Sieg und Niederlage. Und dies mag es vielleicht gewesen sein, was Nasser, als er 17 Jahre später sich nach einem Freund umsah, erkennen ließ, daß hier in der Tat ein Mann stand, mit dem er niemals Streit gehabt hatte.

Dies ist es ja eben, was mich sagen läßt, daß Liebe schließlich stets triumphiert. Nasser trug Scheuklappen, die nicht so ohne weiteres zu entfernen waren, wenn er einen seiner unüberwindbaren „inneren Konflikte" hatte. Da ich sein Freund war, fühle ich mich verpflichtet, über diese Dinge nichts zu enthüllen. Alles, was ich sagen kann, ist, daß diese Konflikte eben bestanden. Armer Nasser! Er starb, ohne jemals „Lebensfreude“ erfahren zu haben: er war immer auf der Hut. Sorgen bedrückten stets sein Herz, er betrachtete jedermann mit Mißtrauen, was immer auch die wirkliche Stellung und Haltung dieses Mannes sein mochten. Es war daher nur natürlich, daß Nasser ein Erbe an diesem Mißtrauen und Argwohn hinterließ: seinen engsten Mitarbeitern als auch allen Klassen unseres Volkes.

Jedoch – wie ich schon wiederholt gesagt habe – am Ende triumphiert die Liebe. Sie wurde aus Leid und Schmerz in der Zelle 54 geboren. Leid kristallisiert die innerste Kraft der Seele; durch Leid wird ein mutiger Mann zu sich selber finden und die eigenen Tiefen ausloten. Ich hatte durch Leid entdeckt, daß ich von Natur aus dazu neigte, Gutes zu tun, daß Liebe das wahre Motiv meiner Handlungen war. Ohne Liebe hätte ich überhaupt nichts zuwege gebracht. Die Liebe gab mir Glauben, gab mir volles Vertrauen zu mir selbst und zu allem rund um mich. Meine Liebe zum Universum entstammte meiner Liebe zu Gott. Da der Schöpfer mein Freund war, so konnte ich doch wohl nicht Angst vor den Menschen haben. Ist es doch er, der ihr Leben und das gesamte Universum in Händen hält.

Durch dieses Gefühl, das zu einem untrennbaren Teil meines Selbst wurde (und das mich, obgleich unterbewußt, mein ganzes Leben hindurch begleitete), war ich imstande, die Grenzen von Zeit und Raum zu überwinden. Räumlich lebte ich nicht mehr in einer von vier Mauern umgebenen Zelle, sondern im gesamten Universum. Die Zeit hörte auf zu bestehen, als mein Herz von der Liebe zum Herrn der Schöpfung überwältigt wurde. Wo immer ich war, fühlte ich mich ihm ganz nahe.

Gott sagt im Heiligen Koran: „Wenn meine Diener dich nach mir fragen, so sage, daß ich ihnen nahe bin. Ich erfülle die Wünsche jener, die sich im Gebet an mich wenden.“ Nun bedurfte ich nichts, das ich im Gebet hätte erbitten können: Ich fühlte mich Gott nahe, liebte und verehrte ihn in allem, was er geschaffen hatte. Alles wurde zu einer Quelle der Freude und des Vergnügens. Alle Kreaturen wurden meine Freunde, denn alle sind von Gott geschaffen worden: Der Baum, der gewachsen war, weil Gott es ihm befohlen hatte, der Samen, den Gott durch seinen Willen hat wachsen lassen, der in Wirklichkeit seine Liebe ist; die Blumen, die Berge, die Früchte, die Wurzeln, die Zweige, Menschen aller Farben und Arten.

Alles Bestehende ist ein Gegenstand der Liebe, denn so wie ich ist alles erschaffen worden und besteht durch Gottes Liebe für die Kreatur und durch die Liebe der Kreatur zu Gott.

4

Zu den Dingen, die mich die Zelle 54 lehrte, gehört, den innerlichen Erfolg zu schätzen, der allein das innere Gleichgewicht erhält und den Menschen dazu veranlaßt, sich selbst gegenüber wahr zu sein. Kein Mensch kann anderen gegenüber ehrlich sein, wenn er es nicht zu sich selber ist. Ich bedarf des gesellschaftlich erkennbaren Erfolges nicht, ich schätze nur jenen Erfolg, den ich in mir fühlen kann, der mich befriedigt und der grundlegend aus der Selbsterkenntnis stammt. Der wahre Gläubige sollte daher, ehe er von anderen Rechenschaft verlangt, bei sich selber beginnen. Nicht materieller Gewinn, sondern das Erkennen seines „Selbstbildnisses" und das Ausmaß, in dem seine Handlungen dieses Bild widerspiegeln, sollten dem Menschen wichtig sein. Der innere Erfolg ist eine Quelle ständiger und absoluter Kraft, unabhängig von äußeren Faktoren. Äußerer Erfolg wechselt entsprechend den wechselnden Umständen und ist daher ein relativer Wert.

Die meisten Menschen sind vom äußeren Erfolg fasziniert – ihrer sozialen Position, finanziellem Gewinn, von Macht, oder kurz gesagt, von ihrem Bild in den Augen anderer. Wird ihr äußeres Bild aus irgendeinem Grund getrübt, so fühlen auch sie selbst sich unvermeidlich verletzt und können sogar zusammenbrechen. Es fehlt ihnen an Standhaftigkeit, weil sie weder sich selber gegenüber, noch mit anderen ehrlich sind. Für sie rechtfertigt das Ziel stets die Mittel. Ich jedoch bin in dem Glauben erzogen worden, daß es wichtiger ist, wie ich mich selbst sehe, als wie mich die anderen sehen.

So glaube ich auch nicht, daß die Präsidentschaft von größerem Wert ist als Anwar El-Sadat. Für mich ist Anwar El-Sadat stets derselbe, welche Stellung er auch immer bekleidet, wie immer auch die Umstände seines Lebens sind – ein Mann, der keine persönlichen Wünsche hat. Wenn du nichts wünscht, so wirst du auch nichts und niemanden brauchen!

Der äußere Erfolg entfremdet den Menschen sich selbst. Selbstentfremdung – ein anderer Name für Selbst-Nichterkenntnis – ist das Schlimmste, was einen Menschen befallen kann, da sie zum Verlust des inneren Lichtes führt und unvermeidlicherweise zum Verlust der eigenen Einsicht. Seine Unfähigkeit, den Weg vor sich zu sehen, macht den Menschen zum Gefangenen innerhalb seines Selbst. Sie isoliert ihn von allem außerhalb der engen Einheit seines Selbst und hebt daher seine Zugehörigkeit zur Menschheit auf.

Um seine humane Wesenheit zu bewahren, sollte der Mensch in enger Bindung zur Schöpfung Gottes leben, denn ohne eine solche Gemeinschaft bliebe ihm nichts außer dem sehr vergänglichen Erfolg oder eben einem Mißerfolg. Er wäre zu einem Sklaven der Zeit und des Ortes reduziert. Seine Existenz wäre einfach unwirklich.

Nur in einer solchen Bindung kann – so glaube ich – ein Mensch wirklich bestehen. Sein Bewußtsein wird sich dann ausweiten, das gesamte Universum umfassen, seine individuelle Wesenheit wird mit der der anderen Wesen verschmelzen (indem er sie liebt und für sie leidet), er wird mit einem Wort aufhören, individuell zu existieren. Der Mensch kann, das habe ich gelernt, Zeit und Raum überwinden. Wie viele Menschen sich dessen bewußt sind, weiß ich nicht. Die Mehrzahl jedenfalls nicht, dessen bin ich sicher, weil sie nicht imstande sind, über ihr eigenes kleines „Selbst" hinauszublicken. Sie beurteilen andere nach ihren eigenen Maßstäben, die sie für alles – abgesehen von äußeren Erfolgen – blind machen, und so hungern ihre Seelen, statt gesättigt zu sein, sie werden ins Unglück getrieben, statt zur Lebensfreude geführt.

Gegen Ende der fünfziger Jahre hielt ich allwöchentlich über den Sender „Stimme der Araber" einen Vortrag. Die ägyptische Gesellschaft sollte, das war meine Absicht, zu ihren echten ursprünglichen Werten zurückfinden, zu sittlichen Werten, deren Harmonie und ganz besonderer Charakter sich durch Jahrhunderte hindurch erhalten und dieses Volk befähigt hatten, alle Eroberer schließlich doch zu überwinden. Unser Ziel müßte es sein, so glaubte ich, den Menschen aufzubauen, da es klar wurde, daß einige Personen die Revolution ausnutzen wollten, um alle Werte und überkommenen Sitten zu zerstören. Davor zu warnen hielt ich für meine Aufgabe. Ich weiß nicht mehr, wer Nasser darüber informiert hat. Nun möchte ich nichts Negatives über Nasser sagen: Trotz all den Informationen, die ich besitze, und all der Freiheit, die ich dem Volk versprochen habe, kann ich doch aus Loyalität ihm gegenüber niemandem gestatten, Übles über ihn zu sprechen.

Nasser fragte mich nach der „Stimme der Araber". Er sagte, er habe gehört, daß ich dort ein Honorar von 400 Pfund erhalten hätte. Ich sagte, das sei richtig, behielt aber für mich, daß dieses Geld auf einen Sonderfonds eingezahlt worden war, „Die Mit-Abu-el-Kom-Moschee", eine Fürsorgeeinrichtung, die ich gegründet hatte. Ich wollte mich einfach nicht „verteidigen". Nasser meinte dann, daß die Leute darüber reden könnten, Gerede aber schädlich sein könnte. Als Konsequenz dieser Unterredung sprach ich in meinem nächsten Vortrag, der den Schluß der Serie bildete, über den inneren Erfolg im Gegensatz zum äußeren Erfolg. Ich erklärte, daß der erste ein bleibender, der letztere nur vorübergehend sei, und erläuterte, daß der äußere Erfolg nur für jene reizvoll sei, die zu sich selbst nicht aufrichtig seien und daher auch zu anderen nicht ehrlich sein könnten.

Sie seien stets die Sklaven ihres persönlichen Ehrgeizes – und das sei eine Haltung, die ich stets abgelehnt hätte.

Dieses Thema meines letzten Vortrages war mit voller Absicht gewählt, denn ich wußte, daß einer der Berater Nassers, der vom äußeren Erfolg fasziniert war, den Inhalt dieses Vortrages Nasser berichten würde. Nasser mußte sich ebenfalls davon sehr getroffen fühlen, besonders angesichts meiner Erklärung, daß ich persönlich den inneren Erfolg stets dem äußeren Erfolg vorziehe. Es kam genauso, wie ich es erwartet hatte: eine Entfremdung zwischen Nasser und mir folgte. Für einen Monat oder mehr traten wir nicht mehr miteinander in Verbindung.

5

Für lange Zeit regierte tatsächlich dieses Konzept des äußeren Erfolges die Herzen und Sinne jener, die in Ägypten die Macht in Händen hielten. Eine der Konsequenzen davon war, daß die Leute in einer noch nicht dagewesenen Weise materialistisch zu denken begannen. Ein Mann wurde nicht nach seinen guten Werken beurteilt oder nach der Liebe, die er anderen bezeigte, sondern nach seinem Geld und seiner Macht. Inmitten des Kampfes um materiellen Gewinn vergaßen wir die ewig unabänderliche Wahrheit, wonach der wahre Wert eines Menschen nur durch den Zustand seines „inneren Selbst" bestimmt werden kann, einer absoluten, niemals einer relativen Wesenheit. Keine menschliche Gemeinschaft kann zu überleben hoffen, wenn diese Tatsache nicht in ihrem Bewußtsein verankert ist.

Gott sagt im Heiligen Koran: „Wir haben der Erde, dem Himmel und den Bergen Verantwortung angeboten, aber sie lehnten es ab, sie zu tragen, und fühlten sich dessen nicht imstande: Aber der Mensch trägt sie!" Gott hat dem Menschen eine Rolle zugewiesen, die ihn von allen anderen Wesen unterscheidet. In der Bibel heißt es, Gott schuf den Menschen nach seinem eigenen Bilde, und im Koran steht, daß Er seinen Geist den Menschen einhauchte. Ohne eine Berufung wäre die Existenz des Menschen sinnlos: Wir sind geschaffen worden, um die Verantwortung zu tragen, die uns Gott anvertraut hat. Obgleich auf verschiedene Weise, so hat doch jeder Mensch seine ganz spezielle Berufung zu erfüllen und seine ganz besondere Verantwortung auf sich zu nehmen. Um dies zu tun, muß er sein wahres Wesen begreifen und ihm treu sein, ungeachtet der äußeren Umstände. Denn dies allein wird ihn dazu befähigen, jener Wesenheit anzugehören, die ewig größer und gewaltiger ist als sein individuelles Selbst.

In der Zelle 54 nahmen diese Gedanken die Proportionen eines wirklichen Glaubens an und bildeten einen integrierenden Teil meines wahren Ich. Wenn der Tag vorbeiging, ohne daß ich etwas getan hatte, das dieser meiner Zugehörigkeit zu der größeren und alles umfassenden Wesenheit wert war, so rief ich mich selbst zur Ordnung dafür, daß ich es unterlassen hatte, meine Verantwortung während des ganzen Tages zu tragen.

Es kann keine Zweifel darüber geben, daß die Werte des Menschen absolut sind. Wären sie relativ, so würde der Wert sich von Person zu Person ändern, von einer Gesellschaft zur nächsten und von Zeit zu Zeit. Außerdem, wären sie relativ, so würde der Wert eines Menschen auf seinem materiellen „Gewicht" oder Wert beruhen und könnte sich je nachdem ändern, ob die Menschen ihn nützlich finden oder nicht. Derselbe Mensch könnte von verschiedenen Leuten verschieden gesehen werden; er könnte sein „wahres Ich" verlieren.

Dies ist der Fall in allen faschistischen Gesellschaften, ob es sich nun um Nationalsozialisten oder Kommunisten handelt – dort wird der Wert eines Menschen jeweils durch soziale Notwendigkeit bestimmt. Menschen können zu Sklaven herabgewürdigt oder zu Halbgöttern emporgehoben werden. Der Mensch kann sich in einen Automaten verwandeln, der Befehle befolgt und seine Arbeit verrichtet, ohne zu denken. Die Menschlichkeit eines Menschen ist unwiederbringlich verloren, sobald er aufhört, ein Individuum zu sein, das seiner Verantwortung und der Berufung, die ihm Gott verliehen hat, würdig ist. Die heilige Fackel, die geschaffen wurde, damit der Mensch sie trage, um den Weg für seine Mitmenschen wie für die Nachwelt zu erleuchten, ist dann erloschen.

Wären menschliche Werte relativ, so würden alle Gesetze – ob sie nun auf Offenbarungsreligionen beruhen oder von Menschen geschaffen wurden – bedeutungslos werden. Wenn in einer bestimmten Gemeinschaft die Souveränität eines Individuums aufhört, ein absoluter Wert zu sein, wenn wir statt dessen „Macht" als einzig bedeutungsvollen Wert haben (besonders, wenn sich die Macht in den Händen einer Clique befindet, die den äußeren Erfolg sucht und ihn als einziges Kriterium in der Beurteilung anderer benützt), dann werden alle hohen menschlichen Werte und Ideale hoffnungslos verlorengehen. Die Souveränität des Individuums zu schädigen bedeutet, eine Gemeinschaft, die auf Liebe, Wohlwollen und Schönheit beruht, durch eine andere zu ersetzen, die auf Macht basiert.

Die meisten Menschen leben in Gemeinschaften, die auf Macht beruhen. Die Welt hat die hohen Ideale verloren, denen der Mensch seit Jahrhunderten nachstrebte. Es gibt für die Menschen, so glaube ich, keinen anderen Ausweg aus ihren Schwierigkeiten, als jene Ideale wiederherzustellen und ihre Bedeutung in allen Phasen des Lebens zu bekräftigen. Deshalb trete ich unermüdlich für die Annahme der Werte des ägyptischen Dorfes ein. Es ist wahr, ich neige dazu, dies oft überzubetonen, aber ich glaube, daß es die einzige Möglichkeit ist, die Folgen unserer Erlebnisse mit einer auf Macht basierenden Gesellschaft zu beseitigen – Erlebnisse, die alle unsere Ideale zerstört haben.

In den 18 Jahren, bevor ich die Präsidentschaft übernahm, wurde der Versuch gemacht, Ägypten in eine auf Macht basierende Gesellschaft zu verwandeln. Der Versuch war ein völliger Fehlschlag, einfach deshalb, weil er der Natur der Ägypter entgegengesetzt war. Er war unvereinbar mit unserem Charakter und mit unserem Temperament. Wir hatten einen wohlwollenden Diktator, einen gerechten Tyrannen gewünscht, aber als wir ihn hatten, begriffen wir, daß diese Existenz – obwohl äußerlich attraktiv – auf Sand gebaut war. Es war nur natürlich, daß dieses System sehr bald zusammenbrechen mußte. Die häßlichste Seite dieses Erlebnisses jedoch war weder unsere völlig zugrunde gerichtete Wirtschaft noch auch unsere demütigende militärische Situation: Es war vielmehr der Berg von Haß, der sich im Laufe dieses Versuches, eine auf Macht basierende Gemeinschaft aufzubauen, angesammelt hatte. Entsprechend dem Mangel an menschlichen Werten in einer solchen Gemeinschaft, sind die Menschen ausschließlich mit dem äußeren Erfolg beschäftigt: Sie versuchen, sich soviel materiellen Gewinn als nur möglich zu sichern, ob es nun auf legalem Wege oder auch anders geschieht, selbst wenn damit das Verderben anderer Menschen verbunden ist.

Die Enttäuschung, die Gefühle des Verlustes, die junge Menschen in Ägypten heute empfinden, sind eindeutig auf diese Erfahrung zurückzuführen. Man ließ die jungen Menschen an Werte und Ideale glauben, denen jede Beziehung zu ihrem wirklichen Selbst fehlte, ja die sogar ihrer wahren Natur widersprachen. Man verlangte von ihnen zu glauben, daß ein solches aus Macht entstandenes Ungeheuer ihre neue ideale Gesellschaft sei (in Wahrheit die härteste und grausamste). Ein bitterer innerer Konflikt tobte in den Herzen und im Verstand der jungen Leute. Die hohe Moral und die ästhetischen Werte, die ihrem Kollektivbewußtsein angeboren sind, die jahrtausendealte kulturelle Erbschaft kamen in Konflikt mit der neuen, ihnen aufgezwungenen, auf Macht beruhenden Gemeinschaft. Der Konflikt erreichte seinen Höhepunkt, und die Frustration war unvermeidlich, als die jungen Männer und Frauen den Zusammenbruch dieser Gesellschaftsordnung mitansahen, aber immer noch gelehrt wurden, sie sei das Beste und Stärkste.

6

Während des Aufenthaltes in Zelle 54 wurden meine materiellen Bedürfnisse immer geringer, zugleich begannen auch die Bande, die mich an die materielle Welt fesselten, eine nach der anderen von mir abzufallen. Meine Seele, ihrer irdischen Last ledig, war nun frei und stieg empor wie ein Vogel, der in den Raum hinausfliegt, in die äußersten Regionen des Seins, in die Unendlichkeit. Solange der Mensch materielle Bedürfnisse hat – wenn er dies oder das zu sein wünscht und diese oder jene Dinge zu besitzen erhofft –, wird ihm niemals etwas gehören: vielmehr wird er stets den „Dingen" gehören. Ein Sklave der Dinge existiert nicht als menschliches Wesen. Nur wenn er aufhört, Bedürfnis nach materiellen Werten zu haben, kann ein Mensch wirklich sein eigener Meister werden und so wahrhaft existieren.

Einmal von den engen Grenzen des Selbst mit seinen weltlichen Leiden und kleinlichen Empfindungen befreit, wird der Mensch in eine neue, bisher unentdeckte Welt, die weiter und reicher ist, hinüberschreiten. Seine Seele wird absolute Freiheit genießen, sie wird sich mit dem Leben in dessen Gesamtheit vereinigen, wird Zeit und Raum überwinden. Durch diesen Prozeß der Befreiung wird der Mensch Liebeskraft und alle irdischen Kräfte entwickeln. Selbst jene, die das Denken eines Menschen verwirren könnten, werden zu der Erreichung des vollkommenen inneren Friedens beitragen und so den Menschen zu absoluter Glückseligkeit führen.

Darum betrachte ich meine letzten acht Monate im Gefängnis als die glücklichste Periode meines Lebens. Damals wurde ich in die neue Welt der Selbstverleugnung eingeführt, die mich befähigte, meine Seele mit allen anderen Wesen zu verschmelzen, sie auszuweiten und in eine Kommunion mit dem Herrn alles Seins einzutreten. Dies hätte niemals geschehen können, wenn ich nicht jene Einsamkeit erlebt hätte, die mich erst befähigte, mein wahres Selbst zu erkennen.

Obwohl ich kein Anhänger der Mystik war, so gefielen mir doch die Mystiker, die ich im Gefängnis las, ganz außerordentlich, denn ich fand in ihnen den Ausdruck eines solchen unaussprechbaren, ja fast unbewußten Gefühls, wie ich es in jener Zeit selbst erlebte.

Einer der wichtigsten Faktoren, der mir den Zugang zu dieser neuen Welt erleichterte, wo ich vollkommen im Frieden des Geistes lebte, war das Leid. Großes Leid baut ein menschliches Wesen auf und führt es in den Bereich der Selbsterkenntnis. Großes Leid leitet sich von den höchsten menschlichen Idealen ab. So wie ich die Freundschaft für etwas Heiliges halte, so ist auch der Schmerz, den ich erleide, wenn ein Freund sich als falsch erweist, ein ganz besonders großer. Verrat durch einen Freund erschüttert das Wesen in seinen Grundfesten. Wenn ich jemals zu dem Schluß käme, daß eine Freundschaft zu Ende ist, würde ich das Gefühl haben, daß ein Teil meines Selbst dahingegangen ist, und daher unerträgliche Schmerzen erleiden. Ich würde nichts und niemanden finden, an den ich mich wenden könnte, keinen Weg, um meinen Schmerz zu beenden.

Nun, da ich die neue Welt „entdeckt" hatte und tatsächlich in ihr zu leben begann, änderten sich auch die Dinge. Mein engbegrenztes Selbst hörte auf zu existieren, und die einzig erkennbare Wesenheit war nun eine Totalität der Existenz, die eine transzendentale Wirklichkeit anstrebte. Es war eine wirkliche Eroberung, denn in dieser Welt erfuhr ich die Freundschaft mit Gott, dem einzigen Freund, der dich niemals verläßt und der dich niemals enttäuscht. Gott hat dich geschaffen, er hat deine Seele geformt, er hat dir seinen Geist eingehaucht und dich mit Verantwortung betraut. Seine Liebe ist grenzenlos, seine Großzügigkeit unendlich; er will, daß das von ihm geschaffene Leben mit einem Sinn für Ehre, Schönheit und Kraft erfüllt sei.

Meine Freundschaft mit Gott veränderte mich in sehr großem Maße. Nur zur Verteidigung einer gerechten Sache würde ich nun sozusagen zu den Waffen greifen, denn ich empfand, durch eine weitere und viel schönere Welt gegangen zu sein, und ich wußte, daß sich meine Fähigkeit zur Ausdauer verdoppelt hatte. Nun konnte ich jedem Druck standhalten, wie groß auch immer das jeweilige Problem sein mochte. Ein Lächeln zu sehen, das Herz eines anderen Menschen voll Freude schlagen zu spüren wurde für mich zu einer Quelle unermeßlichen Glücks. Ich identifizierte mich mit der Freude der Menschen. So verachtenswerte Gefühle wie Haß und Rache verbannte ich aus meinem Gemüt, und dafür wurde mein Glaube an den endlichen Triumph der Gerechtigkeit unauslöschbar in mein Bewußtsein eingepflanzt. Ich fühlte nun tiefer als jemals die Schönheit der Liebe; für mich war sie jenes unsichtbare Band, das die Menschen in einem Dorf, bei der Arbeit wie auch in der Muße, miteinander verbindet, wie ich es in meiner Kindheit erfahren hatte. Während meiner Jugend hat meine Mutter dieses Gefühl in mir genährt. Sie besaß – Gott lasse ihre Seele in Frieden ruhen – unerschöpfliche Quellen der Liebe; sie war eine liebende und Liebe erweckende Frau.

Am meisten litt ich in der Zelle 54 wohl an dem Mangel einer Liebesbeziehung. Das Leben eines Mannes ist nicht vollkommen, wenn ihm ein Partner fehlt, mit dem er sich in gegenseitiger Liebe verbunden weiß. Dies ist tatsächlich der größtmögliche Segen. Ist das

Herz eines Mannes von Liebe beflügelt, so treibt ihn auch seine Natur, seiner Berufung zu entsprechen. Ohne Liebe wird ein Mensch zwar vielleicht sehr alt, wird aber spüren, daß er nie wirklich gelebt hat. Er wird fühlen, etwas sehr Wichtiges versäumt zu haben, und spüren, daß er in Wirklichkeit nichts vollbracht hat, so groß seine Leistung auch gewesen sein mag.

Ich habe diese Dinge stets gefühlt. Für mich ist Liebe immer ein hohes menschliches Ideal gewesen, doch in der Zelle 54 entdeckte ich plötzlich, daß Liebe wirklich das Schönste von allem ist. Sobald die schweren Fesseln, nämlich jene, die mich an mein „enges Selbst“ gebunden hatten, gefallen waren, begann ich mich der Liebe Gottes zu erfreuen. Ich spürte, daß ich in seiner Liebe lebte, daß Liebe das Gesetz des Lebens war. In der Liebe wurde das Leben, nein, das Sein selbst erst möglich. Ohne Liebe kommt das Sein zu einem Ende.

Die Liebe half mir, mich zu erkennen. Als mein individuelles Wesen sich mit der größeren Wesenheit alles Kreatürlichen vereinigte, wurde mein Ausgangspunkt die Liebe zur Heimat, nämlich zu Ägypten, die Liebe zu allem Seienden, die Liebe zu Gott. Aus dem Gefühl der Liebe heraus ging ich an die Erfüllung meiner Pflicht (meiner Verantwortung), ob in den letzten Monaten im Gefängnis, ob unmittelbar nach meiner Freilassung, ob als Mitglied des Revolutions-Kommandorates oder heute, da ich Präsident von Ägypten bin.

Darum bin ich ein unermüdlicher Anwalt der Liebe. Liebe ist menschliche Sicherheit gegen alle gesellschaftlichen Zufälligkeiten. Wer immer in der Liebe lebt, besitzt geistige Fruchtbarkeit. Zu lieben bedeutet zu geben, und zu geben bedeutet aufzubauen, hassen dagegen bedeutet zu zerstören. Der Haß, der in Ägypten 18 Jahre lang geherrscht hatte, bevor ich die Präsidentschaft antrat, war eine zerstörende Kraft, die alles niederriß. Wir leiden noch immer unter ihren Folgen.

„O Herr, du hast im Schicksalsbuch manche meiner Tage umgeblättert und andere wieder aufgeschlagen. O bringe mich an diesem Tage näher zum Guten und entferne mich vom Bösen. O verbanne an diesem Tag die Schatten des Falschen, so daß er erleuchtet wird von dem Licht der Gerechtigkeit. O hilf mir, diesen Tag deinem Dienst zu weihen. Laß mich in Treue zu dir ihn beginnen und enden. O hilf mir die Gewißheit des Glaubens zu erreichen, und erfülle mich mit der Fähigkeit, den richtigen Weg zu finden, wenn ich jemals in die Irre gehen sollte!“

So betete ich, Gott als Freund ansprechend, während der ersten Woche nach dem Tode Nassers und bevor ich Präsident wurde.

7

Als ich in meiner neuen Welt zu leben begann – als meine Seele ihre weltlichen Bürden abgeworfen hatte und Gott nahekam –, war es nur natürlich, daß einige meiner Konzepte korrigiert wurden und meine Lebensanschauung ganz allgemein sich änderte.

Lieben bedeutete nicht länger besitzen, vielmehr sich selbst in der Seele einer anderen Person aufgehen lassen, sich selbst dem Sein einer anderen Person hingeben und sich darin verlieren. Das bedeutet jedoch nicht ein „Nichtsein", sondern im Gegenteil eine höhere Art des Seins: Liebe ist die einzige Kraft, die fähig ist, die Mauern einzureißen, die zwischen der Materie und dem Geist stehen, zwischen dem Sichtbaren und dem Unsichtbaren, zwischen dem Individuum und Gott. Ohne Liebe werden wir niemals das Anderssein anderer erkennen und daher auch gar nicht imstande sein, mit ihnen in Verbindung zu treten; wir verlieren uns dann selbst, da wir das Selbst innerhalb seiner engen Grenzen ersticken. Außerdem wird der Seelenfriede eines Menschen ohne Liebe – und Seelenfrieden ist ja doch die Hauptkraft des Lebens – ständig ausgezehrt. Die Seele beginnt ihr inneres Gleichgewicht zu verlieren, ein innerer Konflikt entsteht, der niemals endet.

Wenn ich auf die ersten 18 Jahre der ägyptischen Revolution zurückblicke, die meiner Übernahme der Präsidentschaft vorangingen, dann sehe ich heute, daß es eine Periode intensiven Leidens war. Damals war ich mir der Gründe dafür nicht bewußt, aber irgendwo in meinem Unterbewußtsein waren sie vorhanden, so wie die Probleme meiner ersten Ehe. Ich weiß jedoch, daß es meinen Seelenfrieden störte, den ich in der Zelle 54 erworben hatte und den ich nun so gerne bewahren wollte. Nasser war ohne Zweifel mein Freund, aber als ich Mitglied des Revolutions-Kommandorates wurde, empfand ich, daß mein inneres Gleichgewicht in Unordnung geraten und mein Seelenfrieden gefährdet war. Was sollte ich tun? Der Mensch besitzt Geist, Körper und Seele; jedes dieser Elemente sollte seine entsprechende Betätigung haben, um Seelenfrieden erreichen zu können. Lesen vermittelte mir das Wissen und erwies sich als eine geeignete geistige Übung. Ich las die ganze Zeit. Mein Glaube war absolut und seelisch befriedigend, und was die körperliche Übung anlangte, so marschierte ich jeden Morgen vier Kilometer und tue das noch heute.

So trachtete ich während meiner Leidenszeit meinen Seelenfrieden aufrechtzuerhalten, von dem ich glaube, daß er entscheidend für die richtige Erfüllung der Berufung des Menschen auf Erden ist. Manche mögen glauben, daß mit sich selbst ausgesöhnt zu sein (was eine Folge des Seelenfriedens ist), Resignation gegenüber oder doch ein Abfinden mit den Tatsachen bedeutet. Das ist nicht wahr. In der Regel akzeptiere ich keineswegs automatisch das Vorhandene – einen gegebenen Status quo –, sondern versuche stets, Bestehendes zu verbessern. Ich glaube, daß ein Mann sich immer ein ideales Ziel setzen sollte; ohne Ideal ist es unmöglich, eine Berufung zu haben, und ohne Berufung wäre das Leben nicht lebenswert. Es wäre eigentlich ohne Sinn.

In der Zelle 54 war Wissen für mich in noch nie dagewesener Weise erreichbar. Es scheint, daß Wissen und das spirituelle Leben eines Mannes sehr innig verwandt sind und einander beeinflussen; denn je mehr Wissen man erwirbt, desto reicher wird das spirituelle Leben, und dementsprechend wird die Qualität deines Wissens höher! Dies ist ein unaufhörlicher Prozeß, der dem Menschen hilft, seine Selbsterkenntnis zu erweitern, und, je klarer die Vision selbst ist, um so leichter wird es für ihn sein, die Grenzen des Selbst zu überschreiten, seine Gedanken und Taten aus der „Zelle" der persönlichen Interessen zu befreien und sie zur Vollendung und Schönheit zu dirigieren. Schönheit wurde für mich das vorherrschende Ideal. Was immer ich tat und was immer geschah, ich suchte Schönheit in allem, und je mehr ästhetische Befriedigung ich fand, um so größer wurde mein Durst nach Schönheit!

Daher stammt mein Idealismus, der nichts anderes ist als eine ständige Sehnsucht nach Schönheit. Als Ausgangspunkt all meiner Handlungen hat dieses Prinzip es manchen Leuten schwergemacht, mich zu verstehen. Manche meiner Handlungen schienen ihnen einfach unbegreiflich.

Man hat mich aufgefordert, meine Politik zu definieren. Ich habe es stets schwierig gefunden, eine präzise Definition vorzulegen. Ich kann nicht beanspruchen, Politik als eine Wissenschaft studiert oder mich darin spezialisiert zu haben. Alles, was ich weiß, ist, daß ich mit gewissen Träumen und Hoffnungen aufgewachsen bin, die die Person, die ich bin, ausmachen. Sie sind bis zu diesem Tag, da ich Präsident von Ägypten bin, lebendig. Mein höchster Wunsch ist es stets gewesen, Ägypten aus all den Nöten zu retten, die es befallen hatten, und der Vollendung und Schönheit näher zu bringen.

Manche Leute definieren Politik als die Kunst des Möglichen; ich finde dies unbefriedigend. Wenn man den Oktoberkrieg als Maßstab nimmt, so kann man Politik eher als die Kunst des Unmöglichen definieren. Was also ist die richtige Definition? Ich besitze kein Doktorat der politischen Wissenschaften und bin kein akademisch gebildeter Politiker. Ich bin einfach ein Mann, der sich selbst kennengelernt hat, der daher sich selber treu ist in allem, was er sagt und tut. Die Wahrheit ist stets die Basis, die Grundlage meiner Beziehungen zu den Menschen. Das überrascht vielleicht viele Leute. Ja, sie mögen sich gewundert haben, wie ein Politiker hinter geschlossenen Türen dasselbe sagen kann wie vor einem Mikrofon. Wie er davon absehen kann, eine gegebene Situation auszubeuten, um leicht erringbare Popularität, um demagogischen Applaus zu erhalten. Die Antwort lautet: Selbsterkenntnis! Selbsterkenntnis bewirkt, daß die Handlungen eines Mannes von objektiven statt von kleinlich subjektiven Überlegungen ausgehen.

Ich bin der Meinung, daß Politik die Kunst ist, eine Gesellschaft aufzubauen, in der der Wille Gottes verwirklicht wird. Unser Schöpfer hat geboten, daß wir ständig konstruktive Arbeit leisten sollen. In einer solchen Gesellschaft wird jedes Individuum sich absoluter Freiheit erfreuen. Es wird keinen anderen Beschränkungen unterworfen sein als jenen, die die wirklichen menschlichen Werte der Gesellschaft selbst bedingen; Werte, die die Frucht einer bodenständigen Kultur und daher für jedermann annehmbar sind. Freiheit ist die schönste, die heiligste, die kostbarste Frucht unserer Kultur. Ein Individuum sollte niemals fühlen müssen, daß es irgendeiner zwingenden Macht auf Gnade oder Ungnade ausgeliefert ist oder sein Wille dem anderer untergeordnet wird.

Freiheit mag für eine Gesellschaft, die auf Macht basiert, nicht wesentlich sein. Aber sie ist die Hauptstütze einer Gesellschaft, deren Basis die Wahrheit, die Güte und die Schönheit sind. In dieser sind die Herzen von Liebe, von Glauben und von innerem Licht beseelt. Konstruktive Arbeit wird geleistet, und die Prinzipien des Glaubens, der Würde, des Friedens und des Ruhms werden verteidigt. Der Mensch wird inneren Frieden mit äußerer Sicherheit und Kraft verbinden, um den Willen Gottes zu erfüllen.

Um eine solche Gesellschaft aufzubauen, sollten Führer vor ihrer menschlichen Verantwortung nicht zurückscheuen: der Verantwortlichkeit, die durch ihr menschliches Bewußtsein und menschliches Zugehörigkeitsgefühl diktiert wird. Alle ihre Handlungen sollten von eindeutig menschlicher „Macht“ geleitet sein, nicht aber von Träumen von persönlichem Ruhm oder von in Wirklichkeit falscher und vorübergehender Macht bestimmt werden.

Solche Überlegungen erfüllen die Gedanken eines Diktators und verdrehen ihm den Kopf. Für eine Gemeinschaft unter einem solchen Führer wäre es unmöglich, den Idealen der Wahrheit, des Wohlwollens und der Schönheit auch nur nachzustreben: Die menschliche Würde würde zerstört, der Mensch in eine Sache umfunktioniert werden, unbedeutend und fast seelenlos, seiner absoluten Macht als menschliches Wesen beraubt.

Meine Überlegungen gründen sich auf die tatsächliche Praxis und auf die eigene Erfahrung. Die Revolution vom 23. Juli 1952 brachte neue Ideen in unser Leben und versuchte die ägyptische Gesellschaft in eine moderne, fortschrittliche Gesellschaft zu verwandeln, die mit den Entwicklungen der Welt von heute Schritt halten sollte. Jedoch muß ich zugeben, daß wir bei der Erreichung unserer Ziele aus vielen Gründen keineswegs ganz erfolgreich gewesen sind. Zu diesen Gründen gehörten persönliche Konflikte und der Mangel an einer ausreichend klaren Vision, sowohl als noch der Revolutions-Kommandorat die Zügel der Macht in Händen hielt, als auch während der Präsidentschaft Nassers. Von Natur aus war Nasser geneigt, andere zu verdächtigen; seine eigene Sicherheit beschäftigte ihn viel zu sehr, um einen klaren Blick für die Zukunft zu haben oder dem Fortschritt seines Volkes als menschliche Wesen genügend Aufmerksamkeit zu schenken, dem Fortschritt zur Humanität, die das kostbarste Juwel der Gesellschaft ist. Schlimmer noch, da er durch die Sorge um seine Sicherheit so völlig in Anspruch genommen war, verdüsterte sich der „Horizont" des ägyptischen Volkes, und seine Möglichkeiten zur Selbsterfüllung wurden immer mehr eingeengt. Bedauerlicherweise wurden in Ägypten ernste Verstöße gegen die Menschlichkeit begangen, gegen jene Werte, die wir auf das eifrigste beschützen müssen.

8

Ein Gefühl, seit der Ausmusterung aus der Militärakademie stets gefährlich gelebt zu haben, befiel mich in der Zelle 54. In der Tat hatte ich Gefahr über Gefahr bis zur letzten Minute in Zelle 54 erlebt. Meine Bemühungen, in der Armee eine unserer Sache günstige Stimmung zu erzeugen, waren höchst gefährlich, in noch weit höherem Maße meine Versuche, Ägypten davor zu bewahren, nach einer Invasion durch die Truppen Hitlers der Willkür der Achsenmächte ausgeliefert zu sein (die meiner Entlassung aus der Armee und meiner Verhaftung vorausgingen). Voll Gefahr war auch mein Bestreben, die Agenten des britischen Kolonialismus zu eliminieren (was sich im Fall Amin Osman besonders deutlich erwies). Und schließlich gab es Gefahr innerhalb der Zelle 54 selbst. Ich fühlte, daß ich der Gefahr ins Gesicht starrte, daß sie nur zu wirklich, ja fast unvermeidlich war.

Es gab nicht einmal die Spur einer Sicherheit für Spekulationen über den möglichen Ausgang unseres Prozesses. Alles, was ich wußte, war, daß sich mein Name als Nummer 7 auf der Liste der Angeklagten fand und daß auf die gegen mich speziell erhobene Anklage die Todesstrafe stand oder lebenslange schwere Zwangsarbeit; immer vorausgesetzt, daß die Anklage bewiesen werden konnte. Ich wußte, daß man keinerlei Gnade walten lassen würde. Ich hatte entweder ein hartes Urteil zu erwarten oder den Freispruch. Aber konnten wir überhaupt freigesprochen werden?

Der arabisch-israelische Krieg brach aus, während ich 1948 noch im Gefängnis saß. Gott weiß, wie ich damals litt. Gott weiß, wie schmerzhaft es für mich war, zusehen zu müssen, wie die Israelis Kairo aus der Luft angriffen. Ich war hilflos und konnte nichts dagegen tun. Die Israelis verletzten die Heiligkeit des Ramadan, unseres heiligen Monats.

Unser Prozeß zog sich hinaus, er nahm acht Monate in Anspruch, vom Januar bis zum August 1948. Einmal, als die Polizei uns zum Gerichtshof brachte, erinnere ich mich, daß die Wachen uns Handschellen anlegen wollten. Ich weigerte mich und sagte, da bis jetzt noch kein Urteil erfolgt sei, sei dies einfach unannehmbar. Nur sobald wir verurteilt wären, könnten Handschellen zulässig sein. Als die „Jungen" sich ebenso verhielten, gab die Polizei nach und setzte nur einen großen Lastwagen ein, um uns zum Gericht und wieder zurück ins Gefängnis zu bringen.

Unterdessen war die Nervosität der Regierung uns gegenüber geringer geworden. Man gestattete uns von Zeit zu Zeit auszugehen. Ich nützte die Gelegenheit und bat, zu einem Armeezahnarzt gebracht zu werden, der ein Bekannter von mir war. Sein Name war Achmed Ali, er ordinierte in einem Armeehospital bei Kubri-el-Kubbeh, das Gefängnis dagegen befand sich bei El-Kalaah, mindestens eine Stunde Fahrzeit entfernt. Mein Wunsch wurde auch erfüllt, und ich begann nun regelmäßig auszugehen. Ich freute mich außerordentlich über die Fahrt im Taxi. Meine Sinne verschlangen die Anblicke und Geräusche von Kairo. Ich fühlte mich wiedergeboren, als ich die Luft der Freiheit auf dem Weg hin und zurück wenigstens stundenweise atmen konnte. Zwar eskortierte mich ein Armeeoffizier, aber das störte mich nicht. Ich bat den Zahnarzt heimlich, den schlechten Backenzahn gar nicht anzurühren, so daß ich öfter zu ihm kommen konnte. Mein Bewacher sah stets dem Zahnarzt bei der Arbeit zu, aber er erriet nicht, daß der schlechte Backenzahn selbst niemals behandelt wurde. Manchmal besuchte ich meinen Vater, der in diesem Armeespital arbeitete, und trank mit ihm Tee.

Doch all dies war nur von kurzer Dauer, denn unerwarteterweise entfloh Hussein Taufik, und in direkter Reaktion darauf ließ man uns nun unter keinerlei Vorwand mehr ausgehen. Der Prozeß zog sich hin, Tag für Tag, Monat für Monat: mehr und mehr trat die öffentliche Meinung Ägyptens auf unsere Seite. Außerdem hatten meine Bemühungen, bei den Verhören den ganzen Fall in Verwirrung zu bringen, schon recht großen Umfang angenommen, wie ich schon vorher erwähnt habe. Ferner verteidigten uns die besten Anwälte Ägyptens. Anfang Juli 1948 wurden endlich die Verhandlungen zu unserem Prozeß abgeschlossen und ein Datum, ein paar Wochen später, festgelegt, an dem das Urteil verkündet werden sollte. Als es soweit war, hatten wir schon August. Ich zog, um vor Gericht zu erscheinen, alte graue Hosen und eine weiße Jacke an, das waren alle Kleidungsstücke, die ich besaß. Hussein Taufik war natürlich der erste auf der Liste der Angeklagten. Er wurde in Abwesenheit zu zehn Jahren Gefängnis verurteilt. Kaum hörte ich sein Urteil, so wußte ich schon, daß ich freigesprochen werden würde. In der Tat, der Angeklagte Nummer 7, so verkündete der Richter, sei nicht schuldig.

Es war Mittag, aber wir hatten, entsprechend der üblichen Praxis, vor unserer endgültigen Entlassung noch eine Zeitlang im Gefängnis zu bleiben. Wir kamen daher in das Gefängnis zurück und durften es nicht vor fünf Uhr nachmittags verlassen.

Vor dem Gesetz war ich immer noch verheiratet, und meine damalige Frau lebte im Hause meines Vaters. Um Peinlichkeiten zu vermeiden, bezog ich eine billige Pension in Heluan, deren Nächtigungspreise ich mir gerade noch leisten konnte. Froh über das Thermalwasser von Heluan, das sehr gut für meine Verdauungsbeschwerden war, blieb ich dort und wartete ab.

Kapitel IV

Die Revolution des Juli 1952

1

Ich war wieder ein freier Mensch. Nachdem ich jedoch ohne Unterbrechung 31 Monate im Gefängnis verbracht hatte, überkam mich das Empfinden – das war nur natürlich –, in einer neuen, mir vollkommen unbekannten Welt wiedergeboren zu sein. Ich blieb in der billigen Pension in Heluan und verbrachte meine Zeit in den Japanischen Gärten. Oft saß ich dort allein auf einer Bank mit einem Buch oder einer Zeitung in der Hand. Die Einsamkeit half mir, mich auf meine Situation, die Vergangenheit und Gegenwart zu konzentrieren und zu überlegen, was die Zukunft mir wohl bringen werde. Absichtlich vermied ich die Gesellschaft anderer Menschen und entzog mich jedem Gespräch: es hätte einer Anstrengung bedurft, deren ich mich im Moment nicht für fähig hielt. Die alte Routine des täglichen Lebens nahm die Proportionen einer neuen Welt an, auf die ich mich erst umstellen mußte, wollte ich je wieder hoffen, ihr anzugehören. Ich erschrak ernstlich, als es mir nicht gelingen wollte – obgleich ich doch ein ausgezeichneter Autofahrer war –, einen Wagen durch den Straßenverkehr in Kairo zu lenken. Ich fuhr mit einem Wagen einmal bis nach Gizeh, etwa einen Monat nach meiner Entlassung; es endete aber damit, daß ich unter der Eisenbahnbrücke in Gizeh in ein anderes Auto hineinfuhr. So schien es mir am besten, mich auf Heluan zu beschränken, sowohl um mich von dem Trauma der Gefängniszeit zu erholen, als auch um die Thermalwässer von Heluan zur Heilung meines kranken Magens zu gebrauchen. Eines Tages jedoch hatte ich einen unerwarteten Besuch: Hassan Izzat, der alte Kamerad und Freund, hatte überall nach mir gesucht und erschien, gerade während ich meine Morgengebete verrichtete, an meiner Türschwelle. Mir war das Geld völlig ausgegangen, und ich wußte nicht, was ich anfangen sollte.

„Was tust du hier?“ fragte er, als seine forschenden Blicke über die höchst schäbige Ausstattung und die Wände meines Zimmers glitten. „Komm, laß uns gehen.“

„Gehen?" fragte ich. „Wohin denn?"

„Dorthin, wo ich wohne, nach Suez! Komm schon!" bestand er.

Ich machte mich in aller Eile reisefertig. Ich zog meinen weißen Rock und die graue Hose an – dieselben Kleidungsstücke, die ich bei meiner Entlassung getragen hatte und die alles waren, was ich besaß. Hassan bemerkte, daß meine Hosen Zeichen „hohen Alters" aufwiesen, im besonderen auf der Sitzfläche. Ich sagte aber, ich hätte keine anderen; selbst wenn ich in das Haus meines Vaters ginge, um dort zu suchen, so würde ich doch keinen Ersatz finden. Zunächst fuhren daher Hassan und ich nach Kairo, wo ich mir ein paar Hemden kaufte und zwei Maßanzüge machen ließ. Ich probierte auch eine neue Art von Socken (man nannte sie „sockets"), die offenbar in Kairo Mode geworden waren, während ich im Gefängnis saß. Hassan kaufte mir drei oder vier Paar, und dann fuhren wir zusammen nach Suez.

In Hassans Heim begegnete ich zum erstenmal Gihan, meiner gegenwärtigen Frau. Sie besuchte ihre Cousine, Hassans Frau, und wir verbrachten im weiteren eine beträchtliche Zeit miteinander. In den folgenden Tagen begann ich zu begreifen, daß Hassan nicht nur aus reiner Liebe nach mir gesucht und sich meiner „Dienste" vergewissert hatte. Er fand es schwierig, mit seinen Partnern in dem Geschäft, das er führte, fertig zu werden. Es war eine Art von Handelskonzern, der über Suez mit den Saudiarabern Geschäfte betrieb. Er wollte den „Helden" des Amin-Osman-Prozesses auf seiner Seite haben, den Mann, über den alle Zeitungen schrieben, nämlich mich! Offensichtlich funktionierte es auch, und ich war an einer Reihe von Geschäften beteiligt, die er zu jener Zeit machte. Obgleich mein Anteil an den Gewinnen etwa 180 Sovereigns betrug, gab mir Hassan doch nur 60 und steckte den Rest ein. Ein Sovereign war damals sechs ägyptische Pfund wert, was bedeutete, daß ich geradezu ein Vermögen besaß. Als ich dann nach Heluan zurückkehrte, um meine Thermalwasserkur fortzusetzen, deponierte ich das Geld im Safe des Hotels. Nichtsdestoweniger war es bald verbraucht; ich bezahlte für das „gute Leben", das ich im weiteren führte.

Das alles dauerte nur kurze Zeit, denn sehr bald danach übersiedelte ich in eine andere Pension in der Stadt, hatte aber immer noch keinen Posten oder irgendeine andere Einkommensquelle. Als die Last meiner Schulden schwerer und schwerer wurde, bat ich Ihsan Abdel-Kuddus – einen alten Freund –, mir bei der Suche nach einem Posten zu helfen. Wir versuchten es bei der Zeitung „El-Ahram", aber es gab dort keine freien Stellen. Ich schlug die Zeitschrift „Rose-el-Jussuf" vor, aber Ihsan sagte, daß das Magazin sich zwei Redaktionsmitglieder für die gleiche Arbeit nicht leisten könne. Er arbeitete dort schon als Redakteur. In der Tat übte er dieselbe

Tätigkeit auch noch im „El-Hilal"-Verlag (Halbmond-Verlag) und bei der Zeitung „El-Zaman" aus, und all das neben der „Rose-el Jussuf". Er war gleichzeitig bei allen drei Blättern Redakteur.

Ihsan gab jedoch in der Folge seine Stellung beim „El-Hilal"-Verlag auf und stellte mich den Besitzern vor, die sogleich mein Gefängnistagebuch kauften und es zu publizieren begannen. Offenbar wollten sie sicher sein, daß ich das Tagebuch wirklich selbst geschrieben hatte, denn Schukri Zeidan, einer der Besitzer, forderte mich eines Tages auf, einen Abschnitt des Tagebuches ausführlicher zu machen, um damit eineinhalb Spalten der Zeitschrift zu füllen. Ich nahm den Vorschlag mit Freuden an, worauf er sagte: „Tun Sie es sofort. Es muß in neunzig Minuten fertig sein – sonst kommen wir zu spät für die Druckpresse!"

Ich tat es und konnte die Zeit für den Redaktionsschluß mit Leichtigkeit einhalten. Schukri wartete, bis ich fertig war, las dann den Artikel, dankte mir und ging nach Hause.

Ohne jeden Zweifel war das eine Art von Test gewesen. Schukri sandte mir am nächsten Morgen Nachricht, ich solle ihn in Sachen einer Anstellung besuchen. Als ich in den Verlag kam, wurde mir zu meiner Überraschung ein Posten als festangestellter Redakteur bei „El-Hilal" angeboten, ja ich wurde sogar aufgefordert, selbst mein Gehalt festzulegen. Das war um so überraschender, als der gesamte Redaktionsstab sonst ausschließlich aus freien Mitarbeitern bestand. Ich nahm die Stellung sofort an, ersetzte nun Ihsan als Überarbeiter und blieb bei „El-Hilal" bis Ende Dezember 1948. Unterdessen – um genau zu sein, am 29. September – bat ich um die Hand von Gihan, und ihr Vater willigte ein.

Ich hätte meine Arbeit bei „El-Hilal" fortgesetzt, denn ich war mit ihr zufrieden, ja geradezu glücklich, wäre nicht Hassan Izzat gegen Ende des Jahres wieder gekommen. Er hatte sich mit seinen Suez-Partnern zerstritten, war nach Kairo übersiedelt und fragte mich nun, ob ich bereit sei, hier mit ihm ein Geschäftsunternehmen aufzuziehen. Ich konnte nicht gut ablehnen. Schließlich war er es gewesen, der mir geholfen hatte, meine finanziellen Schwierigkeiten zu überwinden, als ich in Heluan buchstäblich bankrott war; außerdem hegte ich stets ein Gefühl der Freundschaft für Hassan Izzat, weil ich wußte, daß er mich gern hatte, nichts vor mir verbarg und mich als sein „Gewissen" betrachtete.

Natürlich war es für mich gar nicht so leicht, bei „El-Hilal" wieder auszusteigen. Der Verleger glaubte, daß ich ein besseres Gehalt wolle, und begann mir Versprechungen zu machen. Aber mein Entschluß war gefaßt. Ich begann mit Hassan zu arbeiten. Wir hatten einen Kontrakt für die Trinkwasserversorgung von 52 Dörfern der Scharkija-Provinz, lautend auf den Namen von Hassan. Obgleich ich sein Partner war, war mein Name doch nicht offiziell als solcher registriert.

Ich übersiedelte nach Zagazig – der Hauptstadt der Scharkija-Provinz, 60 Kilometer nordöstlich von Kairo –, und nach meiner Heirat mit Gihan am 29. Mai 1949 folgte sie mir dorthin. Wir verlebten unsere Flitterwochen und die folgenden Monate in einem bescheidenen Provinzhotel dieser Stadt. Ich hatte mir einen sehr genauen Zeitplan zurechtgelegt, demzufolge ich den Kontrakt in der Hälfte der vereinbarten Zeit erfüllen wollte. Es funktionierte auch: Ich begann üblicherweise sehr früh am Tag, arbeitete dann 15 bis 17 Stunden und kam erst am Abend zu meiner Frau in das Hotel zurück.

In sechs Monaten war alles erledigt! Wir hatten einen Gewinn von 6000 Pfund und erhielten auch ein Dankschreiben von der Regierung, das natürlich an Hassan Izzat adressiert war. Wir bekamen nun größere Aufträge, wiederum für die Trinkwasserversorgung von Dörfern, diesmal in der Minia-Provinz, wobei es sich um Kontrakte im Wert von 60.000 Pfund handelte. Gemessen an unserer vorhergehenden Leistung hätten wir nicht weniger als 30.000 Pfund Nettogewinn erreichen müssen. Unsere Arbeit in Minia sollte im November 1949 beginnen. Bevor ich nach Oberägypten reiste, sagte ich Hassan, daß ich finanzielle Sicherheit wollte. Ich wollte eine Wohnung in Minia für meine Frau und mich; ich hatte auch finanzielle Verpflichtungen gegenüber meinen Kindern aus erster Ehe. Er versuchte es zuerst mit Ausflüchten, stimmte dann sehr zögernd zu und sagte mir schließlich höchst unerwartet, ich hätte bereits 2000 Pfund Vorschuß erhalten, die ich in Zagazig ausgegeben hätte. Dies war eine glatte Lüge. In Zagazig hatte ich kaum irgendwelche Spesen gehabt, abgesehen von der Rechnung in dem sehr bescheidenen Hotel und dem bißchen Geld, mit dem ich meine Zigaretten bezahlte. Da er immer weiter darauf bestand, daß ich das Geld bekommen hätte, fand ich das alles einfach ekelhaft. Plötzlich schien ich wieder der Wirklichkeit ins Gesicht zu blicken und begann mich von Hassan Izzat und der Geschäftswelt überhaupt abzuwenden. Obwohl er mir immer noch 3000 Pfund schuldete, denn dies war mein Anteil an dem Zagazig-Kontrakt, forderte ich sie doch nicht ein: Mit nicht mehr als einem Pfund und 20 Piaster in der Tasche sagte ich Hassan Lebewohl. Alles, was ich wollte, war fortzukommen, mich selbst zu retten. Geld wäre in der Tat wertlos, wenn es eine Bedrohung für das wirkliche Wesen des Menschen bedeuten sollte, für seinen inneren Frieden und für sein geistiges Leben. Die Träume und Hoffnungen meiner Jugendjahre, die Kämpfe, die ich für die Befreiung meines Landes ausgefochten hatte, all dies schien mich anzuklagen! Hatte ich denn das alles getan, um als Geschäftsmann zu enden, der sich um Geld herumschlug, seien es nun 3000 Pfund oder mehr oder weniger?

In der Periode, die meiner Freilassung folgte, fühlte ich, daß ich nicht mehr ich selber war. Der innere Mensch, den ich kannte, mit dem ich gelebt hatte – besonders in der Zelle 54 –, auf den ich stolz gewesen war, war nun ein Fremder für mich. Doch war ich gewiß, daß „er“ mich nicht verlassen hatte. Zumindest war er nicht allzuweit entfernt von mir. Ich hatte das Gefühl, daß all das nur auf äußere Umstände zurückzuführen war. Eines Tages war ich überwältigt von Glück, als ich den inneren Menschen in mir zu Hassan sagen hörte: „Ich wünsche dir ein Vermögen – 100.000 oder mehr – und mir, daß ich nichts haben werde. Trotzdem wirst du immer noch weit unter mir stehen, trotz all deines Besitzes, und ich werde stets dir überlegen sein, eben weil ich nichts besitze!“ Im Augenblick der Trennung wurde mein wahres Ich wiedergeboren. Damals entschloß ich mich, in die Armee zurückzugehen. Es war der einzige Weg, auf dem ich meine Mission, meine Berufung, erfüllen konnte, die für mich alles bedeutete.

2

Am wundervollen Strand des Mittelmeeres bei El-Garaulah waren 1941 bestimmte Einheiten der ägyptischen Armee stationiert. Auf Befehl des Geheimdienstes war ich dorthin geschickt worden, um aus dem Wege zu sein. Dort hatte ich auch einen Militärarzt namens Jussuf Raschid kennengelernt und mit ihm Freundschaft geschlossen. Er lebte im Zelt nebenan, und unsere Freundschaft schien unausweichlich. Er war ein außergewöhnlich angenehmer, hochkultivierter und sehr belesener Mann. Er rauchte stets Pfeife und las ein Buch nach dem anderen. Wir wurden mehr als Freunde, wir wurden Kameraden, die sich nur trennten, um des Nachts zu Bett zu gehen. Wir kochten und aßen gemeinsam, wir lasen und dachten miteinander und führten endlose Gespräche. Ich erinnere mich noch des Tages, als er mir J. S. Mills Buch „Totalitarianism, Liberty and Representative Government“ („Totalitarismus, Freiheit und parlamentarische Regierung“) gab, das mich zutiefst beeindruckte. In den Jahren, die darauf folgten, sahen wir einander lange nicht, blieben aber ebenso gute Freunde wie vorher.

Nun, im Januar 1950 schien diese Freundschaft nicht allzu fern: Im Gegenteil, Jussuf Raschid schien mir die einzige Hoffnung zu sein, da er nun Arzt bei der königlichen Garde war und ich mir nicht vorstellen konnte, daß er eine Bitte von mir zurückweisen werde. In der Tat, als ich ihn in seinem Heim anrief, forderte er mich sofort auf, ihn zu besuchen. Ich tat es und setzte ihm alles auseinander. Die Staatsanwaltschaft hatte berufen. Die Berufung war Ende 1949 zurückgewiesen und mein Freispruch vom Appellationsgericht bestätigt worden. Es gab daher eigentlich nichts, was meine Rückkehr in die Armee hätte verhindern können. Still seine Pfeife rauchend, hörte Jussuf Raschid mir aufmerksam und höflich zu und versprach dann, sich so bald als möglich mit mir in Verbindung zu setzen. Schon wenige Tage danach (am 10. Januar) rief Jussuf Raschid mich an und forderte mich auf, El-Farik Mohammed Haidar Pascha, dem Oberbefehlshaber der Streitkräfte, einen Besuch abzustatten. Haidar Pascha erwarte mich.

Als ich bei Haidar Pascha eintrat, ging er gleich zur Offensive über. Er überschüttete mich mit den Worten:

„Du bist ein Störenfried ... Dein Personalakt sieht schlimm aus ...“

Ich versuchte etwas zu sagen, wurde aber daran gehindert:

„Du brauchst überhaupt nichts zu sagen. Sei gefälligst still! Sag überhaupt nichts!“

Dann läutete er, und sogleich erschien sein Privatsekretär. „Sie befehlen, Pascha?“

„Dieser Junge ... Er soll sofort, ab heute, wieder in die Armee aufgenommen werden.“

Ein Dekret wurde erlassen, wonach ich ab dem 15. Januar 1950 mit dem Rang eines Hauptmannes wieder in die Streitkräfte aufgenommen sei. Es war derselbe Rang, den ich bei meiner Entlassung gehabt hatte. Meine Kameraden waren inzwischen zweimal befördert worden – zum Major und zum Oberstleutnant.

3

Gamal Abdel-Nasser und Abdel-Hakim Amer waren die ersten, die sich bei mir meldeten, um mir zu gratulieren. Von Nasser erfuhr ich, daß sich die Organisation der Freien Offiziere weit und breit ausgedehnt hatte und außerordentlich mächtig geworden war. Um mir zu zeigen, wie stark die Organisation schon war, oder um mich ihre Macht erproben zu lassen, schlug er vor, ich sollte sofort meine Beförderungsprüfungen machen, um die verlorene Zeit einzubringen. So groß auch die Schwierigkeiten sein mochten, die Organisation würde helfen und Komplikationen aus dem Weg räumen. Dies geschah auch tatsächlich, und ich wurde in sehr kurzer Zeit zum Oberstleutnant befördert.

Abdel-Nasser forderte mich auf, keinerlei auffällige politische Tätigkeit zu übernehmen, weil die Behörden mich, entsprechend den Erfahrungen, die man mit mir gemacht hatte, überwachen würden. Das war nur natürlich. Gamal gab mir nichtsdestoweniger eine Karte, auf der die Verteilung der Freien Offiziere in den verschiedenen Armee-Einheiten eingezeichnet war. Dadurch wurde es mir möglich, mich mit ihnen in Verbindung zu setzen und mit ihnen zu sprechen. Unsere Gespräche waren jedoch nur allgemeiner Natur und völlig ohne Beziehung zur Politik, denn nach den Regeln unserer Organisation durfte ich weder meine politische Haltung enthüllen, noch meine Kameraden argwöhnen lassen, daß ich wußte, daß sie selbst zu den Freien Offizieren gehörten.

Es war dies die Grundregel, die Nasser aufgestellt hatte, als er nach meiner Verhaftung das Kommando der Organisation im Sommer 1942 übernahm, nämlich, daß die Bildung einer Zelle nach außen absolut geheim bleiben mußte. Mein Stellvertreter in der Führung der Organisation war Abdel-Moneim Abdel-Rauf gewesen. Er hielt unsere Verbindung mit Scheik Hassan El-Banna, dem Obersten Führer der Moslem-Bruderschaft, aufrecht, der mit mir darin übereinstimmte, daß die Organisation der Freien Offiziere nicht einer Partei oder sonst irgendeiner bestehenden politischen Gruppe angeschlossen sein sollte, da es ihr Ziel war, Ägypten als ganzem zu dienen, nicht aber einer Klasse oder einer Partei.

Als ich verhaftet wurde, war Abdel-Nasser noch im Sudan. Als er Ende des Jahres 1942 mit seinem Bataillon nach Ägypten zurückkehrte, nahm Abdel-Moneim Abdel-Rauf Verbindung mit ihm auf, um ihn auf Grund seiner außerordentlichen Leistung für die Organisation der Freien Offiziere zu gewinnen. Es war eine Regel, die ich aufgestellt hatte, daß nur hervorragende Offiziere unserer Organisation angehören sollten. Einem guten Offizier vertraut jedermann und hört ihm auch aufgeschlossen zu. Abdel-Nasser nahm sofort an. Es war für ihn später nicht schwer, Abdel-Moneim Abdel-Rauf zu verdrängen und das Kommando der Organisation zu übernehmen.

Die Art, wie Nasser die Organisation führte, war natürlich von meiner verschieden. Er verließ sich auf die Bildung geheimer Zellen in der Armee, die nichts voneinander wußten, die sich aber Tag für Tag vermehrten, bis schließlich die Organisation in jedem Korps, besonders in so wichtigen Abteilungen wie etwa der Armeeverwaltung, vertreten war. Im Jahr 1951 hatte Abdel-Nasser den Eindruck, daß die Zeit nun für die Organisation reif sei, ein „reguläres Kommando" zu besitzen, um so mehr, als manche ihrer Mitglieder schon wissen wollten, wer der Mann oder die Männer seien, die die Organisation führten. Zu jener Zeit operierten fünf Geheimdienste in Ägypten. Die politische Polizei, die Kriminaluntersuchungsbehörde, der Geheimdienst der Armee, der britische Geheimdienst und schließlich der amerikanische Geheimdienst (CIA), der in Ägypten unmittelbar nach dem Zweiten Weltkrieg zu arbeiten begonnen hatte. Abgesehen davon gab es noch eine Organisation, die für den König arbeitete und dem königlichen Hof direkt unterstand – der königliche Geheimdienst.

Daher war es von außerordentlicher Bedeutung, bei der Auswahl des Führungsrates der Organisation höchst vorsichtig vorzugehen. Abdel-Nasser ging daran, die Mitglieder aus dem Kreis seiner engsten Freunde auszuwählen: Offiziere, die er aus dem ersten arabisch-israelischen Krieg persönlich kannte, wie etwa Kamal El-Din Hussein und Salah Salem, langjährige Freunde wie Abdel-Hakim Amer und schließlich die ursprünglichen Führer der Organisation, bevor er sie übernahm, wie Abdel-Moneim Abdel-Rauf, Abdel-Latif El-Bagdadi, Hassan Ibrahim, Khaled Mohieddin und mich.

Nassers Entscheidung, mich in den Führungsrat aufzunehmen, mag den Anschein erwecken, als ob bei ihm ein Gefühl der Loyalität mir gegenüber bestanden hätte. Denn obwohl ich ursprünglich die Organisation der Freien Offiziere gegründet hatte, war ich ihr durch acht Jahre – von 1942, als ich aus der Armee entlassen wurde, bis 1950, als ich wieder aufgenommen wurde – ferngeblieben. Jedoch war Nasser nicht der Mann, sich von solchen Gefühlen gegenüber anderen leiten zu lassen, außer natürlich, ein „solches Gefühl" war die Frucht einer festen und seit langem bestehenden Freundschaft, wie im Falle von Abdel-Hakim Amer. Obwohl wir uns schon im frühen Alter von 19 Jahren kennengelernt hatten, kann ich nicht sagen, daß unsere Verbindung jemals über gegenseitiges Vertrauen und Respekt hinausgegangen wäre. Es war kaum das, was man echte Freundschaft nennen würde. Für Nasser war es nicht so einfach, jemanden zum Freund zu haben, im vollen Sinn dieses Wortes, und zwar wegen seiner Neigung, vorsichtig, argwöhnisch, ungewöhnlich streng und außerordentlich reizbar zu sein. Damit meine ich natürlich nicht, daß Nasser überhaupt kein Gefühl für Loyalität gehabt hätte. Ganz im Gegenteil! Ich möchte damit nur die Herbheit seines Denkens betonen. Aus meiner Laufbahn in den Streitkräften und seiner

Erfahrung mit mir, seit wir uns früh im Leben kennengelernt hatten, schloß er, daß ich ein Mann von Prinzipien und hohen moralischen Idealen sei. Es war für Nasser nicht schwierig zu erkennen, daß er sich auf mich verlassen konnte und daß meine Berufung in den Führungsrat mich stets dem Mann gegenüber loyal sein lassen würde, der mir auf diese Weise Loyalität erwiesen hatte.

Es kann keinen Zweifel geben, daß Nasser, ein von Natur aus vorsichtiger Mann, volles Vertrauen zu mir besaß und wußte, daß ich zu ihm stehen würde; ferner, daß ich mit meinen reichen Erfahrungen eine loyale Kraft an seiner Seite darstellen würde, die ihn inmitten all der Konflikte, die im Führungsrat tobten und bis zum Tag, da die Revolution tatsächlich ausbrach, andauerten, unterstützen würde.

Stets wenn ich auf Urlaub in Kairo war, beeilte er sich, mit mir zusammenzukommen; bei solchen Gelegenheiten klagte er über die Schwierigkeiten, die manche Mitglieder ihm bereiteten. Es ist kaum eine Übertreibung, wenn ich sage, daß von sieben Urlaubstagen, die ich in Kairo verbrachte, fünf davon Nasser in Anspruch nahm. In dieser Zeit wurden die Situation in unserer Organisation und die Probleme, die vor uns lagen, auf das genaueste studiert. Nasser respektierte stets meine Erfahrung. Im Jahre 1951 kam ihm einmal die Idee, die Revolution durch eine umfassende Operation politischer Morde einzuleiten. Er fragte mich um Rat, und ich protestierte augenblicklich dagegen. „Es wäre ein Irrtum, Gamal", erklärte ich, „wo würde uns das hinführen? Die Anstrengungen, die für eine solche Operation notwendig sind, könnten in Richtung auf die Revolution selbst unternommen werden. Gehen wir daher auf unser Ziel direkt los: Machen wir unsere Revolution."

Nasser zögerte nicht: Er übernahm meine Ansicht, ohne viel zu fragen.

Nassers Haltung änderte sich jedoch, nachdem die Revolution ausgebrochen war und er seinen Platz an der Spitze bezogen hatte. Als es etwa 1953 innerhalb des Revolutions-Kommandorates heftige Konflikte in einem Ausmaß gab, das tatsächlich eine Gefahr für die Revolution und die gesamte Zukunft Ägyptens bedeutete, besuchte ich ihn in seinem Haus und sagte:

„Eine Revolution kann, ebenso wie sie ‚ihre Kinder frißt', sich selber zerstören. Wir wollen gewiß nicht, daß uns das zustößt. Du solltest all dem doch ein Ende setzen. Sage einfach unseren Kameraden: Laßt uns als Team arbeiten. Wer unsere Ansichten teilt, soll weiter mit uns gehen. Jene, die glauben, uns diktieren zu können, was immer ihre individuelle Position sein mag, mögen uns verlassen. Wir haben die erste Phase unserer Aufgabe vollendet, nämlich die Revolution einmal in Gang zu bringen – eine bemerkenswerte und historische Tat. Wer sich jetzt zurückzieht, darf stolz sein, so weit an unserer ersten Anstrengung teilgenommen zu haben."

Nasser hörte mir sehr aufmerksam zu.

Ich setzte fort: „Es ist nur natürlich, daß, nachdem wir einmal an die Macht gekommen sind, Veränderungen vorgenommen werden. Aber das sollte doch niemals auf Kosten Ägyptens gehen. Wir haben dich einstimmig zum Vorsitzenden des Revolutions-Kommandorates gewählt. Wir können daher keine verschiedenen Meinungen in bezug auf dich haben. Dementsprechend sollte es allen klargemacht werden, daß jene, die mit dir zusammenarbeiten können, bei uns bleiben, und jene, die das nicht können, demissionieren sollen."

Aber Nasser ließ mich gar nicht zu Ende reden. Er wurde plötzlich wild vor Zorn und unterbrach mich, um zu protestieren und anzugreifen, so, als ob ich gegen ihn und nicht für ihn wäre. Seine Worte waren ungewöhnlich bitter, Beschimpfungen flogen nach allen Seiten, als ob in seiner Brust ein Vulkan ausgebrochen wäre. Gott weiß, daß ich kein anderes Ziel im Auge hatte, als Ägypten die Folgen des zwischen den Führern des Landes schwelenden Konflikts zu ersparen, der immer öfter zum Ausbruch kam. Die Revolution vom 23. Juli wurde dadurch, trotz all ihrer Leistungen, auf einen Kurs gebracht, der Ägypten ins Unheil führte und schließlich in der Niederlage von 1967 gipfelte, die nahezu alle Errungenschaften der Revolution wieder auslöschte.

4

Meine Rolle in der Vorbereitung der Juli-Revolution beschränkte sich natürlich nicht darauf, Nasser wann immer möglich Ratschläge zu geben, ihn in den Konflikten, die den Führungsrat erschütterten, zu unterstützen, oder auch die Flugblätter der Freien Offiziere in den mir zugeteilten Gebieten zu verteilen. Der Gang der Ereignisse wurde immer schneller, und ich mußte mich anstrengen, nicht überrollt zu werden.

Im Oktober 1951 erklärte Nahas Pascha den anglo-ägyptischen Vertrag von 1936, der die Anwesenheit britischer Truppen in Friedenszeiten auf die Kanalzone beschränkte, für ungültig. Freiheitskämpfer und Mitglieder der Moslem-Bruderschaft begannen Angriffe gegen die britische Basis in der Suezkanalzone zu führen. Meine Aufgabe war es, den Freischärlern die notwendige Ausbildung zu geben und sie mit Waffen und Munition zu versorgen. Wir spürten aus dem allgemeinen Klima im Lande, daß das Ziel, für das wir arbeiteten, nicht mehr weit entfernt war. Daher wurde der Führungsrat Anfang Januar 1952 zusammengerufen und eine Entschließung gefaßt, wonach die Revolution im November 1955 ausbrechen sollte. Einige Tage später jedoch, am 26. Januar, kam es zur allgemeinen Überraschung zu den als „der Brand von Kairo" bekannten Unruhen und Ausschreitungen. Bis heute weiß man nicht, wer die Brandstifter waren, doch das Ziel dieses Unternehmens war ganz eindeutig, nämlich die Position des Königs zu schwächen, und dies wurde auch erreicht. Es war auch ein gewaltsamer Ausdruck des Leidens von mehr als 95 Prozent der Bevölkerung, der breiten Massen, die in größter Armut unter einem kraß kapitalistischen und auf Klassen basierenden System leben mußten. Die politischen Parteien waren nur Werkzeuge in den Händen des Königs und der Engländer. Sie verbündeten sich abwechselnd mit diesem König und den Engländern, nur um den größtmöglichen persönlichen Gewinn auf Kosten des Volkes zu erreichen. Der Brand von Kairo war das Warnsignal einer drohenden Revolution, welche, wenn sie ausbrach, alles vernichten hätte können. Es richtete sich eindeutig gegen den König und das gesamte politische System, deren Position geschwächt wurde.

Dieses Ereignis machte eine Neueinschätzung der Situation notwendig. Wir mußten klar sehen, wo wir standen. Da fiel mir Jussuf Raschid ein, der inzwischen der Leibarzt des Königs geworden, aber noch immer ein guter Freund von mir war. Jetzt war die Zeit gekommen, so dachte ich, diese Freundschaft nutzbar zu machen, indem sie dem Interesse unserer gemeinsamen Sache dienen sollte. Ich setzte mich mit Jussuf Raschid in Verbindung, verhielt mich aber sehr vorsichtig, da er ja nun einer der persönlichen Freunde des Königs und Chef des Geheimdienstes des königlichen Hofes war.

Doch Jussuf Raschid nahm alles, was ich sagte, ohne Einwände zur Kenntnis. Weder widersprach er, noch schien er meinen Worten zu mißtrauen. Nun gut, dachte ich, so konnte ich den König leicht irreführen und ihn von Aktionen abhalten, bis unsere Organisation die Revolution durchgeführt hatte. Das tat ich dann auch wirklich. Ich versorgte Jussuf mit falschen Informationen. Als er mir Flugblätter der Freien Offiziere zeigte, sagte ich ihm, sie enthielten nichts als einige phantastische Ideen eines bestimmten Offiziers, der bekannt sei für seinen Exhibitionismus und seinen Größenwahn, aber in Wirklichkeit ohne jeden Einfluß sei. Hatte er irgendwelche Tatsachen herausgefunden, so arbeitete ich hart daran, die Glaubwürdigkeit dieser Berichte in Zweifel zu ziehen. Solche Berichte seien – so sagte ich – im besten Fall unnötigerweise übertrieben und eine Entstellung der Wirklichkeit. Außerdem versuchte ich stets, Informationen über die Pläne und Ansichten des Königs zu erhalten und war dabei auch im großen und ganzen erfolgreich. Ein paar Tage nach dem Brand von Kairo erfuhr ich von Jussuf Raschid, daß der König nun der Meinung war, er könne sich in Ägypten nicht mehr halten. Er hatte sogar eine Liste all derer vorbereitet, die ihn ins Exil begleiten sollten. Unter ihnen befand sich natürlich auch Jussuf Raschid. Der König hatte schon begonnen, an Bord seines privaten Flugzeuges Gold ins Ausland zu schmuggeln, um es in Genfer Banken in Sicherheit zu bringen. Nun wuchs in Nasser und mir die Überzeugung, daß der König der Bewegung der Freien Offiziere keinen nennenswerten Widerstand leisten würde. Es war offensichtlich, daß der endgültige Zusammenbruch des Regimes bevorstand, ja sogar schon begonnen hatte. Im Februar 1952 wurde der Führungsrat wieder zusammengerufen. Wir entschlossen uns, die Revolution schon im November 1952 statt im November 1955 ausbrechen zu lassen. Aber warum November? In diesem Monat pflegten der König und die Regierung aus Alexandrien zurück zu sein, so konnten wir unseren Schlag – einen konzentrierten Schlag – in Kairo führen.

Natürlich wußte außer Nasser niemand von meinen Kontakten mit Jussuf Raschid, die auch weiterhin eine der schärfsten Waffen in unserem Arsenal waren. Erst als wir unsere Ziele im ganzen Umfang erreicht hatten, hörten wir auf, ihn zu benützen. Anfang Juli 1952, als ich auf Urlaub in Kairo war, wollte Nasser im Verlauf eines Gesprächs wissen, was es beim König Neues gebe. Ich fuhr mit meinem Vauxhall nach Alexandrien und eilte in den Automobilclub in Sidi Bischr, wo ich, wie vorausgesehen, Jussuf Raschid fand. Ich erfuhr von ihm, daß der König sich große Sorgen wegen der Flugblätter der Freien Offiziere machte, die in einer unerwartet großen Menge in Umlauf waren. Doch beruhigte ich ihn und schrieb die Flugblätter, wie ich es stets tat, einem als Exhibitionisten und größenwahnsinnig bekannten Offizier zu. Außerdem hatte ich noch ein paar Geschichten erfunden, um den König irrezuführen. Als ich sicher war, daß Jussuf Raschid auf den Köder angebissen hatte und alles an den König weiterleiten würde, fuhr ich nach Kairo zurück, wo ich Nasser über das Ergebnis meiner Reise informierte. Als mein Urlaub zu Ende ging, kehrte ich nach Rafah zurück, wo ich damals stationiert war.

Am 18. Juli 1952 erfuhren wir zu unserer Überraschung, daß der König die Wahlresultate für den Ausschuß des Offiziersklubs suspendiert hatte, und zwar offensichtlich, weil die Freien Offiziere die meisten Sitze im Ausschuß gewonnen und die Royalisten besiegt hatten. Der König war zur Offensive übergegangen.

Unterdessen berichtete ein Wafdi-Journalist – Achmed Abdel-Fatah, ein persönlicher Freund Nassers –, daß der König im Begriff sei, einen Regierungswechsel durchzuführen, und daß der neue Kriegsminister Generalmajor Hussein Sirri Amer sein werde, der eine ganze Menge über die Freien Offiziere wußte; wenn er einmal an der Macht sei, werde er ihre Pläne scheitern lassen und sie alle liquidieren, um dem König zu zeigen, wie mächtig und loyal er sei. Einer einfachen Analyse zufolge kam Nasser nun zu einem Schluß, dem wir alle zustimmten: Ein Kampf mit Hussein Sirri Amer, dem künftigen Kriegsminister, der so viel über uns und insbesondere über die Mitglieder des Führungsrates wußte, war unvermeidlich. Es ging nun also darum: Er oder wir! So entschied Nasser, daß die Revolution stattfinden solle, bevor Hussein das Amt als Kriegsminister übernahm und wir die Initiative verloren.

Dies bedeutete, daß die Revolution im Juli statt im November 1952 ausbrechen mußte.

Am 21. Juli sandte mir Nasser eine Botschaft durch Hassan Ibrahim, der sie mir auf dem El-Arisch-Flugplatz übergab. Darin forderte er mich auf, am nächsten Tag nach Kairo zu kommen, da die Revolution zwischen dem 22. Juli und dem 5. August stattfinden werde.

Ich traf am 22. in Kairo ein, aber Nasser war nicht da, um mich wie üblich auf dem Bahnhof abzuholen. So dachte ich, es sei offenbar noch zu früh, ging heim und besuchte mit meiner Frau ein Kino. Als ich zurückkam, fand ich eine Nachricht von Nasser vor, in der er mich aufforderte, ihn bei Abdel-Hakim Amer um elf Uhr an diesem Abend aufzusuchen. Der Hauswart sagte mir, Nasser sei zweimal dagewesen, das erstemal um acht, dann wieder um zehn, und habe die Nachricht hinterlassen.

Ich kleidete mich rasch um, nahm eine Pistole und ging sofort zu Amers Haus. Er war natürlich nicht da, und ich mußte ihn in der Abbasia-Kaserne suchen. Aber das gelang mir nicht, da ich die Parole nicht kannte und daher nicht hineingelassen wurde. Als die Wachen mich als Oberst erkannten, forderten sie mich auf, zu Hause zu bleiben, weil dies der Befehl für die Stabsoffiziere sei. Ich versuchte jeden nur vorstellbaren Trick und kämpfte verzweifelt, um eingelassen zu werden, aber ohne Erfolg. Es war einfach zum Verrücktwerden. Konnte die Revolution vor meinen Augen stattfinden, ohne daß ich an ihr teilnahm? Ich hatte mein ganzes Leben für diesen Augenblick gearbeitet. Ich hatte gekämpft, gelitten, meine ganze Existenz dieser glorreichen Stunde gewidmet. Was sollte der Sinn meines Kampfes sein, wenn ich nun zu einem Zuschauer degradiert war? Ich durfte nicht nachgeben, und so versuchte ich es wieder und wieder mit unnachgiebiger Entschlossenheit, bis ich schließlich Abdel-Hakim Amer erblickte, der den Transport der Truppen kommandierte. Ich rief ihn an, und obwohl er mich im Dunkeln nicht sehen konnte, erkannte er meine Stimme. Er sagte mir, das Armeehauptquartier sei von Truppen unter seinem und Jussuf Siddiks Befehl gestürmt worden. Die Einheiten waren vom Camp Hukstep (einem ehemaligen Lager von US-Truppen im Zweiten Weltkrieg, benannt nach einem Amerikaner) ausgerückt. Der Stabchef Hussein Farid sei unter Hausarrest gesetzt worden, während andere Befehlshaber von Amer persönlich in die Militärakademie in Gewahrsam gebracht worden seien.

Ich fuhr nun in meinem Wagen zum Armeehauptquartier und fand dort Abdel-Nasser. Er gab mir den Auftrag, jeden unserer Einheitsbefehlshaber anzurufen und zu sehen, ob sich alles dem Plan gemäß abspielte. Ich ging in die Telefonzentrale im Erdgeschoß und fand dort niemanden. Ich rief die Unteroffiziere, aber niemand wollte aus den Mannschaftsräumen herauskommen. Ich blieb hartnäckig, bis einige sich hervorwagten. Als sie mich erkannten, beruhigten sie sich und begannen unter meinem Befehl zu arbeiten. Wir telefonierten mit allen Armee-Einheiten auf Sinai, in der westlichen Wüste, in Alexandrien, in Kantara-Ost, El-Arisch, Rafah usw.

Unterdessen rief der Kriegsminister Haidar Pascha an und verlangte mit dem Offizier vom Nachtdienst verbunden zu werden. Ich schaltete ihn zu Abdel-Nasser durch. Ich selbst habe dieses Gespräch nicht gehört, doch hat mir Nasser später erzählt, er habe vorgegeben, der Offizier vom Nachtdienst zu sein, und auf Fragen von Haidar Pascha geantwortet, es gäbe keinerlei ungewöhnliche „Bewegungen“ in der Armee, und alles sei in Ordnung. Ein wenig später rief Haidar Pascha noch einmal an und wollte mit dem Panzerkorps verbunden werden. Diesmal aber befahl ich den Unteroffizieren, ihn einfach nicht mehr zu beachten.

Es war schon drei Uhr morgens, als wir das Signal „Alles in Ordnung“ von allen Einheiten erhielten. Ich berichtete Nasser und den Mitgliedern des Führungsrates. Sobald er meinen Bericht gehört hatte, rief er Mohammed Naguib in dessen Heim in Hilmijeh-el-Zaitun an und beorderte einen Panzerwagen, ihn zu holen.

Naguib kam bei Morgengrauen an.

Während die zarten Pastellfarben des neuen Tages schon am östlichen Himmel heraufdämmerten und eine sanfte Sommerbrise mein Gesicht umwehte, stand ich auf der Terrasse des Hauptquartiers und blickte hinunter auf die weite, fast endlose Straße, die sich entlang der Kasernen hinzieht. Ich beobachtete unsere Streitkräfte, die von Heliopolis und Manschiat-el-Bakri auf dieser Straße einrückten und in Richtung auf das Zentrum Kairos weitermarschierten – Artillerie, Infanterieeinheiten und Panzer. Es war so ruhig wie immer in diesen frühen Morgenstunden, aber – es war geschehen! Die Revolution hatte begonnen.

Der Traum, für den ich seit Jahren gelebt hatte, ein Traum, dem ich mein ganzes Leben gewidmet hatte, war nun Wirklichkeit geworden. Es war eine Wirklichkeit, die in meinem Herzen aufwallte, mein ganzes Sein erfüllte und mich überwältigte. Alles andere verblaßte, wurde in den Schatten gedrängt. Diese Wirklichkeit allein stieg helleuchtend hoch empor, majestätisch alles andere überstrahlend.

Meine Freude war so groß, so wunderschön, so überwältigend, daß ich sie allein nicht ertragen konnte.

Bei Tagesanbruch des 23. Juli fuhr ich zum Rundfunkgebäude, um dem ägyptischen Volk die Geburt der Revolution zu verkünden und alle an meiner Freude teilhaben zu lassen.

Als ich das Rundfunkgebäude wieder verließ und zu unserem Hauptquartier im Norden Kairos fuhr, sah ich, daß die Straßen der Hauptstadt mit Menschen überfüllt waren, wie ich es nie zuvor gesehen hatte. Männer, alte und junge, Frauen und Kinder, alle küßten einander, schüttelten einander die Hände oder versammelten sich in kleinen Gruppen, ein anderes Mal auch in großen Kreisen, aber stets waren sie still. Kein Ruf wâr zu hören, und ich glaube, daß auch kaum Worte gefallen sind. Was für diese Menschen wichtig war, worauf sie seit Jahren gewartet hatten, oft schon fast ohne jede Hoffnung, das war nun eingetreten. Nun war der Moment endlich gekommen, die Verwirklichung ihrer Träume war da. Worte konnten das Glück nicht ausdrücken, festliches Schweigen war da besser, man empfand das Gefühl des Zusammenseins, das alle bewegte.

5

Das Rad der Zeit dreht sich, und die Geschichte geht weiter: Nichts läßt sich daran ändern. Alles, was einem möglich ist, ist, am Steuer zu stehen, die Kontrolle zu übernehmen und zu sichern, daß das Schiff in die richtige Richtung fährt. Das taten wir oder versuchten es zumindest, so gut wir konnten.

Bevor ich über den Rundfunk verkündete, daß die Revolution stattgefunden habe, überlegten wir, ob wir mit den Amerikanern in Verbindung treten sollten (selbst noch am Morgen des 23. Juli), um ihnen eine Vorstellung von den Zielen und der Art unserer Revolution zu geben. In unserer Vorstellung waren die USA ein Vorkämpfer der Freiheit, der alle Befreiungsbewegungen unterstützte. Außerdem versuchten wir durch eine solche Verbindung zu den Amerikanern die Engländer zu neutralisieren. Aber wie ließ sich das bewerkstelligen, da wir doch niemanden in der amerikanischen Botschaft kannten? Schließlich fanden wir einen Offizier, den Chef des Geheimdienstes der Luftwaffe Ali Sabri, der mit dem amerikanischen Militärattaché befreundet war. Wir riefen ihn und gaben ihm eine Botschaft, die er durch seinen Freund dem amerikanischen Botschafter, Mr. Jefferson Caffery, übermitteln sollte. Dies geschah auch am frühen Morgen des 23. Juli.

Der amerikanische Botschafter betrachtete die Nachricht als freundliche Geste, besonders, da er zu den persönlichen Freunden des Königs (zumindest von König Faruk selbst) gezählt wurde. Unsere Verbindung mit ihm bedeutete den Beginn einer guten Beziehung. So lud uns der amerikanische Botschafter zu einem Abendessen ein, während die Engländer zur gleichen Zeit noch immer versuchten, die Mitglieder des Revolutions-Kommandorates zu identifizieren.

Es war offensichtlich, daß das Land für die Revolution reif gewesen war. Die Menschen hatten das Vertrauen in die politischen Parteien verloren, und ihre Feindseligkeit gegenüber dem König und den Engländern war auf einen bisher noch nie dagewesenen Höhepunkt gestiegen. Es war nur natürlich, daß unsere Panzer überall willkommen geheißen wurden, daß die Bürger rund um sie in großen Kreisen tanzten und sangen. Wir waren uns alle dessen bewußt und der Verantwortung, die das mit sich brachte. Unsere erste Aufgabe war es, eine Regierung zu bilden, um die öffentlichen Angelegenheiten befriedigend zu führen. Wer aber sollte der neue Regierungschef sein?

Wir kamen nach einer relativ kurzen Diskussion überein, daß Ali Maher Pascha der beste greifbare Kandidat war: Er hatte keine engen Beziehungen zu einer Partei und war für seine Festigkeit bekannt. „Anwar“, sagte Nasser, „du bist doch immer in der Politik gewesen, nicht wahr? Geh zu Ali Maher und beauftrage ihn, eine neue Regierung zu bilden.“ Ich wußte nicht, wo Ali Maher wohnte, aber Ihsan Abdel-Kuddus, ein Journalist, der viele Pressekampagnen eingeleitet hatte, die der Revolution den Weg bahnten, und ein guter Freund, mit dem ich in meiner Journalistenzeit gearbeitet hatte, kam zu mir ins Armeehauptquartier. Er kannte die Adresse, und so gingen wir zusammen hin.

Ali Maher begrüßte uns und führte uns in den zweiten Stock hinauf. Wir saßen dort auf einem Balkon, wo eine kühle Brise die Sommerhitze milderte. Ich sagte ihm, daß der Führungsrat der Freien

Offiziere ihn mit der Bildung einer neuen Regierung betraut habe. Er wurde still. Ali Maher befand sich offensichtlich in Verlegenheit, denn es war ja der König, der ihm einen solchen Auftrag erteilen mußte, und er war nicht sicher, ob unsere „Bewegung" auch Erfolg haben würde. Ich begann ihn zu beruhigen und sagte ihm, daß wir tatsächlich überall schon an der Macht seien. Unterdessen flogen vier Bomber im Tiefflug über uns hinweg.

„Gehören die euch?" fragte er.

„Ja, gewiß", sagte ich. „Habe ich Ihnen nicht gesagt, daß wir alles unter Kontrolle haben? Seit dem Morgen haben wir die Kontrolle über die Streitkräfte, und außerdem haben wir seither auch alle lebenswichtigen Institutionen übernommen. Alles ist nun in unseren Händen. Wir fordern Sie auf, der neue Premierminister zu werden. Dies ist ein Befehl des Führungsrates, der nun allein die Macht in Ägypten ausübt."

Er fragte uns, was wir denn nun mit dem König zu tun gedächten. Ich sagte, es sei Sache des Königs, zu tun, was er für richtig halte; dementsprechend würde er behandelt werden. In diesem Augenblick läutete im Nebenzimmer das Telefon. Ali Maher kam nach einigen Minuten zurück und sagte, der König habe angerufen und seiner Ernennung zum Chef der neuen Regierung zugestimmt; er werde ihn noch an diesem Abend in Alexandrien empfangen.

Ich wünschte ihm Glück und ging zu meinen Kameraden im Armeehauptquartier, um ihnen zu berichten, was sich ereignet hatte. Wir beauftragten diesen Politiker mit der Bildung der neuen Regierung – statt selber eine Regierung aus Offizieren zu bilden –, weil wir uns auf die Übernahme der Macht nicht vorbereitet hatten. Unser Ziel war es nur, dem Land ein gesundes politisches Leben zu geben und den König, die Parteien und vor allem die Engländer loszuwerden.

Zu diesem Zeitpunkt hatten wir die erste Runde gewonnen. Aber es kamen natürlich noch andere Runden! Vor allem mußten wir unsere Truppen von Kairo nach Alexandrien, wo der König, wie erwähnt, die Sommermonate verbrachte, vorrücken lassen. Dazu brauchten wir aber Zeit. Um diese zu gewinnen und damit der König nicht Verdacht schöpfen sollte, gaben wir vor, „Forderungen" zu haben. Nasser und ich gingen zu Ali Maher, bevor er am Nachmittag des 23. Juli nach Alexandrien abreiste, um vom König empfangen zu werden, und verlangten von ihm, er solle diese Forderungen – ich glaube, es waren sechs an der Zahl – König Faruk vorlegen.

Die einzig wirkliche Forderung, die wir an den König hatten, war, daß er das Land verlassen solle. Aber wir konnten das zu diesem Zeitpunkt unmöglich öffentlich erklären. Wir mußten warten, bis unsere Truppen in aller Ruhe in Alexandrien eingetroffen waren.

Später in der Nacht telefonierte ich dann mit Ali Maher. Er habe – so sagte er – unsere Wünsche dem König unterbreitet und dieser habe allen Forderungen nachgegeben. Wir waren überrascht, denn wir hatten einen „Dialog" mit dem König erwartet. Unser Ministerpräsident Ali Maher schlug vor, daß zwei Mitglieder des Revolutions-Kommandorates nach Alexandrien kommen sollten, um ihre Namen in das königliche Zeremonienbuch einzutragen, „um dem König für die Bewilligung der Wünsche der Armee zu danken".

„Ich werde die Angelegenheit mit meinen Kameraden diskutieren", erwiderte ich.

Der ganze 24. Juli war erfüllt mit Vorbereitungen für den Vorstoß der Streitkräfte auf Alexandrien. Am Morgen des folgenden Tages begannen wir dann mit der Truppenbewegung. Der König erfuhr davon und setzte sich mit Ali Maher in Verbindung, der seinerseits mich kontaktierte, um nachzufragen, was da geschehe. Ich sagte ihm, die Truppen marschierten nach Alexandrien, um die lebenswichtigen Institutionen zu schützen, so wie es in Kairo geschehen sei. Der König brauche sich nicht zu sorgen, sagte ich. Außerdem würde ich selbst noch am späteren Abend in Alexandrien eintreffen, um alles durchzuführen, was beschlossen worden sei.

„Höre, Anwar", sagte Nasser, „sehen wir dazu, daß wir diesen Kerl so rasch als möglich loswerden. Willst du das bitte übernehmen? Stell ihm ein Ultimatum. Er soll das Land bis heute um sechs Uhr nachmittags verlassen und sorge dafür, daß er das auch wirklich tut. Wir wollen ihn so rasch als möglich aus dem Weg haben, damit wir endlich Stabilität erreichen können."

„Gut", sagte ich. Mohammed Naguib kam gerade vorbei, und als er hörte, wovon wir sprachen, meinte er, daß er mich begleiten wolle. Ich stimmte zu.

Mohammed Naguib und ich flogen mit einem kleinen „Dove"-Militärflugzeug nach Alexandrien und landeten dort auf dem Nuzah-Flugplatz. Wir fuhren direkt nach Bokli, wo sich das Amt des Ministerpräsidenten während des Sommers befand. Dort trafen wir Ali Maher. Er war offensichtlich von Berichten über den Vormarsch der Truppen nach Alexandrien beunruhigt. Wir bemühten uns noch einmal, ihn zu beruhigen, und betonten, daß die Truppen notwendig seien, um die lebenswichtigen Einrichtungen ebenso wie öffentlichen und privaten Besitz zu schützen, insbesondere, da viele Ausländer in Alexandrien lebten. Einige von ihnen, so sagte ich, könnten versuchen, die öffentliche Ordnung zu stören. Wir hätten im besonderen für eine Aktion des britischen Intelligence Service vorbereitet zu sein.

Als ich Ali Mahers Büro verließ, wimmelte es in der Halle vor den Räumen des Ministerpräsidenten von Journalisten aller Nationalitä-

Anwar El-Sadat, der Präsident Ägyptens

Oben: Sadat (links) 1948 vor Gericht, angeklagt der Teilnahme an der Ermordung Amin Osmans.
Rechte Seite, oben: Der „Brand von Kairo" am 28. Januar 1952 war ein Zeichen revolutionärer Unruhe
Die Freien Offiziere beschleunigten ihre Vorbereitungen und schlugen am 23. Juli 1952 zu.
Rechte Seite, unten: Freudenkundgebungen rund um einen Panzer der Revolutionäre in Kairo.

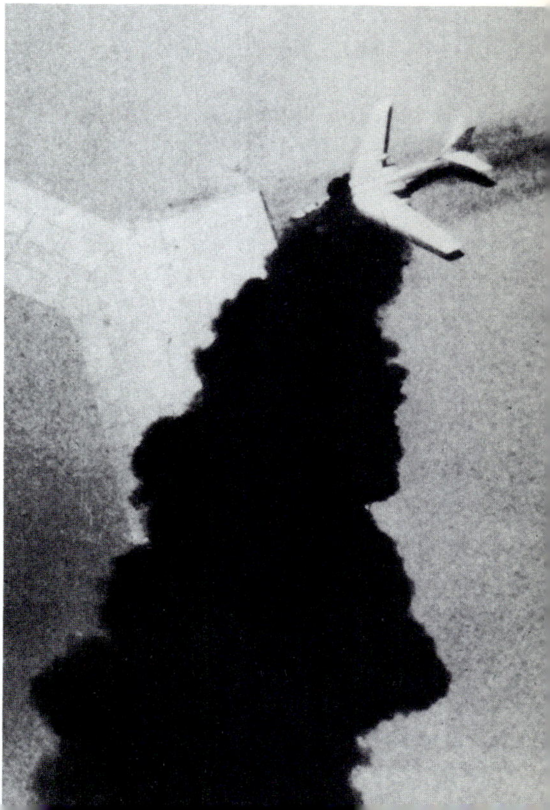

Linke Seite, oben: Die neuen Führer (von rechts nach links) Gamal Abdel-Nasser, Anwar El-Sadat und Abdel-Hakim Amer.
Linke Seite, unten: Nasser und Sadat (Mitte) als Pilger in Mekka beim Gebet.
Oben: 5. Juni 1967, ägyptische Panzer auf Sinai. Die unfähige militärische Führung verschuldete eine totale Niederlage gegen Israel, das (Bild rechts) die ägyptische Luftwaffe am Boden vernichtete.
Folgende Seite, oben: Das Begräbnis Nassers 1970; von links nach rechts: Sadat mit Khaled Hamid, einem Sohn Nassers, Arafat und Boumedienne, dem Staatschef Algeriens.
Folgende Seite, unten: Sadat im Gespräch mit dem Führer der Palästinenser (PLO), Jassir Arafat.

ten. Sie umringten mich und baten um Informationen. „Keine Neuigkeiten", sagte ich, „ich werde den Ministerpräsidenten um sechs Uhr abends nochmals besuchen."

Ich weiß nicht, ob es nur ein glücklicher Zufall war, daß ich als einziges Mitglied des Führungsrates im Mittelpunkt der Ereignisse stand, angefangen vom Augenblick, als ich die Geburt der Revolution verkündigte, bis zur Abreise König Faruks aus Ägypten. Dies erweckte die Eifersucht meiner Kameraden im Rat, besonders, weil mein Name als einziger der Öffentlichkeit bekannt war. Der Grund lag in meinem langen politischen Kampf und der Tatsache, daß die Zeitungen im Zusammenhang mit dem Fall Amin Osman mich zu einem sagenhaften Helden gestempelt hatten.

Am Anfang war ich mir dieser Eifersucht aber nicht bewußt: Ich verhielt mich ganz ungezwungen und war glücklich, beflügelt von der Freude, die ein Mann empfindet, der ein großes Projekt beginnt und es, ungeachtet, wer daran teilnimmt, zu vollenden strebt. Ich habe stets so gefühlt und in diesem Geist gehandelt. Ich habe aber andererseits sehr unter der Situation zu leiden gehabt, an deren Entstehung ich keinerlei Anteil hatte. Ich wußte überhaupt nichts von ihrer Existenz: Sie war ausschließlich das Werk ganz ungewöhnlicher Umstände.

Ich weiß nicht, warum ich mich jetzt an diese Eifersüchteleien erinnere. In Wirklichkeit haben sie mir niemals Sorgen bereitet, selbst als ich sie voll und klar erkannte. In den kommenden Jahren beeinflußten sie andere aber so sehr, daß die Situation bei mehr als einer Gelegenheit nahezu explosiv wurde, mit beinahe katastrophalen Folgen für die wichtige Arbeit, die wir zu leisten hatten. Deshalb glaube ich, daß wir unseren Kindern beibringen sollten, bei allem, was sie auch unternehmen, alle persönlichen Interessen außer acht zu lassen und eine rein objektive Betrachtungsweise anzuwenden. Mit anderen Worten, wer ein Haus baut, sollte auf das Bauen als solches kein allzu großes Gewicht legen. Sobald der Grundstein gelegt ist, sollte für ihn nur die Vollendung des Hauses wichtig sein.

6

Nachdem ich Ali Maher verlassen hatte, begab ich mich zu der Mustafa-Pascha-Kaserne, wo Zakaria Mohieddin wartete. Nur ein Teil unserer Truppen war eingetroffen. Der Rest wurde erst später am

Tage erwartet. Zakaria erklärte, er werde nicht vor sieben Uhr früh des folgenden Tages imstande sein, den Ras-el-Tin-Palast und die anderen Paläste des Königs einzuschließen, bevor wir ihm das Ultimatum stellen konnten. Die Einheiten würden nicht vor sechs Uhr abends eintreffen und müßten sich nach dem langen und mühsamen Marsch erst erholen und eine warme Mahlzeit erhalten. Sechs Uhr war aber, wie ich gesagt hatte, der Zeitpunkt, den ich für eine weitere Zusammenkunft mit Ali Maher festgelegt hatte, um ihm das Ultimatum des Revolutions-Kommandorates zu übergeben.

Das Treffen mußte also verschoben werden, es gab keinen anderen Ausweg. Ich setzte mich mit Ali Maher in Verbindung und verlangte, daß unsere Zusammenkunft auf den nächsten Tag, den 26. Juli, neun Uhr morgens, verschoben werde. Kurz vor diesem Termin hatte Zakaria die meisten unserer Truppen rund um den Ras-el-Tin-Palast in Stellung gebracht. Die königliche Garde eröffnete jedoch das Feuer auf unsere Streitkräfte, und ein Gefecht entwickelte sich, in dem eine Anzahl Gardisten verwundet wurde. Der König geriet in Panik, befahl der Garde, sich zurückzuziehen, nahm zuerst Verbindung mit Ali Maher auf und bat dann den amerikanischen Botschafter um Hilfe, da er um sein Leben bangte. Der Botschafter verhielt sich jedoch vorsichtig und schickte ihm nur seinen Privatsekretär –, Mr. Sampson – erstens, weil er uns nicht herausfordern wollte, und zweitens, weil er wußte, daß der König unbeliebt war und die Kraftprobe schon verloren hatte.

Um neun Uhr morgens am 26. Juli begaben Generalmajor Mohammed Naguib und ich uns nach Bokli. Wiederum war die Halle vor dem Büro des Ministerpräsidenten voll Journalisten, und wiederum bedrängten sie uns um Informationen. Plötzlich jedoch näherte sich mir ein Mann, der sich als Botschaftsrat der amerikanischen Botschaft vorstellte und mich mit allen Zeichen großer Erregung fragte, warum unsere Streitkräfte den Ras-el-Tin-Palast des Königs belagerten, warum es zu einem Feuergefecht gekommen sei usw. Ich blickte ihn mit betonter Gleichgültigkeit an und meinte nur kurz, das gehe ihn nichts an. Darauf zog er sich zurück. Dann näherte sich mir ein anderer Mann, ein Ägypter, der mir zuflüsterte:

„Es ist wichtig, Herr. Dr. Jussuf Raschid ist am Telefon und besteht darauf, mit Ihnen zu sprechen, bevor Sie mit Ali Maher zusammentreffen."

Offenkundig wollte der König irgendwelche Zusicherungen und glaubte immer noch, daß ich als Freund von Jussuf Raschid ihm helfen könne. Ich wandte mich also zu diesem Mann und sagte:

„Richten Sie Jussuf Raschid aus, daß er warten soll. Das Rad hat sich gedreht und kann nicht wieder zurückgedreht werden."

Dr. Jussuf Raschid war mir ein guter Freund, den ich benutzt hatte, um den König irrezuführen. Da die Sache, die nun auf dem Spiel stand, bedeutender war als Freundschaft, weigerte ich mich, mit ihm zu reden, solange der Kampf um die Absetzung des Königs nicht vorbei war. Als der König aus dem Weg war und wir die Macht ganz übernommen hatten, änderte sich die Situation. Wiederum war Jussuf Raschid mein guter Freund, den ich liebte und respektierte. Ich anerkannte, daß ich tief in seiner Schuld stand. Als Mitglieder des Rates die Verhaftung von Jussuf Raschid verlangten, waren sie sehr überrascht, mich bei dieser Sitzung mit einem Koffer ankommen zu sehen. Ich sagte ihnen:

„Dieser Jussuf Raschid hat sehr viel für uns getan. Was er getan hat . . . Nasser kennt alle Einzelheiten. Wenn ihr also Jussuf Raschid verhaften wollt, dann müßt ihr gleich auch mich verhaften. Wie ihr seht, bin ich dafür vorbereitet. Meine Freunde, wir müssen uns doch an Prinzipien halten und Moral besitzen, nicht wahr?“

Jussuf Raschid wurde in Ruhe gelassen, bis zum Tag seines Todes.

Im Büro Ali Mahers verlor ich keine Zeit: Ich öffnete meine Aktentasche und zog das von mir handgeschriebene Ultimatum hervor, das der Führungsrat an den König richtete. Ich las es vor. Es hieß darin, der König habe bis sechs Uhr abend des 26. Juli 1952 Ägypten zu verlassen. Wenn er dies nicht tue, so müsse er die Konsequenzen tragen. Ali Mahers Entsetzen war unverkennbar. Er fand aber wieder seine Fassung und nahm das Ultimatum, um es dem König zu überbringen.

Um 10.30 Uhr setzte sich Ali Maher wieder mit mir in Verbindung und teilte mir mit, daß der König das Ultimatum angenommen habe. Er bat mich, ihn in seinem Büro zu besuchen, um eine Abdankungserklärung zu entwerfen. Das Ultimatum hatte die Abdankung des Königs zugunsten seines Sohnes, des Kronprinzen Achmed Fuad, gefordert.

Ich ging mit einem meiner Kameraden, dem verstorbenen Gamal Salem, zu Ali Maher in dessen Büro. Dort stimmten wir dem Text einer Abdankungserklärung zu, die entsprechend der Minderjährigkeit des neuen Königs auch für eine Regentschaft sorgen sollte. Wir sandten diese Erklärung dem König, der sie unterzeichnete. Ich setzte mich sogleich mit dem Kapitän der königlichen Jacht „Marussa“ in Verbindung und gab ihm den Auftrag, das Schiff für sechs Uhr abends klar zur Ausfahrt zu machen, um die königliche Familie ins Exil zu bringen. Ich erteilte dem Kapitän den Befehl, mit der Jacht nach Ägypten zurückzukehren, sobald die königliche Familie an ihren Bestimmungsort gebracht worden war.

Einige meiner Kameraden vom Führungsrat und ich selbst waren in der Mustafa-Pascha-Kaserne beschäftigt, Gratulanten zu empfangen: Parteiführer, Paschas, Beis, Großgrundbesitzer, als zu unserer großen Überraschung auch der britische Geschäftsträger und der britische Militärattaché kamen. Der britische Botschafter war auf Urlaub. Wir empfingen sie. Der Militärattaché war in voller Uniform, in der alten imperialen Manier der Engländer, um die Führer ihrer Kolonien zu beeindrucken. Der Chargé d'affaires verlas ein Aide-mémoire, dessen Inhalt war, daß die Engländer, da sie unsere Freunde seien, wissen wollten, welche Haltung die Revolution gegenüber der herrschenden Mohammed-Ali-Familie und ihren historischen Rechten einnehme. Ferner wurde die Forderung erhoben, ein nächtliches Ausgehverbot zu erlassen, um die Fremden zu schützen.

Dies war, nachdem die Revolution stattgefunden hatte, die erste Gelegenheit eines Zusammenstoßes mit den Engländern. Ich meinte, daß der richtige Augenblick gekommen sei, ihnen eine Lehre zu erteilen, wie wir es uns immer gewünscht hatten. Mich an die beiden Männer wendend, sagte ich:

„Nummer eins: Die herrschende Mohammed-Ali-Familie und ihre historischen Rechte! Sicherlich geht Sie das nichts an. Es ist keine britische Herrscherfamilie, nicht wahr? Ihr seid doch merkwürdige Leute. Was aber den Schutz der Ausländer anlangt, so sollten Sie sich erinnern, daß dies unser Land ist. Von heute an wird hier niemand mehr die Verantwortung für irgend etwas beanspruchen können, außer uns und uns allein. Ist das klar? Außerdem würden wir gerne wissen, ob Ihre Demarche offiziell ist. Wenn dem so ist, würden wir sie gerne schriftlich, und zwar von der britischen Regierung an uns adressiert haben, so daß wir in dieser Angelegenheit einen offiziellen Standpunkt gegenüber Ihrer Regierung einnehmen können."

Der britische Geschäftsträger trat daraufhin sofort den Rückzug an. Das Stück Papier, das er vorgelesen habe, sei keine offizielle Note, seine Regierung wisse nichts davon und auch nicht von seinem „Besuch". Er sei nur als ein Freund erschienen, so sagte er, und in keiner anderen Eigenschaft. Er bat mich, alles „zu vergessen" und das Ganze so zu betrachten, als hätte es nie stattgefunden. Sobald er draußen war, informierte ich meine Kameraden im Kairo-Kommando, daß unsere erste Konfrontation mit den Engländern, zu Mittag des 26. Juli, mit einem englischen Rückzug, ja mit hastiger Flucht geendet habe.

Dann setzte ich mich mit dem Hafen in Verbindung. Ich erfuhr, daß hinsichtlich der königlichen Jacht alles in Ordnung sei und alle Vorbereitungen für die Abreise des Königs getroffen seien. Sobald er an Bord gegangen sei, werde die Jacht auslaufen. Ich befahl, daß unsere Küstenartillerie die Jacht in Ruhe lassen, unsere Luftwaffe jedoch einige Maschinen bereitstellen solle, um dem König einen Salut durch Überfliegen zu erweisen, sobald das Schiff die Hoheitsgewässer Ägyptens verließ . . .

So ging am 26. Juli 1952 um achtzehn Uhr König Faruk ins Exil. Es verabschiedeten ihn die Mitglieder des Führungsrates Mohammed Naguib und Gamal Salem sowie Hussein El-Schafi (der damals dem Rat noch nicht angehörte). Ich selbst stand an Bord des Kriegsschiffes „Ibrahim“, des größten, das wir zu jener Zeit besaßen, und beobachtete unsere kreisenden Flugzeuge. Es war eine einfache Geste, so dachte ich, aber sie drückte ausreichend Selbstvertrauen, Stolz und Toleranz aus: Die Ausstrahlung des jahrtausendealten Geistes Ägyptens.

Kapitel V

Revolutionäre an der Macht

1

Am Abend des 27. Juli 1952 berief Abdel-Nasser im Armeehauptquartier in Kairo eine Sitzung des Führungsrates ein. Er begann mit der Erklärung, das erste Stadium der Revolution sei mit der Abreise des Königs am vorhergehenden Tag erfolgreich abgeschlossen worden. Nun besäßen wir die Macht im Lande. Dementsprechend müsse eine Entscheidung über eine außerordentlich wichtige Frage getroffen werden. Jedoch halte er es für seine Pflicht, zuerst als Vorsitzender des Führungsrates zurückzutreten, der mit der erfolgreichen Vollendung der Revolution nun als solcher zu existieren aufgehört habe. Unser Rat erhielt nun einen neuen Namen und hieß von diesem Tag an Revolutions-Kommandorat.

Nassers Worte schienen mir unbegreiflich. Warum wollte er zurücktreten? Was für Unterschiede konnte es zwischen dem Vorsitzenden des Führungsrates und dem Vorsitzenden des Revolutions-Kommandorates geben? Die Revolution war erfolgreich gewesen, nichts anderes war wichtig. Warum den Dingen verschiedene Namen geben? Was liegt an einem Namen?

Es war damals schwer für mich, zu begreifen, worum es Nasser ging. Für mich bedeutete der Erfolg der Revolution und meine Mitgliedschaft im Revolutions-Kommandorat die Verwirklichung der Träume, die ich stets gehabt hatte – seit meiner Knabenzeit, als ich noch auf dem Ofen in Mit Abu-el-Kom lag und Balladen von Zahran hörte; seit meiner Jugend, als ich von einem Anhaltelager in das andere verlegt wurde; in meiner Manneszeit, als ich aus der Armee ausgestoßen wurde, Jahre im Gefängnis verbrachte und auf der Flucht war und auf der Suche nach einem Lebensunterhalt. Für mich war der entscheidende Punkt meines ganzen Lebens erreicht, eines Lebens voll Leid und Kampf um die Erfüllung einer Berufung. Es wäre keine Übertreibung zu sagen, daß ohne eine solche Berufung das Leben keine Bedeutung für mich gehabt hätte. Nun, da die „Mission" vollendet war, nun, nachdem ich persönlich an der Revolution teilgenommen, ihre Geburt verkündet, den König aus dem Lande getrieben und mich dem wirklichen Feind – den Engländern – entgegengestellt und ihm eine Lehre erteilt hatte, was konnte ich da sonst noch wünschen? Konnte irgend etwas anderes von Bedeutung sein? Selbst wenn ich nicht Mitglied des Revolutions-Kommandorates geworden wäre, selbst wenn ich keine Rolle in der Auslösung der Revolution gespielt hätte, wäre ich doch damit zufrieden gewesen, zu erleben, daß die Revolution stattgefunden hatte. Mein lebenslanger Traum war Wirklichkeit geworden.

So empfand ich von allem Anfang an. Die Revolution hatte stattgefunden, sie mußte den Interessen Ägyptens dienen und die hohen Prinzipien, wie Gerechtigkeit, Wohlwollen und andere mehr, verwirklichen, die meine Schritte seit frühester Kindheit gelenkt hatten. Daher sollte man der Revolution ihren Lauf und ihre Führer die Entscheidung treffen lassen, die sie für richtig hielten. Das Ergebnis würde schließlich doch ganz Ägypten und allen Ägyptern zum Guten gereichen.

Daher war ich auch so überrascht, als Nasser seinen Rücktritt vorschlug. Ich protestierte dagegen; aber er bestand darauf und demissionierte. Er wurde jedoch sogleich einstimmig als Vorsitzender des Revolutions-Kommandorates wiedergewählt.

Da Nasser, das wußte ich, niemals irgend etwas grundlos sagen oder tun würde, so wollte ich gerne erfahren, was die Ursache seines Entschlusses gewesen war. Nasser war keineswegs ein Idealist, im Gegenteil, er war ein extremer Praktiker, oft voll Argwohn und so mißtrauisch, daß er bei jedem Schritt, den er unternahm, äußerste Vorsicht walten ließ. Es mußte also einen Grund dafür geben, dessen war ich sicher, daß er auf seiner Demission und seiner Wiederwahl als Obmann des Revolutions-Kommandorates bestanden hatte. Ich erinnerte mich, daß er sich mit einigen Mitgliedern des Führungsrates im Verlauf der wohlbekannten Machtkämpfe zerstritten hatte. Aber nun, da die Revolution stattgefunden hatte, worüber konnten sie überhaupt noch streiten?

Ich stellte mir selbst diese Frage wieder und wieder, bis es mir endlich gelang, zwar nicht eine Antwort zu finden, aber doch eine Art Verständnis für das, was rund um mich vorging. Für mich war die Revolution eine ganz andere Sache als für alle anderen. Für mich war sie die Krönung eines lebenslangen Kampfes. Ich empfand ihren Erfolg in den Begriffen meiner eigenen sittlichen Werte und Ideale. Im Augenblick des Sieges unserer Revolution meinte ich nichts anderes mehr zu bedürfen; nichts anderes war von wirklichem Wert für mich. Gerade aus diesen Gründen war es mir möglich, mich von all diesen Streitigkeiten fernzuhalten. Mein Verhalten wurde als

Gleichgültigkeit, als Mangel an Interesse, als Entschlußlosigkeit ausgelegt. Die anderen begriffen niemals, daß ich über den Dingen stand und mich weit über ihre kleinlichen Konflikte erhaben fühlte. Nicht weil ich unfähig gewesen wäre, an ihnen teilzunehmen, oder nichts beizutragen gehabt hätte, sondern weil ich mich vollkommen zufrieden fühlte. Allerdings hatte ich Angst um die Revolution: Ich wünschte sehr, daß das Team seine Einheit behielt, weil diese – das empfand ich – die Zukunft des Landes widerspiegelte. Macht gehörte zu den Dingen, deren man bedurfte, um emporzukommen. Aber ich war vollkommen überzeugt, daß nun, da wir die Revolution durchgeführt hatten, nichts anderes mehr von Bedeutung war.

Die anderen befanden sich tatsächlich in einer völlig anderen Position. Sie waren nur drei Tage zuvor eine Gruppe von jungen Offizieren gewesen, die, wie viele andere Mitglieder der Streitkräfte, an ihren Schreibtischen in Kairo gesessen waren. Sie hatten nie gewußt, was Heimatlosigkeit und Armut bedeuten, waren niemals in Gefängnissen oder Anhaltelagern eingesessen. Sie gingen nie durch so heilsame Erfahrungen wie jene von Hoffnung, Erwartung und Enttäuschung. Alles, was sie wußten, war, daß sie innerhalb von drei Tagen aus ihren Armeebüros in eine Position absoluter Macht als einzige Herrscher Ägyptens versetzt worden waren. Daher der Machtkampf, in den sie verwickelt waren.

Hätte ich das alles nicht miterlebt, so hätte ich es nicht geglaubt. Abdel-Nasser war da völlig anders: Er war sich des Machtkampfes voll bewußt und hatte sich auf ihn vorbereitet. Nachdem er seine Wiederwahl als Vorsitzender des Revolutions-Kommandorates gesichert hatte, schnitt er ein Thema an, das – wie er sagte – von lebenswichtiger Bedeutung sei, nämlich ob man das alte „demokratische“ Regierungssystem beibehalten oder aber sich für eine Diktatur entscheiden solle.

Was, um Himmels willen, wollte Abdel-Nasser? Mir schien, als ob er wahnsinnig geworden sei. Ich war sicher, daß wir alle, besonders Nasser selbst, den Glauben an das bestehende „demokratische“ System verloren hatten, das ja schon durch die alten politischen Parteien in Mißkredit gebracht worden war. Wir Armeeoffiziere, dazu erzogen, rasche Entscheidungen zu fällen und Leistungen rasch zu vollbringen, wollten die Ziele der Revolution in einer so kurzen Zeit als nur irgend möglich erreichen, das hieß aber vor allem auch, die Lage des Landes zu verbessern.

Die Frage wurde nun zur Diskussion gestellt. Um absolut gerecht zu sein, muß ich hier berichten, daß Nasser stets nachdrücklich die Diktatur ablehnte, weil – wie er es sagte – dies einen blutigen Weg in die Zukunft bedeuten würde. Er argumentierte, wenn man einmal mit

Blutvergießen beginne, man auch unvermeidlicherweise mit Blutvergießen enden werde. Er sagte, er hätte lieber das alte, auf dem Parteiensystem beruhende Parlament zurück, um ihm alle Macht zu übergeben – obwohl das Volk die Parteien völlig ablehnte –, als die Diktatur einzuführen. Es wäre sinnlos, so sagte er, das Land von einer Diktatur zu befreien, die von den alten Parteien ausgeübt worden war, nur um nun unsere eigene Art der Diktatur zu errichten. Tatsächlich würde dies schlimmer sein, denn die alten Parteien hatten wenigstens noch den König und die Engländer gefürchtet, wir jedoch besaßen absolute Gewalt und fürchteten niemand.

Jedermann nahm an der Diskussion teil. Ich war vielleicht am eifrigsten in der Verteidigung der Diktatur, in meinem Eifer, dem Interesse Ägyptens zu dienen. Was auf demokratische Weise in einem Jahr erreicht werden konnte, ließ sich diktatorisch in einem Tag erreichen. Es kam mir zu jener Zeit niemals in den Sinn, daß die ganze Diskussion ein taktisches Manöver war und Nasser nur jedermann vor Augen führen wollte (am Beginn seiner Amtszeit als Vorsitzender des Revolutions-Kommandorates), daß er imstande war, Entscheidungen zu erzwingen.

Als der Konflikt immer heftiger wurde, hatte ich den Eindruck, daß ich nun wohl sprechen mußte, um der Diskussion die Schärfe zu nehmen. Ich begann mit einem Resümee dessen, was meine Kameraden gesagt hatten; aber Nasser unterbrach mich zornig und rief:

„Du faßt nur einfach zusammen, was die Ratsmitglieder schon gesagt haben; was du redest, ist sinnlos. Du handelst, als ob du der Obmann des Revolutions-Kommandorates wärst. Was soll das also?“

Ich war erstaunt, dies zu hören, antwortete aber ruhig:

„Es tut mir leid, Gamal. Ich habe versucht, einen Kompromiß zu finden. Ich bin weder Obmann des Revolutions-Kommandorates noch irgend etwas anderes dieser Art . . .“

Nun wurde über den Antrag abgestimmt. Das Resultat war: sieben gegen eins. Die eine Stimme kam natürlich von Nasser. Daraufhin stand er auf und schrie:

„Ich kann diese Entscheidung für die Diktatur nicht annehmen. Es ist ein gefährlicher Weg, sowohl für die Revolution wie für unser Land. Ich trete daher von allen meinen Posten zurück.“

Obwohl daraufhin die Diskussion wiederaufgenommen und noch einmal abgestimmt wurde, blieb das Ergebnis doch das alte. Sieben Stimmen für die Diktatur und eine – Nassers – für die Demokratie.

Nasser packte seine Papiere zusammen und erklärte wieder, daß er alle seine Posten niederlege und uns nun viel Erfolg wünsche. Mit Nachdruck sagte er, Diktatur sei für das Land gefährlich, wir würden bald erkennen, wie sehr wir geirrt hätten.

Nasser ging nach Hause. Es war zwei Uhr früh am Morgen des 28. Juli; wir waren alle ratlos; als Nasser gegangen war, saßen wir in tiefem Schweigen rund um den Beratungstisch.

Dann nahmen wir die Beratung noch einmal auf, diesmal in Abwesenheit Nassers. Unser Wunsch nach Einheit ließ uns unsere Differenzen überwinden, um so mehr, als wir erkannten, daß Nasser die treibende Kraft war. Wir konnten uns nicht vorstellen, wie wir ohne ihn mit dem Neuaufbau beginnen sollten. Am Ende der Debatte beschlossen wir, Nasser in allen seinen Positionen wiederzuwählen und ihm unser volles Vertrauen auszusprechen. Zwei von uns fuhren zu ihm, um ihn zu informieren. Im Morgengrauen kam Nasser zurück. Er war durch unsere Übereinstimmung und Autorisation der Sieger. So sehr man über diese Entscheidung geteilter Meinung sein kann, so sehr war sie doch ein historischer Wendepunkt.

2

Unser erster Beschluß zur Verwirklichung der Demokratie war eine Aufforderung an alle politischen Parteien, ihre Reihen zu säubern. Der Revolutions-Kommandorat erließ ein Gesetz über die Reorganisation der Parteien. Auch forderten wir die alten Parteien auf, einem Agrarreformgesetz zuzustimmen, das insofern ein grundlegendes Prinzip unserer Revolution darstellte, als es einer Rekonstruktion der Gesellschaft Ägyptens dienen sollte – einem unserer Hauptziele!

Der Revolutions-Kommandorat erließ auch ein Dekret, das den Februar 1953 als Termin für die Abhaltung allgemeiner Wahlen vorsah – das heißt sieben Monate nach dem Sieg der Revolution. Als Ali Maher, der „Ministerpräsident der Revolution", den wir dem König aufgezwungen hatten, zwar die Parteien in einer Erklärung angriff, in der aber das Datum der allgemeinen Wahlen nicht enthalten war, verhinderten wir an jenem Tag das Erscheinen der inländischen Zeitungen so lange, bis sie eine Erklärung des Revolutions-Kommandorates, mit unserer Verpflichtung, im Februar 1953 allgemeine demokratische Wahlen abzuhalten, statt der Erklärung Mahers publizierten.

Es war dies ein Schlag ins Gesicht des Ministerpräsidenten. Was jedoch die erste Angelegenheit, nämlich die Säuberung der politischen Parteien, anlangte, so taten die Parteien nichts, als typisch parteiliche und ausschließlich formelle Manöver durchzuführen. Die mächtigen

Mitglieder in jeder Partei „säuberten" die schwachen und erklärten damit die Säuberung für abgeschlossen. Was das Agrarreformgesetz betraf, so wurde es von allen Parteien ebenso abgelehnt wie von Ali Maher, dem Chef der ersten revolutionären Regierung.

Neue Maßnahmen mußten also ergriffen werden, besonders nachdem das Gesetz für die Reorganisation der politischen Parteien erlassen worden war. Aber was wurde daraus? Wir erhielten Anträge für die Bildung neuer politischer Parteien von den alten Parteien selbst und von 21 weiteren Gruppen! Unterdessen, die Revolution war kaum ein paar Wochen alt, hatten sich die Konflikte innerhalb des Revolutions-Kommandorates derart entwickelt und kompliziert, daß, um bestehende Spannungen wenigstens zu vermindern, neue „neutrale Elemente" in den Rat eingeführt werden mußten. Wir nahmen fünf neue Mitglieder auf, abgesehen von Generalmajor Mohammed Naguib, der auf Verlangen Nassers in Anbetracht seines höheren Ranges zum Vorsitzenden des Revolutions-Kommandorates ernannt wurde. Dem Rat gehörten damals 14 Mitglieder an, mehr als jemals vorher oder später.

Es war offensichtlich, daß wir, als wir die Revolution durchführten, uns nicht darauf vorbereitet hatten, Regierungsposten zu übernehmen. Unsere höchste Hoffnung war gewesen, daß unsere Revolution erfolgreich sein würde, daß die politischen Parteien sich säubern und eine „saubere" und wirksame Regierungsmethode begründet werden würde. Natürlich sollte ein neues Team die Zügel der Macht in Händen halten, ein Team mit anderen Überzeugungen und anderen Methoden als die bisherigen Führer.

Als Armeeoffiziere hatten wir für uns selbst lediglich eine Rolle im Hintergrund vorgesehen. Wir wollten nur wachsam bleiben, bis das Land seine Ziele erreicht hatte, bis Freiheit und Unabhängigkeit fest begründet waren und weder Monarchen noch Kolonialmächte länger eine Bedrohung für den Fortschritt des Staates bedeuteten. Wir hatten gar keine Ambitionen, nun Minister zu werden. Wir hatten uns weder darauf vorbereitet, noch auch ein spezifisches Regierungsprogramm entworfen. Bei einer unserer Zusammenkünfte wurde jedoch vorgeschlagen, daß „es hoch an der Zeit sei, daß wir die Arbeit der Ministerien kontrollierten". Das hieß, daß jeder von uns für eines oder mehrere Ministerien verantwortlich sein sollte, um den Leistungen der Regierung einen gewissen Schwung zu geben. Jeder begann also nun dafür zu plädieren, daß er dieses oder jenes Ministerium übernehmen sollte, wobei er seine Fähigkeiten für die eine oder andere Tätigkeit hervorhob. Als die Reihe an mich kam, sagte ich:

„Ich glaube nicht, daß ich ein Portefeuille haben will, ich weiß sehr wenig, abgesehen von der Politik."

Salah Salem fragte mich sarkastisch:

„Und was ist die Politik, von der du sagst, daß du sie kennst?“

„Mit Politik meine ich, wie man die Hoffnungen Ägyptens so rasch als möglich verwirklichen kann“, antwortete ich. „Wir wollen eine neue Ära in der ägyptischen Politik einleiten. Dies ist meine Ansicht von der Politik.“

Sobald ich geendet hatte, schien es, als hätte ich ein Verbrechen begangen. Salah Salem ging sofort zur Offensive über, andere folgten ihm, geführt von Nasser. Salah Salems Angriff störte mich weiter nicht, denn er war für seine Unverschämtheit wohl bekannt. Aber ich war entsetzt zu sehen, daß Nasser mit ihm gemeinsame Sache machte, da wir doch bisher – seit wir 19 Jahre alt waren – in gegenseitigem Respekt miteinander verbunden gewesen waren. Ich sah einfach keine Berechtigung für diesen plötzlichen Angriff auf mich. Alles, was ich getan hatte, bevor und nachdem die Revolution ausgebrochen war, lief darauf hinaus, unsere Beziehungen aufrechtzuerhalten, was immer es mich auch kosten mochte. Warum griffen sie mich an, verspotteten und verhöhnten mich, als ob ich ein Außenseiter wäre, der ihnen ihre Rechte streitig machen wollte, oder ein Fremdling, der eine andere Sprache sprach?

Ich war traurig. Ich empfand Mitleid, nicht so sehr mit mir selber als mit Nasser und den anderen. Von dem Moment an zog ich mich zurück und nahm die Position eines desinteressierten Beobachters ein, der ihre Konflikte wie aus dem Fenster des Elfenbeinturmes betrachtete, der über ihre Zwiste lachte, aber sich auch stets über sie wunderte. Ich fragte mich, worum sie nun eigentlich stritten. Schließlich begriff ich, daß wir alle nur Menschen waren, gewöhnliche Sterbliche. Dieses Begreifen hinderte mich nicht daran, mir den Charakter jedes dieser Männer einmal vor Augen zu führen, indem ich vom Glauben an die Freundschaft ausging und von den gemeinsamen Taten, die wir zum Besten der Millionen Ägypter durchgeführt hatten. Sosehr ich mich auch bemühte, mit dem „Rudel“ eins zu werden und meine Individualität dem Team unterzuordnen (geleitet von den hohen Werten und Idealen, in denen ich erzogen worden war), konnte ich doch die Frage, warum Nasser gerade mich so heftig attackiert hatte und warum die anderen ihn dabei unterstützten, nicht befriedigend beantworten.

Ich habe erst später die Antwort oder zumindest einen Teil der Antwort begreifen gelernt. In den frühen Tagen der Revolution war der einzige Revolutionsführer, der der Öffentlichkeit bekannt war, Anwar El-Sadat, der „Held des Amin-Osman-Prozesses“. Die Zeitungen und die anderen Massenmedien hatten ein sehr eindrucksvolles Bild dieses „Helden“ geschaffen und seinen Patriotismus und die lange Geschichte seines Kampfes hervorgehoben. Offenbar bildeten mein Lebensweg und die verschiedenen Stadien meines Kampfes eine Kränkung für Nasser und seine Kameraden, wofür sie mich zu bestrafen wünschten.

Ich hatte damals noch nicht alle Facetten von Nassers Charakter begriffen. Meine Liebe zu ihm hatte mich für die Wahrheit blind gemacht. Außerdem neigt man dazu, andere nach dem eigenen Charakter zu beurteilen: Ich vertraue von Natur aus jedermann so lange, bis Tatsachen eine Änderung meiner Meinung herbeiführen. Abdel-Nasser hingegen beargwöhnte – wie ich später zu begreifen begann – alle und alles, bis es genug Beweise für das Gegenteil gab. Allerdings ist das „Gegenteil" unter den Umständen des komplexen Lebens, das wir führen, nur selten zu beweisen.

Die Erfahrung vieler Jahre befähigt mich heute, dies zu erklären, aber in jenen frühen Zeiten war es für mich nicht einfach zu begreifen, oder mir auch nur vorzustellen, daß Gamal mir nicht vertraute – mir, dem einzigen Mann, der nie gegen ihn gekämpft hatte, der niemals irgend etwas für sich verlangte. Dementsprechend – jung, wie die Revolution war – sah ich mich durch die Ereignisse auf dieser Ebene gezwungen, mich in eine einsame Distanziertheit zurückzuziehen, von wo aus ich beobachtete: Wenn Differenzen entstanden, so versuchte ich, sie auszugleichen; ansonsten hatte ich die Empfindung, daß es nichts gab, das mein Engagement allzusehr verdiente. Man versuchte mehrfach, herauszufinden, warum ich diese Haltung einnahm, und führte sie auf Schwäche, auf Unerfahrenheit oder auf Gleichgültigkeit zurück. Aber nichts konnte ferner der Wahrheit sein. „Ich habe mein wahres Selbst in der Zelle 54 im Kurah-Maidan-Gefängnis entdeckt", so dachte ich. „Ich habe seit damals begriffen, daß mein wahres Selbst die weit größere Bedeutung besitzt als irgendein möglicher Posten oder Titel. Warum sollte man dann überrascht sein, wenn man mich solche menschlichen Konflikte meiden sieht?"

3

Am 9. September 1952 waren die Umrisse des Bildes schon sehr klar geworden. Das Bodenreformgesetz war von Ali Maher, unserem Ministerpräsidenten, ebenso zurückgewiesen worden wie von den politischen Parteien. Die „Reinigung" der Parteien war zwar formell durchgeführt worden, war aber alles andere als real. Offensichtlich mußten wir selbst die Macht übernehmen. Abdel-Nasser, Gamal Salem und ich gingen zu Ali Maher und sagten ihm: „Wir danken Ihnen sehr, Sie haben Ihre Arbeit großartig gemacht.“ Woraufhin er demissionierte und Mohammed Naguib zum Ministerpräsidenten ernannt wurde. Alle anderen Minister sollten Zivilisten sein.

So begannen wir nun Regierungsverantwortung zu übernehmen. Die Idee, Mohammed Naguib zum Vorsitzenden des Revolutions-Kommandorates zu ernennen, hatte das Ziel, den Konflikten, die sich innerhalb des Rates abspielten, ein Ende zu machen. Denn wir alle waren noch sehr jung, praktisch gleichaltrig, er dagegen war doch um viele Jahre älter als wir. Unglücklicherweise trat gerade das Gegenteil des Erhofften ein. Es entstanden vielmehr neue Konflikte, in die Naguib verwickelt war. So war er der Initiator einer gegen mich gerichteten „Gerüchtekampagne“, zumindest sagte mir das damals Nasser. An und für sich hätte mich das nicht weiter gestört, doch sollte es da noch verschiedene andere Entwicklungen geben. Kaum sechs Monate nach dem Sieg der Revolution, erfuhren wir zu unserer Überraschung, daß einige Parteiführer mit Mitgliedern der Streitkräfte verschwörerische Verbindungen aufgenommen hatten. Es gab eine einfache Erklärung für diesen Vorgang: Die politischen Parteien, die in ihren Machtkämpfen seinerzeit die Unterstützung des Königs, der Engländer oder beider gesucht hatten, entdeckten nun nach den ersten drei Tagen unserer Revolution, daß der König abgesetzt und der politische Einfluß des alten britischen „Empire“ neutralisiert worden war, dafür aber alle Macht sich in den Händen des Revolutions-Kommandorates befand, der aus ägyptischen Offizieren der Streitkräfte bestand. Da nun die Armee die Macht ausübte, entschlossen sich die Führer der alten politischen Parteien Verbindung mit Offizieren aufzunehmen und sich deren Unterstützung zu sichern, denn sie waren es ja gewesen, die dem König und den Engländern die Macht entwunden hatten.

Als der Kommandorat von diesen Vorgängen erfuhr, wurde uns klar, daß wir Maßnahmen ergreifen mußten, um den Politikern und Parteien verständlich zu machen, daß die Streitkräfte weder Anhänger irgendeiner Partei oder irgendeiner Sekte seien, sondern dem gesamten Land zu dienen hatten. Es mußten sofort Taten gesetzt werden, um keinen Zweifel darüber zu lassen. Die Politiker wurden daher in Schutzhaft genommen, während die Armeeoffiziere, die versucht hatten, ein Komplott gegen die Revolution in Zusammenarbeit mit jenen Parteipolitikern auszuhecken, vor ein Kriegsgericht kamen. Am 16. Januar 1953 lösten wir alle politischen Parteien auf. Die ausübende wie auch die gesetzgebende Gewalt ging nun für eine

Übergangsperiode von drei Jahren – die am 16. Januar 1956 enden sollte – auf Grund eines vom Revolutions-Kommandorat erlassenen Dekrets auf diesen selber über.

Zu jenem Zeitpunkt erklärte uns die Moslem-Bruderschaft offen „den Krieg“, mit der eingestandenen Absicht, uns zu stürzen und die Herrschaft über Ägypten zu übernehmen. Daher erließ nun der Revolutions-Kommandorat ein Dekret, der diese „Gesellschaft“ auflöste, jedoch setzte die Moslem-Bruderschaft im Untergrund ihre Aktivitäten fort, bis im März 1954 eines ihrer Komplotte aufgedeckt und im Oktober 1954 ein Attentat gegen Nasser auf dem Manschijah-Platz in Alexandrien verübt wurde.

Alle politischen Parteien waren nun verboten und alle Macht für drei Jahre in unseren Händen konzentriert. Danach, so versprachen wir, solle Ägypten eine Verfassung erhalten. Tatsächlich ist dann am 16. Januar 1956 eine sogenannte Interims-Verfassung verkündet worden. Warum wir sie „interimistisch“ sein ließen, weiß ich nicht.

Ich erinnere mich, daß ich damals einen Demissionsbrief schrieb, in dem ich meinen Austritt aus dem Revolutions-Kommandorat mitteilte und um Pässe für meine Frau und mich ersuchte, um in den Libanon reisen und mich dort niederlassen zu können. Warum den Libanon? Ich hatte stets von dessen Naturschönheiten gehört und von der anziehenden Landschaft, und da ich ein Liebhaber schöner Natur bin, entschloß ich mich eben für den Libanon. Der Grund für meinen Entschluß, aus dem Revolutionsrat auszuscheiden, war Mohammed Naguib und der nie endende Krieg, den er gegen mich führte. Dieser Krieg dauerte, sowohl offen als auch im geheimen, ohne einen offenkundigen Grund (so weit ich das begriff) für eine geraume Zeit an. Später erfuhr ich dann von Nachrichtendienstoffizieren, die an der Kampagne gegen mich teilgenommen hatten, daß der Grund in der Tat jener gewesen war, von dem ich schon früher gesprochen habe, nämlich, daß die Bevölkerung sich der langen Geschichte meines Kampfes bewußt war. Dies wurde von mehr als einem Mitglied des Rates, wie diese Offiziere später Nasser gegenüber zugaben, benützt, um Naguib glauben zu lassen, daß ich seinen Posten haben wollte. Ich hasse Konflikte, ich glaube nicht, daß es etwas gibt, das wichtig genug wäre, um einen Konflikt mit Kameraden zu rechtfertigen. Jedoch weiter mit Naguib im Revolutions-Kommandorat zusammenzuarbeiten, schien mir unerträglich. Daher blieb mir nur übrig, mich zurückzuziehen. Was hätte ich anderes tun sollen?

Wir hatten Mohammed Naguib zum Vorsitzenden des Revolutionsrates ernannt und der Öffentlichkeit in dieser Funktion vorgestellt. Daher gab es eben nun keine Möglichkeit, dies wieder ungeschehen zu machen, besonders nicht in dem gegenwärtigen fortgeschrittenen Stadium. Es war entschieden besser für mich, abzutreten und in Frieden zu leben, so dachte ich wenigstens. Aber Abdel-Hakim Amer setzte sich mit mir zusammen, und der nächste, der kam, war Nasser, und sie überredeten mich, meine Demission wieder zurückzuziehen.

Etwas ganz Ähnliches passierte auch mit Oberstleutnant Raschid Mehanna, einem Mitglied des Regentschaftsrates, der in der Illusion lebte, Regent zu sein (auf Grund der Minderjährigkeit des Kronprinzen Achmed Fuad) bedeute für ihn auch, alle Macht ausüben zu können. Raschid Mehanna schloß sich nun meinen Gegnern an. Nasser sagte mir, Mehanna habe ihm bei einer Aussprache erklärt, bevor irgendeine Verständigung erreicht werden könne, müsse Anwar El-Sadat den Revolutionsrat verlassen. Wiederum wunderte ich mich über diese Haltung, im besonderen, weil ich niemals mit irgend jemand um einen Posten konkurriert und niemals an einem Machtkampf teilgenommen hatte. Es ist außerordentlich merkwürdig, wie Menschen in Illusionen leben können, die so groß sind, daß sie für diese Menschen zur Wirklichkeit, die Realität aber zur Illusion wird. Gab es irgendeinen Weg, um die Dinge ins rechte Lot zu bringen? Wir mußten irgend etwas Entscheidendes, Unabänderliches tun. Und dies tat Abdel-Nasser auch im März 1953, indem er den Revolutionsrat zusammenrief und historische Entschlüsse faßte.

Nasser beförderte Abdel-Hakim Amer vom Major zum Generalmajor und ernannte ihn zum Oberbefehlshaber der Streitkräfte. Am selben Tag wurde Ägypten zur Republik erklärt. Wir wurden auf diese Weise den Regentschaftsrat los und konfiszierten das Privatvermögen der königlichen Familie. Ferner entschlossen wir uns, Mohammed Naguib zum Staatspräsidenten zu ernennen, nachdem er durch den Revolutions-Kommandorat gezwungen worden war, das Kommando über die Streitkräfte abzugeben. Zum ersten Mal übernahm Abdel-Nasser einen Regierungsposten als Stellvertretender Ministerpräsident und Minister des Inneren. Um alle Konflikte zu beenden, insbesondere nachdem Amer Oberbefehlshaber geworden war, wurden einige von uns zu Ministern ernannt.

All dies zusammen bedeutete eine wichtige Ouvertüre für das Jahr 1953. Es zeigte, daß in weniger als einem Jahr Mohammed Naguib mit den restlichen Mitgliedern des Rates im Streit lag, und demonstrierte die Tatsache, die zumindest mir nicht bewußt gewesen war, nämlich, daß Macht berauschend wirkt. Sie kann den Menschen völlig verändern und verwirren, selbst revolutionäre junge Männer. Es war, so dachte ich, nur einfach menschlich, aber Gott sei Dank war es in meinem Falle nicht so und würde niemals so sein. Wenn der innere Mensch größer ist als alles andere, dann bedarf man nichts anderes.

4

Das Jahr 1953 war reich an sehr unterschiedlichen Ereignissen. Sie waren hauptsächlich die Frucht eines revolutionären Impulses, der seiner besonderen Natur nach (und fast nach der Definition) jung und kräftig war. Ein Ereignis, dessen ich mich deutlich erinnere, war unser Wunsch an die USA, uns Waffen zu liefern. Der amerikanische Botschafter, Mr. Caffery, war unser Freund und befürwortete unsere Forderung, die er auch sogleich an seine Regierung weiterleitete. Die Antwort, die wir erhielten, lautete, die USA seien bereit, einen gegenseitigen Beistands- und Sicherheitspakt mit uns zu schließen. Diese Formel war von den Amerikanern nach dem Zweiten Weltkrieg geschaffen worden, um die Stelle Englands und Frankreichs in jenen Ländern einnehmen zu können, die früher zu deren Einflußsphäre gehört hatten. Die Version der „Formel", die man uns mitteilte, stellte fest, die USA seien bereit, uns kostenlos mit Waffen zu versorgen, jedoch unter folgenden Bedingungen: Mit den Waffen sollten auch amerikanische Experten nach Ägypten kommen, ferner dürften die Waffen niemals gegen einen Verbündeten der USA verwendet werden. Wir gaben diesen Entwurf dem amerikanischen Botschafter zurück und sagten: „Danke vielmals, wir wollten mit unserem Geld Waffen kaufen; wir wollen sie gar nicht kostenlos haben. Wir lehnen auch einen gegenseitigen Sicherheitspakt ab, weil er unsere Unabhängigkeit beeinträchtigt, die wir für so kostbar halten wie unser Leben."

Jedoch setzten wir das Gespräch mit den USA fort, wenn auch ohne Enthusiasmus. Die Amerikaner stimmten zu, in Washington eine ägyptische Militärmission zu empfangen, die ein Waffengeschäft mit ihnen abschließen sollte. In Washington jedoch ignorierten die Amerikaner diese Mission in einer außerordentlich verletzenden Weise und so, daß uns kein Zweifel darüber blieb, daß sie keinerlei Absicht hatten, uns Waffen zu verkaufen; es hatte sich bei der ganzen Geschichte nur um ein taktisches Manöver gehandelt.

Die Amerikaner versuchten dann später, uns zu überreden, dem einen oder anderen Pakt beizutreten – Pakten, die von John Foster Dulles innerhalb des Rahmens seiner „Containment"-Politik ins Leben gerufen wurden und deren Zweck es war, die Sowjetunion „einzudämmen", indem man sie mit einem Gürtel von Basen und Pakten einkesselte. Es begann mit der NATO und der SEATO und endete mit dem Bagdad-Pakt, der die beiden hätte geographisch verbinden sollen. Wir gaben ihnen eine klare kategorische Antwort: Im Augenblick, als die Revolution gesiegt hatte, war unser Volk vollständig „befreit“. Pakte und Flottenstützpunkte lagen daher außerhalb jeder Diskussion. Das Budget des Landes betrug zu jener Zeit 200 Millionen ägyptische Pfund, aber unsere wirtschaftliche Situation war nicht schlecht. Als die Amerikaner unsere Bitte um Waffen ablehnten, nahmen wir Anfang 1953 Verbindung mit den Russen auf, zu einem Zeitpunkt, als Stalin im Sterben lag. Aber die Sowjets lehnten ab. Die Prinzipien Stalins gestatteten es nicht, Waffen an nichtkommunistische Länder zu liefern. Jedoch nach einem Zusammentreffen zwischen Abdel-Nasser und Tschu En-Lai während der Bandung-Konferenz der blockfreien Staaten im Frühling 1955 unternahm der chinesische Ministerpräsident einen Vermittlungsversuch, und die Sowjetunion zeigte sich auch auf seine Empfehlung hin geneigt, das Geschäft zu machen. Das erste Waffenlieferungsabkommen wurde zwischen uns einerseits und der Sowjetunion und der ČSSR andererseits im September 1955 abgeschlossen.

Dabei erinnere ich mich eines Zwischenfalls, der sich viele Jahre später zugetragen hat. Als Nasser gestorben war, sandte ich Sonderbotschafter in alle Länder. Unser Sonderbotschafter für China – der Präsident des Parlaments – wurde von Tschu En-lai gefragt:

„Wissen Sie, wer Abdel-Nasser im Alter von 52 Jahren getötet hat?“

Der Präsident des Parlaments schwieg.

Tschu beantwortete seine eigene Frage: „Die Russen!“

Ich glaube, daß er recht gehabt hat. Abdel-Nasser brauchte Ellbogenraum für seine Manöver; besaß er den, so konnte er außerordentlich geschickt handeln. Als er seine Beziehungen mit den USA, dem Westen, den Arabern und dem Iran abbrach, blieb kein anderer Freund als die Sowjetunion. Dies aber beraubte ihn aller Bewegungsfreiheit, besonders angesichts der Art, wie die Sowjetunion ihn behandelte: eine Art, die weder als großzügig noch als sehr würdig beschrieben werden kann. Das alles hatte einen außerordentlich schädlichen Einfluß auf seine Gesundheit. Es war zweifellos ein wesentlicher Grund, warum sein Lebenswille nachließ und damit auch die später tödliche Herzerkrankung ebenso beschleunigt wurde wie seine Zuckerkrankheit. Wann und wie ein Mann stirbt, ist natürlich Bestimmung Gottes, aber Tschu hatte recht.

5

Um Zusammenstöße oder auch jede mögliche Doppelgleisigkeit der Arbeit durch den Revolutions-Kommandorat und den Ministerrat zu vermeiden, setzten wir eine Körperschaft ein, die aus den Mitgliedern beider Räte bestand. (Sie wurde dann als der Gemeinsame Kongreß bezeichnet.) Obwohl scheinbar ideal, war diese Lösung doch weit davon entfernt, befriedigend zu sein. Der Kongreß hatte zu viele Mitglieder, und die Diskussionen wurden end- und ziellos. Jeder suchte seine Stärke zu beweisen, und die Differenzen machten oft eine Beschlußfassung unmöglich. Solche Konflikte behinderten uns zu einem Zeitpunkt, in dem jede Minute zählte und wir es uns nicht leisten konnten, Zeit zu verlieren, denn unsere Projekte für das Wohl Ägyptens konnten nicht warten. So war ich gezwungen, angesichts dieser unmöglichen Situation in einer unserer Sitzungen offen darzulegen, daß die unaufhörlichen „Manöver" – die in den Sitzungen des Gemeinsamen Kongresses schon zur Gewohnheit geworden waren – unseren Fortschritt verzögerten. Unsere Arbeitsmethode mußte daher geändert und eine andere Form gefunden werden.

Neue Räte wurden geschaffen: einer für Produktion und einer für öffentliche Dienste.

Die Verwertung des konfiszierten Besitzes der königlichen Familie brachte etwa 70 Millionen Pfund ein. Wir gaben sie für den Bau von ländlichen Gesundheitszentren, Krankenhäusern und Schulen aus. Die Möglichkeiten waren atemberaubend – drei Schulen alle zwei Tage. Ich erinnere mich, daß wir in einem Jahr so viele neue Schulen hatten, als bis dahin in zwanzig Jahren in Ägypten gebaut worden waren. Der Produktionsrat begann seine Arbeit, indem er das KIMA-Kunstdüngerprojekt ins Leben rief.

Wenn ich mich jener Tage erinnere, so sehe ich einen Griechen mit wirrem Haar und wilden Augen, der uns ständig im Abbasija-Hauptquartier aufsuchte. Er kam, wann immer es ihm paßte, ohne vorher einen Termin vereinbart zu haben. Sein Name war, wenn ich mich recht erinnere, Daninos. Jedesmal, wenn er in unsere Räume stürmte, phantasierte er von ein und derselben Idee, im Nil bei Assuan einen Hochdamm zu bauen.

Seine Beharrlichkeit, die Art, wie er von diesem Projekt offenbar besessen war und wie diese Besessenheit in seinem Gesicht aufleuchtete, wenn er davon sprach, deuteten Wahnsinn an. Jedoch sein fast religiöser Glaube ließ uns schließlich doch diese Idee dem Experten der Kommission, dem Ingenieur Mahmud Junis, zum Studium vorlegen. Nach kurzer Zeit schon hatte Junis Ergebnisse: Er schloß aus seinen Berechnungen und dem Augenschein an Ort und Stelle, daß die Idee ausgezeichnet sei, daß aber weitere Untersuchungen des Flußbettes notwendig seien. Er bat uns daher, ihm die Erlaubnis für weitere Forschungsarbeit, zusammen mit internationalen Institutionen, zu geben. Wir stimmten zu. Die Idee des Assuan-Dammes begann also schon damals Gestalt anzunehmen. Wie alle großen Ideen war sie die Frucht des Glaubens, des Enthusiasmus und großer Einsicht. 1953 begannen wir ein anderes Projekt auszuführen, das vorher eine Regierung nach der anderen verschoben hatte: die Errichtung eines Wasserkraftwerkes am alten Assuan-Damm. Es war im Jahre 1960 fertiggestellt, und die dort erzeugte Energie half uns sehr bei der Arbeit am Hochdamm.

Das Projekt, das mehr als alle anderen dazu beitrug, den Zustand der ägyptischen Gesellschaft zu verändern und unserer Bewegung den Charakter einer wirklichen Revolution zu geben (nämlich mehr als nur ein Staatsstreich zu sein), war wohl doch das Gesetz über die Agrarreform. Als Ali Maher zurücktrat und Mohammed Naguib im September 1952 als Premier die Regierung übernahm, begannen wir sogleich dieses Gesetz zu verwirklichen: Landbesitz war von da an auf 200 Feddans (1 Feddan: 4200 m^2) pro Person beschränkt. Der Schöpfer dieses Gesetzes war der Ingenieur Said Marai, der gegenwärtige Präsident der Volksversammlung. Said Marai war eine sehr prominente Figur in der Saad-Partei, wurde aber auf Grund seiner Arbeit an diesem Projekt sehr bald Minister für Landwirtschaft und Bewässerung und im weiteren Stellvertretender Ministerpräsident. Er hat in dieser Funktion für die Durchführung des Reformgesetzes gesorgt. Es war auch Said Marai, der das zweite und das dritte Agrarreformgesetz vorlegte, das als Ergänzung zu dem ersten den Umfang des Landbesitzes weiter einschränkte und so für mehr Gleichheit und soziale Gerechtigkeit sorgte.

Das Verbot aller politischen Parteien 1952 und 1953 hatte ein Vakuum hervorgerufen, das wir natürlich auffüllen mußten. Wir schufen daher eine Körperschaft, die wir „Haiat-el-Tahrir" nannten, was wörtlich „Befreiungskorps" bedeutet. Man nahm als Wahlspruch „Einheit, Disziplin und Arbeit". Nachdem sie gescheitert war, folgte ihr eine andere Institution, „El-Ittihad El-Kaumi" (die „Nationale Union"), die ebenfalls ein Fehlschlag war. Auch der Versuch einer reformierten „Ittihad Kaumi" hatte kein besseres Schicksal; sie wurde schließlich aufgelöst und durch „El-Ittihad El-Ischtiraki" (die „Sozialistische Union") ersetzt. Diese wurde ebenfalls reformiert, und dieser „zweiten" Sozialistischen Union gelang es dann, am Leben zu bleiben.

Ich muß feststellen, daß alle diese Formeln von Jugoslawien

geborgt worden waren, auf Grund der sehr engen persönlichen Beziehungen Nassers zu Präsident Tito. Nasser führte endlose Gespräche mit Tito und zeigte immer Bewunderung für dessen Ansichten. Die Formel der „Nationalen Union“ in ihren beiden Stadien war sehr ähnlich der Union der Sozialisten, die Tito in Jugoslawien nach dem Sieg der Partisanenbewegung im Befreiungskrieg gegründet hatte und alle antifaschistischen Kräfte, keineswegs nur die Kommunisten, umfaßte. Jedoch der „Bund der Kommunisten“ blieb der Kern der neuen Körperschaft, in der alle Parteien der fünf jugoslawischen Republiken repräsentiert waren.

Nasser modifizierte dieses Vorbild zu unserer „Sozialistischen Union“. Die Gründung wurde dann offiziell durch einen nationalen Kongreß vollzogen, der nach dem Scheitern der Vereinigung mit Syrien abgehalten wurde. Dieser Zusammenbruch der Vereinigung hatte die Menschen schwer enttäuscht und außerordentlich offene und heftige Kritik am Regime hervorgerufen. Die „Sozialistische Union“ war ein Rezept, das auf der Formel des Bündnisses der „arbeitenden Kräfte der Bevölkerung“ aufbaute, der Bauern, der Arbeiter, der Soldaten, der Intellektuellen und des nationalen Kapitals. Die Formel wurde dem Nationalkongreß vorgelegt und von ihm bestätigt. Sie wurde in die sogenannte „Nationale Charta“, die Nasser selbst dem Kongreß vortrug, eingeschlossen. Der „Sozialistischen Union“ war vorherbestimmt, ein Fehlschlag zu sein, genauso wie es die „Nationale Union“ gewesen war. In beiden Fällen war ja das Rezept das des Einparteiensystems. Die Situation wurde schlimmer, als die „Sozialistische Union“ (die alleinige Partei) zu einem Instrument wurde, um die absolute Macht über jedermann und sogar Kontrolle über die Art, wie die Menschen sich ihren Lebensunterhalt verdienten, auszuüben. Nassers Mitarbeiter und jene, die für ihn Theorien ausarbeiteten, entlehnten marxistische Konzepte, um sie auf Ägypten anzuwenden. Sie verhängten „Staatsverwaltung“ über den Privatbesitz der Menschen, sie konfiszierten Privatkapital, sie sperrten Menschen in Anhaltelagern ein und versetzten auf diese Weise der privaten Initiative schwere Schläge, unter dem Vorwand, daß es ihre Aufgabe sei, den Kapitalismus zu liquidieren. Sie mißachteten die Tatsache, daß die „Nationale Charta“, auf die sie ihre Theorien begründeten, tatsächlich den nationalen Kapitalismus zuließ, als eine der fünf Kräfte des Bündnisses. Der wirtschaftliche Niedergang war unvermeidlich, und ihm folgte auch noch die schmähliche Niederlage im Krieg gegen Israel vom Juni 1967.

Nachdem die Bevölkerung im Sommer 1967 ihr erstes Entsetzen überwunden hatte, begann sie sehr ernste Kritik an dem Regime zu üben. Ein Ausbruch des Volkszornes fand im Februar 1968 statt, als sehr milde Urteile über jene Luftwaffenbefehlshaber verkündet wurden, die als die Hauptschuldigen an der schmählichen Niederlage vom Juni des Vorjahres galten. Das Volk fand heraus, daß die sogenannte Charta niemals in Kraft getreten und nur eingeführt worden war, um den Zorn nach der Niederlage, die das Scheitern der Einheit mit Syrien bedeutet hatte, zu beschwichtigen. Nasser hatte damals eine Deklaration verkündet, die dann „die Erklärung vom 30. März" genannt wurde. Sie war in Wirklichkeit von seinen Mitarbeitern vorbereitet worden, die an nichts anderem interessiert waren, als ihre Macht durch absolute Autokratie zu behalten. Aber die Ägypter fanden sehr rasch heraus, daß die Erklärung vom 30. März einfach die diktatorische Machtvollkommenheit des Regimes aufrechterhielt: Es bestand weiterhin das Recht der Verhaftung, ohne daß entsprechende Anklagen vorhanden waren. Eine endgültige Verfassung wurde versprochen, aber nur, wenn die Folgen der Aggression der Israelis beseitigt seien. Es war eine Täuschung: Die Menschen hatten erwartet, daß die Erklärung eine Ära der Demokratie einleiten werde. Nun mußten sie erkennen, daß es sich nur um ein Ablenkungsmanöver gehandelt hatte, lediglich dazu bestimmt, die Volkswut zu „absorbieren".

Ich sollte später unter dieser Politik der „Absorbierung" noch sehr zu leiden haben. Meine Methode ist es, zu ändern statt zu „absorbieren", ein Medikament zu geben statt eines Schlafmittels. Ich wünsche, daß dem Volk stets alles ebenso klar sein soll, wie es mir ist. Bei der Lösung eines bestimmten Problems tue ich alles, was in meiner Macht steht, um eine radikale und endgültige Lösung zu finden, statt einer nur zeitweisen. Aber natürlich sind die Menschen auch darin verschieden.

Nasser versuchte durch die Technik der zeitweiligen Lösungen die im Revolutions-Kommandorat seit dem Beginn des Jahres 1953 tobenden Konflikte beizulegen: Er ernannte ein Mitglied des Rates nach dem anderen zu Ministern. Noch bevor das Jahr 1953 zu Ende war, waren alle „Revolutionäre" Minister geworden: die einzige Ausnahme bildete ich. Aber konnte Nasser auf diese Weise alle Konflikte lösen?

6

Im Jahre 1954 hatten sich die Machtkämpfe in noch nie dagewesener Weise verschärft: besonders jene, die die Revolutionäre gegen Mohammed Naguib, gegen die Moslem-Bruderschaft und schließlich gegen eine Handvoll Leute aus den alten politischen Parteien führten, die geglaubt hatten, durch Unterstützung Naguibs und durch das Anzetteln von Intrigen irgend etwas erreichen zu können.

Im März 1954 waren die Konflikte an die Oberfläche gedrungen und konnten nicht länger ignoriert werden. Der Revolutionsrat hielt wieder eine Sitzung ab, in der wir beschlossen, die gesamte Regierungsgewalt niederzulegen. Jedoch ließen uns gewisse Ereignisse in den folgenden Tagen unseren Entschluß wieder ändern. Abgesehen von Mohammed Naguib und dessen Anhängern war Khaled Mohieddin – ein Marxist und Kommunist – in die weitere Entwicklung des Konfliktes verwickelt. Khaled glaubte, indem er als Trumpfkarte sein Kavalleriekorps ausspielte und unter der Tarnung, die Demokratie und das Parteiensystem wiederherstellen zu wollen, uns eine Diktatur der Linken aufzwingen, menschliche Wesen in Zahnräder einer Maschine verwandeln und sie ihrer wesentlichsten humanen Eigenschaft – der von Gott verliehenen Geistesfreiheit – berauben zu können. Die Meuterei des Kavalleriekorps wurde jedoch niedergeschlagen. Die Freien Offiziere entlarvten die Ansprüche gewisser Offiziere und Politiker, Superpatrioten zu sein. Wir setzten Mohammed Naguib ab, mußten ihn aber bald danach wieder einsetzen.

Unterdessen hatten die Verhandlungen mit England über die Evakuierung der Kanalbasis begonnen; begleitet von einer recht bemerkenswerten Guerillatätigkeit gegen den britischen Stützpunkt. Alle „feindlichen Elemente“ versuchten, den Zwist mit Naguib auszubeuten, nicht so sehr, weil sie ihn besonders gerne mochten oder unterstützten, sondern weil sie der Revolution ein Ende setzen und die Macht übernehmen wollten. Es kam in den Straßen von Kairo zu Unruhen, organisiert von der Moslem-Bruderschaft, bei denen die Demonstranten blutbefleckte Tüchter schwenkten und Schlagworte gegen die Revolution schrien; sie marschierten sogar zu dem Palast der Republik in Abdin. Wir hatten angesichts all dessen keine Wahl, als eine entschlossene Aktion zu unternehmen: So wurde Naguib endgültig im Oktober 1954 entlassen, nachdem am 19. Oktober mit England das Abkommen über die Räumung abgeschlossen worden war, womit die 75 Jahre dauernde Besatzung Ägyptens durch die Engländer zu Ende ging. Bei den Verhandlungen hatte Abdel-Nasser die ägyptische Delegation geführt. Die Engländer hatten sich bereit erklärt, die Kanalbasis innerhalb von 24 Monaten zu räumen, wollten aber einige ihrer „militärischen Vorräte und Nachschubgüter" und etwa 1200 Experten für eine Periode von sieben Jahren noch dort belassen. Nach dieser Zeit sollten sowohl die Vorräte als auch alles andere, das sich in der Basis befand, an Ägypten fallen.

Abdel-Nasser berief eine Sitzung im Pyramidenrasthaus ein. Er legte uns das Verhandlungsergebnis vor und fragte jedes einzelne Mitglied des Rates um dessen Meinung, während er sich Notizen darüber machte. Wie üblich lehnten einige den Entwurf des Abkommens ab. Wie erwartet gab es die gewissen „Reden zum Fenster hinaus", Bemühungen, einander in „Patriotismus" zu überbieten, sowie die üblichen Streitigkeiten. Ich hörte mit Erstaunen die Ansichten der „Opposition". Als ich zu Wort kam, brach es aus mir heraus: „Ich akzeptiere diesen Entwurf! Wir müssen gar keine weiteren Diskussionen führen. Was soll denn da diskutiert werden? Die Engländer wollen dort etwa 1200 nichtmilitärische Experten stationiert lassen, die von uns Ägyptern bewacht werden. Sollten wir uns vor solchen Experten fürchten? Laßt doch die Engländer 10.000 Experten statt 1200 dort belassen, und laßt sie zehn statt sieben Jahre bleiben, solange nur schließlich und endlich die Basis an Ägypten zurückgegeben und jeder Zoll ägyptischen Bodens wieder ägyptisch sein wird. Nur ein dummer Politiker kann diese Lösung eines Problems ablehnen, das nun schon 75 Jahre alt ist."

Mit der Unterzeichnung des Räumungsabkommens wurden im Oktober 1954 unsere ersten Schritte auf dem Weg zur echten Unabhängigkeit getan. Ein Abkommen über die Selbstbestimmung des Sudans war schon am 12. Februar 1953 geschlossen worden: Der Sudan konnte sich entweder für die Vereinigung mit Ägypten oder für die Unabhängigkeit entscheiden. Unser Rückzug aus dem Sudan war jedoch schon vor dem in dem Abkommen festgelegten Termin durchgeführt. Dies machte es dem Sudan möglich, frei über sein Schicksal zu entscheiden, denn England war nun gezwungen, seine Truppen ebenfalls abzuziehen, und so erreichte tatsächlich der Sudan seine Unabhängigkeit, noch bevor die Engländer Ägypten verließen.

7

Die Jahre 1953 bis 1956 waren eine Übergangsperiode. Ich war Zeuge vieler wichtiger Ereignisse, die die meisten von uns als Wendepunkte in der Geschichte Ägyptens und der Revolution bewerteten. Das Räumungsabkommen von 1954 führte dazu, daß am 18. Juni 1956 der letzte britische Soldat Ägypten verließ. Die ägyptische Fahne wehte nun hoch über der alten britischen Basis in der Kanalzone: als Folge eines Kampfes von mehr als 75 Jahren. Während dieser Übergangsperiode waren wir auch endgültig Mohammed Naguib losgeworden und setzten den Konflikten ein Ende, die die Berufspolitiker auszunutzen versucht hatten, um wieder an die Macht zu gelangen, und die das politische Leben Ägyptens außerordentlich ungünstig beeinflußt hatten. Abdel-Nasser übernahm nun sowohl das Amt des Ministerpräsidenten als auch jenes des Vorsitzenden des Revolutions-Kommandorates, so daß alle Macht in den Händen der „Revolutionäre" konzentriert war. Obwohl ich lange abgelehnt hatte, an der Regierung teilzunehmen, nahm ich nun doch den Posten eines Staatsministers in dem Kabinett an, das Nasser im September 1954 bildete. Über ein Jahr war ich das einzige Mitglied des Revolutionsrates gewesen, das nicht der Regierung angehörte. Nasser nannte mich in dieser meiner Haltung „den Deckungs-Mann" – ein militärischer Ausdruck für den Angehörigen einer Patrouille, der in Deckung bleibt, um Feuerschutz zu geben.

Eines der wesentlichen Ereignisse dieser Zeit war die Bemühung des britischen Premierministers Eden, den Bagdad-Pakt ins Leben zu rufen, kurz nach der Unterzeichnung des Räumungsabkommens, unter dem Vorwand, es sei nun im Nahen und Mittleren Osten ein Vakuum entstanden, das gefüllt werden müsse. Ende Februar 1955 schlossen die Türkei und der Irak den Pakt ab; etwas später traten der Iran, Pakistan und natürlich Großbritannien bei.

Unsere Revolution stand in Opposition zu diesem Pakt. Wie hätten wir zustimmen können, Mitglieder eines solchen Paktes zu werden, da doch selbst unsere Vorgänger einen bilateralen Vertrag abgelehnt hatten. Nachdem wir gerade der britischen Besatzung ein Ende gesetzt hatten, konnte man kaum von uns erwarten, daß wir nun Ägypten neuerlich an einen von den Engländern oder einer anderen fremden Macht kontrollierten Pakt binden würden. Unsere Opposition gegenüber dem Bagdad-Pakt ging sogar noch darüber hinaus: Wir unternahmen konzentrierte und erfolgreiche Bemühungen, um einige andere Länder des arabischen Raumes vom Beitritt abzuhalten, zum Beispiel Jordanien und den Libanon. Dies erweckte den Ärger

Großbritanniens und der USA, mit dem Ergebnis, daß die Israelis am 28. Februar 1955 einen von den Anglo-Amerikanern inspirierten „Vergeltungs"-Angriff auf Gaza unternahmen.

Dieses Datum, der letzte Tag des Februar 1955, war von historischer Bedeutung. Es war in der Tat wieder ein Wendepunkt in der Geschichte Ägyptens, der Revolution, des Nahen Ostens und der Länder der Dritten Welt. Denn nun empfanden wir es als lebenswichtig, Waffen zu erhalten, und da – wie schon berichtet – die USA zu Lieferungen nicht bereit waren, kam es schließlich im Gefolge der Vermittlungsbemühungen von Nehru und Tschu En-lai zu dem ersten Waffengeschäft mit der Sowjetunion. Dieser Waffenhandel half uns, die Barrieren niederzureißen, die zwischen uns und der Sowjetunion bestanden. Er half uns auch, die Moral der Länder der Dritten Welt, die seit Jahrhunderten unter dem Kolonialismus gelitten hatten, wieder zu heben, die nun das Gefühl bekamen, daß es da jemanden gab, an den sie sich bei ihren Bemühungen um Durchsetzung ihres nationalen Willens und um Befreiung von kolonialistischer Hegemonie wenden konnten, selbst wenn dies sogar die Form von geschäftlichen Transaktionen annahm.

Eines der bemerkenswertesten Ereignisse dieser Periode – sowohl auf nationalem als auch auf internationalem Niveau – war im April 1955 die Konferenz von Bandung, an der 24 Staaten – meist frühere Kolonien und Protektorate – teilnahmen. Sie war die erste ihrer Art und festigte die Stellung der blockfreien Länder, die nun imstande waren, sich neben den beiden Supermächten als dritte Kraft, mit der man rechnen mußte, zu behaupten. Die blockfreien Länder bildeten eine Zuflucht für kleine Staaten und ein Beispiel, dem man folgen konnte. Die Konferenz erhöhte unter anderem die Popularität Nassers, der neben den großen Politikern der Welt wie Nehru und Tschu En-lai eine außerordentlich gute Figur machte. Er gewann tatsächlich deren Anerkennung, obwohl er viel jünger als die meisten war und sicherlich viel weniger Erfahrung besaß.

8

Wo stand ich nun angesichts dieser Ereignisse? Wie weit hatte ich an ihnen teilgenommen, und wie habe ich sie gesehen?

Im Dezember 1953 gründete ich eine neue Zeitung, „El-Gumhuria" (Die Republik), und übernahm den Posten des Chefredakteurs.

Sie war das Organ der Revolution und spielte eine bedeutende Rolle beim Scheitern des Bagdad-Paktes. Obwohl ich lange Zeit an der Macht kein Interesse besaß, so hatte ich doch, wie berichtet, 1954 den Posten eines Staatsministers angenommen, um Nasser bei der Durchführung bestimmter Projekte zu helfen. Im Januar 1955 wurde der Islamische Kongreß gegründet, dessen Generalsekretär ich wurde. Dieser Posten machte viele Besuche in den Ländern unseres Raumes notwendig; ich mußte engere Bindungen zwischen arabischen Ländern und den Moslemstaaten erarbeiten und außerdem auch noch eine ganze Reihe politischer Ziele im Interesse unserer gemeinsamen Sache verfolgen. Es ist keine Übertreibung zu sagen, daß ich bei der Torpedierung des Bagdad-Paktes eine wichtige Rolle spielte. So war ich zum Beispiel imstande, den König von Jordanien zu überreden, dem Pakt fernzubleiben, obwohl er derselben Familie (den Haschemiten, Nachkommen des Propheten, A. d. Ü.) angehörte, die im Irak regierte, der zu den Begründern des Paktes gehörte. Eine wichtige Konsequenz war die Entlassung von Glubb Pascha, des britischen Oberbefehlshabers der jordanischen Armee. Es war dies eine Entscheidung König Husseins. Im Libanon traf ich mit Präsident Schamun zusammen, und es gelang mir, auch den Libanon dem Pakt fernzuhalten, indem ich eine alte und nie beigelegte Feindschaft zwischen Schamuns Familie und den Türken ausnützte.

In Bagdad traf ich mit Nuri-el-Said, dem Ministerpräsidenten des Irak, zusammen, um den Versuch zu unternehmen, auch ihn von einer Teilnahme an dem Pakt abzubringen. Unsere Zusammenkunft dauerte vielleicht allzulang, denn der schlaue Politiker sagte zwischendurch den Journalisten, Anwar El-Sadat verhandle mit ihm über den Beitritt Ägyptens zum Pakt. Als unsere Zusammenkunft zu Ende war, war ich höchst überrascht, diese Nachricht von den Journalisten zu hören. Ich bestritt natürlich, daß etwas Derartiges geschehen sei, ja auch nur im Bereich des Möglichen wäre, und erklärte, daß dies einer von den wohlbekannten Tricks Nuri-el-Saids sei.

Das war also etwa meine Rolle während der ereignisreichen drei Übergangsjahre. Aber es gibt noch eine andere, dunkle Seite, die man zeigen muß, nämlich den dauernden Machtkampf zwischen den Mitgliedern des Revolutions-Kommandorates, eines Kampfes, der immer schlimmer wurde und schließlich, nach der Absetzung Mohammed Naguibs und nachdem Nasser durch die Bandung-Konferenz an Popularität gewonnen hatte, offen ausbrach.

So erinnere ich mich eines Beispiels, das das Mitglied des Revolutions-Kommandorates Gamal Salem betraf. Bevor Nasser nach Bandung verreiste, ernannte er Gamal Salem zum Geschäftsführenden Vorsitzenden. Salem war, Gott lasse seine Seele ruhen, ein hitzköpfiger, außerordentlich nervöser und vollkommen unausgeglichener Charakter. Als er merkte, daß er die Herzen der Menschen nicht gewinnen konnte, nicht zuletzt, weil er mit jedermann auf das gröblichste umging, begann er hier und dort und oft völlig sinnlos Schwierigkeiten zu machen. Als Abdel-Nasser nun zurückkehrte, hatten sich diese Schwierigkeiten zu heftigen Konflikten ausgewachsen. Ein zusätzlicher Faktor war, daß Gamal Salem Maßnahmen gegen einen Onkel Nassers ergriffen hatte. Nun war Nasser in bezug auf seine Verwandten überaus empfindlich; es genügte oft schon, daß man ihm zutrug, jemand habe einen seiner Verwandten kritisiert, daß Nasser die Verhaftung des „Verleumders" und alle nur erdenklichen, höchst willkürlichen Maßnahmen gegen ihn anordnete.

Dies war eine der Schwächen Nassers, welche die Inhaber der „Machtblöcke" und deren Anhang ausbeuteten, um sich bei ihm in Gunst zu setzen und zugleich aber auch ihre eigenen Feinde zu beseitigen. Als Herrscher hätte Abdel-Nasser eigentlich verstehen sollen, daß dies eben in der Natur der Macht und auch der Menschen liegt. Ein arabisches Sprichwort sagt, daß selbst ein gerechter Herrscher stets die Hälfte seiner Untertanen gegen sich hat. Das ist, wie ich glaube, richtig. Ein Herrscher ist der einzige Darsteller auf der Bühne, und da stets das Scheinwerferlicht auf ihm ruht, können die Zuseher ihn ganz klar sehen, sonst aber kaum jemanden anderen. Jeder Bürger, der Schwierigkeiten, Probleme oder selbst lächerliche Alltagsbeschwerden hat, wird natürlich dem Herrscher die Schuld geben, selbst wenn dieser der gerechteste und wohlgesinnteste aller Regierenden ist und selbst wenn er für all die Probleme oder Klagen, die da erhoben werden, in keiner Weise verantwortlich ist. Diese Überlegung galt um so mehr im Falle von Nasser, als er ein Herrscher war, der nicht nur alle Macht in seinen Händen vereinigt hatte, sondern – vielleicht auch zu recht – den Glauben erweckte, daß er allein für alles verantwortlich war, was irgend jemandem irgendwo im Lande zustoßen mochte.

Persönlich glaube ich, daß ich in all diesen Dingen der genaue Gegensatz zu Nasser bin. Ich verspürte die Verpflichtung, dem Volk eines Tages sagen zu können: „Nun habe ich den willkürlichen Verhaftungen und den Anhaltelagern für immer ein Ende gemacht: Ich habe die Herrschaft des Gesetzes, die Rechtsstaatlichkeit, wiederhergestellt. Jetzt bitte ich euch, daß ihr dem Präsidenten das Recht erteilt, die Waffe der Schutzhaft gegen seine Verwandten und nur gegen seine Verwandten einzusetzen. Die Macht zusammen mit den Begleiterscheinungen der Macht hat mir den Kopf nicht verwirrt, aber ich weiß nicht, ob sie nicht vielleicht die Köpfe meiner Familie und meiner Verwandten verdrehen könnte. Könnte es nicht sein, daß sie sich – ohne daß ich es weiß – gegenüber anderen ungerecht verhalten?“ Daher richtete sich auch die einzige Anhalteverfügung, die ich während meiner Amtsperiode erlassen habe, gegen meinen älteren Bruder, den Mann, der an meiner Seite gestanden hatte, während ich im Gefängnis und in den Anhaltelagern schmachtete, und der mir in all den Krisen half, die ich durchmachen mußte. Doch gerade dieser Mann hatte sich – kurz nachdem ich Präsident geworden war – arrogant gegen seine Nachbarn verhalten.

Das bedeutet nicht, daß ich mich jemals gegen meine Familie wenden oder auch nur den mindesten Mangel an Loyalität ihr gegenüber beweisen könnte, denn dies stünde im schärfsten Gegensatz zu der Wertschätzung der Familie, in der ich erzogen worden bin. Es sind das Begriffe, die auch weiterhin für mich das Lebensblut sind und die mein ganzes geistiges Leben mehr als irgend etwas anderes bestimmen. Tatsächlich wird mein Glaube an diese sittlichen Werte von Tag zu Tag stärker, so sehr, daß ich zur Ansicht gekommen bin, daß nur Treue zu diesen Werten die Gesellschaft retten kann. Es kann für die Gesellschaft nur dann eine Hoffnung geben, wenn sie wie eine große Familie handelt und nicht wie viele voneinander verschiedene Individuen.

Eine meiner Reisen als Generalsekretär des Islamischen Kongresses führte mich, kurz vor der Bandung-Konferenz, nach Indien. Nehru empfing mich außerordentlich herzlich und gab mir zu Ehren einen Empfang. Er stellte mich seinen Gästen vor, unter denen sich ein indischer Parlamentarier und dessen Frau befanden, die ebenfalls Abgeordnete war. Beide waren Kommunisten und standen in heftiger Opposition zu Nehru. Das wußte ich, denn ich hatte sie schon in Kairo kennengelernt und mich mit ihnen angefreundet. Darum war ich sehr erstaunt, als ich sah, wie der Mann Nehru auf beide Wangen küßte und dessen Frau dasselbe tat. Nehru wußte nicht, daß wir einander kannten, und sagte scherzend: „Seien Sie vorsichtig, Herr Sadat, das sind Kommunisten. Ich hoffe, sie werden nicht imstande sein, Sie zu bekehren.“ Der Ton seiner Worte war liebevoll väterlich, sein Lächeln strahlte voll Herzensgüte. Die beiden Abgeordneten lachten und meinten, im selben Geist der Liebe und kindlichen Respekts: „Das ist schon in Ordnung! Wir werden dir im Parlament erwidern!“

Von allem, was ich sah und hörte, war ich sehr beeindruckt. Schönheit kann mich überwältigen, kann mich begeistern: Die Szene war wunderschön, belebt von Liebe und jenen menschlichen Werten, in denen ich in meinem kleinen Dorf erzogen worden bin. Dort leben die Menschen zusammen wie eine große Familie: Die Jungen respektieren die Alten, auch wenn sie verschiedener Ansicht sind, denn der alte Mann ist in erster Linie ein Vater, und kein Vater kann Groll gegen seinen Sohn hegen, selbst wenn sie in der einen oder anderen Sache verschiedener Meinung sind, kein Vater kann sich wirklich gegen seinen Sohn wenden.

Ich verließ den Empfang an jenem Tag mit einem Gefühl des Glückes angesichts eines so wunderschönen „Familienbildes". Wann immer ich mich daran erinnere, beglückt es mich. Es blieb in meinem Bewußtsein als ein außerordentliches Bild hervorragender Eigenschaften lebendig, bis ich nach Kairo zurückkam – zurück zu all den Bildern des Konflikts, die in scharfem Kontrast dazu standen. Wohin immer ich blickte, sah ich Konflikte. Meine Kameraden im Revolutions-Kommandorat stritten miteinander über alles, so lächerlich es auch sein mochte. Natürlich konnte ich mich an diesen Streitigkeiten nicht beteiligen. Ich hielt die abgesonderte Stellung in meinem Turm und sah ihrem Treiben zu, manchmal erstaunt, manchmal angeekelt, aber stets mit tiefem Schmerz.

Oh, wie tief kann die menschliche Seele sinken, wenn persönliche Interessen allem vorangehen, als Scheuklappen wirken und das Bild der Wahrheit verzerren. Die Leute waren eifersüchtig auf Nasser, weil er in Bandung einen außerordentlichen Erfolg erreicht und ungewöhnliches Prestige in den Augen der Welt gewonnen hatte. War das denn nicht auch das Prestige Ägyptens? Gehörte sein Erfolg nicht auch uns allen? Wie blind sie doch waren!

Unter dem Titel „Ein lieber Freund ist wieder daheim" schrieb ich einen kleinen Artikel (der in „El-Gumhuria" erschien), mit dem ich Nasser bei seiner Rückkehr aus Bandung willkommen hieß. Unter denselben Umständen würde ich auch heute genau dasselbe tun. Da das Grundelement meiner „natürlichen" Haltung Liebe ist, finde ich in der Liebe zu anderen völlige Befriedigung, man kann durch Liebe eben alle Probleme lösen, so groß sie auch sein mögen. Ohne Liebe jedoch könnte ich sehr wohl mein Gleichgewicht verlieren. Ein fürchterliches Gefühl der Unfähigkeit würde mich überwältigen. Nur durch Liebe kann ich „funktionieren", in meiner gesamten Kapazität als menschliches Wesen.

Es wurde jedoch für mich immer schwieriger, meine Haltung als ein Beobachter vom Elfenbeinturm aufrechtzuerhalten. Der Gegensatz zwischen dem schönen Bild der „Familienliebe", das ich in meiner Erinnerung aus Indien zurückgebracht hatte, und jenem des Hasses und des Machtkampfes, die im Revolutions-Kommandorat im Jahre 1954 herrschten, machte es mir unmöglich, weiter so fortzufahren. Der Demissionsbrief, den ich nun meinen Kameraden im Rat vorlegte, beschrieb unter anderem auch die wunderschöne Szene, die mich in Indien sosehr beeindruckt hatte.

Es war das zweite Mal, daß ich zurücktreten wollte. Wenn ich mich jener fernen Tage erinnere, sehe ich klar, daß der zweite Versuch zu demissionieren genau dasselbe Motiv hatte wie der erste im Jahr 1953, nämlich den direkten Protest gegen die Streitigkeiten, die den Rat beherrschten; es war ein direkter Appell, den Kurs der Revolution zu korrigieren, weil Haß und Eifersucht uns von der Richtung abgelenkt hatten, die zu steuern wir versprochen hatten.

Da die Führer in Machtkämpfe verwickelt waren, konnte man kaum erwarten, daß sie Interesse für das Wohlergehen des Volkes zeigten. Von höchster Bedeutung für sie waren immer ihre eigenen Interessen, diese kamen immer zuerst. Es entstand eine Situation, in der es schwierig wurde, zwischen Fähigen und Unfähigen zu unterscheiden. Ein Mann konnte sehr wohl für die Verbrechen eines anderen Mannes bestraft werden oder sogar für ein Verbrechen, das gar nicht begangen worden war. Es genügte oft schon ein Gerücht, um das Ende eines Menschen herbeizuführen.

Dieser schreckliche Zustand wurde auch noch durch die Überzeugung der Führer verschärft, daß sie berechtigt seien, dem Volk alles, was sie nur wollten, aufzuerlegen – ausgehend von der Voraussetzung, daß sie „wohlwollende Diktatoren" seien. Sie fanden das vollkommen plausibel, weil ja doch sie die Führer der Revolution gewesen waren. Die Macht hatte ihnen die Köpfe verdreht; sie teilten das Land in „Einflußsphären" auf, zum eigenen Nutzen und dem Nutzen ihrer Gefolgsleute, ihrer Verwandten und ihrer Freunde. Ein klares Beispiel dafür war das Außenministerium, mit dem die Revolution buchstäblich Pingpong gespielt hat: Abdel-Hakim Amer schanzte entlassenen Offizieren Sinekuren im Außenministerium zu, bis sie das Pensionsalter von 60 Jahren erreicht hatten.

Solcherart war der Tenor jener Zeit. Das Kriterium lautete nicht, ob ein bestimmtes Projekt für das Land nützlich sein werde, sondern vielmehr, ob es benützt werden konnte, um Verwandten, Freunden und Anhängern der Herrschenden Gewinn zu bringen. Werte wurden auf diese Weise zerstört, die Menschen verloren allen Sinn für Sicherheit. Sie konnten nicht sagen, was morgen sein würde, da sie ja nicht einmal wußten, wie das Heute enden würde.

Der Revolutionsrat wurde formell am 22. Juni 1956 aufgelöst, nachdem durch eine Volksabstimmung Nasser zum Präsidenten gewählt worden war. Damals jedoch regierte überall schon die Angst, und von Angst beherrscht zu werden ist, so glaube ich, wohl das erniedrigendste für den Menschen. Die Angst zerstört die Persönlichkeit, der Wille des Menschen ist gelähmt, und er handelt wie ein Automat.

Begriffen die Mitglieder des Revolutionsrates, was sie dem Volk von Ägypten antaten? Ich weiß es nicht. Was ich jedoch weiß ist, daß das Volk vollkommen begriffen hatte, was seine Herrscher taten, sowohl gegenüber dem Volk als auch für sich selbst. Ein damals umlaufender Scherz drückte das sehr beredt aus:

„Eines Tages überschreitet ein ägyptischer Fuchs die Grenze nach Libyen. Er wird angehalten und befragt:

‚Warum hast du Ägypten verlassen?‘

‚Nun, in Ägypten werden Kamele in Anhaltelager gesteckt.‘

‚Aber du bist doch ein Fuchs, nicht wahr?‘

‚Ja, aber nur Gott weiß, wie lange es dauern wird, bis sie das begreifen.‘ “

Dieser Witz wurde uns auch im Revolutionsrat berichtet, wir amüsierten uns ganz außerordentlich darüber, jedoch hätten wir, anstatt zu lachen, lieber begreifen sollen, daß die Geschichte für uns ein Verdammungsurteil durch das Volk Ägyptens bedeutete. Es wäre unsere Pflicht gewesen, etwas zu tun, um die Lage in unserem Land zu ändern, bevor es zu spät war.

War das möglich? Konnten wir denn irgend etwas tun, da doch menschliche Fehler den Idealismus, der die Revolution geboren hatte, ausgelöscht und uns für die Realitäten aller Dinge, ja uns selbst gegenüber, blind gemacht hatten? Ich weiß es auch heute nicht. Aber ich war glücklich, als der Revolutionsrat aufgelöst wurde. Am Morgen der Wahl Nassers zum Präsidenten suchte ich ihn auf und bat ihn, mich aus der Regierung, die er im Begriff zu bilden war, herauszulassen. Ich sei, so sagte ich, für jeden Meinungsaustausch stets zu haben, und wir seien nach wie vor Freunde und würden immer Freunde bleiben.

Die Konflikte, die ich in den vergangenen vier Jahren erlebt hatte, bedeuteten für mich eine entsetzliche Belastung. Sie lagen so schwer auf meiner Seele, daß ich beinahe zusammenbrach. Erst später habe ich richtig begriffen: Ein Ort, wo es an Liebe mangelt, ist kein Ort für mich.

Kapitel VI

Die Machtlosigkeit der Macht

Ägypten unter Nasser von Juli 1956 bis Juni 1967

1

Am 22. Juni 1956 übernahm Nasser als Präsident die volle und absolute Verantwortung sowohl für die innere wie für die äußere Politik Ägyptens.

Am 19. Juli desselben Jahres erklärte der amerikanische Außenminister J. F. Dulles, Ägyptens Wirtschaft sei bankrott und die Vereinigten Staaten sowie die Internationale Bank zögen ihre Angebote, den Hochdamm von Assuan zu finanzieren, zurück. Schepilow, damals ein aufsteigender Stern am Himmel der sowjetrussischen Politik, traf in Ägypten ein, um an den Feierlichkeiten am 23. Juli – dem Jahrestag der Revolution – teilzunehmen. Er erklärte Nasser, die Sowjetunion sei bereit, das Hochdammprojekt durchzuführen ...

Dies bedeutete natürlich einen starken Auftrieb für Nasser. Er war gerade im Begriff, nach Alexandrien aufzubrechen, um dort die üblichen Feierlichkeiten zum 26. Juli – der Abdankung des Königs – zu begehen. Er rief mich am Morgen dieses Tages an und forderte mich auf, mit ihm nach Alexandrien zu fahren, wo er auf dem El-Manschija-Platz eine Rede halten wollte. Ich war jedoch durch eine akute Magen- und Darmentzündung ans Bett gefesselt. So bat ich ihn, mich zu entschuldigen.

„Nun, da kann man nichts machen", sagte er, „aber höre dir bitte meine Rede im Radio an."

Ich versicherte, daß ich das mit Gewißheit tun würde, war jedoch über diesen Wunsch erstaunt. Denn es war für mich doch eigentlich selbstverständlich, die Rede anzuhören.

Ich dachte nicht weiter über die Angelegenheit nach, bis Nasser tatsächlich mit seiner Rede begann. Ich saß in meinem Bett und hörte der Radioübertragung zu. Es war eine lange Rede, so wie üblich, und sie hatte eigentlich nichts Ungewöhnliches zum Inhalt. In der Mitte etwa begann er jedoch über Ferdinand de Lesseps (den Erbauer des Suezkanals) zu sprechen. Nun begriff ich, was er beabsichtigte, und hörte tatsächlich wenige Minuten später, daß ich recht hatte: Nasser verkündete die Verstaatlichung des Suezkanals als Vergeltung für die Maßnahmen von John Foster Dulles und von Anthony Eden, dem britischen Ministerpräsidenten und Führer der Konservativen Partei.

Ein Gefühl ausgesprochenen Stolzes erfüllte mich. So war es: Ägypten, ein kleines Land, war endlich imstande, laut und klar die größte Macht der Welt herauszufordern. Es war ein Wendepunkt in der Geschichte unserer Revolution und der gesamten Geschichte Ägyptens.

Der Entschluß zur Verstaatlichung hatte gewaltige Folgen, sowohl innerhalb als auch außerhalb Ägyptens. Von diesem Augenblick an wurde Nasser zu einem mythischen Helden Ägyptens. Das ägyptische Volk hatte sich seit langem nach einem solchen Augenblick kühner Tat und Selbsterfüllung gesehnt, nachdem es durch nahezu ein Jahrhundert die Erniedrigung und Unterdrückung durch die britischen Kolonialisten hatte erfahren müssen. Am folgenden Tag kam Nasser mit der Bahn nach Kairo zurück, wo ihn die gesamte Bevölkerung als Triumphator bewillkommnete. Er fuhr zum Regierungspalast, trat dort auf den Balkon, um die Demonstranten zu begrüßen, und hielt dann eine Rede, die den Enthusiasmus nur noch weiter anfeuerte. Nachdem er geendet hatte, ging er in sein Büro, wo ich ihn erwartete.

„Höre, Gamal", sagte ich.

„Was gibt es?" fragte er.

„Du hast mir nie etwas über diesen Entschluß gesagt, selbst als du ihn schon gefaßt hattest. Nun gut, so ist es eben. Aber ich würde dir doch sehr gerne etwas dazu sagen!"

„Nun gut, was gibt es?"

„Wenn du mich gefragt hättest, hätte ich dir geraten, vorsichtiger zu sein. Dieser Schritt bedeutet Krieg, und wir sind dafür noch nicht bereit. Die Waffen, die wir besitzen, haben wir gerade von der Sowjetunion bekommen. Dieses Waffengeschäft wurde, wie du weißt, im Vorjahr, im September 1955, abgeschlossen, aber die tatsächlichen Lieferungen haben erst im Oktober, ja sogar erst im November begonnen, und wir sind im Gebrauch dieser neuen Waffen noch bei weitem nicht genügend unterwiesen. Unsere Ausbildung ist britisch gewesen, und wir haben natürlich noch nicht genug Zeit gehabt, unser militärisches Denken – unsere militärische Orientierung – vom Westen auf den Osten umzustellen. Wenn du mich gefragt hättest, hätte ich dir zu großer Vorsicht geraten. Aber du hast diese Entscheidung nun einmal getroffen, jetzt müssen dich auch alle darin unterstützen. Ich werde der erste sein, der dies tut."

Tatsächlich habe ich an diesem 27. Juli begonnen, in meinen Leitartikeln in „El-Gumhuria" Dulles und die USA auf das heftigste anzugreifen. Die Sowjetunion war darüber außerordentlich froh, weil sie nun jemanden gefunden hatte, der ihre Kämpfe für sie ausfocht – jemand, der die Länder der Dritten Welt und die Kolonien um einen außerordentlich geringen Preis wachrüttelte: Sowjetwaffen, für die wir den vollen Preis zahlten. Es scheint, daß die Sowjetunion dieses Spiel gerne fortsetzen wollte, denn sie ließ es zu ihrer Praxis werden, uns ihre Kämpfe überall ausfechten zu lassen, wie zum Beispiel im Jemen und auch an anderen Orten. Sie versorgte uns mit Waffen, bekam dafür deren Preis und verlor nichts. Wie sich später tatsächlich herausstellte, hatte wirklich nur die Sowjetunion davon einen Vorteil. Sowjetwaffen waren teurer, weil die Russen neuere Modelle lieferten als der Westen, und wenn wir die 2½ Prozent Zinsen, die von der Sowjetunion bei ihren Waffengeschäften gefordert werden, dazurechnen, so sind westliche Waffen auf lange Sicht billiger.

Der damalige britische Premierminister Anthony Eden erhielt die Nachricht von der Verstaatlichung des Suezkanals bei einem Abendessen, das er zu Ehren König Faisals von Irak und des irakischen Ministerpräsidenten Nuri-el-Said gab. Er unterbrach das Essen und nahm sofort Verbindung mit Guy Mollet, dem französischen Ministerpräsidenten, sowie mit Ben Gurion, dem israelischen Regierungschef, auf. Zu diesem Zeitpunkt hatten die britischen Streitkräfte die Kanalzone schon evakuiert, aber Engländer und Franzosen besaßen je zur Hälfte alle Anteile an der Suezkanal-Gesellschaft.

Das war aber nicht der einzige Grund für die Wut der Engländer. Mit seiner traditionellen kolonialistischen Mentalität konnte Eden die Haltung Nassers nicht begreifen, der zuerst den Versuch der Engländer, den Bagdad-Pakt zu schaffen, sabotiert hatte und nun die in ausländischem Besitz befindliche Suezkanal-Gesellschaft nationalisierte. Eden kam mit Guy Mollet und Ben Gurion überein, nun Waffengewalt anzuwenden. Sie erklärten dies natürlich nicht offen, sondern unternahmen eine ganze Reihe von Tarnungsmanövern, wie etwa die Einberufung einer internationalen Konferenz über den Suezkanal nach London durch Eden oder die Konstituierung der sogenannten Vereinigung der Benützer des Suezkanals und die Anhängigmachung des Streitfalles bei den Vereinten Nationen. Es wurde schließlich vereinbart, daß Dr. Mahmud Fauzi, der damalige ägyptische Außenminister, mit seinen britischen und französischen Kollegen am 29. Oktober eine Besprechung abhalten sollte, bei der eine friedliche Regelung entworfen und eine Entscheidung über finanzielle Kompensationen getroffen werden sollte.

Diese Zusammenkunft fand jedoch niemals statt. Denn gerade für diesen Tag, den 29. Oktober, hatten Eden, Guy Mollet und Ben Gurion die Durchführung ihres Planes angesetzt, den sie (wie später enthüllt wurde) bei einem geheimen Treffen in Sèvres in Frankreich vereinbart hatten. Israel griff auf Sinai an, und in Kairo heulten die Luftwarnsirenen. Für diesen Tag war eine friedliche Beilegung des Konflikts durch die UNO festgesetzt gewesen. Abdel-Nasser war zu Hause. Er stieg auf das Dach seines Hauses und sah mit eigenen Augen, wie Luftstreitkräfte mit britischen und französischen Hoheitszeichen den Flugplatz bombardierten – gar nicht weit entfernt von seinem Haus. Es wurde ihm klar, daß die Verschwörer nun zur Aktion übergegangen waren, und so begab er sich am selben Abend in das Armeehauptquartier und erteilte Befehle für den sofortigen Rückzug unserer Truppen aus Sinai, um zu vermeiden, daß sie in jene so sorgfältig von den Verschwörern gelegte Falle gerieten, denn die Israelis griffen nun schon von der Front her an und die Engländer und Franzosen vom Rücken. Die Befehle wurden innerhalb von drei Tagen sorgfältigst ausgeführt, wodurch tatsächlich zwei Drittel unserer Streitkräfte gerettet wurden. Wir sollten daher diese Entscheidung Nassers als einen wahren Geniestreich anerkennen. Es ist richtig, daß unsere gesamte Luftwaffe (die Maschinen hatten wir kaum ein Jahr zuvor von der Sowjetunion um einen sehr hohen Preis gekauft und waren auf sie sehr stolz gewesen) mit einem Schlag am Boden vernichtet worden war. Aber niemand, ob nun Nasser oder jemand anderer, hätte irgend etwas dagegen tun können. Großbritannien und Frankreich hatten einen Überraschungsangriff gegen uns geführt; sie hatten uns ein Ultimatum – das ich in meinem „El-Gumhuria"-Leitartikel „schmutzig" nannte – an demselben Tag geschickt, an dem sie den Aggressionsakt gegen unsere Flugplätze führten.

Das Ultimatum räumte uns nur eine Frist von zwölf Stunden ein und erschreckte einige der älteren Politiker Ägyptens derartig, daß sie sich versammelten und beschlossen, Nasser aufzusuchen, um ihn zu überreden, das Ultimatum anzunehmen: ein Versuch einer verzweifelten Rettungsoperation. Als Nasser davon hörte, befahl er der Präsidentengarde, ein Erschießungskommando im Hofe des Regierungsgebäudes aufzustellen. Jedermann, der vorschlagen sollte, das Ultimatum anzunehmen, würde an Ort und Stelle hingerichtet werden.

Nasser ging nun natürlich dazu über, der Welt zu erklären, daß und warum Ägypten das Ultimatum zurückgewiesen habe und entschlossen sei zu kämpfen, geschehe, was da wolle. Er verkündete dies in einer Rede, die er am 2. November in der El-Azhar-Moschee hielt. Die gesamte Bevölkerung unterstützte ihn. Er fuhr zur El-Azhar-Moschee und zurück in einem offenen Auto. Unterdessen bewarfen die Engländer in London die Residenz des britischen Premiers Eden, Downing Street 10, mit Steinen und Tomaten als Protest gegen dessen unmoralische Aktion.

Nachdem Nasser das Ultimatum zurückgewiesen hatte, berief er den amerikanischen Botschafter, Mr. Raymond Herr, zu sich und übergab ihm eine Botschaft an Präsident Eisenhower, in der es hieß: „. . . wollen Sie sich bitte mit Ihren Verbündeten – Großbritannien und Frankreich – befassen und es uns überlassen, mit Israel fertig zu werden?“

Eisenhower antwortete, daß er alles tun werde, was in seiner Macht stehe.

Während die heftigsten Kämpfe tobten, befand sich der damalige Präsident Syriens, Schukri Al-Kuwatli, vom 29. Oktober bis zum 2. November zu einem Staatsbesuch in der Sowjetunion. Er sprach mit den Sowjetführern über die Kämpfe am Kanal und ersuchte sie, Ägypten eine helfende Hand zu reichen. Sie jedoch wollten nicht einmal einen Finger heben, worauf Al-Kuwatli uns dementsprechend informierte und uns riet, uns nur auf uns selbst zu verlassen, da es keinerlei Hoffnung gebe, daß die Sowjetunion eingreifen werde. Von diesem Augenblick an war ich überzeugt, daß es zwecklos sei, sich auf die Sowjetunion zu verlassen. Am 5. November intervenierte Eisenhower und forderte Großbritannien und Frankreich zum sofortigen Rückzug auf.

Kaum hatte die Sowjetunion erfahren, daß England und Frankreich auf die Forderungen des amerikanischen Präsidenten positiv reagierten, als auch sie nun eine Warnung – bekannt als das Chruschtschow-Bulganin-Ultimatum – an beide Länder richtete. Tatsächlich war es nichts als eine Art drohende Geste der Sowjetunion und der Versuch, den Anschein zu erwecken, als hätte die Sowjetunion die Situation gerettet, was natürlich überhaupt nicht der Fall gewesen war. In Wirklichkeit hatte Eisenhower die entscheidende Tat gesetzt. Sowohl Frankreich als auch Großbritannien gehorchten seinen Anweisungen und zogen ihre Truppen schließlich am 23. Dezember zurück. Israel folgte diesem Beispiel: Alle seine Truppen hatten sich bis zum März 1957 zurückgezogen, nachdem Golda Meir, damals Außenminister von Israel, vor der Knesset erklärt hatte, Sinai sei nun von Israel annektiert und Scharm-el-Scheik habe einen neuen Namen erhalten. Ben Gurions berühmter Ausspruch: „Was man fürchten muß, muß man fürchten“, stammt aus jener Zeit. Er hatte damit die USA gemeint, denn Israel konnte es sich nicht leisten, die Unterstützung der USA, der größten Macht der Welt, zu verlieren.

An dieser Stelle müssen wir ein wenig verweilen, vielleicht auch ein wenig in der Zeit zurückgehen, um eine klare Sicht auf die Politik Israels zu erhalten. Israel bedurfte stets der Unterstützung der jeweils größten Weltmacht. Zwischen den Kriegen war Großbritannien eine solche Macht, daher suchten die Zionisten auch dessen Unterstützung. Nach dem Zweiten Weltkrieg hatten Großbritannien und Frankreich ihre Machtstellung verloren, und die USA hatten sich zum mächtigsten Land entwickelt. Daher arbeitete Ben Gurion auf das härteste, um die Aktivität der zionistischen Bewegung auf die USA auszurichten. Er tat alles, was in seiner Macht stand, um das gesamte Gewicht der Unterstützung Amerikas für sich allein zu mobilisieren und um zu verhindern, daß die Araber feste, freundschaftliche Verbindungen mit den USA herstellten. Seine Politik beruhte daher seit dem Beginn der ägyptischen Revolution auf der Notwendigkeit, daß zwischen Ägypten und den USA eine feindselige Stimmung bestehen müsse. Deshalb war Ben Gurion – wie schon erwähnt – aufs tiefste beunruhigt, als wir in den frühen Tagen der Revolution unsere Beziehungen mit den USA zu festigen begannen. Er entschloß sich, die amerikanisch-ägyptischen Beziehungen zu sabotieren, und zwar durch die wohlbekannte „Lavon-Affäre". Es war dies eine Geheimoperation, von Ben Gurion und Lavon, dem damaligen Verteidigungsminister, geplant; israelische Agenten wurden nach Ägypten gesandt, um dort Anschläge auf amerikanische „Zentren" (Kulturzentren wie das „Amerikahaus") oder andere amerikanische Niederlassungen zu verüben. So wurden zum Beispiel auf das in amerikanischem Besitz stehende „Cinema Metro" in Kairo und auf das amerikanische Konsulat in Alexandrien Anschläge verübt. Die ägyptische Polizei nahm die Schuldigen fest: zwei junge Israelis, die ein volles Geständnis über ihre Rolle in der Lavon-Verschwörung ablegten. Sie wurden vor Gericht gestellt, zum Tode verurteilt, begingen aber im Gefängnis Selbstmord. Es war ein großer Skandal, und wir informierten die USA dementsprechend. Lavon zerstritt sich mit Ben Gurion und demissionierte. Sein Rücktritt wird in der israelischen Geschichte als „Lavon-Affäre" bezeichnet.

Abdel-Nasser hätte daraus eine Lehre ziehen sollen, nämlich daß die israelische Strategie darauf ausging, eine Kluft zwischen den USA und Ägypten aufzureißen. Doch Nasser tat genau das Gegenteil dessen, was er hätte tun sollen. Er schrieb den Fehlschlag der Aggression der drei Mächte vom Jahre 1956 der „russischen Warnung" zu, pries die Rolle der Sowjetunion und vernachlässigte dabei völlig die Anstrengungen Eisenhowers und dessen direkte Befehle für den Rückzug Großbritanniens und Frankreichs aus Ägypten. Nur die Haltung der USA war es gewesen, die unsere Niederlage in einen Sieg verwandelt hatte. Außerdem hätte Nasser als erfahrener Politiker die Gelegenheit ergreifen müssen, die amerikanisch-ägyptischen Beziehungen zu festigen, selbst wenn das einzige Ziel gewesen wäre, dadurch die israelische Strategie, die genau das Gegenteil anstrebte, scheitern zu lassen.

Jedoch lag dies am Charakter Nassers. Fühlte er sich persönlich betroffen, so konnte dies seinen Scharfblick trüben, und er verlor unter Umständen sowohl Einsicht wie auch Weitblick. Er war durch „Berichte“ seiner Umgebung außerordentlich beeinflußbar. Seine Mitarbeiter gaben ihm keineswegs ehrliche Ratschläge: Ihnen ging es nur darum, Nassers Bild in seinen eigenen Augen groß erscheinen zu lassen und dadurch ihre Posten und ihre Macht zu behalten.

2

Bis zum 31. Dezember 1956 war das englisch-ägyptische „Räumungsabkommen“ offiziell noch in Kraft. Während der Kämpfe waren die britischen Experten, die in der Kanalzone geblieben waren, natürlich in Haft genommen worden. Entsprechend dem Abkommen sollten sie ab 1954 – dem Zeitpunkt des Vertragsabschlusses – noch rund sieben Jahre in der Kanalzone verbleiben. Nun zogen sich aber die britischen Streitkräfte auf Eisenhowers Befehl am 23. Dezember zurück, und so erklärte am 1. Januar 1957 Nasser auch die Ungültigkeit des anglo-ägyptischen Abkommens. Unsere Verpflichtungen auf Grund dieses Vertrages waren daher ungültig, und die Experten, die wir bis dahin festgehalten hatten, wurden nun zu Kriegsgefangenen, die wir gegen unsere eigenen Kriegsgefangenen austauschten. Am selben Tag traf Nasser eine sehr wichtige Entscheidung, nämlich die „Ägyptisierung“ unserer Wirtschaft, in Vergeltung für den Schaden, den die anglo-französischen Luftangriffe verursacht hatten. Dies war ein harter Schlag gegen die Kapitalisten, denn bis dahin gehörten alle Versicherungsgesellschaften, Banken und größeren Wirtschaftsunternehmungen den Franzosen, Briten, Belgiern, also den Europäern.

Darauf folgte eine Bezahlung der Schulden an alle Aktienbesitzer der alten Suezkanal-Gesellschaft. Diese Schulden, die alles in allem kaum die jährlichen Einkünfte aus dem Kanal überschritten, wurden in Raten bezahlt. England seinerseits gab dafür die ägyptischen Guthaben in ausländischer Währung, die etwa 400 Millionen Pfund betrugen, frei, die als Vergeltung für die Nationalisierung des Kanals eingefroren worden waren.

So begannen wir das Jahr 1957 mit vollkommener Kontrolle über unsere eigene Wirtschaft und im Besitz all unserer wirtschaftlichen Hilfsmittel sowie der Reserven in harter Währung, die die britischen Banken freigegeben hatten.

Dies hätte wahrhaftig ein Ausgangspunkt sein können. Devisen waren vorhanden, wir hatten ausreichende Einkünfte; und alles war für die Durchführung eines Planes bereit, der uns helfen sollte, umfassende Aufbauprojekte zu verwirklichen und die verlorene Zeit wiedergutzumachen, die eine Folge der ausländischen Besetzung gewesen war.

Unglücklicherweise geschah nichts dergleichen, denn Nasser war vollkommen mit dem Ausbau der Fabel beschäftigt, die mit seinem Namen in Ägypten und der arabischen Welt verbunden wurde, nämlich, daß er der Held war, der die Armeen zweier großer Reiche – Großbritannien und Frankreich – besiegt hatte. Da er die wirkliche Rolle, die Eisenhower in der Sache gespielt hatte, völlig verdrängte, war er der erste, der wirklich daran glaubte, der Sieger gewesen zu sein. Er sah niemals die Wahrheit, nämlich, daß er militärisch besiegt worden war.

Darauf folgten dann Versuche von Dulles, König Saud von Saudi-Arabien zu einem Heros aufzubauen und ihn damit zu der Stellung des Führers der gesamten arabischen Welt hinaufzuloben. Auf diese Weise sollte Nassers Ruhm zerstört, Ägypten isoliert und schließlich unterworfen werden. Doch diese Versuche blieben vergeblich, denn es gelang Dulles nicht, König Saud Angst vor Nasser und allen dessen Freunden einzujagen. Einmal zeigte mir König Saud einen CIA-Bericht, in dem behauptet wurde, ich sei der Sowjetagent Nummer eins in Ägypten. Als Begründung wurde angeführt, ich sei Autor einer täglich in der Zeitung „El-Gumhuria" erscheinenden Kolumne, deren Angriffe sich auf die USA, besonders aber auf Außenminister John Foster Dulles – den Bruder des CIA-Direktors Alan Dulles – konzentrierten, weil sie den Fortschritt der Revolution zu behindern suchten.

Dies zeigt, daß die „Quellen", die die CIA für ihre Informationen benutzte, ebenso völlig unverläßlich waren, wie es jene Quellen sind, auf die die Sowjetunion sich heute zu ihrer Informierung stützt.

3

Dulles ließ in seinen Anstrengungen aber nicht nach, obgleich seine Bemühungen, Ägypten zu isolieren und Nasser zu vernichten, vollkommen fehlgeschlagen waren. Er brachte die Türkei dazu, an der syrischen Grenze Truppen in erheblicher Stärke zu konzentrieren; so verschlechterte sich die Situation rasch. Als das ägyptisch-syrische Abkommen über eine gemeinsame Verteidigung in Kraft trat, erwachte die Welt eines Morgens, um zu hören, daß ein ägyptisches Kriegsschiff den syrischen Hafen von Latakia angelaufen habe und fünftausend ägyptische Soldaten mit Waffen und Munition dort an Land gegangen seien. Sowohl die USA als auch die Türkei wurden völlig überrascht, denn das Auslaufen der ägyptischen Marinestreitkräfte von Alexandrien nach Latakia war völlig geheim geblieben, obwohl die 6. US-Flotte und die israelische Marine nach wie vor im östlichen Mittelmeer patrouillierten.

Diese „Geste" entflammte den Enthusiasmus der arabischen Welt. Nasser stand als der nationale, panarabische Held, den nichts aufhalten konnte, hoch im Ansehen, und die Idee der „Syrisch-Ägyptischen Vereinigung" wurde so geboren.

Danach begannen wir uns für die Wahlen zur Nationalversammlung vorzubereiten. Zwei Dinge spielten damals eine entscheidende Rolle. Das erste war, daß sich der Revolutions-Kommandorat das Recht des Vetos gegen bestimmte Kandidaten vorbehielt; wir erhoben auch tatsächlich gegen eine große Zahl von Kandidaten Einspruch, entweder weil sie den alten politischen Parteien angehörten oder weil sie in Opposition zur Revolution standen. Zweitens erhielten einige der Freien Offiziere, die die Armee verlassen hatten und politisch aktiv geworden waren, „geschlossene" Wahlkreise. Von den 350 Wahlkreisen wurden ihnen sechzig „geschenkt". Die Wahlen fanden statt, und das erste Parlament der revolutionären Ära trat im Jahre 1957 zusammen, also fünf Jahre nach dem Sieg der Revolution.

Drei Tage vor der Eröffnungssitzung befand ich mich mit Nasser im Rasthaus Borg-el-Arab. Zu meiner Überraschung forderte er mich auf, das Amt des Präsidenten der Nationalversammlung zu übernehmen. Ich nahm an. Zwei Tage später jedoch berief Abdel-Nasser eine Sitzung des Revolutions-Kommandorates in Kairo an, auf der er erklärte, er denke daran, Abdel-Latif El-Bagdadi als Parlamentspräsidenten zu nominieren, weil er der Älteste sei. Warum hatte Nasser seine Meinung in nur zwei Tagen geändert? Was hatte ihn dazu veranlaßt? Ich weiß es auch heute noch nicht. Da jedoch Nasser seine Meinung oft in letzter Minute änderte, gewöhnten sich manche von uns an, über seine Entscheidungen (oder selbst eine Meinung) so lange nichts verlauten zu lassen, bis nicht er selbst sie jedermann mitgeteilt hatte.

Mir war diese Meinungsänderung Nassers in Wirklichkeit recht gleichgültig. Es kränkte mich keineswegs, nicht Parlamentspräsident zu werden, denn ich war ja ohnehin Abgeordneter. Während meiner ganzen Karriere habe ich niemals Macht oder eine Regierungsposition angestrebt. Ich hatte ja schon im Vorjahr Nasser gebeten, davon abzusehen, mich mit einem Regierungsposten zu betrauen.

Da einer der Freien Offiziere als Stellvertretender Parlamentsvorsitzender ernannt werden mußte, bot Nasser den Posten einem nach dem andern an, doch lehnten alle ab. So blieb ihm keine Wahl, als sich an mich zu wenden! Und ich nahm an . . . Meine Kollegen wunderten sich, daß ich bereit war, unter El-Bagdadi zu arbeiten, da wir doch Kameraden im Revolutions-Kommandorat waren und nichts den einen vom anderen im Rang unterschied. Aber so sah ich die Angelegenheit natürlich nicht: Niemals in meiner Karriere habe ich einen Posten dem anderen wegen der mit ihm verbundenen Macht vorgezogen. Ich war bereit, in jeder Funktion zu dienen, solange ich wußte, daß es für das Wohl Ägyptens geschah. Ob ich meine Pflicht als Präsident oder als Abgeordneter erfüllte, war mir völlig gleich. Was für mich zählte, war die Arbeit, nicht der Posten, den ich einnahm.

Gegen Ende 1957 erhielten wir eine Einladung des syrischen Parlaments und dessen Vorsitzenden, Akram Hurani, Damaskus einen Besuch abzustatten. Nasser kam mit El-Bagdadi überein, daß ich die Delegation führen sollte. Wir reisten im November 1957 nach Syrien und erfuhren dort, daß eine Entwicklung eingesetzt hatte, die dann mit großer Schnelligkeit ablief. Schukri Al-Kuwatli war Präsident, wurde aber keineswegs von der gesamten Armee unterstützt. Die Streitkräfte waren untereinander uneinig. Jede Gruppe hatte ein separates Lager bezogen und mußte es auch halten, aus Angst vor einem Staatsstreich: Niemand traute dem anderen. Anfang Februar trat jedenfalls eine noch viel größere Überraschung für uns ein: Fünf syrische Armeebefehlshaber erschienen in Kairo, konferierten mit Nasser noch am selben Tag und forderten eine sofortige Verschmelzung Syriens und Ägyptens. Nasser versuchte sie davon abzubringen: Einheit, so sagte er, könne auf diese Art nicht hergestellt werden, so plötzlich und ohne Vorbereitung. Es gäbe noch immer allzu viele Verschiedenheiten zwischen den beiden Ländern. Aber es war zwecklos. Am dritten Tag der Gespräche hatte Nasser, angesichts ihrer unnachgiebigen Beharrlichkeit, keine Wahl mehr, als anzunehmen. Die Vereinigung Ägyptens und Syriens unter dem Namen „Vereinigte Arabische Republik" (VAR) wurde am 22. Februar 1958 verkündet. Nasser wurde als Präsident der VAR proklamiert.

Die meisten arabischen Länder waren über diese Entwicklung keineswegs glücklich. Saudi-Arabien im besonderen wünschte, daß Syrien neutral bleiben und sich keinem Lager anschließen sollte. Saudi-Arabien hatte den verschiedenen syrischen Parteiführern, Regierungschefs und Ministern sogar regelmäßig „Gehälter" gezahlt, um den Status quo aufrechtzuerhalten. Nun, da Syrien sich Ägypten angeschlossen hatte, fürchteten andere arabische Länder mehr und mehr, Nasser könnte mit ihnen ebenso verfahren wie mit Syrien. So dachten auch König Hussein von Jordanien, König Faisal von Irak und Schamun, der Präsident des Libanon. Jedermann blickte voll Argwohn auf die neue Macht, die durch die ägyptisch-syrische Vereinigung entstanden war und nun das Gleichgewicht des Nahen Ostens zu stören begann. Unruhig wurden aber nicht nur die arabischen Länder, sondern auch Israel und die westlichen Mächte.

Damals befand sich Prinz Feisal von Saudi-Arabien – der spätere König, Gott lasse seine Seele ruhen – zu einem Besuch in Ägypten. Wir waren gute Freunde, und er speiste oft bei mir in meinem Haus nahe der Pyramiden. Bei einem abendlichen Beisammensein fragte er mich:

„Wohin soll denn das alles führen?"

Er bezog sich auf unsere Vereinigung mit Syrien.

Ich antwortete: „Jetzt ist es schon zu spät, um noch irgend etwas in der Sache zu tun."

Darauf meinte er:

„Ich bitte dich, sage Bruder Gamal, daß dieses Land (er meinte damit Syrien) in Stämme und Parteien gespalten ist. Wir kennen es besser als ihr. Diese Vereinigung wird keinen Bestand haben. Sie entspricht nicht den politischen Strömungen in Syrien; sie wird euch nur schaden. Ich bin dessen ganz sicher. Ich spreche zu dir als ein Freund und als ein Bruder. Du wirst sehen, daß ihr am Ende die Geschädigten sein werdet."

Ich hörte Feisal sehr aufmerksam zu. Sein Ratschlag war ehrlich gemeint; vor allem war er auch ein wirklicher Freund. Aber was vermochte ich zu tun?

„Es ist schon alles gelaufen, Feisal", sagte ich. „Al-Kuwatli wird in zwei Tagen hier sein, um die Vereinigung offiziell zu verkünden. Das ist unwiderruflich."

„Ich habe dir dies nur gesagt", meinte Feisal, „um mein Gewissen zu erleichtern. Laß mich dir versichern, daß diese Vereinigung mit einer Katastrophe enden wird."

Und diese Katastrophe trat ein.

Am 22. Februar verkündeten Nasser und Al-Kuwatli vom Balkon des Regierungsgebäudes die Geburt der ägyptisch-syrischen Union. Wenige Minuten zuvor hatten sie die entsprechenden Dokumente unterzeichnet; auf Nassers Wunsch unterfertigte ich ebenfalls, obwohl ich keine Regierungsposition innehatte.

Die Nationalversammlungen – sowohl in Ägypten wie auch in Syrien – wurden in der Folge aufgelöst, als Vorspiel zu der Bildung eines einzigen Parlaments für beide Länder. Nasser und ich flogen mit einer unserer „Comet"-Linienmaschinen nach Syrien, allerdings unter strenger Geheimhaltung: Wir fürchteten, daß Israel davon erfahren könnte. Israel empfand unsere Vereinigung so sehr als katastrophale Bedrohung, daß Ben Gurion nicht verhehlen konnte, Ägypten und Syrien hätten nun Israel wie eine Nuß in die Zange genommen.

In Damaskus verbrachten wir eine ganze Woche im Gästehaus des Präsidenten. Ich fühle mich nicht fähig, jene Woche zu beschreiben. Es war ein nicht endender Strom von Delirien, ein Strom, der Tag und Nacht dahinfloß: Nasser hielt eine Rede, darauf folgte eine Rede von Al-Kuwatli, dann eine Rede von mir, dann wieder von Nasser und so ad infinitum. Bei diesem Redemarathon traten auch eine Reihe von politischen Führern Syriens auf; wir konnten einfach nicht aufhören, weil unsere syrische Zuhörerschaft nicht genug zu bekommen und immer durstiger und durstiger nach Worten zu werden schienen. Alles, was gesagt wurde, wurde mit Jauchzen, Applaus und Glückwünschen begrüßt. Die Menschen sangen und schrien und riefen nach mehr. Eine ganze Woche hindurch belagerten die Massen das Gästehaus. Sie lagerten außerhalb auf dem großen Platz, saßen dort, tranken und schliefen im Freien.

Eben von diesem Balkon aus wurde auch am Ende jener Woche die Interimsverfassung verkündet. Ich las sie selbst, Artikel für Artikel, dem Volk auf dem Platz vor, das buchstäblich vor Enthusiasmus trunken war. Die Menschen applaudierten nach jedem Satz, jedem Wort, ja selbst jeder Silbe.

4

Nasser hatte im Juli 1958 Marschall Tito auf der Insel Brioni einen Besuch abgestattet. Am 14. Juli, als er schon die Rückreise angetreten hatte, erhielt er eine Botschaft von Hakim El-Amer – der als Präsident amtierte –, wonach im Irak eine Revolution ausgebrochen sei. Er bekam ferner eine Botschaft von Tito, in der dieser ihm riet, seine Reise zu unterbrechen und nach Brioni zurückzukehren, wenn er nicht riskieren wolle, wegen der Revolution im Irak durch die 6. US-Flotte im Mittelmeer zu Schaden zu kommen. Nasser bat Tito daraufhin sofort, für ihn auf dem Flugplatz von Pola ein Sonderflugzeug startbereit machen zu lassen. Er selbst kehrte an Bord des

Kreuzers, der seine Jacht begleitet hatte, nach Brioni zurück, während die Jacht mit Nassers Familie nach Alexandrien weiterfuhr.

Vom Flugplatz von Pola flog Nasser direkt nach Moskau, wo er mit Chruschtschow zusammentraf und ihn bat, die Revolution im Irak gegen den Druck, die Intrigen und die bewaffneten Angriffe des Westens (jene Art der Aggression, wie sie auch 1956 gegen Ägypten geführt worden war) zu schützen. Nasser sagte mir persönlich, er habe in sechzehnstündigen Gesprächen alles in seiner Macht Stehende getan, um Chruschtschow davon zu überzeugen, daß er der irakischen Revolution helfen solle, aber keinen Erfolg erzielen könne. Chruschtschow weigerte sich, irgendeine Hilfe zu leisten. Es wiederholte sich genau, was schon im Jahre 1956 geschehen war, als Schukri Al-Kuwatli die Sowjetunion vergeblich gedrängt hatte, der Aggression der drei Mächte gegen Ägypten ein Ende zu setzen.

Nasser war angesichts des Ergebnisses dieses Treffens außerordentlich bedrückt. Abgesehen von Amer und mir informierte er niemanden über das Geschehene. Er reiste nach Damaskus, wo er eine Rede hielt, in der er dem syrischen Volk und den Arabern in aller Welt erklärte, die Sowjetunion stehe hinter der Revolution im Irak. Er verfolgte damit einen doppelten Zweck. Erstens wollte er der Sowjetunion eine Art Deckung geben und zur gleichen Zeit den Westen glauben lassen, daß die Revolution im Irak tatsächlich von Moskau unterstützt werde. Nasser blieb so lange in Damaskus, bis das neue Revolutionsregime im Irak fest auf den Füßen stand. Dann kehrte er nach Kairo zurück.

Während eines anderen Besuches in Damaskus im Jahre 1959 erfuhr Nasser zu seiner Überraschung von einem heftigen Angriff Chruschtschows auf die ägyptisch-syrische Vereinigung. Dieser war von der wohlbekannten Nichtanerkennung nationalistischer oder auch liberaler und patriotischer Gefühle durch die Kommunisten diktiert. Nasser griff nun seinerseits Chruschtschow an und forderte mich auf, in Ägypten eine ähnliche Angriffsserie einzuleiten. Ich war damals Generalsekretär der „Nationalen Union“ – der einzigen politischen Organisation – und hielt sogleich auf dem Abdin-Platz in Kairo eine antisowjetische Rede. Dann fuhr ich nach Alexandrien, wo ich ebenfalls eine derartige Rede hielt, die wegen ihrer Schärfe damals einige Berühmtheit erlangte. Ich hatte in der Erweckung antisowjetischer Gefühle durch diese Rede einen noch nie dagewesenen Erfolg. Bei seiner Rückkehr aus Damaskus berichtete mir Nasser, daß, als er seine Attacken gegen die Sowjetunion begonnen hatte, die CIA an ihn herangetreten sei und erklärt hätte, sich ihm zur Verfügung zu stellen, ja daß die USA überhaupt bereit seien, ihm jede nur gewünschte Hilfe zu geben.

Er habe ihnen gesagt, daß er seine eigenen Kämpfe selbst ausfechten werde, und alles, was er von Amerika wünsche, sei, daß es ihm Weizen und Öl liefere. Die amerikanische Hilfe spielte tatsächlich in jener Zeit eine bedeutende Rolle. Sie half uns auch ein ausgeglichenes Staatsbudget zu erstellen. Als sie im Jahre 1965 eingestellt wurde, war die Auswirkung auf die ägyptische Wirtschaft sehr beträchtlich.

Kurze Zeit nach dem Ausbruch der Revolution im Irak übernahm dort Abdel-Karim Kassem – der einzige wirklich starke Mann – die Macht. Kassem war ein kommunistischer Agent, sein Name stand auf der Liste der kommunistischen Parteimitglieder. Natürlich gab ihm die Sowjetunion nun ihre volle Unterstützung, er war einer der Gründe dafür, daß die Sowjetunion ihre Kampagne gegen uns und besonders gegen unsere Vereinigung mit Syrien verstärkte. Als wir zum Gegenangriff schritten, warf uns Chruschtschow seinen berühmten Ausspruch (der auf einem alten russischen Sprichwort beruht) an den Kopf: „Spuckt nicht in euren eigenen Brunnen, denn ihr werdet aus ihm wieder trinken müssen."

5

Mit dem Ende der fünfziger und Anfang der sechziger Jahre geriet die Revolution in eine Zeit schmerzlicher Erfahrungen, Niederlagen, Rückschläge und eine Reihe schwerster Irrtümer. Ich habe stets die Meinung vertreten, daß in den fünfziger Jahren die Revolution vom 23. Juli ganz außerordentliche Erfolge erzielen konnte, daß aber dafür die sechziger Jahre ganz kolossale Irrtümer brachten.

Der einzige Lichtblick im Jahre 1960 war die Vollendung des Wasserkraftwerkes am alten Assuan-Damm und der Beginn der Arbeiten am neuen Hochdamm. Der Sprengschuß, der dieses Ereignis ankündigte, wurde in Gegenwart von König Mohammed V. von Marokko, Gott lasse seine Seele ruhen, ausgelöst. Darüber hinaus konnte man auf der Habenseite nichts verzeichnen. Zwischen den Mitgliedern des alten Revolutions-Kommandorates waren Konflikte zutage getreten, denn Nasser rief bei allem, was er unternahm, und bei sehr vielen Menschen, selbst seiner nächsten Umgebung, Reaktionen des Hasses, ja sogar in sehr intensiver Form, hervor. Das galt freilich nicht für mich. Ich erinnere mich nicht, jemals auch nur Groll gegen Nasser gehegt zu haben. Vielleicht könnte man einige meiner Handlungen negativ interpretieren, aber da ich niemals nach irgend etwas trachtete, so habe ich auch niemals irgend jemanden gehaßt. Was die anderen anlangt, so weiß ich sicher, daß jeder Nasser in recht beträchtlichem Ausmaß haßte, ja selbst heute noch haßt. Selbst Abdel-Hakim Amer, einziger lebenslanger Freund Nassers, mußte zusehen, wie gegen Ende seines Lebens sein Verhältnis zu Nasser schlechter und schlechter wurde, bis es in eine entsetzliche Orgie des Hasses ausartete.

Als Mißgunst und Haß in den sechziger Jahren zutage traten, begann sehr zu unserem Entsetzen auch die Union mit Syrien zu zerbrechen. Schon nach zwei Jahren wurde klar, daß die Dinge einen üblen Verlauf nahmen. In Syrien waren die politischen Parteien aufgelöst worden, einschließlich der Baath-Partei, die – wie andere Parteien – gehofft hatte, durch die Vereinigung ihre Ziele zu erreichen. Sie hatte sich daher auch ihrer Auflösung nicht widersetzt. Als aber die Parteiführer einzusehen begannen, daß diese Ziele nicht zu erreichen waren, begannen die Baathisten zuerst einmal Witze über die „Nationale Union" zu machen und dann Komplotte gegen die Vereinigung der beiden Länder zu schmieden.

Nasser bemerkte im Jahre 1960, was vor sich ging, konnte es aber nicht verhindern. Er hatte das Gefühl, sich hilflos in einer Sackgasse zu befinden. Er spürte, daß sich irgend etwas vorbereitete, um einen Schlag gegen die Einheit der beiden Länder zu führen und vielleicht auch gegen die Situation in Ägypten selbst. In diesem Jahr wurde Nasser zuckerkrank, gewiß als eine Folge seiner Verzweiflung und Hilflosigkeit. Es war ein merkwürdiges Zusammentreffen, daß ich am 15. Mai desselben Jahres einen Herzanfall hatte, ein Ergebnis der Erschöpfung durch die Überanstrengung vieler aufeinanderfolgender Jahre und im besonderen als Folge einer Reise nach Conakry, wo ich den Vorsitz bei der Afro-Asiatischen Solidaritäts-Konferenz führen mußte, bei der der Streit zwischen der Sowjetunion und der Volksrepublik China zum ersten Mal an den Tag trat. Bevor ich nach Conakry abreiste, war ich von meinem Posten in der „Nationalen Union" zurückgetreten. Ich hatte den Eindruck, daß sich die Beziehungen zwischen Nasser und mir eher abgekühlt hatten. Vielleicht auf Grund der „Berichte" eines Verleumders, denn er hatte ja leider die Gewohnheit, „Tratsch" und tendenziöse Berichte anzuhören und ihnen zu glauben. Wie ich es bei solchen Gelegenheiten stets zu tun pflegte, zeigte auch ich mich nun kühl. (Meist hielt ich mich ihm fern, bis die Wolke vorübergezogen war und er wieder Kontakt mit mir suchte, um unserer Entfremdung ein Ende zu setzen.)

Als ich aus Conakry zurückgekehrt war und krank wurde, kam er mich besuchen. Salah Salem hatte ein Gerücht in Umlauf gebracht, wonach Nasser der Grund meiner Herzkrankheit sei. Nasser wollte nun wissen, ob das auch stimme. Ich bestritt das natürlich und sagte, der Grund sei wahrscheinlich Erschöpfung durch lange Jahre schwerer Arbeit vor und nach der Revolution, abgesehen von dem feuchtheißen Klima in Conakry, unter dem ich sehr gelitten hatte.

6

Im Sommer 1960 forderte Nasser mich auf, für die Wahl als Präsident der Bundesnationalversammlung (die Syrien und Ägypten vereinte) zu kandidieren. Ich tat es und wurde gewählt. Es war das mein erster Posten im öffentlichen Leben nach meiner Genesung von meinem Herzanfall. Um etwa diese Zeit wurde Abdel-Hakim Amer zum Oberbefehlshaber sowohl der 1. als auch der 2. Armee ernannt (das bedeutete der syrischen und der ägyptischen Streitkräfte); Nasser verlieh ihm den Rang eines Feldmarschalls und außerdem auch den Titel eines Vizepräsidenten.

Im Jahre 1961 wurde die Sackgasse, in der sich die Vereinigte Arabische Republik befand, sogar noch auswegloser. Alle politischen Parteien in Syrien hatten ihre Aktivitäten wiederaufgenommen, und weit und breit herrschte Unzufriedenheit. Nasser hatte sich auf einen Mann in Syrien verlassen, auf Abdel-Hamid Al-Serradsch. Das syrische Volk hatte vor der Vereinigung mit Ägypten unter denselben Mißständen gelitten, die wir in unserem eigenen Land bis vor ein paar Jahren nur zu gut kannten: Unterdrückung der Freiheit, Massenverhaftungen, Anhaltungen, Folter, Mißbrauch individueller Macht und physische Liquidation der Opposition, die nur allzuoft die Form des Mordes annahm. Nun, nach der Vereinigung mit Ägypten, hatten die Syrer gehofft, daß sich die Situation ändern werde. Aber natürlich hatte sich gar nichts geändert. Die Menschen in Syrien begannen nun ihre Enttäuschung zu zeigen und immer lauter ihre Beschwerden zu äußern. Nasser wollte Abdel-Hakim Amer nach Syrien schicken und beriet sich darüber mit uns. Amer sollte in seiner Eigenschaft als zweiter Mann im Staate und als Oberbefehlshaber der Vereinigten Streitkräfte nach Syrien gehen. Nasser hoffte, dadurch die Lage zu verbessern und die Union zu retten. Wir stimmten zu. Amer reiste nach Syrien ab, obwohl Nasser immer noch Al-Serradsch in dessen alter Stellung beließ. Es war dies ein schwerer Irrtum, denn Al-Serradsch war überzeugt, weit mehr Anspruch auf die Regierung Syriens zu haben als Amer.

Von den Fehlern, die Amer beging, abgesehen, gelang es ihm auch niemals, sich die richtigen Helfer auszusuchen. Noch schlimmer war seine protektionistische Haltung, denn er stellte sich hinter seine Mitarbeiter, ob sie nun recht oder unrecht hatten.

Als Ergebnis begann sich nun ein geheimer Konflikt zwischen Amer und Al-Serradsch zu entwickeln. Er wuchs an Intensität, bis schließlich sogar der Mann auf der Straße von Damaskus Partei in diesem Streit nahm. Wie üblich unterstützte Nasser Amer ohne Rücksicht darauf, ob er nun im Recht war oder nicht. Dazu kam, daß König Saud über König Hussein von Jordanien an die Rebellen und Verschwörer in Syrien sieben Millionen Pfund zahlte, und ferner, daß die Sozialisierungsgesetze, die Nasser am 23. Juli 1961 erließ, unleugbare Auswirkungen auf die syrische Gesellschaft hatten, die nun einmal auf freies Unternehmertum und freies Geschäftsleben begründet war. Das syrische Volk war eindeutig mit Nasser und der Union unzufrieden. Der Höhepunkt dieser Entwicklung war erreicht, als die Menschen in Damaskus am Morgen des 26. September 1961 aufwachten, um zu erfahren, daß Einheiten der syrischen Armee das Armeehauptquartier belagerten.

Amer wohnte in nächster Nähe und eilte nun in das Hauptquartier; aber die Führer der syrischen Armee begannen nun mit ihm über Lautsprecher zu reden, schreiend und unter Drohungen. Die Rebellen gaben militärische Kommuniqués aus, so, als ob sich das Land im Krieg befunden hätte. Als Nasser davon erfuhr, versuchte er die Situation zu retten, aber es war alles vergeblich. Amer wurde festgenommen und auf dem Luftweg nach Ägypten geschickt. Ägypten und Syrien waren wieder getrennt. Die Einheit war dahin, es war so, als hätte sie niemals bestanden.

Feisals Prophezeiung hatte sich bewahrheitet ...

7

Unter den Führern der Revolution verursachte der Zusammenbruch der Vereinigung große Unzufriedenheit mit Nasser und Amer. Bei den einfachen Leuten dagegen herrschte vor allem Lustlosigkeit. Sicherlich lagen Fragen in der Luft, warum dies geschehen sei und wer verantwortlich war. Dem Scheitern der Vereinigung war, wie schon erwähnt, die Erlassung gewisser Sozialisierungsgesetze vorausgegangen, die dem Wohlergehen der Massen dienen sollten. Doch der

Bevölkerung fehlte eine sehr wichtige, ja lebenswichtige Voraussetzung, nämlich die Freiheit. Nichts kann den Mangel an persönlicher Sicherheit eines Menschen ersetzen.

Dies war eine Tatsache, die Nasser niemals begriff – bis zum Tag seines Todes. Er glaubte, daß die Leute glücklich und zufrieden mit seiner Art des Regierens seien, weil sie ihm applaudierten und ihn in Sprechchören lobten. Er vergaß aber, daß tief im Herzen jedes Bürgers – selbst jener Klassen, denen er zu dienen glaubte – vor allem brennende Sehnsucht nach Freiheit herrschte.

Als Amer zurückgekehrt war, sagte er zu Nasser, er könne nicht länger Oberbefehlshaber der Streitkräfte bleiben, angesichts der Demütigungen, die ihm die syrische Armee bereitet hatte. Sein Stolz gestatte dies einfach nicht mehr.

Nasser war froh, das zu hören. Er hatte es erwartet und darauf gehofft seit den Tagen des Krieges von 1956, als Amer einen ganz unvernünftigen Standpunkt eingenommen hatte und die Streitkräfte in einem ebenso schlechten Zustand waren wie an dem Tag, als die ägyptisch-syrische Union scheiterte. Aber er konnte Amer nicht zeigen, daß er dessen Demission begrüßte, und zwar aus Angst, daß Amer seinen Entschluß noch ändern könnte: Sie kannten einander zu gut und belauerten einander die ganze Zeit.

Eine ganze Woche hindurch erschien Amer nicht in seinem Büro im Armeeoberkommando, während Nasser an einer Rede arbeitete, die er halten wollte. In dieser Rede erklärte er dann, daß, da Syrien nun einmal seinen eigenen Weg gewählt hatte, Gott die Schritte, die es unternehmen würde, segnen möge. Alle sollten den Willen Syriens und dessen Wunsch, seinen eigenen Weg zu gehen, respektieren. Zwei Tage, nachdem er diese Rede gehalten hatte, die in den arabischen Ländern gute Aufnahme fand, erhielt Nasser zu seiner Überraschung gewisse Forderungen Amers, die die Ausrüstung und ähnliche Dinge der Streitkräfte betrafen. Das bedeutete, daß Amer weiterhin als Oberbefehlshaber fungieren wollte. Nasser war verblüfft und wußte nicht, was er tun sollte. Hinter der Meinungsänderung Amers standen offenbar dessen Berater wie Schams Badran sowie einige Verwandte und Freunde, die einen schlechten Einfluß auf ihn ausübten, und außerdem sein Gefühl, daß er der Partner Nassers sei: Solange Nasser an der Macht blieb, mußte auch Amer als Oberbefehlshaber weiter fungieren.

Nasser war nicht nur verblüfft, er war auch wütend, doch verbarg er seine Gefühle und berief eine Sitzung ein. Wir nahmen alle an ihr teil: Nasser trug den Fall Amer vor. Wir antworteten Nasser rundheraus, es gäbe keine Notwendigkeit für eine weitere Diskussion. Wir seien der Meinung, daß Abdel-Hakim den Oberbefehl schon 1956, und nicht erst 1961, hätte niederlegen sollen. Er sei ohne Zweifel ein netter Mann und auch tapfer, aber ungeeignet für den höheren militärischen Dienst. Mit einem Wort, wir sagten Nasser, daß wir die Entfernung Amers aus der Armee als eine abgeschlossene Sache betrachteten, die gar nicht mehr zur Diskussion gestellt werden müsse.

Dies hielt uns natürlich nicht davon ab, untereinander Überlegungen anzustellen, welche Gründe Nasser für die Einberufung dieser Sitzung gehabt hatte. Für ihn als Präsident wäre es nur normal gewesen, unmittelbar nach dem Bruch mit Syrien durch ein Dekret einen neuen Oberbefehlshaber zu ernennen und dafür Amer vielleicht als Vizepräsidenten einzusetzen. Später begannen wir dann allerdings zu begreifen, daß Nasser unsere Opposition gegen Amer als gleichbedeutend mit der öffentlichen Meinung dokumentarisch festzulegen wünschte.

So wie wir das damals sahen, erforderte die Situation keineswegs ein solches Vorgehen: Weder konnte man uns als das Volk noch als die öffentliche Meinung betrachten; das Volk forderte jedoch tatsächlich den Kopf jenes Mannes, der für alles die Verantwortung trug.

Nachdem wir gegangen waren, rief Nasser Amer zu sich und führte ein längeres Gespräch mit ihm, das im Laufe einer ganzen Reihe von Zusammenkünften fortgesetzt wurde. Schließlich verschwand Amer. Nasser berief eine weitere Sitzung ein, in der er uns erklärte, er habe Amer unsere Entscheidung mitgeteilt, dieser habe aber darauf nicht reagiert. Im übrigen sei Amer nun verschwunden, so sagte Nasser, und sein Aufenthalt unbekannt. Er war, wie sich später herausstellte, in Marsa Matruh. Unsere Antwort lautete, daß Nasser durch eine Zurücknahme seiner Entscheidung (für die er unsere einstimmige Unterstützung gehabt hatte) gegen die Interessen Ägyptens handeln würde. Wir betonten ferner, daß er uns ja nicht zu Rate ziehen müsse, weil die Verantwortung allein bei ihm als dem Präsidenten liege.

Unterdessen übersandte Amer, zweifellos, um Nasser zu ärgern, seinen Demissionsbrief, der dann später Berühmtheit erlangte (als er 1967 veröffentlicht wurde), in dem er sagte, er trete um der Demokratie willen zurück. Er erwähnte absichtlich Dinge, von denen er wußte, daß sie Nasser wütend machen würden. So sagte er zum Beispiel, daß er ein Regierungssystem nicht akzeptieren könne, das die politischen Parteien abgeschafft habe und sich nur auf eine absolute Diktatur stütze. Amer wußte sehr wohl, daß Nasser niemals gestatten konnte, daß der Inhalt dieses Briefes bekannt wurde. Denn da das ganze Volk nach Demokratie rief, hätte unter diesem Aspekt die Annahme der Demission Amers bedeutet, aus ihm einen nationalen Helden zu machen. Das war aber das Letzte, was Nasser wollte.

Also berief er wiederum eine Sitzung ein und legte uns die Demission Amers vor. Wir sagten wieder, daß er der Präsident Ägyptens sei und uns weder jetzt noch früher hätte um unsere Meinung befragen müssen. Daraufhin berief Nasser Amer wieder zu sich und hatte eine weitere Unterredung mit ihm. An diesem Punkt stand und steht ein großes Fragezeichen über der ganzen „besonderen Verbindung“ zwischen Nasser und Amer. Was geschah, war genau das Gegenteil dessen, was wir erwartet hatten. Die beiden kamen überein, daß Amer zwar als Oberbefehlshaber der Streitkräfte demissionieren, dafür aber zum Stellvertreter des Obersten Befehlshabers ernannt werden solle. Der Oberste Befehlshaber ist natürlich stets der Präsident. Obwohl dies nur ein Ehrenposten ist, übt der Oberste Befehlshaber natürlich doch seine Macht in Kriegszeiten aus. Er hat die Befehle zur Eröffnung des Kampfes zu unterzeichnen, ebenso auch die Weisungen, die die Strategie des Krieges für den Oberbefehlshaber der Streitkräfte umreißen. Nichtsdestoweniger bestand Amer darauf, weiterhin tatsächlich das Oberkommando zu führen, indem er die Ernennung eines anderen Oberbefehlshabers verhinderte. Nasser bewilligte ihm diesen Wunsch, hatte allerdings die Absicht, am 23. Juli 1962 General Mohammed Fauzi zum Oberbefehlshaber zu ernennen. Damals schrieben wir Dezember 1961.

Doch als das erwähnte Datum herankam, war die Situation noch viel ungereimter. Am 23. Juli 1962 war Fauzi noch immer Stabschef, und alle hohen Offiziere, die Marschall Amer unterstützten, hatten ihre Posten behalten. Wieder wunderten wir uns. Warum hatte Nasser uns zu diesen Sitzungen einberufen, und warum hatte er uns immer wieder um unseren Rat gefragt?

Alles war nun zwischen Nasser und Amer wiederum genauso normal wie vorher, ganz so, als ob nichts geschehen wäre. Ausgenommen natürlich, daß Amer vom Oberbefehlshaber der Streitkräfte zum Stellvertreter des Obersten Befehlshabers befördert worden war, der tatsächlich die Macht des Oberbefehlshabers besaß.

Die Situation blieb unverändert bis zur Katastrophe von 1967.

Nasser hatte Amer mitgeteilt, daß die Entscheidung, ihn von seinem Posten als Oberbefehlshaber zu entfernen, von seinen Kameraden beschlossen worden sei, nämlich von den Mitgliedern des Revolutions-Kommandorates, was natürlich unsere Beziehungen zu ihm trübte. Nachdem er die Angelegenheit eingehend überlegt hatte, kam Amer zu dem Schluß, daß wir eine solche Entscheidung doch nicht allein aus eigenem getroffen hatten, sondern daß uns Nasser dazu wohl aufgefordert haben mußte. Er erfuhr nun natürlich auch, daß Nasser bei sich zu Hause Besprechungen mit uns abgehalten hatte. Von dieser Zeit an begann Amer Nasser zu mißtrauen, genauso wie auch Nasser ständig auf der Hut und stets vorsichtig war und nur zögernd Schritte unternahm, statt mit der Festigkeit und Entschlossenheit eines Staatschefs aufzutreten.

So entstand der erste Machtblock gegen das legitime Regime, der seine Macht ganz offen ausübte. Denn Amers größte Sorge war, seine Position zu „sichern“ und dafür zu sorgen, daß ihm von seiten Nassers nichts geschah, nun, nachdem sein Gefühl – das er stets gehabt hatte – bestätigt worden war, nämlich, daß eine Kluft des Mißtrauens und des Konfliktes ihn von Nasser und den übrigen Mitgliedern des Revolutions-Kommandorates trennte.

So verschärfte sich der Konflikt, der zu Anfang der sechziger Jahre aufgetreten war, und die Zerfalltendenzen verstärkten sich. Haß beherrschte nun die Beziehungen Nassers zu Amer, ebenso aber auch die Beziehungen Nassers zu den anderen Mitgliedern des Revolutions-Kommandorates, ebenso wie jene Amers zu ihnen. Ich betrachtete dies mit gebrochenem Herzen.

Diese Situation war das erste Vorspiel für die Niederlage von 1967. Die Anstrengungen Amers galten der Konsolidierung seiner Position, nicht nur innerhalb der Streitkräfte, sondern auch innerhalb des ganzen Staatswesens Ägyptens im allgemeinen. Und unser Land wurde dadurch in die schlimmste nur vorstellbare Verwirrung gestürzt.

Der Zusammenbruch der Vereinigung mit Syrien hatte unsere Streitkräfte völlig unvorbereitet überrascht; Nachlässigkeit machte diese Situation noch schlimmer. Dann folgte der Krieg im Jemen: Statt eine Gelegenheit für unsere Armee abzugeben, mehr Erfahrung zu sammeln, bessere Ausbildung und mehr Material zu erhalten, wurde dieser Krieg nur als Quelle persönlicher Bereicherung von Amers Leuten ausgenützt. Amer gebot dem keinen Einhalt. Um seine Position in allen Bereichen auszubauen, ernannte er Offiziere und ehemalige Offiziere zu Vorsitzenden öffentlicher Institutionen, von Stadträten und allen zivilen Einrichtungen in ganz Ägypten. Armeeoffiziere hatten sogar die Entscheidung bei der Miete von Wohnungen aus Regierungsbesitz.

Er glaubte, daß er sich auf diese Weise populär machen könne. Was aber geschah, war genau das Gegenteil. Amers Verhalten machte die Leute noch unzufriedener: mit ihm persönlich und mit dem Regime im allgemeinen. Als ein Ergebnis der Unterdrückung der Freiheit und des Mangels an jedem Sinn für Demokratie in der Periode, die dem Zerbrechen der Einheit mit Syrien folgte, begannen – wie ich schon berichtet habe – politische Dissidenten-Gruppen aktiv zu werden, und das Volk wurde immer unruhiger. Amer stellte dies Nasser als

Versuch einer Gegenrevolution dar. In Konsequenz dessen wurde der Besitz vieler alter Politiker unter Staatsverwaltung gestellt. Diese Maßnahmen waren kaum wirksam, sie vergrößerten die Unzufriedenheit, statt sie zu neutralisieren. Nasser ging daraufhin dazu über, es mit einem Trick zu versuchen. Er setzte ein konstituierendes „Komitee der Zweihundert" (auch „Konsultatives Komitee" genannt) ein, das hauptsächlich aus Intellektuellen bestand. Ich war sein Generalsekretär. Wir tagten in der Nationalversammlung. Nasser nahm an den meisten Sitzungen und auch an unseren Diskussionen teil, die später in den Zeitungen veröffentlicht wurden. Die ganze Sache wurde veranstaltet, um den Anschein zu erwecken, daß Nasser an den Problemen des Volkes und an deren Lösung interessiert sei. Daher begrüßte er die Beschlüsse des Komitees, deren wichtigster war, eine Charta zu veröffentlichen, in der die Linie, die Ziele und die Politik der Revolution definiert werden sollten.

Das schien zu funktionieren, denn die meisten intellektuellen Mitglieder des Komitees hatten von Anfang an Kritik an dem völligen Mangel eines definitiven Revolutionsprogramms geübt. Die Charta wurde entworfen, und Nasser unterbreitete sie dem „erweiterten" Nationalkongreß, der zu dieser Zeit tagte. Er las Artikel um Artikel vor. Die Charta wurde von allen Anwesenden bestätigt, und diese erfüllte so ihren Zweck. Die Bevölkerung war nun mit dem Versuch beschäftigt, diese Charta zu begreifen und ihre ideologische Bedeutung auszuloten.

Zu jener Zeit bestand unsere politische Organisation noch, doch da ihre Mitglieder nicht gewählt, sondern ernannt waren, war sie gelähmt und praktisch hilflos. Sie konnte zum Beispiel nicht die Charta in Kraft setzen. Die Charta wurde veröffentlicht und ist sogar in den Jugendorganisationen und an den Universitäten gelehrt worden. Aber kein Punkt ihres Inhalts wurde jemals in die Wirklichkeit umgesetzt.

8

Im Sommer 1962 hielten Saudi-Arabien, Syrien, Jordanien, der Irak und der Libanon eine Konferenz in Schutura im Libanon ab, mit dem Ziel, Ägypten zu isolieren und unserem Regime einen Schlag zu versetzen.

Das kam sehr ungelegen. Doch brach am 26. September 1962 (am ersten Jahrestag des Scheiterns der Vereinigung mit Syrien) die Revolution im Jemen aus, und dies war eine gute Gelegenheit, um König Saud eine Lehre zu erteilen: Er hatte das Ausbrechen Syriens aus der Union finanziert und die Kampagne gegen Ägypten geführt. Sein Land hatte jedoch gemeinsame Grenzen mit dem Jemen. Als nun der Präsidentschaftsrat in Kairo zusammentrat, um das Ansuchen der Jemeniten um Hilfe zu erörtern, war ich der erste, der es unterstützte. Ich überzeugte den Rat von der Notwendigkeit, der Revolution im Jemen Hilfe zu leisten. Und so geschah es.

Während ich für die politische Seite des Bürgerkriegs im Jemen verantwortlich war, trug Amer natürlich die Verantwortung für die militärischen Angelegenheiten. Wie üblich unternahm er die falschen Aktionen. Statt den Jemen als ein Schlachtfeld zu benützen, wo unsere Streitkräfte in der Guerillakriegführung und neuen Taktiken geschult werden konnten, verwandelte er diese Chance in eine Gelegenheit zu persönlichem Gewinn. Durch den Krieg im Jemen wurde Amer eine Möglichkeit geboten, seine Füße fester auf diesen frisch umbrochenen Grund zu stellen und seinen Einfluß in verschiedene Richtungen so auszudehnen, daß niemand ihn jemals aus seiner Position als Chef des stärksten Machtblocks in Ägypten entfernen konnte. Abgesehen davon wuchs unser militärisches Engagement ständig an. Der ursprünglich entsandten ägyptischen Brigade mußten immer mehr Truppen als Verstärkung folgen, bis schließlich im Jemen an die 70.000 Mann Ägypter standen. Sie wurden erst nach der Niederlage von 1967 zurückgezogen, als König Feisal und Nasser sich auf der Konferenz von Khartum über dieses Problem einigten.

Der Krieg im Jemen war militärisch ein Fehlschlag. Wir hatten eine reguläre Armee, die gegen einen Feind kämpfte, der in der Guerillakriegführung gut bewandert war. Dennoch kann ich nicht sagen, daß unsere Opfer vergeblich gebracht worden wären. Der Jemen wurde wenigstens das Regime des Imam los, das schlimmer war als irgendeines des Mittelalters. Als weiteres Ergebnis des Jemenkrieges erhielt auch Aden seine Unabhängigkeit. Andererseits verschlang der Krieg einen großen Teil unserer Währungsreserven und verhinderte, daß zwei unserer besten Divisionen am Krieg von 1967 teilnahmen. Aber dies festzustellen bedeutet nicht, zu bestreiten, daß die Intervention im Jemen ein notwendiger politischer Schachzug war. Sie war einer der Faktoren, die König Sauds Aggressivität eindämmten, seine Position in seinem Land beeinträchtigten und innerhalb der herrschenden Saudi-Familie seine Entfernung und die Machtübernahme Feisals herbeiführten – ein bemerkenswerter Gewinn, nicht nur für Saudi-Arabien, sondern auch für die ganze arabische Welt.

9

Im Jahre 1965 war die innere Situation in Ägypten wirklich beklagenswert geworden. Ali Sabri, der damalige Ministerpräsident, war nicht bereit, irgendeine Entscheidung zu treffen. Er fürchtete sich seiner Veranlagung nach vor der Verantwortung, was auch der Grund gewesen sein mag, daß Nasser gerade ihn für dieses Amt ausgewählt hatte. Seiner Natur nach diktatorisch, wollte Nasser gar keinen Regierungschef, sondern vielmehr einen Sekretär, der nichts anderes tat, als seine Befehle auszuführen. Und Ali Sabri war genau das. Wenn wir nun noch hinzufügen, daß er eine natürliche Neigung besaß, Menschen auszuspionieren, Intrigen auszuhecken und hinter den Kulissen zu agieren, so werden wir verstehen, warum die Menschen ihn ablehnten. Konnte solch eine Regierung Ägypten von Nutzen sein? Die Situation wurde dadurch noch schlimmer, daß die Probleme, die bei den öffentlichen Diensten im Fernsprechwesen, im Verkehr, im Wohnbau usw. bestanden, nicht sogleich gelöst wurden. Vielmehr schob man von 1962 an eine Lösung immer weiter hinaus, unter dem Vorwand, sie müßte innerhalb des Rahmens gewisser sehr ehrgeiziger, aber in Wirklichkeit undurchführbarer Pläne behandelt werden. Diese Probleme wurden von Jahr zu Jahr komplizierter und nahmen solche Ausmaße an, daß es heute schwierig geworden ist, sie überhaupt zu lösen. Der Vorwand, den unsere Spitzenfunktionäre damals gebrauchten, lautete, Effizienz oder Ausbau solcher öffentlicher Dienste und Einrichtungen müßten zunächst einmal geopfert werden, um in Zusammenarbeit mit der Sowjetunion Kräfte und Mittel für die Gründung produktiver Unternehmungen frei zu machen.

Im selben Jahr beendete Präsident Johnson die amerikanische Wirtschaftshilfe an Ägypten und brachte uns damit in eine außerordentlich kritische Lage. Unsere Entwicklungspläne waren damit gescheitert, denn wir hatten uns auf die Einfuhr von amerikanischem Weizen verlassen, für den wir in eigener Währung gezahlt hatten. Auf diese Weise konnten wir etwa 80 Millionen Pfund sparen, um sie für andere Projekte auszugeben.

Die Beendigung der amerikanischen Hilfe ließ uns gar keine andere Wahl, als die Sowjetunion um Hilfe zu bitten. Nasser, Zakaria Mohieddin und ich reisten nun nach Moskau. Chruschtschow war schon gestürzt: Wir hatten ihn als einen Freund betrachtet, wenn auch nur, weil er ein gestandener, echter Mann war, der geradeheraus sagte, was er dachte, und sich niemals der Ausweichtaktiken seiner Vorgänger bediente. Die neue Führung hatte Scheljepin zu uns nach

Kairo geschickt, um eine Versöhnung anzubahnen. Scheljepin war der Mann, der den Staatsstreich, durch den Chruschtschow gestürzt worden war, geleitet hatte. Als wir am 1. September 1965 in Moskau ankamen, fanden wir heraus, daß die neuen Führer ihr Bestes taten, um uns zufriedenzustellen. Zunächst einmal, um den negativen Eindruck, den der Sturz Chruschtschows auf uns gemacht hatte, zu beseitigen; zweitens, um die Konsequenzen des zweiwöchigen Besuches von Tschu En-lai in Ägypten zu neutralisieren. Tschu wartete darauf, was mit der Afro-Asiatischen Solidaritäts-Konferenz geschehen werde, die in Algier stattfinden sollte, aber nicht zustande kam, weil inzwischen, unmittelbar vor Konferenzbeginn, Boumedienne den bisherigen Regierungsschef Algeriens, Ben Bella, durch einen Staatsstreich gestürzt hatte.

Das Ziel unserer Reise nach Moskau war es, die Sowjetunion dazu zu bringen, für einige Zeit die Rückzahlungsraten unserer Schulden, die zu jener Zeit gerade fällig waren, zu stunden. Wir brauchten das Geld, um den Ausfall der amerikanischen Hilfe wettzumachen und unsere sehr ehrgeizigen Pläne auszuführen. Die Sowjetunion reagierte auf unsere Forderungen in einer Art, die wir nicht erwartet hatten. Sie entschloß sich, fünfzig Prozent unserer Schulden, die insgesamt 400 Millionen Pfund ausmachten, zu streichen, so daß wir dann nur noch 200 Millionen zurückzahlen mußten. Natürlich wurden daraufhin auch die Ratenzahlungen auf die Hälfte herabgesetzt.

10

Als Reaktion auf die allgemeine Mißstimmung setzte Nasser Ali Sabri ab und ernannte Zakaria Mohieddin zum Ministerpräsidenten, der sich jedoch sehr bald mit Nasser zerstritt und daher auch nicht mehr als ein paar Monate in seinem Amt verbleiben konnte. Abdel-Hakim war im speziellen für den Zusammenstoß verantwortlich, denn er haßte Zakaria Mohieddin und wollte einen seiner Leute zum Ministerpräsidenten machen. Nun wurde ihm dieser Wunsch durch die Ernennung von Sidki Suleiman zum Ministerpräsidenten erfüllt.

Amer wurde immer mächtiger. Es kam eine Zeit, in der er die Streitkräfte und die Militärpolizei mit nahezu allen öffentlichen Angelegenheiten betraute. Wenn etwa das öffentliche Verkehrswesen der Aufmerksamkeit bedurfte, so übernahmen die Streitkräfte, was zu geschehen hatte, und ebenso war es mit Fragen der Fischerei und ähnlichem. Als im Jahre 1965 berichtet wurde, daß die Moslem-Bruderschaft ein Komplott gegen das Regime ausgeheckt habe, wurde die Militärpolizei beauftragt, die Sache zu erledigen, wobei Schams Badran, der wichtigste Mitarbeiter Amers, die Operation leitete. Später stellte sich heraus, daß dabei rücksichtsloser und grausamer vorgegangen worden war, als man das in Ägypten je erlebt hatte. Schreckliche Grausamkeiten wie Folter und Demütigung waren verübt worden. Die Menschenwürde war in den Staub getreten worden. Ich kann nicht kategorisch behaupten, daß Nasser wußte, was geschah, obwohl ich ebensowenig imstande bin, ihn von der Verantwortung freizusprechen. Was immer seine eigenen Absichten sein mögen, ein Präsident wird stets für die Irrtümer seiner Mitarbeiter die Verantwortung tragen müssen.

Wie üblich betrachtete Nasser alle Proteste, alle Einwände, jede Kritik oder selbst Versuche, den Tatsachen auf die Spur zu kommen, ja nur den leisesten Ausdruck einer Unzufriedenheit als „Konterrevolution", die rücksichtslos unterdrückt werden mußte. Ein Komitee wurde eingesetzt, das „die Schläge ausführen" sollte. Es erhielt den Namen „Komitee zur Liquidierung des Feudalismus"; an seiner Spitze stand natürlich Abdel-Hakim Amer.

Das „Komitee zur Liquidierung des Feudalismus" praktizierte die schlimmsten Arten des Terrors, der Unterdrückung und der Erniedrigung. Seine Mitglieder spielten buchstäblich mit dem Leben der Menschen in ganz Ägypten. Ihr schwerstes und häßlichstes Verbrechen war die Zerstörung menschlichen Stolzes: Das ägyptische Volk nimmt Armut hin, Beraubung, ja selbst Hunger, aber es wird niemals zulassen, daß sein Stolz verletzt wird. Gewisse Vorfälle, die das Komitee verursacht hatte, wurden mir in jener Zeit zur Kenntnis gebracht, aber gerade weil sie so fürchterlich schienen, war ich nur zögernd bereit zu glauben, daß sie Wirklichkeit waren. Eines Tages jedoch sah ich das Komitee buchstäblich an der Arbeit.

Während eines Besuches in meinem Heimatdorf Mit Abu-el-Kom im Jahre 1966 wurde ich von einem jungen Bauern gefragt, ob ich das „Urteil" des Komitees über die nahegelegene Stadt Tala gesehen hätte. Als ich sagte, ich wisse nichts davon, zeigte er mir dann eine der Tageszeitungen, in der das „Urteil" veröffentlicht worden war. Ich war entsetzt: Einige Bürgermeister und etliche hervorragende ehrliche Bürger hatten ihre Posten verloren. Ihr Besitz war unter „Staatsverwaltung" gestellt worden. Ich kannte sie alle gut und war sicher, daß es sich um brave Leute handelte, die ganz eindeutig die Revolution unterstützt hatten.

Ich hatte nicht für möglich gehalten, daß die Situation ein so erschreckendes Ausmaß erreicht hatte. In großem Zorn fuhr ich sofort nach Kairo zurück und suchte dort überall Amer zu erreichen. Schließlich bekam ich ihn ans Telefon:

„Wie kannst du erlauben, daß so etwas geschieht? Wie kann man nur so mit dem Privatleben der Menschen umspringen?"

Seine Antwort war zum Verrücktwerden ruhig:

„Reg dich doch nicht auf. Wir werden eben dieses ‚Urteil' widerrufen!"

Tatsächlich wurde die Entscheidung sogleich wieder zurückgenommen. Es war die einzige Entscheidung, die jemals vom „Komitee zur Liquidierung des Feudalismus" aufgehoben worden ist.

Das war meine persönliche Erfahrung mit dem Komitee. Ich hörte später viele Geschichten, die zeigten, wie jene, die damals die Macht besaßen, nur um noch mehr Macht zu erlangen, das ägyptische Volk erniedrigten und die moralischen Werte, in denen wir alle erzogen worden waren, mißachteten. Es war üblich, bei Nacht in die Wohnungen der Menschen einzudringen, die Männer zu verhaften und die Frauen und Kinder auf die Straße zu treiben, wo diese dann verzweifelt nach Zuflucht suchend umherirrten.

11

So sah die innere Situation in Ägypten im Jahre 1966 aus. In unseren Beziehungen zum Ausland befanden wir uns in einer totalen Konfrontation mit den USA. Nasser ging in diesem Streit bis zum Äußersten, bis zu jenem Punkt, von dem es keine Rückkehr mehr gab, denn er verließ sich völlig auf die Unterstützung der Sowjets. Doch hatte damals die amerikanische Regierung mir in meiner Eigenschaft als Präsident der Nationalversammlung eine Einladung zu einem Besuch der USA geschickt, wohl mit dem uneingestandenen Ziel, wieder eine Annäherung herbeizuführen.

Nasser begrüßte diese Idee. Er begann nun langsam zu merken, daß er den Amerikanern doch allzuviel angetan hatte, besonders als er in einer seiner Reden sagte: „Wenn die Amerikaner nicht wollen, dann sollen sie uns den Buckel hinunterrutschen." Das ist ungefähr das Äquivalent für das arabische Wort: „Sie können Meerwasser trinken." – „Wenn das Mittelmeer nicht groß genug ist", fuhr Nasser fort, „dann gibt es auch noch das Rote Meer." Ich nahm die Einladung aber an und reiste mit meiner Frau nach den USA, wo uns ein sehr freundlicher Empfang bereitet wurde. Als ich den Kongreß besuchte, bat man mich, den Platz des Vorsitzenden einzunehmen, wo ich dann auch im Jahre 1975 bei meinem Besuch in den USA gesessen habe.

Im Verlauf eines offiziellen Banketts, das Averell Harriman, der Chefberater des Präsidenten, mir zu Ehren gab, überraschte mich jedoch eine amerikanische Journalistin mit einer Frage, die ich keineswegs erwartet hatte! Sie hielt eine Zeitung in der Hand, deutete auf eine Spalte und sagte:

„Was halten Sie von dieser Erklärung?"

„Was für eine Erklärung?" fragte ich.

Woraufhin sie mir eine in sehr scharfen Worten gehaltene Attacke Nassers auf die USA vorlas. Völlig verblüfft sagte ich:

„Kein Kommentar."

Ich wunderte mich, warum Abdel-Nasser so etwas getan hatte, da wir doch einer Meinung gewesen waren, daß unsere Beziehungen zu den USA verbessert werden sollten und er mir noch zugeredet hatte, die Reise zu unternehmen. Wenn er gegen eine Verbesserung der Beziehungen war, warum hatte er dann überhaupt dem Besuch zugestimmt?

Dies war, um es milde auszudrücken, merkwürdig und ließ sich nur sehr schwer erklären. Jedoch wurde mein Besuch durch diese Geschichte nicht allzusehr beeinflußt. Denn die Amerikaner taten alles, was in ihrer Macht stand, um ihn zu einem Erfolg zu gestalten. Während meines Aufenthaltes in San Francisco fungierte dort als Chef des Protokolls eine jüdische Dame. Sie bat krankheitshalber von der Verpflichtung, meine Frau empfangen und begleiten zu müssen, dispensiert zu werden. Das Außenministerium war aber unerbittlich. Man befahl ihr, zuerst einmal ihre Pflicht zu tun und sich dann erst ins Spital zu begeben.

12

Die letzten Tage des Jahres 1966 sahen eine weitere Verschärfung des Nasser-Amer-Konfliktes. Jeder belauerte den anderen, insbesondere, da die Macht Amers von Tag zu Tag zunahm. Amer verwendete das „Komitee zur Liquidierung des Feudalismus" unter dem Vorwand, eine Konterrevolution unterdrücken zu müssen, dazu, die Opposition zu beseitigen. Er ernannte oder entließ nach eigenem Gutdünken, wen immer er wollte, und das in allen öffentlichen Institutionen und Regierungsämtern, ja sogar in den Ausschüssen der Sportklubs. Selbst Beschwerden von Privatpersonen oder öffentlichen Institutionen wurden zur Behandlung den Streitkräften übertragen. So viel Macht hatte sich in Amers Händen angesammelt, daß er nun tatsächlich das Leben der Menschen und dazu noch alle öffentlichen Angelegenheiten kontrollierte.

Dies war Ägypten zu Beginn des Jahres 1967: Wie aber sah es in den Augen jener Revolutionsführer aus, die immer noch das Land regierten?

Zakaria Mohieddin verzichtete zutiefst niedergeschlagen auf das Amt des Ministerpräsidenten. Er war von Natur aus sehr zurückhaltend und daher nicht bereit, über diese Angelegenheit zu sprechen. Nasser wiederum beobachtete alles, was Amer tat, mit Erbitterung und einem immer stärker werdenden Gefühl der Hilflosigkeit. Der Tag sollte kommen, an dem Amer tatsächlich die Regierung übernehmen wollte, um der einzige absolute Herrscher zu sein.

Zu Anfang des Jahres 1967 herrschte in Ägypten eine Stimmung der Niedergeschlagenheit. Das Land war bankrott; der wirtschaftliche Entwicklungsplan erwies sich als viel zu ehrgeizig, und es waren auch keine Mittel verfügbar, um ihn zu finanzieren. Die Mangelerscheinungen in der öffentlichen Versorgung wurden immer schlimmer. Ali Sabri hatte alle Versuche, hier eine Besserung herbeizuführen, seit 1962 einfach aufgegeben, dafür wollte er Nasser zeigen, welch höhere und wichtigere Ziele zu verfolgen seien, nämlich industrielle Projekte, die aber in Wirklichkeit ohne jede Basis waren. Schlimmer aber als all dies waren die Konflikte, die sowohl zwischen den Führern als auch ihren Lakaien eine bisher noch nie dagewesene Heftigkeit erreichten ...

Eines Freitags im Februar 1967 suchte ich, wie es meine Gewohnheit war, ohne vorherige Vereinbarung Nasser in dessen Haus auf. Ich fragte den diensthabenden Offizier, ob Nasser zu sprechen sei. Er antwortete, Nasser sei vor einiger Zeit erwacht und befinde sich nun in seinem Arbeitszimmer. Ich trat ein und fand Nasser, den Kopf in die Hände gestützt und sehr traurig und besorgt. Ich wartete eine Zeitlang und betrachtete ihn, bevor ich fragte:

„Was ist los, Gamal? Fühlst du dich nicht wohl?"

Er wandte sich mir überrascht zu, denn er hatte offensichtlich nicht bemerkt, daß ich das Zimmer betreten hatte, und sagte:

„Warum bist du heute gekommen, Anwar?"

„Heute ist Freitag", sagte ich, „und da wir einander seit einiger Zeit nicht gesehen haben, so habe ich gedacht, ich komme vorbei und plaudere ein wenig mit dir. Ich wußte, daß du an einem Freitag allein sein würdest."

„Oh, danke vielmals, das ist wirklich schön. Bitte, nimm Platz."

Ich setzte mich nieder und fragte ihn dann wiederum:

„Du siehst aus, als ob du dir große Sorgen machtest. Was ist los?"

„Ja, ich mache mir Sorgen", sagte er. „Mein lieber Anwar, das Land wird von einer Bande von Dieben . . . du weißt schon, regiert. Ich kann einfach so nicht weitermachen. Ich kann nicht weiter Präsident bleiben, nicht weiter eine so schwere Verantwortung tragen, während in Wirklichkeit Amer das Land regiert und nur das tut, was er will. Ich glaube, es ist besser, wenn ich gehe und mich vielleicht auf meine Pflichten als Vorsitzender der Arabischen Sozialistischen Union konzentriere. Ich bin bereit, ihm die Präsidentschaft abzutreten und auch die Verantwortung für alles zu tragen, was bis zum Augenblick meines Abganges geschehen ist. Ich werde mich allen Fragen stellen!"

Offensichtlich war Nasser über alles, was in Ägypten vorging, genau informiert: die Probleme, die sich seit 1962 angehäuft hatten, das zügellose Verhalten des „Komitees zur Liquidierung des Feudalismus", die Grausamkeit des korrupten Machtblocks – geführt von Amer, Schaaraui Goma, Sami Scharaf und Ali Sabri – und ganz besonders die Unterdrückung der Freiheit und die Monopolisierung aller Privilegien durch sie.

Ich sagte: „Es wäre unvernünftig von dir, Gamal, jetzt die Präsidentschaft aufzugeben und dich auf die Sozialistische Union zu konzentrieren. Amer und seine Mitarbeiter wären dann die alleinigen Machthaber Ägyptens. Du weißt, daß Amers größte Schwäche in der Auswahl seiner Helfer besteht. Es hat sich herausgestellt, daß sie die Schuld an dem Bruch der Union mit Syrien tragen. Dennoch unterstützt Amer seine Mitarbeiter blindlings. Als wir ihm sagten, daß wir Sidki Suleiman als Luftwaffenbefehlshaber ablösen wollten, erwiderte er: ‚Nur über meine Leiche!' So ist er eben. Ich glaube daher, es wäre das beste, wenn du ihn zu einem privaten Gespräch einladen würdest. Vielleicht werdet ihr imstande sein, eine Lösung zu erreichen."

Gamal sagte: „Es sieht sehr schlecht aus, Anwar. Ich habe das Gefühl, daß wir auf eine Katastrophe zusteuern . . ."

Ein paar Tage später besuchte ich Nasser wiederum, doch sagte man mir, er habe einen Besucher, und so mußte ich eine Zeitlang in seinem Arbeitszimmer warten. Schließlich kam Nasser. Sobald er mich sah, fragte er:

„Kannst du erraten, wer bei mir gewesen ist?"

„Wer war es?"

„Schams Badran! Du erinnerst dich doch noch unseres jüngsten Gesprächs und an meine Bemerkung über eine ‚Bande'?"

„Ja, natürlich", sagte ich.

„Nun, die Krise hat ihren Höhepunkt erreicht. Schams Badran war hier, um in aller Form die Ernennung Amers zum Ministerpräsidenten zu verlangen. Weißt du, welche Gründe er dafür vorgebracht hat? Er sagte, es gebe Beschwerden – das Volk beschwere sich. Begreift er denn nicht, daß diese Beschwerden sich gegen ihn und gegen das Benehmen seiner Leute richten?"

„Was hast du gesagt?"

„Ich habe es mir leicht gemacht", berichtete Nasser. „Ich habe gesagt, ich hätte keinerlei Einwand, ihm das Amt des Ministerpräsidenten zu übertragen, vorausgesetzt, daß er seinen Posten als Chef der Streitkräfte aufgibt. Ich betonte, daß ich als Regierungschef keinen besseren als Abdel-Hakim finden könnte."

„Ich glaube immer noch", so sagte ich, „daß du eine persönliche Aussprache mit ihm und eine Diskussion der Angelegenheit herbeiführen solltest. Du weißt, daß er bereit ist, das ‚Unannehmbare' anzunehmen, wenn es von dir kommt. Auf diese Weise könnte die ‚Affäre' eingedämmt und eine Lösung gefunden werden."

„Nein, Anwar! Die ganze Sache läuft in die falsche Richtung."

Amers Antwort auf den Vorschlag Nassers hinsichtlich der Bedingung für eine Übernahme des Amtes des Ministerpräsidenten war absolutes Schweigen. Amer betrachtete das Kommando der Streitkräfte als den ihm von der Natur zugewiesenen Platz und wäre nicht bereit gewesen, ihn für irgend etwas in der Welt aufzugeben. Er bedeutete für ihn eine nie versiegende Quelle der Macht.

Nun folgte eine sehr ernste Entwicklung in der Arbeit des „Komitees zur Liquidierung des Feudalismus". In der Zeit zwischen März und Mai 1967 wurden die härtesten und gewaltsamsten Maßnahmen ergriffen, als dieses Komitee daran ging, den Besitz aller großen Familien zu liquidieren. Ich hielt dies wirklich für eine sehr ernsthafte Angelegenheit. Obzwar niemand Genaueres weiß, ist es doch wahrscheinlich, daß Nassers Berater seine Tendenz, gegen diese Familien vorzugehen, bestärkten. Der wichtigste unter ihnen war sein Presseberater, der die großen Familien haßte und sich danach sehnte, deren Sturz zu erleben. Es bereitete ihm großes Vergnügen, die alteingesessenen ägyptischen Familien schwer getroffen zu sehen und deren Oberhäupter zu demütigen. Wenn jemandes Besitz unter Staatsverwaltung gestellt wurde, so erhielt das Familienoberhaupt nur eine sehr magere Entschädigung, die als „Alimente" bezeichnet wurde. Ein Mann in Oberägypten haßte dieses Wort wie den Teufel! Als sein Besitz unter Staatsverwaltung gestellt wurde, schrie er:

„Soll ich jetzt vielleicht Alimente bekommen wie eine geschiedene Frau?"

Solche Maßnahmen verletzten einfach den Stolz jedes Mannes.

Die Situation blieb bis etwa Mitte Mai unverändert. Zu diesem Zeitpunkt sollte der Schlag gegen die großen Familien geführt werden, und zwar, beginnend mit der Buheira-Provinz, in einer Provinz nach der anderen. Aber der Schatten der gewaltigen schwarzen Wolke, die Ende Mai und Anfang Juni aufzog, setzte all diesen Maßnahmen ein Ende. Eine Katastrophe mag vielleicht auch gute Seiten haben.

Ich reiste damals nach Nordkorea und dann nach Moskau. Dort hörte ich die Rede, die Nasser am 1. Mai in Kairo hielt. Er sprach von der Konterrevolution und vom Feudalismus und nannte als Beispiel einen Vorfall in einem Ort in der Nähe meines Heimatdorfes. Ich hörte, daß er meinen Namen erwähnte, und wunderte mich, wie Berichte solcher Art zu Nasser gelangten und wie er Urteile fällen konnte, ohne den Sachverhalt geprüft zu haben.

Der erwähnte Ort hieß Kamschisch und war der Schauplatz eines „Feudalismus", wie es ihn in der Tat in unserem Land noch nie gegeben hatte. Jedoch waren die von Nasser erwähnten Leute weit schlimmer als die Feudalen; sie waren Kommunisten und Marxisten und wollten durch ihre Angriffe auf den Feudalismus ein marxistisches System einführen. Um das zu erreichen, erniedrigten sie die Bürger in ihrer Menschenwürde noch weit schrecklicher, als es das „Komitee zur Liquidierung des Feudalismus" getan hatte. All das war aber ganz überflüssig, denn wir hatten den Feudalismus in jenem Ort schon vor Jahren vernichtet und das Land an die Bauern verteilt.

Kamschisch war damals ein Zentrum der kommunistischen Aktivität im Nildelta. Die Kommunisten luden sogar Jean-Paul Sartre ein, Kamschisch zu besuchen, um zu zeigen, wie stolz sie auf ihre „Errungenschaften" waren.

Diese Rede ärgerte mich sehr. Nasser hatte mich zwei Jahre zuvor, während der Präsidenten-Wahlkampagne, auf einer Reise durch die Menufija-Provinz begleitet. Ich hatte ihm damals erklärt, was wirklich hinter dem Wirbel steckte, den die Kommunisten verursachten. Und er gab dann auch entsprechende Anweisungen. Aber das „Komitee zur Liquidierung des Feudalismus" hielt nach dem 15. Mai keine Sitzungen mehr ab. Denn vom 20. Mai an begannen Schwierigkeiten ganz anderer Natur, uns in Atem zu halten: das Vorspiel der Katastrophe vom 5. Juni.

13

Auf dem Moskauer Flughafen war ich von Herrn Semjonow, dem sowjetischen Stellvertretenden Außenminister, verabschiedet worden, den der Präsident des sowjetischen Parlaments begleitete. Das Flugzeug hatte mehr als eine Stunde Verspätung, was uns Gelegenheit zu einem längeren Gespräch gab, vor allem über die Situation in Syrien. Die Sowjetpolitiker sagten mir im besonderen, daß zehn israelische Brigaden an der syrischen Grenze konzentriert worden seien. Als ich dann in Kairo eintraf, erfuhr ich, daß die Sowjetunion Nasser ebenfalls davon informiert hatte. Levi Eschkol, der damalige Ministerpräsident Israels, erklärte im weiteren, die israelischen Streitkräfte würden, wenn es notwendig wäre, auch Damaskus besetzen.

Zu jenem Zeitpunkt hatten wir einen gemeinsamen Verteidigungspakt mit Syrien. Die Sowjets versuchten die Araberführer gegeneinander auszuspielen (wie sie es getan hatten, solange ihr Agent Kassem im Irak regierte) und trachteten Nasser zu provozieren, indem sie behaupteten, die syrische Führung sei progressiver. Nasser befahl nun Abdel-Hakim Amer, ägyptische Streitkräfte auf Sinai zu konzentrieren. Obwohl sein wirkliches Ziel darin bestand, Israel abzuschrecken, verlor er doch sehr bald die Kontrolle über die Situation.

Zu jener Zeit kritisierten viele arabische und islamische Brudernationen Ägypten, weil es die Meerenge von Tiran für die internationale, besonders für die israelische Schiffahrt offen ließ. Bei einem Besuch in Pakistan fühlte sich Amer so sehr durch solche Vorwürfe irritiert, daß er uns ein Telegramm sandte, worin er forderte, daß die Meerenge von Tiran für die israelische Schiffahrt geschlossen werden müsse.

Nasser berief Ende Mai eine Sitzung jener Körperschaft ein, die er das „Oberste Exekutivkomitee“ nannte, bei der Amer, Zakaria Mohieddin, Hussein El-Schafi, ich selbst, Ali Sabri und Sidki Suleiman, der damalige Ministerpräsident, anwesend waren.

Nasser sagte: „Mit unserer Truppenkonzentration auf Sinai stehen die Kriegschancen etwa 50 : 50. Wenn wir die Meerenge schließen, wird der Krieg eine hundertprozentige Sicherheit sein.“

Sich an Amer wendend, fragte er: „Sind die Streitkräfte kampfbereit, Abdel-Hakim?“

Amer zeigte auf seinen Hals und sagte: „Ich nehme es auf meinen Kopf, Chef. Alles ist in Tipp-Topp-Zustand . . .“

Wir alle wußten, daß unsere Rüstung ausreichend war. Sie war sogar dutzendemal besser als – sechs Jahre später – jene im Oktoberkrieg von 1973. Als Nasser um unsere Meinung fragte, waren wir einstimmig dafür, daß die Meerenge geschlossen werden sollte, mit Ausnahme von Ministerpräsident Sidki Suleiman. Er bat Nasser, mehr Geduld zu zeigen und auch die wirtschaftliche Situation sowie unsere ehrgeizigen Entwicklungsprojekte in Rechnung zu stellen, die „eingefroren" waren, speziell seit die amerikanische Hilfe eingestellt worden war.

Nasser schenkte aber Sidki Suleimans Einwendungen keine Aufmerksamkeit. Er war darauf aus, die Meerenge zu schließen, um den feindseligen Manövern der Araber ein Ende zu bereiten und sein eigenes großes Prestige innerhalb der arabischen Welt aufrechtzuerhalten. Es wurde nun Befehl erteilt, daß die Meerenge von Tiran geschlossen werden solle und die Streitkräfte der Vereinten Nationen auf Sinai sich zurückzuziehen hätten.

Dies bedeutete jedoch eine Überdramatisierung durch Nasser, während die Sowjetunion stündlich davor warnte, daß das Tempo der Ereignisse schneller ablaufe, als es sollte. Nasser ließ sich aber von seiner eigenen Ungeduld treiben und benützte eine Pressekonferenz als Abschluß des Dramas. Er trat in ihr außerordentlich herausfordernd und heftig auf.

Als Ergebnis geriet die internationale Situation in Verwirrung. Die Sowjetunion verunsicherte die Öffentlichkeit noch weiter, in ihrem üblichen Spiel, eine eigene Verwicklung in den Konflikt zu vermeiden. Gleichzeitig griff Israel zu seinen üblichen Methoden, indem es vorgab, schwach zu sein, Hilfe zu brauchen und die Rolle dessen spielte, dem Unrecht geschieht.

Sobald die Meerenge von Tiran geschlossen war, wurde der Krieg zur Gewißheit. Wir hielten daher täglich Besprechungen im Armeeoberkommando ab, an denen alle Befehlshaber der Streitkräfte teilnahmen. Unsere Truppen waren auf Sinai konzentriert. Unterdessen verlangte die Sowjetunion, daß ein ägyptischer Sonderbotschafter nach Moskau kommen solle. Daraufhin wurde Schams Badran in seiner Eigenschaft als Kriegsminister entsandt. Im Kreml fragte man ihn, was Ägypten tun werde, wenn die 6. US-Flotte in die Kämpfe eingreife. Er antwortete ohne Zögern: „Wir haben eine Waffe, die ihnen einen tödlichen Schlag versetzen kann." Er dachte dabei an den mit Raketen ausgerüsteten TU-16-Bomber, der allerdings mit voller Ladung nicht schneller als 500 Stundenkilometer fliegen konnte, das ist etwa die Hälfte der Geschwindigkeit eines Zivilflugzeuges der Marke Boeing. Es war ein Scherz, der den Kreml ebenso wie uns in Ägypten amüsierte.

Der Kriegsminister kehrte aus der Sowjetunion mit einem Abkommen über Waffenlieferungen zurück, bei dem jedoch, wie bei der Sowjetunion immer üblich, keine Lieferzeiten festgelegt waren. Die sowjetische Führung wollte stets und unter allen Umständen die Situation weiter komplizieren und, was noch wichtiger war, immer selbst den Zeitpunkt des Geschehens festlegen und sich die Kontrolle über die Situation sichern.

Das war übrigens der Grund für meinen Entschluß, die Sowjetexperten aus Ägypten auszuweisen, und auch für noch manch andere Entschlüsse. Die Interessen meines Landes kenne ich besser als die Sowjetunion und kann es nicht dulden, daß eine „Schutzmacht" sich in unsere Angelegenheiten einmischt und sie zu leiten versucht.

Am Freitag, dem 2. Juni 1967, bestätigte Nasser – der ein ausgezeichneter Soldat war, auf Sinai gedient hatte und die Gegend sehr gut kannte – den Kriegsplan in seiner Eigenschaft als Präsident und Oberster Befehlshaber der Streitkräfte. Ich erinnere mich genau, daß Nasser noch an jenem Tag den Befehlshaber der Luftwaffe, Sidki Mahmud, warnte, der erste Schlag des Feindes werde voraussichtlich gegen die Luftwaffe gerichtet sein; worauf der General in offensichtlicher Nervosität erwiderte: „Wir haben das in Rechnung gestellt, Herr Präsident. Wir werden keine Verluste über die schon einkalkulierten zehn Prozent hinaus erleiden."

Am gleichen Tag meinte Nasser, daß Israel uns am Samstag oder Sonntag, spätestens aber am Montag, dem 5. Juni, angreifen werde.

In Israel hatte es einen Regierungswechsel gegeben, eine Koalitionsregierung mit Mosche Dayan als Verteidigungsminister war gebildet worden. Dayan spielte sofort in der von Eschkol und Lyndon Johnson eingeleiteten offensichtlichen Täuschungsoperation mit, die die Araber glauben lassen sollte, daß Israel nicht daran denke, einen Krieg gegen sie zu führen. Die Situation war jedoch viel zu offenkundig, als daß eine solche Tarnung glaubhaft hätte sein können.

Am Tag der Katastrophe selbst, am 5. Juni, hatte Amer – wie ich später erfuhr – den von Nasser bestätigten Plan im nachhinein vollkommen verändert. Auch das wurde offenkundig, denn Israel besetzte El-Arisch noch am Abend dieses Tages, während es dazu im Jahre 1956 nicht imstande gewesen war, obwohl damals unsere Truppen weitaus schwächer waren als im Jahre 1967.

Am Montag, dem 5. Juni, bestieg Amer, begleitet von allen Befehlshabern, ein Flugzeug und unternahm eine „Inspektionstour" über Sinai. Es war nur natürlich, daß zu diesem Zeitpunkt, als der Oberbefehlshaber sich in der Luft befand, Befehl an alle SAM-Raketenbatterien und Flak-Batterien ergangen war, ihr Feuer einzustellen. Und genau während dieser „Tour" griff Israel alle unsere Luftbasen und Flugplätze an, um unsere Flugzeuge am Boden zu zerstören. Wir können daher mit vollem Recht feststellen, daß der Krieg begann und endete, während Amer sich in der Luft befand.

Wie erfuhr ich von der Katastrophe? Ich wußte aus Radiomeldungen am Morgen des 5. Juni, daß Israel mit dem Angriff begonnen hatte, und dachte: „Nun werden wir ihnen eine Lehre erteilen, die sie nie mehr vergessen." Ich war vollkommen sicher und zuversichtlich, rasierte mich, ließ mir Zeit, um in Ruhe meine Kleidung zu wechseln, und fuhr dann selbst in das Oberkommando. Ich war dabeigewesen, als der Kriegsplan vorgelegt worden war, und vertraute unerschütterlich auf unseren Sieg. Denn unsere Rüstung war mehr als ausreichend, die Planung ausgezeichnet. Ich kam etwa gegen elf Uhr an. Das Auto des Sowjetbotschafters parkte vor dem Eingang, und ich meinte, er sei gekommen, um uns zu beglückwünschen.

„Nun, was gibt es Neues?" fragte ich. Offiziere berichteten, wir hätten bisher etwa 40 feindliche Flugzeuge abgeschossen.

„Ausgezeichnet", sagte ich.

Ich ging in das Büro Amers und fand ihn dort in der Mitte des Raumes stehend, mit wirren Blicken um sich schauend.

„Guten Morgen", sagte ich, aber er schien mich nicht zu hören.

Ich sagte noch einmal „Guten Morgen", aber er brauchte eine Minute, bis er meinen Gruß erwiderte. Ich begriff sogleich, daß irgend etwas fehlgeschlagen war. Ich fragte die Anwesenden und erfuhr, daß unsere Luftwaffe am Boden vollkommen zerstört worden sei. Kurz danach kam Nasser aus der Halle. Amer begann zu sprechen und gab die Schuld ausschließlich den Amerikanern. Es sei die amerikanische Luftwaffe, nicht die der Israelis gewesen, die uns diesen Schlag versetzt habe.

Nasser erwiderte: „Ich bin nicht bereit, dies zu glauben oder eine offizielle Erklärung in dem Sinn herauszugeben, daß die USA uns angegriffen hätten, bevor du nicht wenigstens ein einziges Flugzeug vorweisen kannst, das auf den Tragflächen die amerikanischen Hoheitszeichen trägt."

Nasser beharrte zunächst unnachgiebig auf dieser Forderung. Nachdem er jedoch das Ausmaß der Katastrophe begriffen hatte, änderte er seine Haltung und ließ eine Erklärung verlautbaren, in der er die Amerikaner anklagte, Ägypten angegriffen zu haben. Es war eine politische Tarnung für den inländischen Gebrauch.

Ein anderer merkwürdiger Zwischenfall am 5. Juni, diesem Tag des Unheils, betraf die Reaktion Amers. Als sein Flugzeug landete, und er von der Katastrophe informiert wurde, berief er sofort den Sowjetbotschafter, um einen Waffenstillstand zu verlangen, obwohl der Krieg erst eine Stunde vorher begonnen hatte. Das war auch der Grund, warum der Sowjetbotschafter am Morgen des 5. Juni im Hauptquartier eingetroffen war.

Was konnte ich tun? Ich ging einfach nach Hause und blieb dort einige Tage, nämlich bis zum 9. Juni, als Nasser um sieben Uhr abends über Radio und Fernsehen eine Ansprache an die Nation hielt. Zu Hause war ich sowohl mit Amer als auch mit Nasser im ständigen Kontakt. Am Abend des 5. Juni hatte ich Amer angerufen. Er sagte mir trocken und ärgerlich, daß die Israelis El-Arisch erobert hätten. Das war wirklich zuviel. Ich wußte nicht mehr, was ich anfangen sollte. Ich hatte die Gewohnheit, pro Tag vier Kilometer zu marschieren, aber ich weiß buchstäblich nicht mehr, wie lange ich nach dem 5. Juni gegangen bin. Ich ging und ging und verlor jeden Sinn für Zeit und Entfernung. Vielleicht zehn Kilometer, vielleicht mehr oder weniger, ich weiß es nicht. Ich war wie betäubt und unfähig, mich in Zeit und Raum zurechtzufinden.

Noch niedergeschlagener und verzweifelter wurde ich, als ich die Menschenmengen sah, die auf Lastautos aus der Tahrir-Provinz* herbeifuhren oder die breiten Straßen bei den Pyramiden füllten, in „Kompanien" anmarschierten, sangen, tanzten, applaudierten und die gefälschten Siegesberichte feierten, die unsere Massenmedien stündlich ausgaben.

Daß sie sich an imaginären Siegen begeisterten, daß sie in Wirklichkeit Niederlagen feierten, ließ mich sie bedauern, sie ehrlich bemitleiden und jene zutiefst hassen, die sie und ganz Ägypten betrogen hatten. Als ich diese echten und doch zugleich falschen Siegesumzüge beobachtete, wünschte ich mir einen Herzanfall wie jenen, den ich 1960 gehabt hatte. Ich wollte sterben, bevor diese guten und braven Leute aus dem Traum erwachten, bevor sie begriffen, daß die Siege, die man ihnen „serviert" hatte, in Wirklichkeit eine fürchterliche Niederlage waren.

Am 7. Juni rief ich Nasser in seinem Heim an. Er prüfte dort die Berichte, die ihm das Oberkommando über den Verlauf der Kämpfe übermittelt hatte. Ich war zutiefst erstaunt. Warum übernahm Nasser am 5. Juni nicht selbst das Kommando? Wir hatten zwar unsere Luftwaffe verloren, aber wir hätten uns zurückziehen und an den Sinai-Pässen eine Verteidigungslinie aufbauen können. Warum hatte er den Befehl Amers an unsere Streitkräfte, sich innerhalb 24 Stunden auf das Westufer des Suezkanals zurückzuziehen, nicht widerrufen? Auf diese Art konnte ein Rückzug nicht durchgeführt werden. Es gehörte zum einfachsten militärischen Wissen, daß ein Rückzugsbefehl nur über den Generalstab erteilt werden kann, der seinerseits die notwendige Planung erstellen und den notwendigen „Fahrplan" entwerfen muß, der dann an alle Einheiten ergeht, so daß schließlich jede Truppe ihren eigenen Rückzug entsprechend dem erstellten Plan

* Wörtlich: „Befreiung-Provinz", Neuland am Westrand des Nildeltas.

und der Zeittafel selbst organisieren kann. Nichts dergleichen geschah jedoch. Der Rückzugsbefehl Amers war in Wirklichkeit ein Befehl, Selbstmord zu begehen.

Militärisch war die Situation auch in Nassers Augen ganz klar. Warum aber tat er dann nichts? Warum griff er nicht ein? Und – so muß ich noch einmal fragen – warum enthob er Amer nicht am 5. Juni, übernahm selbst das Kommando oder ernannte einen anderen Oberbefehlshaber? Es gibt dafür keine Antworten, nur große Fragezeichen, die schrecklich und bedrückend über allem stehen, was und wann immer Nasser mit Amer zu tun hatte.

Diesmal jedoch forderte ich Nasser heraus. Ich sagte ihm am Telefon:

„Gamal, warum versuchst du nicht eine Rettungsoperation? Du bist es, der letzten Endes für alles verantwortlich ist! Warum forderst du Amer nicht auf, zu Hause zu bleiben, und warum übernimmst du nicht selbst den Oberbefehl?"

„Nun, Anwar", antwortete er, „als ich erfuhr, daß er diesen Rückzugsbefehl gegeben hatte, fragte ich ihn: ‚Wie konntest du das tun, Abdel-Hakim, wo du doch an den Pässen eine Verteidigungslinie hättest aufbauen können?' " Amer hatte geantwortet, es seien keine Vorbereitungen für eine Frontlinie an den Pässen getroffen worden.

Die israelischen Truppen hatten dagegen drei Verteidigungslinien, auf die sie sich hätten zurückziehen können, falls der Kampf eine für sie ungünstige Wendung genommen hätte. Bei den Besprechungen vor dem 5. Juni im Hauptquartier hatten wir Luftaufnahmen dieser Stellungen gesehen. Bei uns jedoch war nicht einmal die Verteidigungslinie in der Mitte des Sinai für den Ernstfall vorbereitet, jene Stellungen an den Pässen, die zu jeder Zeit einsatzbereit hätten sein müssen, ob im Frieden oder im Krieg.

Am 8. Juni rief ich Nasser noch einmal an. Er sagte:

„Es ist alles vorbei. Die israelischen Truppen sind auf dem Weg nach El-Kantara am Suezkanal, nachdem sie El-Arisch erobert haben. Die Straße ist offen, und sie finden nirgends mehr Widerstand. Es ist nur eine Frage von ein paar Stunden, bis El-Kantara genommen sein wird. Unsere Truppen im Scharm-el-Scheik haben Befehl erhalten, sich zurückzuziehen, um ihrer Vernichtung zu entgehen. Israel hat begonnen, Sinai auch vom Süden her anzugreifen."

Am selben Tag erfuhr ich von Nasser, daß unsere 4. Panzerdivision, die beste, die wir hatten, auf Amers Befehl vom Westufer des Suezkanals nach dem Osten übergesetzt hatte, jedoch nur, um dort vernichtet zu werden. Dies bedeutete das Ende unserer Armee. Was darauf folgte, war das Chaos. Die Soldaten ließen ihre Panzer und Fahrzeuge im Stich und retteten sich auf das Westufer des Kanals.

Manche von ihnen flohen weit nach Süden, bis nach Assuan, immer noch von feindlichen Flugzeugen gejagt, die sie angriffen und ihre Panik noch vergrößerten.

Am 9. Juni hörte ich – immer noch wie betäubt – über den Rundfunk ein vom Oberkommando herausgegebenes Kommuniqué, in dem es hieß, die Israelis seien nun auf das Westufer des Kanals vorgedrungen. Die ganze Welt wurde als Zeuge dieser Aggression aufgerufen. Das Kommuniqué bewies eine so beschämende Hilflosigkeit, Unterwürfigkeit und Demütigung, daß es mein Blut kochen ließ. Ich erhob mich, zog meinen Kampfanzug an, nahm mein Gewehr mit Zielfernrohr und fuhr mit einem kleinen Fiat, den ich vom Nachrichtendienst ausgeborgt hatte, los, um meinen eigenen Krieg zu führen. Es schien mir ehrenhafter, auf dem Schlachtfeld zu sterben, als müßig zu Hause zu bleiben. Da ich der Präsident der Nationalversammlung war, gab ich Weisung an den Generalsekretär des Parlaments, allen Mitgliedern, die eine militärische Ausbildung hatten, mitzuteilen, es solle jeder in seinem Wahlkreis hundert bis zweihundert Mann mobilisieren und für den Kampf gegen die Israelis vorbereiten. Und zwar an all jenen Orten, die ich festlegen würde. Danach fuhr ich zu Nasser. Er war in seinem Büro in seinem Haus bei Manschiat-el-Bakri.

Ich sagte zu ihm: „Was machst du hier? Komm, Gamal! Worauf wartest du? Wir müssen dich nach Oberägypten schicken, von dort aus werden wir unseren Widerstand fortsetzen. Selbst wenn Kairo fällt, werden wir doch bis zum Tode Widerstand leisten."

Ich berichtete ihm dann, was ich in der Nationalversammlung getan und wie ich die Mitglieder auf den Widerstand vorbereitet hatte. Dann fragte ich ihn:

„Hast du das letzte Kommuniqué gehört, das unser Oberbefehlshaber herausgegeben hat?"

Nasser blickte mich die ganze Zeit hindurch an, sprach aber kein Wort. Schließlich deutete er auf einen Sessel und sagte:

„Setz dich, Anwar! Ich bitte dich, setz dich."

„Wie kann ich?" sagte ich. „Gamal, du solltest gar nicht hier sein! Du gehörst jetzt nach Oberägypten. Du wirst das Symbol des Widerstandes sein. So wie ich es dir gesagt habe, müssen wir bis zum Ende kämpfen. Entweder werden wir sie vernichten, oder wir werden selbst zugrunde gehen. Vergiß nicht, daß unser dichtbevölkertes Land als solches eine sehr starke Waffe in unserer Hand ist."

„Armer Anwar", sagte er. „Du bist genau wie das Volk. Glaubst du denn wirklich an dieses Kommuniqué? Schau, ich weiß doch, wie diese Kommuniqués ausgegeben werden. Das ist doch alles Unsinn. Die Juden haben niemals auf das Westufer übergesetzt.

Als ich das Kommuniqué hörte, forderte ich Zakaria auf, zum Oberkommando zu gehen und sich die Sache bestätigen zu lassen. Denn ich weiß, daß das Oberkommando total zusammengebrochen ist. Es ist aus damit, es ist erledigt. Zakaria kam zurück und berichtete mir, einige unserer Offiziere, die auf das Westufer übergesetzt hatten, seien wütend geworden, als sie bemerkten, daß die Juden auf dem anderen Ufer standen. In ihrem Zorn feuerten sie Werfergranaten auf sie ab. Die Juden haben das Feuer erwidert, indem sie eine Farbenfabrik in Ismailia bombardierten.

Setz dich, Anwar, bitte setz dich! Du brauchst nicht zu kämpfen. Es ist alles vorbei. Das Szenarium, das die USA und Israel vorbereitet haben, ist bis in das kleinste Detail ausgeführt worden. Die Juden sollten das östliche Kanalufer erreichen, aber aus vielen Gründen nicht auf das Westufer übersetzen. Der wichtigste Grund ist das Risiko, das der Vorstoß in ein dichtbevölkertes Gebiet bedeuten würde. Außerdem, können sie uns denn noch mehr demütigen, als sie es schon getan haben? Bitte bleib bei mir, bis ich die Erklärung fertig habe, die ich heute über das Radio abgeben muß."

Ich blieb. Ich war der erste, der diese Erklärung las. Unterdessen rief Amer an und sagte zu Nasser am Telefon:

„Ich will auch in diese Erklärung eingeschlossen sein, zusammen mit dir!"

Nasser sagte: „Laß mich, Abdel-Hakim, diese letzte Sache auf meine Weise tun. Ich lege meine Verantwortung nieder; wenn du dann später zurücktreten willst, so steht dir das ja frei!"

Ich verstand damals das wirkliche Motiv hinter der Forderung Amers noch nicht. Später begriff ich, daß er Angst hatte, Nasser könnte sozusagen sich selbst in seiner Erklärung von der Verantwortung freisprechen und Amer die alleinige Verantwortung für alles, was geschehen war, überlassen.

Amers Erwartungen waren aber falsch. Die Erklärung sagte klar – wie Nasser es sah –, daß eine große Macht allein die Kontrolle über die Welt ausüben und dabei auch Ägypten „regieren" wolle, nämlich die USA. Da Nasser den Amerikanern diesen Wunsch nicht erfüllen könne, habe er keine andere Wahl, als abzutreten und die Macht an seinen Kameraden Zakaria Mohieddin zu übertragen.

Kaum hatte Nasser seine kurze Erklärung beendet, waren schon die Straßen Kairos voll mit Menschen, Männern, Frauen und Kindern, aus allen Klassen und Berufen, zu einer geschlossenen Masse vereint durch dasselbe Gefühl einer Krise. Die Menschen marschierten alle in dieselbe Richtung und sprachen mit derselben Zunge. Sie forderten von Nasser, daß er bleiben solle. Die Katastrophe war groß: Plötzlich war das Rad der Zeit wieder zurückgedreht, und die Tage der

Besetzung durch eine Großmacht waren wiedergekommen. Nur würden es diesmal die USA sein, nicht Großbritannien. Dies war die klare Bedeutung der Rede Nassers, die das Volk aufs tiefste bewegte und sein patriotisches Feuer entflammt hatte. Diese Rede weckte in den Ägyptern wieder die alte patriotische Auflehnung, die schärfste Waffe des Volkes in all den Jahrhunderten. Das Volk ging auf die Straße, um der Niederlage seinen Trotz entgegenzustellen, um jede Unterwerfung unter irgendeine fremde Macht, so stark sie auch sein mochte, abzulehnen. Seine Truppen mochten besiegt worden sein, aber sein Wille blieb unbesieglich. Durch 17 Stunden wollte das Volk die Straßen von Kairo nicht verlassen. Sie hatten alles vergessen, selbst Essen, Trinken und Schlafen. Sie dachten an nichts anderes, als ihre Einheit zu erhalten und dem Willen jener ausländischen Macht, die sie sich unterwerfen wollte, zu trotzen.

Ich rief Nasser mehrmals an; ich fand jedesmal, daß es ihm schlechter ging. Seine Stimme war die eines Mannes, der der Vergangenheit angehörte, einer dunklen, finsteren, fernen Vergangenheit. Ich dachte, daß er ins Bett gehörte, daß er sehr zu leiden hatte. Sein Stolz, diese von ihm so besonders hochgeschätzte Eigenschaft, war verletzt worden wie niemals zuvor. Nur ein paar Tage früher hatte die Welt voll Spannung auf jedes Wort, das er auf seiner berühmten Pressekonferenz sprach, gewartet. Jetzt lachten und verhöhnten die Leute ihn überall. Der 5. Juni hatte ihm einen tödlichen Schlag versetzt, ihm das Ende bereitet. Jene, die Nasser kannten, werden begreifen, daß er nicht am 28. September 1970, sondern schon am 5. Juni 1967 gestorben ist, genau eine Stunde nach Ausbruch des Krieges . . .

So sah er zu jener Zeit und auch lange danach aus: ein lebender Leichnam. Die Blässe des Todes lag auf seinem Gesicht und seinen Händen. Obwohl er sich noch bewegte, umherging, hörte und sprach . . .

Kapitel VII

Zwischenspiel: Kampf ums Überleben

1

Obgleich äußerlich ohne besondere Ereignisse, war doch die Zeit von Juni 1967 bis September 1970 ein Zeitraum intensiven, in der langen Geschichte Ägyptens noch kaum dagewesenen Leidens: Ein Gefühl der Verzweiflung auf nationaler, politischer und militärischer Ebene, erzeugt durch die furchtbare Enttäuschung, hatte die Menschen erfaßt. Als Folge dieser Emotion wurde der Kampf ums Überleben das wichtigste Charakteristikum jener Periode. Denn das Gefühl der Verzweiflung ist das stärkste Motiv für den Kampf ums Überleben.

Obwohl die Formen dieses Kampfes verschieden waren, war ihnen allen doch stets das folgende Muster zu eigen: Mächte und Mächtige kämpften, um ihren Platz zurückzuerobern, ihre alte Identität trotz geringer Erfolgschancen wieder zu erlangen und um zu überleben. Die Kampffronten dieser Kräfte überschnitten sich oft, ja sie verschmolzen manchmal (selbst dann, wenn sie einander entgegengesetzt waren). Es war sehr oft schwierig, sie zu unterscheiden.

Nasser etwa kämpfte nun darum, sein Image eines großen Helden zu bewahren, so wie er vor der Juni-Niederlage gegen den Versuch Amers gerungen hatte, als Oberbefehlshaber der Streitkräfte im Amt zu bleiben. Diese Linie überschnitt sich jedoch einerseits mit dem Wunsch Nassers, die Streitkräfte wiederaufzubauen, anderseits mit der Entschlossenheit der Sowjetunion, uns unter Kontrolle zu halten. Der Kreml machte uns deutlich, daß es nur von ihm abhing, uns das, was wir brauchten – nämlich Waffen –, zu geben oder zu verweigern.

Die Demonstrationen des ägyptischen Volkes vom 9. und 10. Juni zur Unterstützung Nassers, die Forderung der Massen, er solle als Präsident im Amt verbleiben, war gewiß eine Form des Kampfes ums Überleben Ägyptens – des Landes, des Volkes, des nationalen Willens, allen Geschehnissen zum Trotz. Wie weit war Ägypten in diesem Kampf um sein Überleben erfolgreich? Wie weit überschnitt sich sein Wille mit dem anderer, die ebenfalls ums Überleben kämpften?

2

Ich befand mich gegen Mittag des 10. Juni 1967 in meinem Büro in der Nationalversammlung, als ich in nächster Nähe Explosionen hörte. Ich erkundigte mich nach der Ursache und erfuhr, daß die Polizei Tränengas einsetze, um eine Menschenmenge, die seit einiger Zeit die amerikanische Botschaft belagert und sie in Brand zu stecken versucht hatte, auseinanderzutreiben. Ich rief sofort Nasser an, ließ ihn selbst die Explosionen hören und berichtete ihm, was geschehen war. Dann sagte ich:

„Willst du, Gamal, eine Wiederholung des Brandes vom 26. Januar 1952 erleben? Das genau ist jetzt im Begriff zu geschehen. Deshalb mußt du im Amt bleiben! Die Leute sind entschlossen, allen widrigen Umständen zum Trotz auszuharren. Du kannst dich dieser Verantwortung nicht entziehen."

Nasser ließ sich überzeugen und sagte, er werde bleiben. Aber seine Stimme klang wie aus weiter Ferne, als käme sie aus der Tiefe eines Grabes. Nicht lange nach unserem Telefongespräch rief mich sein Pressereferent an, um mir eine Erklärung mitzuteilen, in der Nasser sagte, er habe sich entschlossen, als Präsident im Amt zu bleiben. Ich schrieb den Wortlaut nieder und ordnete an, die Signalglocken für eine sofort abzuhaltende Sitzung der Nationalversammlung zu läuten.

Die Nationalversammlung hatte schon in einer vorhergehenden Sitzung beschlossen, den Rücktritt Nassers nicht anzunehmen. Als wir nun wieder zusammentraten, teilte ich den Abgeordneten mit, Nasser habe sich auf Grund der Forderungen des Volkes entschlossen, im Amt zu bleiben. Er hätte die entsprechende Erklärung ihnen gerne persönlich vorgelesen, sei aber dazu im Augenblick nicht imstande. Die Abgeordneten wußten sich vor Freude kaum zu halten. Sie applaudierten, schrien, sangen und weinten.

Kurz danach nahm ich Kontakt mit meinen Kameraden im Hauptquartier auf und sagte ihnen, daß wir alle, auch ich, demissionieren sollten, um Nasser freie Hand zu geben, sich in dieser kritischen Lage Ägyptens seine Mitarbeiter (vielleicht andere als bisher) auszusuchen. Nur so, so sagte ich, könnten wir hoffen, den alten Konflikten ein Ende zu setzen, die uns schließlich in die Niederlage und Verzweiflung geführt hatten. Alle stimmten zu. Ich rief Nasser an und sagte, daß bei mir die Demissionsschreiben aller unserer Kameraden lägen, mit Ausnahme jenes von Amer. Amer habe versprochen, so sagte ich, seinen Demissionsbrief direkt an Nasser zu schicken. Nasser verlangte von mir, ich solle die Ankündigung dieser Rücktritte noch für eine Zeitlang aufschieben. Er meinte, wenn wir unsere Demissionen in diesem Augenblick ankündigten, so hätte er persönlich das Gefühl, daß die ganze Welt zusammengebrochen sei, und das Volk werde dasselbe empfinden. Ich war davon nicht überzeugt und argumentierte noch eine Weile für die Ankündigung unserer Demissionen. Nasser dagegen redete mir weiter zu, die ganze Sache so lange aufzuschieben, bis er wußte, wo er anfangen sollte. Nach allem, was geschehen sei, so beharrte er, könne er noch keinen „Ausgangspunkt" sehen, er brauche einfach Zeit.

Am 11. Juni rief Nasser wieder an und sagte, er sehe nun den Ausgangspunkt, nämlich den Wiederaufbau der Armee. Sehr bald fand er zu seinem Erstaunen sein Haus überlaufen von Offizieren, die kamen, um den Verbleib Amers zu fordern. Nasser trachtete mit Amer in Verbindung zu kommen, aber dieser war verschwunden. Die Offiziere schickte er fort. Einige Zeit später trafen Nachrichten ein, wonach die in der Hilmijeh-Kaserne stationierte Militärpolizei auf dem Marsch zum Hause Nassers sei, um das Verbleiben Amers zu fordern. Zu diesem Zeitpunkt besaß Nasser keine Leibwache, denn die Präsidentengarde hatte an den Kämpfen gegen den Feind teilgenommen und war noch nicht wieder in Kairo eingetroffen.

Nasser war, wie bekannt, von Natur aus argwöhnisch, besonders wenn es um seine persönliche Sicherheit ging. Sein „pathologisches" Verhalten im bezug auf persönliche Sicherheit war vielleicht verantwortlich für alle jene „Notstandsmaßnahmen", die seinerzeit nur „vorläufig" getroffen, später aber die Regel geworden waren. Daraus aber entstand ein fürchterlicher Alpdruck und eine schreckliche Belastung für das Volk.

Als nun Nasser hörte, daß die Militärpolizei im Anmarsch sei, nahm er – wie er mir erzählte – seinen Revolver, legte ihn neben sein Bett und saß dort und wartete. Er versuchte noch einmal Amer anzurufen, aber vergeblich. Er rief dann Mohammed Fauzi im Armeeoberkommando an. Fauzi sagte ihm, daß 600 Offiziere, geführt von vier Generalleutnants, in dem Gebäude versammelt seien und ebenfalls das Verbleiben Amers verlangten. Nun handelte Nasser endlich: Er ernannte auf der Stelle Fauzi zum Oberbefehlshaber der Streitkräfte und befahl, die vier Generalleutnants sogleich ihrer Funktionen zu entheben, die 600 Offiziere aber zu entlassen oder an Ort und Stelle zu verhaften, je nachdem, was Fauzi für richtig halte. Fauzi führte diese Befehle aus und berichtete Nasser darüber. Nun forderte Nasser ihn auf, noch am selben Abend, begleitet von Abdel-Moneim Riad, zu ihm zu kommen. Sie entwarfen nun einen Zeitplan für den Wiederaufbau der Streitkräfte. Es war dies die erste Arbeit Nassers nach seiner Wiederaufnahme des Präsidentenamtes – eine Manifestation seiner Entschlossenheit zu überleben.

3

Ich war von unserer Niederlage völlig überwältigt. Sie erfüllte mein Bewußtsein; ich lebte mit ihr Tag und Nacht. Als die wahren Ausmaße Tag für Tag klarer wurden, vergrößerten sich auch mein Schmerz und mein Gefühl der Hilflosigkeit. Ich schloß mich für drei Wochen in meinem Heim nahe den Pyramiden ein und konzentrierte mich auf die jüngsten Ereignisse. Ich suchte mit aller Kraft, die ich besaß, die fürchterliche Verleumdungskampagne, die sowohl Freund als auch Feind gegen unsere Streitkräfte begonnen hatten, durchzustehen.

Es wurden Zweifel an unserer Kampffähigkeit geäußert. Es wurde behauptet, die Ägypter seien nicht imstande zu kämpfen und daher könnten auch keine weiteren Kriege zur Wiedergewinnung unseres Landes und zur Wiederherstellung unserer Ehre geführt werden. Wenn das wahr wäre, so dachte ich, dann konnte das Tod und Zerstörung für unser Volk bedeuten, für Tausende von Jahren. Wir würden so enden wie die Indianer Amerikas. Wie schändlich. Wie demütigend. Ich war aufgewachsen in der Liebe und im Glauben an Ägypten und an den ägyptischen Menschen. Sollte das alles nun dahin sein? Wenn es so wäre, dann wollte auch ich nicht mehr sein. Ich hätte niemals mehr den Menschen, als den ich mich selbst kannte, finden können, ich hätte niemals mehr gewußt, wer ich wirklich war. Ich hätte ohne Identität leben müssen, ein Fremder unter Fremden. Wäre das Leben dann noch lebenswert?

Ich spürte, daß ich aus dem „moralischen" Gefängnis, in dem ich mich auf einmal befand, ausbrechen mußte. Das Überleben Ägyptens wurde meine alles beherrschende Leidenschaft. Ich wollte mir selbst die Gewißheit verschaffen, ob wir nun imstande seien zu kämpfen oder nicht, und ich dachte an nichts anderes mehr. Ich rief das Militärhospital in Maadi an und fragte den dortigen Befehlshaber, ob irgendeiner der Leute, die auf Sinai gekämpft hatten, dort in Behandlung wäre. Er berichtete, ein Generalmajor namens Kamal Hassan Ali sei zusammen mit Offizieren, die er auf dem Schlachtfeld befehligt habe, in sein Lazarett eingeliefert worden. Sie stünden unmittelbar vor der Operation.

„Ich werde in einer Minute bei euch sein", sagte ich und fuhr sofort nach Maadi.

„Sagen Sie mir offen, Kamal", sagte ich, „habt ihr auf Sinai gekämpft?"

„Selbstverständlich! Ich habe am 7. Juni einen Gegenangriff geführt."

„Sagen Sie mir ehrlich: Hat es uns an Ausrüstung gefehlt?"

„Im Gegenteil, wir hatten ausgezeichnete Waffen. Wenn wir auf einen Panzer schossen, dann hat die Granate ihn nicht nur getroffen, sondern ihn auch auseinandergerissen."

„Erzählen Sie mir von diesem Gegenangriff."

Indem er auf zwei jüngere Offiziere zeigte, die mit ihm auf mich gewartet hatten und dann operiert werden sollten, sagte er:

„Meine Leute sollen Ihnen sagen, welche Erfahrungen sie gemacht haben und was unsere Leistungen waren. Sie sind es gewesen, die alles getan haben. Ich habe nur Befehle erteilt."

Ich hatte in der Tat von diesem Gegenangriff gehört, den eine ägyptische Brigade am 7. Juni geführt hatte. Sie war in allen Zeitungen der Welt sehr gelobt worden (und sogar Mosche Dayan selbst schrieb darüber), aber es war als individuelle Anstrengung betrachtet worden, als eine Ausnahme, die man nicht als „repräsentativ" für die wirkliche Stärke oder für die Kampffähigkeit unserer Streitkräfte betrachten konnte. In langen Gesprächen mit dem Kommandeur und den Offizieren dieser Brigade habe ich jedoch Gewißheit gewonnen, daß ihre heldenhaften Taten eigentlich die Regel gewesen wären und alles andere die Ausnahme, wenn nicht das Verhalten der Armeekommandos so verwirrt und so schwächlich gewesen wäre. Es stellte sich heraus, daß als Ergebnis von unklaren und einander widersprechenden Befehlen, die das Oberkommando erlassen hatte, die Brigade überflüssigerweise insgesamt eine Entfernung von 1000 Kilometern zurückgelegt hatte. Dieses Hin- und Herfahren schränkte die Einsatzfähigkeit der Panzer sehr ein. Dennoch hatte die Brigade sieben feindliche Flugzeuge abgeschossen und trotz der absoluten Luftherrschaft der Israelis in drei Kampftagen nicht mehr als 20 Panzer, ein Fünftel ihrer Stärke, verloren.

„Im Krieg von 1967 haben uns weder Ausbildung, noch gute Taktik, Waffen oder Kampfgeist gefehlt. Gott sei Dank! Es ist alles nur eine Frage der Unfähigkeit des Oberkommandos gewesen!"

Das war der wesentliche Inhalt meiner Rede, die ich dem Kommandeur und den Offizieren hielt. Ich überließ sie den geschickten Händen der Ärzte und verließ das Krankenhaus, um einen der glücklichsten Tage – der sehr wenigen glücklichen Tage – zu verleben, die mir zwischen dem 5. Juni 1967 und dem 6. Oktober 1973 beschert gewesen sind. Ich war glücklich, weil ich nun die Wahrheit wußte.

Einige Zeit später, am 21. November, erfuhr ich, daß unsere Soldaten im Gebrauch der Waffen, die uns die Sowjetunion nach der Niederlage geschickt hatte, schon voll ausgebildet waren. Unsere „Eingewöhnung" an die neuen Waffen nahm nur fünf Monate in Anspruch, obwohl die Sowjetunion mit drei Jahren gerechnet hatte.

In dieser Zeit, so spekulierten die Sowjets, werde die Situation sich beruhigt haben. Es lag nicht in der Absicht der Sowjetführer, daß Nasser nun einen neuen Krieg führen sollte. Sie versorgten ihn nur als eine Art „Höflichkeitsgeste“ mit Waffen. (In Anerkennung seiner antiamerikanischen und antiimperialistischen Haltung und in einem Versuch, die Präsenz der Sowjetunion in diesem Raum zu sichern.) Sie wollten aber niemals, daß diese Waffen auch gebraucht werden sollten. Die Sowjetunion, wie so viele andere auch, war zutiefst enttäuscht, als Nasser Mohammed Fauzi zum Oberbefehlshaber der Streitkräfte, Abdel-Moneim Riad zum Stabchef sowie Achmed Ismail zum Frontbefehlshaber ernannte und die neugeschaffenen „Ausbildungszentren“ sogleich sehr aktiv wurden und ausgezeichnete Ergebnisse brachten. Dies ist ein glorreiches Kapitel der Geschichte des jungen Ägypten. Es war nicht einfach für eine eben erst besiegte Armee, eine so gewaltige Menge von Waffen in kaum mehr als fünf Monaten zu assimilieren und dazu überzugehen, eine komplette Verteidigungslinie, 180 Kilometer lang, von Port Said im Norden bis südlich von Suez aufzubauen – bereit, jeden Angriff zurückzuweisen.

Ich war mit diesen Ergebnissen sehr zufrieden. Sie bestätigten meinen Glauben, daß unsere Streitkräfte das Opfer, nicht aber die Ursache der Niederlage vom Juni 1967 waren. Ein konkreter Beweis dafür war, daß unser „militärischer Tod“ nicht länger dauerte als einen Monat und vielleicht noch ein paar Tage. Denn schon im August 1967 fand die Schlacht von Ras-el-Usch statt, in der unsere Kommandotruppen gegen die Spezialeinsatztruppen der Israelis kämpften, sie vernichteten und auf diese Weise die Einnahme von Port Fuad verhinderten (gegenüber Port Said). Amerikanische TV-Teams waren Zeugen der Schlacht; die Israelis hatten sie eingeladen, die Einnahme von Port Fuad zu filmen, als unsere Truppen den Israelis schwere Verluste zufügten, flüchteten sie zu den TV-Kameraleuten, um den Kampf abzubrechen. Zu dieser Zeit hatten wir natürlich noch nicht unsere volle Kraft wiedererlangt, aber das Feuer in unseren Herzen war niemals erloschen. Außerdem versenkten im Oktober desselben Jahres unsere leichten Raketenboote den israelischen Zerstörer „Eilat“. Er barst auseinander und sank unmittelbar vor Port Said: Dort liegt er immer noch auf dem Meeresgrund.

Jedoch war ich schon lange vor der Schlacht von Ras-el-Usch und der Versenkung der „Eilat“ zu der Überzeugung gekommen, die mir auch eine ungeheure Freude bereitete, daß ich immer noch zu Ägypten, zu meinem Volk und zu meinem guten Land gehörte, ohne die ich keine Hoffnung gehabt hätte, zu überleben. Es war meine Pflicht, für das Überleben Ägyptens zu kämpfen, nicht nur, weil es mein Land, sondern weil es auch des Überlebens wert war.

4

Zwei Beispiele des Kampfes um das Überleben während jener Zeit mögen hier wegen ihrer so besonders charakteristischen Unterschiede erwähnt werden.

Das erste Beispiel betraf die Sowjetunion und ihre militärische Hilfe nach der Niederlage. Die Waffen, die man uns schickte, waren, wie berichtet, von der ägyptischen Armee in fünf Monaten „assimiliert" worden, doch reichten die Waffenlieferungen nicht aus. Das Wiederaufrüstungsprogramm hatte eine umfangreichere Ausstattung mit Waffen, die binnen drei Jahren geliefert werden sollten, zur Grundlage, um uns zumindest zu befähigen, unser Land gegen einen Angriff zu verteidigen. Nasser bat nun die Sowjetunion um mehr Hilfe. Er stellte ein Ansuchen nach dem anderen, ohne aber auch nur das leiseste Anzeichen einer Reaktion. Die Sowjetunion hatte geplant, uns mit so viel Rüstungsmaterial zu versorgen, daß unsere unmittelbaren Bedürfnisse befriedigt waren, wollte aber vor allem ihre Rolle als unser Beschützer spielen und ihre Präsenz im Nahen Osten sichern – dies war vom Standpunkt der Sowjets das weit wichtigere Ziel.

Im August 1967 stattete Tito Ägypten einen Freundschaftsbesuch ab. Als persönlicher Freund Nassers wollte er in unserer schwersten Stunde mit dieser Geste seine Solidarität zeigen. Nasser hatte damals jeden Glauben an die Sowjetunion verloren. Zu meiner Überraschung konnte er sich bei einer Zusammenkunft mit Tito nicht mehr beherrschen und sagte zu ihm: „Bitte, sagen Sie der Sowjetunion, daß ich eher bereit bin, die Niederlage hinzunehmen – tatsächlich alles hinzunehmen –, als derartig behandelt zu werden!"

Ich weiß nicht, welches Ergebnis die guten Dienste Titos hatten, aber ich weiß, daß die Sowjetführer ihre Haltung niemals geändert haben. Ihr einziges Interesse war die sowjetische Präsenz in unserem Raum, und daran hielten sie fest.

Das andere Beispiel ist etwas erfreulicher. Es betrifft die arabische Gipfelkonferenz, die im selben Jahr in Khartum abgehalten wurde. Ich hatte keine großen Hoffnungen auf sie gesetzt, war aber dann durch ihre Resultate ebenso überrascht wie die übrige Welt. Das sudanesische Volk strömte auf die Straßen, um Nasser in einer Art zu begrüßen, die kaum weniger eindrucksvoll war als jene Szenen in Kairo am 9. und 10. Juni. Die Menschen begrüßten natürlich auch andere arabische Könige und Präsidenten, aber der Jubel rund um Nasser war einfach unbeschreiblich. Ein amerikanisches Magazin – ich weiß nicht mehr, ob „Time" oder „Newsweek" – brachte ein

Bild Nassers auf der Titelseite mit der Unterschrift: „Gruß für den Besiegten.“ Den verantwortlichen Journalisten war wohl kaum bewußt, warum die Araber Nasser so hoch schätzten: Für sie war Nasser das Symbol der Anstrengung der arabischen Welt, fremde Interventionen und Unterdrückung abzuwehren.

Bisher hatte Feindschaft unsere Beziehungen zu den meisten arabischen Ländern charakterisiert, ganz besonders gegenüber Saudi-Arabien. Nasser, der König Feisal – Gott lasse seine Seele ruhen – in vielen Reden angegriffen hatte, empfand diese Situation als außerordentlich peinlich. Denn in der Stunde der Erniedrigung hatte sich Nasser an seine arabischen Brüder um Hilfe gewandt. Und Feisal war sich dessen nur zu sehr bewußt. Als im Verlauf der Verhandlungen das Thema zur Sprache kam, einen Ersatz für die verlorengegangenen Einkünfte aus dem Suezkanal zu suchen, ergriff Feisal die Initiative und erklärte, Saudi-Arabien werde Ägypten jährlich 50 Millionen Pfund bezahlen; Kuwait verpflichtete sich zu 55 Millionen und Libyen zu 30 Millionen.

Abgesehen davon, beschloß die Konferenz, daß es keinen Frieden, keine Anerkennung und keine Verhandlungen mit Israel geben dürfe. Die gesamte arabische Welt hatte sich entschlossen, dem Feind harten Widerstand zu leisten.

Es war das erste Mal in der neueren Geschichte, daß sich die arabische Nation einstimmig entschloß, den Kampf ums Überleben aufzunehmen.

5

Die Ernennung von Mohammed Fauzi zum Oberbefehlshaber der Streitkräfte war die einzige Entscheidung, die Nasser in den vielen Jahren des Konflikts mit Amer treffen konnte. Natürlich begrüßte Amer diese Entscheidung nicht. Als er kurz danach mit Nasser zusammentraf, lehnte er dessen Angebot, den Posten des Vizepräsidenten zu übernehmen, kurzerhand ab. Er bestand darauf, Oberbefehlshaber zu bleiben, was Nasser aber unmöglich akzeptieren konnte.

Auf den Rat guter Freunde hin ließ sich Amer überreden, nach Astal zu gehen – seine Heimatstadt in Oberägypten – und dort zu bleiben, bis er seine Fassung wiedergefunden hatte. Er blieb aber nur eine Woche und kam dann zurück in sein Haus bei Gizeh. Dort begann er mit einer Anzahl Offizieren Verbindung aufzunehmen und versuchte eine Art „Oppositionsfront“ gegen Nasser zu bilden. Dabei blieb es aber nicht. Er machte aus seinem Haus ein Waffenarsenal und hielt lange Beratungen mit seinen Offizieren ab, in denen er über die Niederlage redete und sich von jeder Verantwortung freisprach, auch in bezug auf die interne Situation und die Notstandsmaßnahmen, als deren Ergebnis das Volk so sehr gedemütigt worden war, daß es das ganze Regime abzulehnen begonnen hatte.

Dabei war es nicht leicht, Amer zu glauben. Denn jedermann wußte, daß er hinter dem „Komitee zur Liquidierung des Feudalismus“ stand und über die Militärpolizei verfügte, jene beiden Körperschaften, die ihre Mißachtung der Menschenwürde bewiesen hatten und deren böse Taten wie ein Krebsgeschwür wucherten, bis ihnen zeitweise durch die Niederlage Einhalt geboten wurde. Dennoch hörten manche Leute auf Amer, während andere ihm einfach nur schmeichelten, was dazu führte, daß er seine Kontakte sowohl mit Armeeoffizieren als auch mit Abgeordneten der Nationalversammlung verstärkte. Doch waren es gerade Abgeordnete, die mir voll Zorn dies alles berichteten. Ich hatte gar keine andere Wahl, als mit ihm in Verbindung zu treten und ihm zu raten, solche Aktivitäten im Interesse Ägyptens und um der Einheit in unseren Reihen willen aufzugeben; schließlich auch, um Nasser weitere Schwierigkeiten zu ersparen, der sich ohnedies bereits in einer so bedauernswerten Lage befand.

Ich lud Amer zu mir zum Abendessen ein. Ich hieß ihn willkommen. Meine Familie und ich behandelten ihn so herzlich, wie es bei früheren Besuchen stets der Fall gewesen war. Ich bemerkte jedoch, daß er sich völlig verändert hatte. Er hatte sein Selbstvertrauen verloren und damit auch seine Lebensfreude. Er war ein schwankender, ja nahezu seelenloser Charakter geworden. Es war sehr schmerzlich für mich, ihn in diesem Zustand zu sehen, besonders als er sich plötzlich zu mir wandte (während meine Kinder so liebevoll wie stets zu ihm waren) und sagte:

„Ihr seid zu freundlich mit mir, meine Lieben. Ist denn das richtig, immer noch so nett zu mir zu sein?“

„Was meinst du mit ‚immer noch‘, Abdel-Hakim?“ rief ich aus. „Meinst du, weil du nicht länger Oberbefehlshaber bist? War ich denn dein Freund, weil du Oberbefehlshaber warst? Was soll denn das für ein Unsinn sein?“

Gegen Ende dieses Besuches legte ich ihm nahe, die Vizepräsidentschaft, die Nasser ihm angeboten hatte, anzunehmen. Er antwortete darauf aber ärgerlich: „O nein, solange Nasser Präsident ist, muß ich Oberbefehlshaber der Streitkräfte sein, entweder das oder nichts.“

Während des Besuches Titos im August, während wir uns alle im Ras-el-Tin-Palast in Alexandrien aufhielten, wünschte Nasser, daß ich zu ihm kommen solle.

Als ich bei ihm eintrat, bemerkte er meinen besorgten Ausdruck.

„Nun, Anwar", sagte er, „ich würde gerne mit dir über ein wichtiges Thema sprechen. Ich mache mir große Sorgen über die Amer-Affäre. Ich habe mit Tito darüber gesprochen und ihm die ganze Geschichte erzählt. Tito meint, daß ich eine energische Maßnahme treffen muß. Jeder interne Konflikt, besonders in den Streitkräften, könne in einem Land, das einen so harten Rückschlag erlitten hat, außer Kontrolle geraten und sich zu einem größeren, ja sogar einem allgemeinen Konflikt entwickeln."

„Hör zu, Gamal", erwiderte ich. „Du hast doch unsere Ansichten zu dieser Angelegenheit schon gehört. Ich bin völlig deiner Meinung, daß du eine Aussprache mit Abdel-Hakim herbeiführen mußt, in der du ihm sein Tun vorhältst. Du mußt wirklich eine entscheidende Tat setzen, um dem Ganzen ein für allemal ein Ende zu machen."

„Ja, da hast du recht, ich werde gewisse Maßnahmen treffen."

Unser Gespräch fand am 13. August statt. Nasser sagte mir nicht, was er zu tun beabsichtigte. Jedoch traf er seine Maßnahmen erst am 25. August. Warum sie so lange aufgeschoben wurden? Warum Nasser trotz des Ernstes der Situation zögerte? Wiederum steht hier dieses große Fragezeichen, dieses Fragezeichen, das immer über der Beziehung zwischen Nasser und Amer stand.

Amer wußte, daß Nasser nichts so sehr irritierte wie eine Diskussion über Demokratie und eine Anspielung auf seine diktatorische Herrschaft. Er ließ daher sein Demissionsschreiben, das er Nasser im Jahre 1961 vorgelegt hatte, in Form eines Flugblattes drucken und in Massen verteilen. Es war ein Brief, von dem ich schon gesagt habe, daß er berühmt wurde, weil er nichts als eine große Ironie darstellte. Denn Amer sagte darin, er sei ein Gegner der Einmannherrschaft und unterstütze die Rückkehr des Systems der politischen Parteien und so weiter, während er selbst von nichts weiter entfernt sein konnte, als all das auch nur zu glauben. Nichtsdestoweniger hatte dieses Schreiben einen sehr negativen Einfluß auf die Bevölkerung. Gerüchte über die politische Instabilität des Landes liefen um, ein bevorstehender Staatsstreich schien in der Luft zu liegen. Als Jakob Malik, der sowjetische Delegierte im UN-Sicherheitsrat, damals Ägypten besuchte, warnte er Nasser vor einem unmittelbar bevorstehenden Militärputsch.

Unterdessen hatte Amer sein Haus in Gizeh, von dem man auf den Nil blickte, im wahren Sinn des Wortes in eine Festung verwandelt. Daher beschloß Nasser, Amer unter Hausarrest zu stellen. Er berief ihn zu einer Unterredung in sein eigenes Haus am Abend des 25. August 1967, einem Freitag. Zakaria Mohieddin, Hussein El-Schafi und ich waren anwesend. Nasser sagte zu uns: „Nun, meine Freunde, ich will, daß diese Konfrontation in eurer Gegenwart stattfindet.“

Nasser hatte verfügt, daß, sobald Amer eintraf, sein gepanzertes Auto in aller Stille weggebracht werden sollte; ferner seien alle seine Leibwachen zu verhaften. Ein Personenauto werde ihn dann in sein Haus zurückbringen, wo er unter Hausarrest stehen werde. Nasser hatte ferner befohlen, daß Mohammed Fauzi, der Oberbefehlshaber, und Abdel-Moneim Riad, der Stabchef, alle Waffen aus Amers Haus entfernen sollten, ebenso alle Offiziere und Soldaten, die dort noch Dienst machten, so daß Amer bei seiner Rückkehr nur noch seine Familie vorfinden würde und die Offiziere, die Befehl hatten, ihn zu überwachen. Alles verlief genau nach Plan. Amer kam um 8.40 Uhr abends und war überrascht, uns vorzufinden. Das Gespräch, an dem weder Zakaria Mohieddin noch Hussein El-Schafi teilnahmen, zog sich in die Länge. Amer leugnete alles. Nasser legte ihm die Flugblätter vor, die Amer vervielfältigen und verteilen hatte lassen, und konfrontierte ihn mit unwiderlegbaren Tatsachen, nämlich mit der Zahl der Offiziere, die in seinem Haus stationiert waren, der Art von Waffen, die er dort hatte und so weiter. Aber Amer nahm eine so starre Haltung ein, daß die Besprechung bis gegen zwei Uhr früh dauerte.

Ein paar Minuten vor dem „formellen“ Ende der Sitzung begann Amer zu argwöhnen, daß irgend etwas Ungewöhnliches im Gange sei, und entschloß sich, nach Hause zurückzukehren. Als er fortzugehen versuchte, wurde er zu seiner Überraschung von der Wache daran gehindert. Sein gepanzertes Auto war verschwunden und ein anderes Auto mit ganz anderen Wachen wartete draußen auf ihn. Er begriff nun, daß er verhaftet werden sollte, und kam daher zu uns zurück.

Ob nun Nasser wirklich müde war oder ob er nur Angst hatte, seine Entscheidung vielleicht zurückzunehmen, jedenfalls hatte er sich in sein Schlafzimmer zurückgezogen. Ich glaube, daß ihn Zakaria Mohieddin und Hussein El-Schafi begleiteten. So befand ich mich mit Amer allein. Er sagte, er wolle auf die Toilette gehen, und ich führte ihn selbst dorthin. Als er in das Zimmer zurückkam, sagte er jedoch, er habe Zyankali genommen, um Selbstmord zu begehen. Ich glaubte ihm das eigentlich nicht, weil ich wußte, daß Zyankali sofort tötet. Doch sandte ich eilends um einen Arzt, und Amer erhielt sofort an Ort und Stelle die notwendige Behandlung. Es war eine sehr schwierige Situation. Ich empfand es als schmerzlich, Amer in diesem Zustand zu sehen, und noch schmerzlicher war es, seine Versuche mitanzusehen, aus der Falle, in die er freiwillig gegangen war, zu entkommen. Er hatte gehofft, in die Festung, in die er sein Haus verwandelt hatte, zurückzugelangen, natürlich wußte er nicht, welche Veränderungen in seiner bisherigen „Burg“ vor sich gegangen waren.

Es war eine Nacht, erfüllt von emotioneller Folter. Die seelischen Schmerzen waren kaum zu ertragen. Während dieser Nacht beobachtete ich Amer in seinen Qualen, ohne ihm auch nur eine helfende Hand reichen zu können.

Um 6.30 Uhr früh kamen Zakaria Mohieddin und Hussein El-Schafi herunter und führten Amer nach Hause, wo er unter Hausarrest gestellt wurde.

Warum ist Amer der Einladung Nassers, ihn zu besuchen, gefolgt? Die Frage muß gestellt werden, und die Antwort ist weder schwer noch unmöglich: Amer hatte erwartet, daß Nasser sich mit ihm versöhnen werde, wie es bei ihnen nach jeder Entfremdung üblich war. Amer war dessen ganz sicher; er glaubte, Nasser werde seine Wünsche erfüllen und ihn zu der Gipfelkonferenz nach Khartum mitnehmen, die zwei Tage später stattfand. Nasser hatte all dies aus Telefongesprächen zwischen Amer und seinen Freunden gewußt, die abzuhören und auf Tonband aufzunehmen Nasser selbst befohlen hatte.

Im September ergaben die Kreuzverhöre einiger Mitarbeiter Amers so viel, daß der Fall prozeßreif wurde. Berichte, die Nasser erhielt, sprachen immer noch von Kontakten – durch Amers Kinder –, die zwischen Amer und einigen seiner Mitarbeiter und Gefolgsleuten stattfanden. Nasser beauftragte nun Mohammed Fauzi und Abdel-Moneim Riad mit der Aufgabe, Amer fortzubringen und außerhalb seines Hauses in Haft zu halten. Als Fauzi und Riad kamen, krümmte er sich vor Schmerzen. Sie brachten ihn in das Maadi-Spital. Laut den medizinischen Berichten wurde dort eine narkotische Droge aus seinem Mund entfernt. Amer wurde dann in eine Villa am Mariut-Kanal gebracht, die als Anhalteort für ihn vorbereitet worden war. Die Villa war mit Stacheldraht umzäunt und wurde streng bewacht.

Nachdem Nasser sich vergewissert hatte, daß Amer sich in Anhaltehaft befand, fuhr er nach Alexandrien und blieb dort am Maamura-Strand. Ich selber übersiedelte in meine Wohnung am Stanley-Bay-Strand.

Am 12. Dezember rief mich Nasser an, um mir mitzuteilen, daß Amer mich „heute oder morgen, aber spätestens am Mittwoch“ zu sehen wünsche. Ich sagte, da ein Zusammentreffen wohl unvermeidlich sei, müsse ich eben zu ihm gehen.

„Denk darüber noch einmal nach, Anwar“, bat Nasser.

„Nein, in dieser Sache bin ich kategorisch“, antwortete ich. „Ich glaube aber, daß wir den Leuten, die mit dem Fall betraut sind, Auftrag geben müssen, mir morgen eine Kopie ihrer Verhörprotokolle zu schicken. Ich möchte sie gerne vorher noch durchlesen, um genug über die Aussagen aller Leute zu wissen, um Amer wirkungsvoll entgegentreten zu können. Ich werde ihn am Freitag an seinem Anhalteort besuchen."

Nasser stimmte zu. Die Akten wurden mir am Mittwochmorgen übersandt. Es waren mehr als tausend Seiten, und es bedurfte zwei Tage, den Mittwoch und den ganzen Donnerstag, bis ich sie studiert hatte.

So bereitete ich mich auf das Zusammentreffen mit Amer am Freitag vor. Ich wollte ihm den Rat geben, einen Versöhnungsversuch mit Nasser anzustreben. Wir hatten schon genug Konflikte, und die Katastrophe, die über uns hereingebrochen war, war viel ernster als alle persönlichen Streitigkeiten. Ich war auch entschlossen, bei ihm zu bleiben, bis sich die Angelegenheit geklärt hatte, sei es durch eine Versöhnung, oder indem es zu einem Prozeß kam.

Am Abend des Donnerstag, dem 14. September 1967, speiste ich zu Abend, immer noch mit dem für Freitag zu erwartenden Zusammentreffen beschäftigt, als das Telefon läutete. Es war Nasser.

„Anwar . . ."

„Ja, Chef, was ist los?"

„Anwar . . ." (Er war eine Minute still, was mich überraschte.)

„Gamal, bist du noch da?"

„Ja, ich bin da."

„Warum sprichst du nicht? Was ist los?"

„Abdel-Hakim hat Selbstmord begangen, er ist um sieben Uhr abends gestorben. Das wurde mir gerade von seinem Anhalteort berichtet."

„Nun, wenn das tatsächlich geschehen ist, so ist es die beste Entscheidung, die Abdel-Hakim jemals getroffen hat. An seiner Stelle hätte ich das schon am 5. Juni getan."

Nasser schwieg einen Augenblick und sagte dann:

„Wie kannst du nur so darauf reagieren, Anwar?"

„Entsprechend der militärischen Tradition", sagte ich, „pflegt ein besiegter Befehlshaber derartiges üblicherweise zu tun."

Nasser bat mich, bevor er das Gespräch beendete, Verbindung mit Hussein El-Schafi und Ali Sabri aufzunehmen und sie aufzufordern, mich nach Maamura und dann nach Kairo zu begleiten, ohne ihnen die Gründe dafür anzugeben. Zakaria Mohieddin war bereits in Kairo.

In Kairo kamen wir um Mitternacht an. Gamal fuhr sogleich in sein Heim in Manschiat-el-Bakri. Ich aber begab mich sofort zu dem

Haus, wo Amer festgehalten worden war: Es liegt nur fünf Minuten von meinem Heim bei den Pyramiden entfernt. Ich fand dort Vertreter der Staatsanwaltschaft, ferner der gerichtsmedizinischen Abteilung und Amers Bruder (der ein Zivilrichter war). Sie alle hatten sich dort für eine erste Einvernahme versammelt. Eine ordnungsgemäße Untersuchung folgte, an der auch ich teilnahm. Der Untersuchungsrichter setzte auch meinen Namen auf die Liste der Zeugen. Nachdem das Verhör vorbei war, stellte ich dem Arzt, der bestimmt worden war, Amer in der Haft zu betreuen, einige Fragen. Es war Dr. Bataata, der übrigens mein Hausarzt ist. Dr. Bataata antwortete, Amer habe im Badezimmer einen Anfall gehabt und sei zusammengebrochen. Man habe ihn dann auf sein Bett gelegt, wo ich ihn auch gesehen hatte. Alle Versuche, sein Leben zu retten, blieben erfolglos. Es stellte sich heraus, daß er schon im Augenblick, als er zu Boden stürzte, gestorben war. An seinem Körper fand sich nichts Ungewöhnliches, außer, daß der Gerichtsmediziner während der Untersuchung bemerkte, daß Amer Tabletten mit Klebeband auf der Haut seiner linken Hüfte befestigt hatte. Was waren das für Tabletten? Ich glaube, daß dann der Bericht des Gerichtsmediziners diese Droge genau beschrieben hat.

Ich betrachtete Amers Gesicht, bevor ich das Haus verließ. Es zeigte keinerlei Totenblässe, sondern eine natürliche lebendige Farbe, so als ob er einfach in tiefem Schlaf liege, keinen besonderen Ausdruck, keine Verzerrung, keinen Krampf, nichts, im Gegenteil, es war friedlich und sanft. Ich fühlte, daß ich da den „jungen, alten Abdel-Hakim“ erblickte, den dunkelhäutigen, ruhigen, sanften und einfachen Ägypter, den ich viele Jahre zuvor in Rafah kennengelernt hatte.

Als ich früh am Morgen nach Hause zurückkehrte, läutete das Telefon. Nasser war am Apparat und wollte wissen, was geschehen war. Ich berichtete ihm, was ich gesehen hatte. Ich sagte, daß ich mich nur umkleide, um nach Astal zu reisen, Amers Heimatstadt, da ich an dem Begräbnis, das dort stattfinden würde, sobald der Leichnam aus dem Leichenschauhaus gebracht worden war, teilzunehmen gedächte. Nasser stimmte dem aber nicht zu. Er fürchtete, daß die Kinder Amers irgendwelche Szenen machen könnten, sobald sie das Schickasl ihres Vaters erfuhren. Das aber, so meinte er, sei keineswegs wünschenswert. Es sei unbedingt notwendig, in diesem kritischen Augenblick Ansehen und Würde des Staatschefs unangetastet zu erhalten.

Abschließend sagte Nasser noch im sorgenvollen Ton:

„Hättest du dir das vorgestellt, Anwar? Abdel-Hakim, du und ich, wir waren doch so gute Freunde! Wer hätte gedacht, daß Abdel-Hakim sterben werde und niemand, dessen bin ich sicher, bei seinem

Begräbnis anwesend sein wird. So weit ist es gekommen! Denn nicht einmal wir können an diesem Begräbnis teilnehmen!"

Auch ich hatte wirklich nicht geglaubt, daß etwas derartiges geschehen könnte und daß der Kampf um das Überleben einstige Freunde in eine solche Tragödie verwickeln könnte. Aber so, scheint es, ist eben das Leben.

6

Die Mitarbeiter Abdel-Hakim Amers aber mußten vor Gericht gestellt werden. Der Prozeß war einfach unvermeidbar, weil ja das Volk, nachdem es die emotionellen Erschütterungen des 9. und 10. Juni erlebt hatte, nun zur Wirklichkeit zu erwachen begann und über die Niederlage nachdachte: Warum war sie eingetreten? Wer war für sie verantwortlich? Sie begannen zu begreifen, daß auch der Konflikt zwischen Amer und Nasser eine Hauptrolle in der Herbeiführung dieses schrecklichen Unglücks, das Ägypten getroffen hatte, spielte.

Hussein El-Schafi war der Vorsitzende des Gerichtshofes, der auf Nassers Anordnung öffentlich verhandelte. Um ihren Hals zu retten, versuchten die Angeklagten, den ganzen Charakter des Prozesses zu ändern, indem sie sich auf die „Fehler" der Revolution vom 23. Juli konzentrierten, als stünde die Revolution vor Gericht. Als Ergebnis wurden die positiven Leistungen der Revolution, ihre helle Seite, unter den Scheffel gestellt, während ihre negativen Aspekte – Korruption, die immer häufigeren „Notstandsmaßnahmen" und die Unterdrückung der Freiheiten (und tatsächlich all das, was das Volk gegen die Revolution aufbrachte) – grell beleuchtet wurden.

Die Leute sahen diese häßliche Seite der Revolution und glaubten, daß es keine andere Seite gäbe. Ihre Unzufriedenheit verstärkte sich. Da sie immer noch gebrochenen Herzens waren, immer noch an unserer Niederlage litten, war eine Explosion eigentlich unvermeidlich. Eine Studentendemonstration im Februar 1968 war der Zündfunke, nachdem sehr milde Urteile über jene Luftwaffenkommandeure gefällt worden waren, denen man die Hauptschuld an der Niederlage vom Juni gab. Der Ausbruch des Volkszorns erfaßte weite Kreise und alle Klassen. Das Volk hatte auch herausgefunden, daß die sogenannte „Nationale Charta" niemals in Kraft gesetzt worden war, sondern nur dazu gedient hatte, den Zorn der Bevölkerung über das Scheitern der Union mit Syrien zu „absorbieren". Wir versuchten diese Unruhen einzudämmen. Die Aufgabe, den Demonstrationen ein Ende zu setzen, fiel mir als dem Präsidenten der Nationalversammlung zu. Ich ließ die Studentenführer holen, die aus Protest ein Sit-in an der Universtität von Kairo veranstaltet hatten, und redete mit ihnen fünf Stunden lang, worauf sie schließlich alle nach Hause gingen.

Um diesen Brand einzudämmen, verfiel Nasser wieder auf seine übliche Taktik, die Aufmerksamkeit der Bevölkerung auf etwas anderes zu lenken: Er verkündete am 30. März in einer Radioansprache (allgemein als die „30.-März-Erklärung" bezeichnet) eine Art von Programm für künftige Aktionen, das den Zweck hatte, die Unzufriedenheit der Bevölkerung zu neutralisieren. Nun, da der Prozeß die häßlichen Seiten der Revolution bloßgestellt hatte, versprach Nasser, mit den Ursachen der Unzufriedenheit der Bevölkerung aufzuräumen. Er kündigte ferner an, daß das ägyptische Volk in einem Referendum über seine Erklärung zu entscheiden haben werde. Zum Erstaunen der ausländischen Korrespondenten – die geglaubt hatten, das noch unter den Auswirkungen der Niederlage leidende Volk werde wenig Interesse daran haben, zu den Wahlurnen zu gehen – wurde die Erklärung fast einstimmig angenommen, und die Wahlbeteiligung betrug praktisch 100 Prozent. Aber die Bevölkerung kam doch sehr bald dahinter, daß die „Erklärung vom 30. März" nur dazu diente, die diktatorische Herrschaft des Regimes noch zu vervollkommnen. Es hielt die „administrative Methode" aufrecht, nämlich das Recht der Behörden, Verhaftungen ohne richterlichen Befehl, ja ohne Anklage, vorzunehmen. Eine endgültige Verfassung wurde erst für einen Zeitpunkt nach der Beseitigung der Folgen der israelischen Aggression versprochen. Es war eine Enttäuschung – das Volk hatte erwartet, daß die „Erklärung" eine Ära der Demokratie einleiten werde, fand aber bald heraus, daß auch sie nur den Zweck hatte, den Zorn, der nach der Juni-Niederlage ausgebrochen war, zu „absorbieren".

Ein anderes Charakteristikum dieser Übergangsperiode war der „Zermürbungskrieg", den wir im September 1968 begannen. Zu diesem Zeitpunkt hatte Generalmajor Achmed Ismail den Ausbau der ägyptischen Verteidigungslinien abgeschlossen. Wir hatten bedeutende Fortschritte in der Konsolidierung unserer Streitkräfte gemacht. Nun begannen wir mit dem Einsatz der Artillerie. Israel übte Vergeltung durch Angriffe auf unsere Stromtransformatoren und das Stauwerk bei Nag Hammadi sowie auf die Nilbrücke bei Kena in Oberägypten. Wir mußten eine Pause – bis zum März 1969 – eintreten lassen, bis ein Netzwerk von Abwehrbatterien rund um die lebenswichtigen zivilen Ziele im Landesinneren errichtet war. Der

Zermürbungskrieg wurde 1969 fortgesetzt, obwohl wir keinen Ersatz für die verschossene Munition erhielten. Erst mit der Luftbrücke, die die Sowjets während des Oktoberkrieges 1973 einrichteten, kam Munitionsnachschub für die vier Jahre vorher verschossenen Granaten. Es war das eine Art Bestrafung dafür, daß Nasser diesen Zermürbungskrieg, entgegen dem Wunsch der Sowjetunion, begonnen hatte und fortsetzte.

Ein Ereignis jener Zeit hatte weitreichende Auswirkungen. Eines Tages – am 18. Dezember 1969, um genau zu sein – wandte sich Nasser, in guter Laune und in einem Augenblick der Eingebung, zu mir und sagte: „Ich reise in zwei Tagen nach Marokko, um an der arabischen Gipfelkonferenz teilzunehmen. Wie du weißt, Anwar, werden dauernd Intrigen gegen mich ausgeheckt. Es ist sehr wahrscheinlich, daß sie mich mit einem ihrer Komplotte auch tatsächlich „erwischen" werden. Ich will nicht, daß dann das Land, wenn ich einmal nicht mehr da bin, führerlos ist. Ich will kein Vakuum zurücklassen. Ich habe mich daher entschlossen, dich zu meinem Vizepräsidenten zu ernennen; du wirst noch, bevor ich wegfahre, vereidigt werden."

Mir war bewußt, daß Sowjetagenten mit ihren Intrigen begonnen hatten, seit ein sowjetischer Arzt namens Schazurow nach Ägypten gekommen war, um Nasser zu untersuchen. Ohne Zweifel hatte er gewissen Leuten anvertraut, daß die Herzattacken Nassers ernsthaft seien und er nicht mehr lange zu leben habe.

Ich erwog den Vorschlag Nassers und antwortete schließlich: „Ist das wirklich deine wohlüberlegte Meinung, Gamal? Ich will nicht Vizepräsident werden. Ich werde so, wie ich es bisher getan habe, weitermachen und Seite an Seite mit dir arbeiten. Wenn ich einen Titel haben muß, dann ist ‚Berater des Präsidenten' durchaus genug für mich."

„O nein", sagte Nasser. „Morgen mußt du zu mir kommen, um vereidigt zu werden."

Am nächsten Tag kam ich zu ihm, begleitet von Hussein El-Schafi, um Nasser, wie wir das stets taten, zum Flugplatz zu begleiten. In seinem Haus jedoch und in Gegenwart Hussein El-Schafis forderte er mich auf, den Eid abzulegen. Ich tat es. Als wir dann alle auf dem Flugplatz waren, um ihn zu verabschieden, verkündete Nasser die Nachricht der Öffentlichkeit.

7

Zwei gute Beispiele für den Kampf ums Überleben während jener Periode betreffen einen Zusammenstoß zweier gegnerischer Kräfte: Nassers Konflikt mit der Sowjetunion war ein Kampf um das Überleben Ägyptens; der Zusammenstoß der Sowjets mit Nasser dagegen ein Kampf um das Überleben der Sowjets in unserem Raum.

Als die Israelis die Fabrik in Abu-Zaabal (einem Vorort Kairos) Anfang Januar 1970 bombardierten und mehr als 70 unschuldige Arbeiter töteten, rief Nasser den sowjetischen Botschafter und den Chef der sowjetischen Militärberater zu sich und sagte ihnen, er könne nicht warten, bis im Juni die sowjetischen SAM-3-Raketenbatterien geliefert sein würden. Er betonte, daß er jetzt sofort Raketen brauche, besonders da israelische Flugzeuge nun schon tief in das Hinterland Ägyptens vorgedrungen seien und sowohl Wohnviertel als auch Industriegebiete bombardiert hätten. Die Sowjetführer wurden von diesem Verlangen informiert. Sie luden Nasser ein, am 22. Januar nach Moskau zu kommen. Er stattete der sowjetischen Hauptstadt einen viertägigen geheimen Besuch ab. Als er zurückkam, machte Nasser einen wirklich glücklichen Eindruck.

„Nun, Gamal", sagte ich, „gute Nachrichten?"

„Offensichtlich werden sie diesmal ihr Wort halten. Ich habe ihnen gesagt, daß sie uns dringend SAM-3-Raketen schicken müssen, bedient von sowjetischen Mannschaften, für einige Zeit natürlich nur, bis ägyptische Mannschaften ausgebildet sind, sagen wir bis August. Darauf fand eine Tagung der politischen Führung statt, die den Beschluß faßte, uns schon im März SAM-3-Raketen zu schicken."

Wir hatten, seit wir im Jahre 1967 die schwere Niederlage erlitten hatten, die Sowjetunion wiederholt gebeten, uns bei der Verteidigung des Luftraumes zu helfen. Nasser war sogar so weit gegangen, zu ersuchen, daß ein sowjetischer Luftwaffenkommandeur unsere Verteidigung übernehmen solle. Die Luftverteidigung war unsere große Schwäche. Das zeigte sich, als Israel 1969 die Abu-Zaabal-Fabrik und die Bahr-el-Bakar-Volksschule bombardierte. Wir glaubten daher, daß der Einsatz von SAM-3-Batterien, bedient von sowjetischen Mannschaften, einen Wendepunkt in unseren Beziehungen mit der Sowjetunion bedeutete. Man hatte uns außerdem auch noch Flugzeuge vom Typ TU-16 für April versprochen. Jedoch im April kamen keine Maschinen, und unsere wiederholten Anfragen wurden nicht beachtet. Es war wieder einmal die alte Methode, die hier angewendet wurde. Wir hatten geglaubt, daß die Sowjetunion ihre Haltung uns gegenüber geändert habe. Abdel-Nasser war verzweifelt.

„Höre, Anwar", sagte er zu mir, „alle Trümpfe in diesem Spiel sind, ob es uns gefällt oder nicht, in den Händen Amerikas. Es ist höchste Zeit, daß wir mit den Amerikanern reden und ihnen gestatten, mit von der Partie zu sein."

Bis dahin hatten wir die Sowjetunion ermächtigt, in unserem Namen mit den Amerikanern zu verhandeln, um eine Beseitigung der ärgsten Belastungen unserer Beziehungen anzustreben. Darum widmete Nasser auch den Hauptteil seiner Rede am 1. Mai 1970 einer „Anfrage" in Richtung Nixon. Die Frage Nassers lautete:

„Sind Sie unfähig oder nicht willens, das Problem zu lösen?"

Die Ansprache war im Ton mild; sie war zumindest ganz frei von der alten Aggressivität. Die angewandte „diplomatische" Technik deutete den Wunsch Nassers an, einen Dialog mit den USA zu beginnen.

Dieses Gespräch wurde tatsächlich von den USA im Juni 1970 aufgenommen. Als Ouvertüre kann man den „Rogers-Plan" betrachten, der einen Rückzug der Israelis und einen Waffenstillstand von 90 Tagen vorsah. In dieser Zeit sollte ein Vermittler der Vereinten Nationen Verhandlungen mit den betroffenen Parteien über eine Regelung des Nahost-Problems führen. Im Gefolge der Sicherheitsratsresolution 242 vom November 1967 war der schwedische Diplomat Dr. Gunnar Jarring als Vermittler ernannt worden. Wir wußten, daß angesichts der Unnachgiebigkeit Israels seine Mission ein Fehlschlag werden mußte. Er erreichte in der Tat nichts und beendete seine Bemühungen im Jahr 1971. Einen Monat nach der Ankündigung des „Rogers-Planes" hatte Nasser Moskau einen Besuch abgestattet (für den der sowjetische Botschafter Winogradow und ich alle Vorbereitungen getroffen hatten), mit dem Ziel, die Sowjetführer zu überreden, uns eine „Abschreckungswaffe" zu schicken. Aber trotz aller in diese Richtung unternommenen Versuche weigerten sich die Sowjetführer, die Bitte Nassers zu erfüllen. Nasser war daher bei seinen Verhandlungen mit den Sowjetführern im Kreml gezwungen, zu erklären, daß er den „Rogers-Plan" annehmen werde. Er erzählte mir, Breschnjew sei so aufgeregt gewesen, daß er Nasser verärgert fragte:

„Bedeutet das, daß Sie eine amerikanische Lösung annehmen?"

Nasser erwiderte: „Nach dem, was Sie mir angetan haben, würde ich jede Lösung annehmen, sogar wenn sie vom Teufel selbst stammte."

Der Aufenthalt Nassers in Moskau dauerte 20 Tage, da er sich dort einer besonderen ärztlichen Behandlung unterzog. Er wurde im Sauerstoffraum der Astronauten behandelt, um eine Verjüngung aller seiner Körperzellen zu erreichen. Offensichtlich wirkte diese Therapie auch, denn als ich ihn auf dem Flughafen von Kairo bei der Ankunft sah, wirkte er um mindestens 20 Jahre jünger. Ich erinnere mich noch, daß ich zu ihm sagte:

„Wirklich, Chef, du siehst ausgesprochen jugendlich aus."

Ich sehe ihn noch, wie er da kraftvoll über die Piste ging, mit einer gesunden Gesichtsfarbe, die Brust herausgestreckt wie ein Dreißigjähriger. Freilich konnte es auch im Sauerstoffraum nur wenig Freude für einen Mann geben, der wußte, daß durch die Haltung der Sowjets seine Hände gebunden waren.

Während Nassers Abwesenheit hatte ich das „Politische Komitee der Arabischen Sozialistischen Union" zu einer Sondersitzung einberufen, um den „Rogers-Plan" zu diskutieren: Wir hatten empfohlen, ihn zurückzuweisen. Als Nasser jedoch zurückkam, erklärte er mir, was im Kreml geschehen war, und sagte, er habe den Plan angenommen. Darauf antwortete ich:

„Nun, du hast entschieden das Richtige getan, denn die Sowjetunion würde uns nur in eine Katastrophe führen."

Er blickte mich lange an und sagte dann:

„Die Sowjetunion ist ein hoffnungsloser Fall."

Dies war Nassers letzter Besuch bei den Sowjetführern. Wie ich schon sagte, hatte dieser einen sehr schlechten Einfluß auf seinen Gesundheitszustand. Nasser spürte, daß er zum ersten Mal keinen Spielraum mehr besaß. Nasser konnte an und für sich ganz ausgezeichnet manövrieren, nahm man ihm aber den dazu notwendigen Spielraum, so war er auf ein Nichts reduziert. Und er liebte es nicht, ein Nichts zu sein. Unsere Beziehungen zu den USA, zu Westeuropa und den arabischen Ländern waren entweder vollkommen abgebrochen oder aufs peinlichste gespannt. Nasser hatte nur die unverläßliche Sowjetunion als Verbündeten, was ihm eben keinen Raum zum Manövrieren ließ und dementsprechend auch keinen Raum für den Kampf ums Überleben.

8

Nasser litt seit der Niederlage von 1967 bis zum Ende seiner Tage ständig unter Krankheiten. Am 5. Juni brach seine Zuckerkrankheit aus und war durch fünf Monate, das heißt bis zum November 1967, nicht einzudämmen. Dieser Zeitabschnitt war für seinen Körper besonders verderblich, denn von da an befiel ihn ein Leiden nach dem anderen. Das erste, im Dezember 1967, war recht sonderbar: Geschwüre entstanden an einigen Stellen seines Körpers, die sich so entzündeten, daß er außerordentliche Schmerzen litt, wenn irgend etwas – und sei es nur die eigene Kleidung – diese Stellen berührte. Wir schickten rund um die Welt nach Ärzten. Schließlich gelang es dann einem englischen Arzt, die Krankheit wenigstens zu diagnostizieren, und er riet zu einer Behandlung mit weiblichen Hormonen. Nasser war nun gezwungen, sich zwei Monate lang dieser Behandlung zu unterziehen, die schwere Anfälle nervöser Spannung nach sich zog. Er erholte sich davon, doch nur, um das Opfer einer weiteren Krankheit zu werden. Er begann, starke Schmerzen in den Füßen zu verspüren. Die Schmerzen wurden von Tag zu Tag ärger, bis sie unerträglich und unbeschreiblich wurden. Die Sache wurde um so schlimmer, als Nasser meinte, diese Schmerzen unterdrücken und vor allem in der Öffentlichkeit verbergen zu müssen, damit seine Würde und der Eindruck, den er erweckte, nicht beeinträchtigt würden. War er aber allein, so sperrte er die Tür seines Schlafzimmers zu (obwohl ich ständig bei ihm war) und begann lauthals zu schreien, wie ein hilfloser verwundeter Löwe. Sein Zustand besserte sich durch viele Monate nicht, bis er schließlich im Jahre 1969 in die Sowjetunion reiste, um sich dort einer Mineralwasserbehandlung in Skhaltubo zu unterziehen.

Im September 1969 hatte er einen Herzanfall. Die Nachricht davon wurde unterdrückt und nur bekanntgegeben, daß er Grippe habe. Die ägyptischen Ärzte, die ihn untersuchten, vertrauten mir aber an, daß es in Wirklichkeit eine Herzattacke sei. Nasser verlangte nach mir:

„Anwar", sagte er, „du weißt, was zu tun ist. Ich will, daß du tust, was du für richtig hältst."

„Dann werde ich Dr. Schazuf holen lassen", erwiderte ich.

Schazuf war der Leibarzt der sowjetischen Führer und hatte schon früher Nasser in Moskau behandelt. Er kam sofort, und seine Diagnose bestätigte die Ansicht der ägyptischen Ärzte. Er riet Nasser zu vollkommener und absoluter Ruhe, weil der Herzanfall tatsächlich sehr ernst gewesen sei. Jede körperliche oder geistige Anstrengung könne zum Tod führen. Aber gerade das passierte Nasser ein Jahr später.

Während dieses Jahres erwiesen sich viele Dinge als zu anstrengend für Nasser, zumindest gesundheitlich. Das erste war die Annahme des „Rogers-Planes", denn vom Augenblick an, als er das ankündigte, stellten sich die Palästinenser völlig gegen ihn. Sie begannen eine wilde, rücksichtslose Kampagne gegen Nasser, wobei sie sich nicht einmal die Mühe machten, bei ihm anzufragen, warum er so gehandelt hatte. In Anerkennung der Unterstützung, die er der Sache der

Palästinenser hatte zukommen lassen, hätten sie wenigstens dies tun müssen. Kein anderer arabischer Herrscher hatte mehr für sie geleistet. Es ist gewiß nicht übertrieben zu sagen, daß erst die Tatsache, daß Nasser ihre Sache zu der seinen machte, dem Palästinenser-Problem seine vollen politischen Ausmaße gegeben hat. Ohne diese Unterstützung wäre es lediglich ein Flüchtlingsproblem gewesen. Aber Nasser hatte die arabischen Länder und auch die ganze übrige Welt mit dem Problem der Palästinenser in Aufregung versetzt. Er griff jeden arabischen Herrscher, der die Sache der Palästinenser nicht unterstützte, aufs heftigste an. Er widmete alle seine Anstrengungen, ja selbst die ägyptische Revolution der Verteidigung des Rechtes der Palästinenser auf ihr Heimatland. Es war daher natürlich, daß sich Nasser durch die Haltung der Palästinenser ihm gegenüber verletzt fühlte. Er war zutiefst verletzt, als er sah, daß gerade jene Menschen, für deren Verteidigung er seine Gesundheit geopfert hatte, sich ihm gegenüber nun so undankbar erwiesen. Sie bekämpften ihn mit unsinnigen Schlagworten, rücksichtslosen emotionellen Ausbrüchen und regelrechten Beschimpfungen.

Wie kann ein kranker Mann, ein Mann, der unter einer so schweren Krankheit leidet, eine solche Verletzung seines Stolzes ertragen? Zugefügt nicht nur von Fremden (wie es ihm bei seiner letzten Reise in Moskau geschehen war), sondern – wirklich erstaunlich! – von Freunden und Brüdern, deren Interessen er so oft vor die eigenen gestellt hatte?

Es war nur natürlich, daß all dies Nassers Gesundheit so sehr angriff, daß es schließlich seinen Tod herbeiführte. Und andere Ereignisse verschlimmerten noch die Situation. Im September 1970 berief Nasser eine arabische Gipfelkonferenz nach Kairo ein, um der Auseinandersetzung zwischen König Hussein von Jordanien und den Palästinensern ein Ende zu setzen. König Hussein hatte sich entschlossen, die Streitkräfte der Palästinenser zu liquidieren, und bekämpfte sie unbarmherzig. Es war ein Massaker im vollen Sinne dieses Wortes. Nasser konnte dabei natürlich nicht untätig bleiben. Er berief trotz allem, was man ihm angetan hatte, diese Konferenz ein. Alle arabischen Könige und Präsidenten, mit Ausnahme von König Hussein selbst, nahmen an ihr teil. Ich hatte mich zu diesem Zeitpunkt gerade von einer zweiten Herzattacke erholt und fuhr ebenfalls zur Konferenz nach Kairo.

Zu den Teilnehmern dieser Gipfelkonferenz gehörte Muammar El-Gaddafi. Das war wirklich ein Typ, der ins Auge sprang: Er ging niemals ohne umgeschnallte Pistole, griff unentwegt König Hussein an und nannte ihn einen Verrückten, den man in ein Irrenhaus sperren solle. Bis dahin hielt ich das für Überenthusiasmus und jugendliches

Ungestüm. Die Teilnehmer der Konferenz waren in der Frage einer Einladung König Husseins geteilter Meinung, aber schließlich nahmen sie doch den Vorschlag Nassers an, daß der König kommen solle.

Hussein erschien auch wirklich, und die Konferenz kam nun endlich etwas weiter. Ihr Verlauf war jedoch nervtötend, nicht wegen der Teilnahme Husseins, sondern wegen des Verhaltens sowohl von Muammar El-Gaddafi als auch von Jassir Arafat hinter den Kulissen.

So erinnere ich mich zum Beispiel an das Benehmen von Jassir Arafat bei einer Morgenbesprechung in Nassers Privatbüro. Nasser war sehr bemüht, eine Formel zu finden, um den Streit durch einige Konzessionen beider Seiten zu beenden, die, seiner Meinung nach, gleichermaßen Irrtümer begangen hatten. Plötzlich wandte sich Jassir Arafat heftig gegen einen solchen Ausgleich, was natürlich Nasser wütend machte:

„Ich habe dies alles nicht für euch getan, nämlich meine Nerven derart um euretwillen ruiniert", erklärte Nasser, „um jetzt vor euch solchermaßen bedankt zu werden."

Daraufhin verließ Nasser den Raum und wollte nach Hause fahren, fest entschlossen, nunmehr die Konferenz zu boykottieren. Wir konnten ihn gerade noch aufhalten, bevor er in den Lift stieg. Er ließ sich dann überreden, zurückzukommen. Es waren aber große Anstrengungen notwendig, bis Arafat zu irgendeiner vernünftigen Reaktion gebracht werden konnte.

Die Konferenz erwies sich als fürchterliche Belastung für Nassers Nervensystem. Das Verhalten von El-Gaddafi und von Arafat, des Mannes, der Nasser gebeten hatte, ihm bei der Lösung seiner Probleme – der Probleme der Palästinenser – zu helfen, erschöpfte ihn außerordentlich. Die Konferenz ging zu Ende, und ihre Beschlüsse wurden verkündet. Nasser fuhr nun immer wieder zum Flugplatz, um die arabischen Könige und Präsidenten zu verabschieden. Die letzten, die abreisten, waren König Feisal von Saudi-Arabien und der Emir von Kuwait. Als Nasser König Feisal verabschiedete, machte mich sein Generaladjutant darauf aufmerksam, daß er sich vor Erschöpfung kaum noch aufrechthalten konnte. Ich bat Nasser, nach Hause zu fahren und sich auszuruhen, während ich als sein Stellvertreter den Emir von Kuwait verabschieden wollte. Aber er lehnte ab.

Nasser zwang sich, auch noch diese Anstrengung zu ertragen. Als der Emir von Kuwait endlich an Bord seines Flugzeuges war, konnte Nasser sich vor Schwäche überhaupt nicht mehr bewegen. Er blieb einfach vor dem Flugzeug stehen, schwitzte heftig und war leichenblaß. Er ließ seinen Wagen auf das Rollfeld kommen –, bis dorthin, wo er nun stand –, um nach Hause zu fahren. Ich verließ ihn dort; wir waren übereingekommen, daß er am nächsten Tag nach Alexandrien reisen werde, um sich dort zu erholen. Ich ging nach Hause, aber bevor ich mich noch selbst hätte entspannen können, rief Nassers Privatsekretär an, um mir zu sagen, daß Nasser mich zum Abendessen bei sich haben wolle. Ich versuchte ein wenig zu schlafen, wurde aber gegen sechs Uhr nachmittag geweckt, und man sagte mir, es sei angerufen worden, daß ich in einer außerordentlichen Angelegenheit sofort in Präsident Nassers Haus kommen solle.

Ich zog mich rasch um und fuhr nach Manschiat-el-Bakri. Ich wurde sofort in Nassers Schlafzimmer geführt. Er lag im Bett, umgeben von Ärzten. Sie sagten mir, er sei vor einer Stunde gestorben. Ich hob die Decke, um sein Gesicht zu sehen. Es sah aus, als ob er bloß in tiefem Schlafe liege. Ich legte meine Wange gegen die seine, fühlte aber keineswegs die Kälte des Todes. Ich wandte mich zu den Ärzten:

„Es ist nicht wahr! Was ihr sagt, ist falsch. Es kann nicht wahr sein!“

Sie beteuerten, alles Notwendige getan zu haben, sogar eine Wiederbelebungsmaschine für das Herz sei verwendet worden, aber es sei vergeblich gewesen.

„Versucht es doch noch einmal! Ihr könnt es doch noch einmal versuchen“, sagte ich, worauf die Ärzte in Tränen ausbrachen. Man erklärte mir, sie hätten seit zwei Stunden hart gearbeitet, aber den Willen Gottes könne man nicht ändern.

Ich ordnete an, daß der Leichnahm nun in den Kubbeh-Palast gebracht werden solle. Es war Montag. Ich berief den Ministerrat und das Oberste Komitee der Arabischen Sozialistischen Union ein. Wir beschlossen, daß das Begräbnis am Donnerstag stattfinden solle, um den Königen und Präsidenten, die dies wünschten, die Teilnahme zu ermöglichen. Ich ersuchte die Ärzte, alle Vorkehrungen zu treffen, damit der Leichnam bis Donnerstag entsprechend konserviert bliebe. Ich selbst blieb im Kubbeh-Palast, wo Nassers Leichnam bis zum Beginn des Begräbnisses aufgebahrt wurde. Ich entfernte mich nur, um die Vorbereitungen zu überwachen und mich zu versichern, daß alles in Ordnung ging. Der Leichenzug hatte kaum begonnen, sich vom Gebäude des alten Revolutions-Kommandorates fortzubewegen, als ich plötzlich zusammenbrach. Man brachte mich zurück in das Gebäude und gab mir fünf Injektionen, die mich für eine lange Zeit in Schlaf versetzten. Als ich wieder aufwachte, war es 13.30 Uhr nachmittag. Meine erste Frage war: „Ist Nasser begraben worden?“ Ich hatte gefürchtet, daß die Menschenmassen, die Millionen auf den Straßen, den Sarg hätten rauben können, um ihn, wer weiß wohin, zu entführen.

Nassers Tod war eine Tragödie, die die arabische Welt erschütterte.

Kapitel VIII

Die zweite Revolution

1

Ich zögerte, mich nach Nassers Tod zum Präsidenten wählen zu lassen. Als Nasser am 10. Juni 1967 die Präsidentschaft wieder übernommen hatte, erklärte er in einer Rede, Präsidentschaftswahlen würden erst wieder abgehalten werden, nachdem „die Folgen der Aggression der Israelis beseitigt sind“. Dementsprechend erklärte auch ich, als Vizepräsident weiteramtieren zu wollen, bis es mir gelungen sei, die Folgen der Aggression zu beseitigen. Dann könnten die Wahlen stattfinden.

Doch mußte ich meine Meinung bald ändern, angesichts der vielen Rivalitäten und der Manöver der politischen Führung, besonders der Intrigen des Haupt-Machtblocks und der meisten Mitglieder des Obersten Exekutivkomitees der „Arabischen Sozialistischen Union“ – das heißt des Politbüros, das mir Nasser hinterlassen hatte. Ich spürte, daß das trauernde Land sich in einem Zustand gespannter Erwartung befand. Die Menschen wollten wissen, auf welchem Weg sie sich befanden, nachdem sie entschlossen waren, die geschlagenen Wunden verheilen zu lassen, zusammenzustehen und so bald als möglich mit dem Wiederaufbau zu beginnen. Dies entsprach dem Charakter des ägyptischen Volkes: Da seine kulturellen Wurzeln in das fünfte Jahrtausend vor Christus zurückreichen, kann es niemals das Gefühl der Identität verlieren, so schlimm auch die Umstände sein mögen.

Es gab noch einen anderen Faktor, der dazu beitrug, meine Meinung zu ändern. Knapp vor dem Begräbnis war Algeriens Präsident Boumedienne in Kairo eingetroffen und hatte mich besucht. Er wandte sich mit großer Entschiedenheit dagegen, daß ich als Vizepräsident weiteramtieren wollte, weil, wie er sagte, das Ansehen Ägyptens in den Augen der Welt nicht geschädigt werden dürfe. Das Volk solle sofort einen Präsidenten wählen, um die Position Ägyptens aufrechtzuerhalten und um imstande zu sein, seine Verantwortung sowohl im Konflikt mit Israel als auch gegenüber der arabischen Welt zu erfüllen.

Der entscheidende Faktor war jedoch schließlich eine Denkschrift der Streitkräfte, in der es hieß, Ägypten gehe durch eine schwierige und sehr kritische Zeitspanne, die Streitkräfte hätten eine Mission zu erfüllen und bedürften daher eines Obersten Befehlshabers, unter dem sie ihre Ziele erreichen könnten.

An der Spitze begannen Intrigen spürbar zu werden. Gewisse „starke Männer" – auch der „zentrale Machtblock" genannt – rechneten mit der Unterstützung der Sowjetunion und wollten die Situation ausnützen. Es gab natürlich auch andere, aber dieser Block, dem auch tatsächlich Sowjetagenten angehörten, begann sehr wirksam mit dem Aufbau einer Organisation. Diese Männer hatten einen Geheimpakt geschlossen, die Macht zu übernehmen, unter dem Vorwand, daß sie die legitimen Erben Nassers seien und daher auch die Verantwortung für die Einhaltung seiner politischen Linie trügen.

Sobald Nassers Begräbnis vorüber war, berief ich die höchsten Funktionäre zu mir und teilte ihnen mit, ich hätte meine Absicht, auch weiterhin als Vizepräsident zu amtieren, geändert. Nun würden Präsidentenwahlen stattfinden. Ich berief daher nochmals das Oberste Exekutivkomitee der „Arabischen Sozialistischen Union" ein, um meinen Entschluß bestätigen zu lassen. Wir mußten entsprechend den Bestimmungen der Verfassung vorgehen.

Es gab bei dieser Sitzung natürlich Konflikte, die dem Machtkampf entsprangen: So forderte zum Beispiel einer der führenden Männer, die Situation solle unverändert bleiben. Er sagte zu mir:

„Ich fürchte, dein Stolz könnte verletzt werden, falls wir dich nominieren; denn das Land will dich nicht. Wenn dich das Volk ablehnt, wird das bedeuten, daß es die Revolution des 23. Juli ablehnt."

Ich antwortete:

„Ich bin mutig genug, dieses Komitee – falls das Volk mich ablehnen sollte – noch einmal einzuberufen, um einen anderen Kandidaten zu nominieren. Wenn der Alternativkandidat ebenfalls abgelehnt wird, dann werden wir es noch einmal versuchen und einen dritten nominieren. Ich übergebe die Macht nur einem gewählten Präsidenten, ganz gleich, welche Kämpfe ich dafür auszufechten haben werde."

Das Komitee beschloß seine Debatte mit meiner Nominierung als Kandidat für die Präsidentschaft. Das Exekutivkomitee bekräftigte später in einer Plenarsitzung diese Nominierung, und das Parlament tat das gleiche. Die Wahlen fanden statt, und ich wurde am 15. Oktober 1970 zum Präsidenten gewählt.

Zwei Tage danach ernannte ich Dr. Mahmud Fauzi zum Ministerpräsidenten und Abdel-Mohsen Abdel-Nur zum Generalsekretär der

„Arabischen Sozialistischen Union". Ich glaube, daß die Einmannherrschaft mit großen Gefahren belastet ist: Da ein Mann kaum alles wissen kann, werden einige seiner Mitarbeiter die Macht in ihren Händen konzentrieren und sozusagen Amok laufen, indem sie neue „Machtblöcke" schaffen; genauso ist es ja unter Nasser geschehen.

2

Die Führer des zentralen Machtblocks wollten es auf eine Kraftprobe mit mir ankommen lassen, indem sie sich als die Hüter des Nasser-Erbes aufspielten. Ich erklärte, daß ich unmöglich die Geschäfte so führen könne, wie Nasser es getan hatte. Einfach deshalb, weil Nasser und ich grundverschiedene Menschen waren. Es hat zwischen uns in den allgemeinen Prinzipien niemals Differenzen gegeben, aber wir hatten hinsichtlich der Methoden, wie unsere Ziele zu erreichen seien, völlig verschiedene Meinungen gehabt. Ich war im letzten Jahr täglich mit Nasser zusammen gewesen, abwechselnd in seinem und in meinem Haus, und hatte auch immer wieder mit ihm über die Notwendigkeit gesprochen, die Regierungsmethoden zu ändern und den willkürlichen „administrativen" Maßnahmen, die schon die Regel statt die Ausnahme geworden waren, ein Ende zu setzen. Ich hatte betont, daß das Volk dringend nach einer Änderung rufe und sie verdiene, nachdem es sich trotz der Erschütterung durch die Niederlage so beharrlich in seinen Anstrengungen gezeigt habe, die gesetzten Ziele zu erreichen.

An meinem ersten Tag im Amt des Präsidenten – es war der 16. Oktober – kam Sami Scharaf zu mir. Er war Nassers Vertrauter und Präsidentschaftsminister gewesen. Er brachte einen Stapel Akten, die er mir vorlegen wollte.

„Was soll das sein?" fragte ich.

„Die Texte der Telefongespräche", antwortete er, „die wir abgehört, auf Band aufgenommen und in Reinschrift gebracht haben."

„Tut mir leid, ich will diesen Unsinn nicht lesen. Nur dann, wenn diese Texte irgendwelche die Staatssicherheit betreffende Informationen enthalten, werde ich sie ansehen und dann eine Entscheidung fällen. Wenn es aber nur Berichte über Telefongespräche zwischen braven Bürgern sind, dann will ich nichts damit zu tun haben! Und außerdem, wer hat euch das Recht gegeben, die Telefone dieser Leute abzuhören? Nimm diese Akten weg!"

Ich fegte sie von meinem Tisch. Scharaf sammelte seine Papiere auf und ging.

Ich befahl sofort, daß das gesamte Abhören von Telefonaten einzustellen sei und in Zukunft nur auf ausdrückliche richterliche Weisung erfolgen dürfe. Der Befehl ist sofort ausgeführt worden.

Vom ersten Tag an, an dem ich die Macht übernahm, spürte ich, daß meine Bereitschaft, die Herausforderung anzunehmen, die sich nun durch die bestehenden und scheinbar unüberwindlichen Schwierigkeiten ergab, eine außerordentliche Intensität erreicht hatte. Obwohl diese Kampfbereitschaft stets in mir lebendig gewesen ist (als grundlegender Bestandteil meines Charakters), war sie doch niemals so kräftig und so intensiv als in dieser Zeit. Ich hielt es für meine Verpflichtung, bis zu jenem Moment, an dem ich die Macht jemandem übergeben würde, alle unsere Schwierigkeiten und Nöte überwunden zu haben: die totale militärische Niederlage, eine zusammenbrechende Wirtschaft und eine erstickende politische Isolierung.

Unsere Beziehungen zu den arabischen und westeuropäischen Ländern waren ebenso wie jene zu den USA auf einem Tiefpunkt angelangt.

Beziehungen – wenn man das so nennen will – besaßen wir nur mit der Sowjetunion, – ein Land, das uns nie das Gefühl vermittelte, es sei vorteilhaft, mit ihm Beziehungen zu unterhalten, denn Moskau unterhielt praktisch zu niemandem Beziehungen. Ich hatte inzwischen Tatsachen erfahren, die bestätigten, daß keiner der politischen Führer in der Umgebung Nassers jemals Rücksicht auf die Interessen Ägyptens genommen hatte; daß sie nichts wollten, als an der Macht bleiben, um ihre eigenen Interessen zu fördern; daß sie von Haß und Eifersucht motiviert waren: Sieht man das alles, dann wird man verstehen, daß meinem Charakter entsprechend meine Kampfbereitschaft weiter gestärkt wurde. Nie, seit ich das Amt des Präsidenten übernahm, hat mein Kampfgeist an Kraft verloren.

Bald zu Beginn meiner Präsidentschaft sagte ich meinen früheren Kameraden, den Mitgliedern des alten Revolutions-Kommandorates und jenen, die Machtpositionen innehatten, daß ich diese Last nur übernähme – diesen schrecklichen Alptraum ohne absehbare Grenzen –, weil ich glaubte, durch die Macht der Liebe etwas leisten zu können, ohne jemanden opfern oder auch nur verletzen zu müssen.

Mir war bewußt, daß eine solche Haltung bedeuten mußte, mit vielen bestehenden Zuständen und selbst Überzeugungen in Konflikt zu geraten. Aber ich glaubte durchaus die Befähigung dafür zu besitzen. Dank einer inneren Kraft, die ich stets in mir fühlte, habe ich nie davor zurückgescheut, bestehende Verhältnisse in Frage zu stellen. Und nun, seit ich Präsident war, spürte ich, daß ich eine gewaltige wirkliche Macht ausüben konnte, die zum Guten eingesetzt werden mußte. Dies war ja meine Stärke: Ich ging von Idealen aus, die ich stets gehegt hatte, ich wurde beflügelt von meiner Liebe zu Ägypten und meinem Wunsch, das Land glücklich zu machen. Niemals hatte ich eine bessere Gelegenheit besessen, meine Prinzipien in die Praxis umzusetzen, als nun, da mich das Volk zum Präsidenten gewählt hatte.

Wenn ich auf das in jenem frühen Stadium meiner ersten Amtsperiode getane Werk zurückblicke, so finde ich ein Dekret besonders bedeutsam, das jede Staatsverwaltung von Privatbesitz aufhob. Es wurde am 16. Dezember 1970 erlassen. Dies war eines der Dinge, die das Volk – fast ohne Hoffnung – ersehnt hatte. Es überraschte mich deshalb nicht, daß dieses Dekret nicht nur von jenen begeistert begrüßt wurde, deren Besitz unter Staatsverwaltung gestellt worden war, sondern auch von den Massen – den einfachen Leuten –, die aus ihm keinerlei Nutzen ziehen konnten.

In der Außenpolitik habe ich, weniger als vier Monate nachdem ich das Amt übernommen hatte, meine erste „Friedensinitiative" gestartet. Sie hatte gewaltige Auswirkungen sowohl innerhalb als auch außerhalb Ägyptens. Da zur Zeit eine militärische Aktion unmöglich war, war ich überzeugt, daß eine diplomatische Offensive geführt werden müsse. Das Volk forderte, daß immer wieder etwas unternommen werde. Es brauchte das.

3

Als ich die Macht übernahm, konnte ich die Natur von Nassers Nachlaß, um es milde zu sagen, erst undeutlich erkennen. Ich nahm, wie ich schon gesagt habe, die Herausforderung an, weil ich viele Dinge, die seit langem eine Wendung zum Schlechten genommen hatten, wieder ins rechte Lot bringen wollte. Ich wußte, daß wesentliche menschliche Rechte verletzt, wenn nicht überhaupt aufgehoben worden waren. Ich wußte auch, daß ich die Situation durch Verwirklichung meiner eigenen Ideale und Prinzipien retten konnte, nicht aber durch Unterdrückung. Die Machthaber führten mir täglich ihren Mißbrauch der Macht vor Augen. Ich warnte sie: obwohl ich bis zum äußersten tolerant sei, könnte ich doch nicht gestatten, daß ihr schändliches Verhalten so weitergehe.

Sie begriffen nicht, daß ich es verabscheute, Menschen zu verurteilen und über ihre Zukunft nur auf Grund von Berichten zu entscheiden, von denen ich wußte, daß sie falsch waren! Mir war ja bekannt, daß ihre Motivation entweder Rachsucht war, oder der Wunsch, das Volk einzuschüchtern. Sie begriffen auch nicht, daß mir nichts daran lag, im Ausland ein großartiges Image von mir aufzubauen. Jedermanns wirkliches Bild sollte die echte Realität Ägyptens widerspiegeln. Sie verstanden wohl auch nicht, daß das schlimmste und häßlichste Erbteil Nassers ein „Berg von Haß" war – jener Geist des Hasses, den Nasser in allen Richtungen und auf allen Ebenen, bis hinunter zur kleinen Einheit der Familie, hervorgerufen hatte. Es gab eine Menge Menschen, die für das Regime arbeiteten und ihre eigene Verwandtschaft ausspionierten – wie unter den faschistischen Regimen. Kann man noch tiefer sinken?

Der Führungsrat der Organisation der Freien Offiziere war vor der Revolution auf dem festen Boden hoher moralischer Ideale gegründet worden. Auch als aus ihm der „Revolutions-Kommandorat" wurde, leiteten diesen immer noch dieselben Prinzipien. In der Praxis jedoch war die revolutionäre Aktion nicht erfolgreich. Statt den Menschen Vertrauen entgegenzubringen und sie arbeiten zu lassen, sie solange nicht zu kränken, als sie sich des ihnen entgegengebrachten Vertrauens nicht unwürdig erwiesen hatten, begann die Revolution jedermann für verdächtig zu halten, bis das Gegenteil bewiesen war – was aber nur selten gelang. Infolgedessen begannen die Menschen ihrerseits diese Revolution mit Argwohn zu betrachten.

Auch in den ersten vier Jahren der revolutionären Herrschaft, als der Revolutions-Kommandorat alle Macht innehatte, kamen Irrtümer und Verletzungen der Menschenrechte vor, aber ihr Ausmaß war doch begrenzt. Erst nach 1956 nahmen diese Fehler so gewaltige Ausmaße an. Nasser hätte nach dem Krieg von 1956 seinen „Sieg" durch die Wiederherstellung der Freiheitsrechte des ägyptischen Volkes untermauern sollen. Aber er tat es nicht. Das Ergebnis war, daß das Volk sich zu allem, was die politische Führung tat, passiv verhielt. Nassers „Siege" wurden nur oberflächlich vom Volk akzeptiert, das tief zuinnerst wußte, daß es an dem, was geschah, keinen Anteil hatte und niemals befragt wurde. Wenn im Volk angesichts irgendeiner Entwicklung ein wenig Unbehagen entstand und merkbar wurde, so hielt man dies sofort für „konterrevolutionär". Der Privatbesitz der Menschen wurde unter Staatsverwaltung gestellt, und Massenverhaftungen wurden vorgenommen. So zerstörte man in der Praxis die menschliche Würde.

Das schwerste Unrecht, das dem ägyptischen Menschen angetan worden ist, war die „Kultivierung der Angst". Statt dem Menschen

Sicherheit zu geben, taten wir alles mögliche, um ihn in Angst und Furcht zu versetzen. Ich glaube, daß Angst eines der wirksamsten Mittel ist, um die Seele zu zerstören – des einzelnen wie eines Volkes. Die Lebensumstände all dieser Menschen waren von den Herrschern abhängig. Diese konnten geben oder verweigern, im letzteren Fall verlor ein Mann nicht nur seinen Lebensunterhalt: er wurde verhaftet, in ein Anhaltelager gesperrt, die Mitglieder seiner Familie verloren ihre Posten und wurden zu Verfolgten.

So wurden Menschen zu Marionetten in den Händen der Herrscher, die mit ihnen taten, was ihnen gefiel. Reisen ins Ausland waren verboten; niemand durfte öffentlich etwas äußern, das der offiziellen Linie des Denkens widersprach (die Strafe war Gefängnis und der Verlust der Existenz). Die Passivität des Volkes wurde täglich stärker, bis schließlich niemand mehr sich sicher fühlte, es sei denn, man sonderte sich völlig von allem anderen ab: von öffentlichen Ereignissen ebenso wie vom Strom des Lebens rundum; so als wollte man nicht sehen, nicht hören und nicht sprechen.

Darum betonte ich, daß die Revolution vom 23. Juli in ihren Leistungen ebenso wie in ihren Irrtümern kolossal gewesen ist. Im Laufe der Zeit verblaßten jedoch die Leistungen, sie verschwanden entweder überhaupt, oder sie verwandelten sich in eine kalte, aller Glorie beraubte Realität. Die Revolution wurde schließlich zu einem großen, finsteren und schrecklichen Abgrund reduziert, der Angst und Haß hervorrief und aus dem es keinen Ausweg gab.

Es wäre aber ein Irrtum zu glauben, daß der Lebensmut des ägyptischen Volkes dadurch jemals abgewürgt werden konnte: Diese Lebenskraft ist groß, ist imstande, alle Härten zu ertragen. Sie ließ sich niemals durch Unglück überwältigen. Unser Volk hat den schrecklichsten und furchbarsten Formen der inneren wie äußeren Unterdrückung widerstanden und ist unverletzt geblieben. Die große Standhaftigkeit und das Selbstvertrauen dieses Volkes hat es stets befähigt, Schmerzen zu ertragen. Die Wunde, das spürte das Volk stets, würde zu bluten aufhören und würde heilen.

Dies ist die wahre Lebenskraft des ägyptischen Volkes, der ich stets vertraut habe. Ich hoffe imstande zu sein, die gegenwärtigen Hindernisse auf seinem Weg zum Fortschritt wegzuräumen und es ihm zu ermöglichen, Herr seines eigenen Schicksals zu sein. Dieses Volk wird dann, dessen bin ich sicher, Wunder wirken.

4

Die Erbschaft, die Nasser mir hinterließ, befand sich in einem jämmerlichen Zustand. Im Bereich der Außenpolitik besaßen wir – von der Sowjetunion abgesehen – keine normalen Beziehungen mit irgendeinem Land. Was die arabische Welt anlangte, so hatte Nasser ein willkürliches System erfunden, sie in ein fortschrittliches und ein reaktionäres Lager zu teilen, und dementsprechend seine Beziehungen mit den einzelnen Staaten dieser „Lager" aufrechterhalten oder abgebrochen. Im Jahre 1962 mußte er in der Tat eine bittere Lehre hinnehmen, als er sah, daß ihm nach der Niederlage nur jene arabischen Länder halfen, die er willkürlich in die von ihm als „reaktionär" bezeichnete Kategorie eingestuft hatte, nämlich Saudi-Arabien, Kuwait und der König El-Senussi Idris El-Senussi von Libyen, der 1969 gestürzt wurde. Von niemand anderem erhielt er finanzielle Hilfe.

Nassers Politik wurde durch seine emotionellen Reaktionen beeinflußt. Seine Umgebung, die das begriffen hatte, war imstande, ihn stets zu dem zu bringen, was sie wollte. Sie versorgte ihn mit bestimmten Informationen, und zwar zu jenem Zeitpunkt – der leicht zu errechnen war –, an dem bei ihm eine besonders starke Reaktion zu erwarten war, die dann wieder heftige internationale Auswirkungen hatte.

So erinnere ich mich, daß 1964 Nasser am „Siegestag", dem 23. Dezember, gerade beginnen wollte, eine Rede zu halten, wie es seit der Aggression von 1956 üblich war, als ihm Ali Sabri, der damalige Ministerpräsident, einen „Bericht" zuflüsterte: der amerikanische Botschafter habe, in Beantwortung einer Frage des Versorgungsministers nach dem Termin des Eintreffens der Hilfslieferungen an amerikanischem Weizen, beleidigende Bemerkungen über Ägypten gemacht und erklärt, der amerikanische Kongreß habe bis jetzt die Verschiffung noch gar nicht bewilligt. Nasser reagierte auf diesen „Bericht" sofort, indem er in seiner Rede die USA auf das heftigste angriff. Der amerikanische Botschafter hörte davon und setzte sich sofort mit ägyptischen Regierungsbeamten in Verbindung, um den verleumderischen Bericht zu dementieren. Die Version des Botschafters wurde dann auch noch durch unseren Versorgungsminister selbst bestätigt, der sich, sobald die Rede beendet war, mit Nassers Pressereferenten in Verbindung setzte. Als Nasser dies alles erfuhr, war er unschlüssig, was er tun solle. Er wußte, daß das Schicksal des Volkes nicht von den Gefühlen eines Mannes bestimmt werden darf. So war er gezwungen, mich und Amer zu bitten, den Irrtum wiedergutzumachen. Wir trafen uns mit dem US-Botschafter im Hause von Nassers Presseberater zu einem Abendessen und taten unser Bestes, um den Frieden wiederherzustellen. Jedoch ereignete sich im Zusammenhang mit dem Schah des Iran genau die gleiche Geschichte wieder. Nassers Leute berichteten ihm, der Schah habe etwas gesagt, was dieser in Wahrheit nie gesagt hatte. Sie taten dies wieder unmittelbar bevor Nasser am 26. Juli eine Rede in Alexandrien hielt, wie es seit der Abreise von König Faruk üblich war. Daraufhin erklärte nun Nasser öffentlich, Ägypten habe seine diplomatischen Beziehungen zum Iran abgebrochen. Es stellte sich heraus, daß die Bemerkungen dem Schah von Nachrichtenagenturen irrtümlich zugeschrieben worden waren. Wieder bat mich Nasser, die Sache mit dem Schah in Ordnung zu bringen, sobald ich ihn bei dem Islamischen Kongreß in Rabat sehen würde, wo ich Nasser vertrat, der an einer Herzattacke laborierte. Nasser bat mich, auch König Hussein als Vermittler einzuschalten. Ich tat das alles, aber zu Nassers Lebzeiten kam keine Versöhnung mehr zustande.

So sah die politische Erbschaft aus, die ich anzutreten hatte. Es gab unter Nasser kein funktionierendes Außenministerium, noch irgendwelche durchdachte oder wohlgeplante politische Konzepte, sondern nur den Präsidenten selbst.

Meine Haltung ist in dieser Beziehung jener Nassers genau entgegengesetzt. Als ich den sowjetisch-ägyptischen Vertrag zu annullieren wünschte, weil die Sowjetunion mich im Stich gelassen und uns Waffen verweigert hatte, die wir brauchten, um das Jahr 1971 wirklich zu einem „Jahr der Entscheidung“ zu machen (gar nicht zu reden von den ewigen sowjetischen Ausweichmanövern), suchte ich die Hilfe bei einer dritten Macht, nämlich bei Indien, einem blockfreien Land. Ich bat um gewisse sowjetische Rüstungsmaterialien, die in Indien unter Lizenz erzeugt werden. Als Neu-Delhi nun die Sowjetunion um Erlaubnis für diese Lieferungen ersuchte, lehnte Moskau ab. Die Sowjetunion hatte gehofft, daß dadurch, daß sie mir die Ersatzteile verweigerten, meine Waffen sich in einen Haufen Schrott verwandeln würden, nur gut, um die Schmelzöfen unserer Stahlindustrie zu füttern.

Nun gab es aber einen Dritten, der in der ganzen Frage mein Zeuge war, nämlich Indien. Ich sah daher, daß sich mir hier eine gute Gelegenheit bot, das Land von seiner letzten ausländischen Bindung zu befreien, nämlich vom Vertrag mit der UdSSR. Natürlich mußte ich die Reaktion der Sowjetunion bedenken, aber ich wollte auch keine Verpflichtungen zurücklassen, die vielleicht mein Nachfolger dann falsch ausweiten konnte. Mir war auch bewußt, daß, als ich diesen Vertrag mit den Sowjets unterzeichnete, das Volk ihn keineswegs frohen Herzens aufgenommen hatte, sondern ihm nur zustimmte, weil es Vertrauen zu mir hatte.

Ich glaube, daß niemand nur nach seinen eigenen Gefühlen handeln darf, wenn es um das Schicksal des Vaterlandes geht. Ich halte es für meine Pflicht, den Versuch zu unternehmen, alle Quellen zu erschließen, die den Wohlstand und das Glück meines Volkes zu vergrößern versprechen. So groß auch die hiefür notwendigen Anstrengungen sein mögen, ist es doch meine Pflicht, alle Tore zu öffnen, die bisher Ägypten vor der Nase zugeschlagen worden sind.

Heute, da all diese Irrtümer beseitigt sind, kann ich voll Stolz berichten, daß die Beziehungen Ägyptens sowohl zum Iran wie zur übrigen Welt wieder auf gegenseitiger Achtung und auf Vertrauen beruhen. Ich werde nie den Tag vergessen, als Ägyptens Ölreserven einen gefährlich niedrigen Stand erreicht hatten, und zwar als Ergebnis des Verlustes unserer Ölfelder nach dem Oktoberkrieg 1973. Ich sandte damals dem Schah eine Botschaft, und dieser versorgte uns sogleich mit 500.000 Tonnen Erdöl. Er befahl sogar seinen auf hoher See befindlichen Tankern, ihren Kurs zu ändern und ägyptische Häfen anzulaufen, um uns zu Hilfe zu kommen.

„Sadat ist wie ein Bruder für mich", sagte er. „Ich werde seine Bitten sogleich erfüllen."

5

Die wirtschaftliche Erbschaft, die Nasser mir hinterließ, war in einem noch viel schlimmeren Zustand als die politische. Die wahre Unabhängigkeit eines freien Landes hängt weit mehr davon ab, wie unabhängig seine Wirtschaft ist, als von politischen Schlagworten. Wie sah nun unsere ökonomische Situation im Jahre 1970 aus?

Wir hatten, mit krasser Dummheit, das sowjetische Muster des Sozialismus kopiert, obwohl es uns an den notwendigen Hilfsmitteln und Bodenschätzen, an den technischen Fähigkeiten und an Kapital mangelte. Von 200 Millionen ägyptischer Pfund im Jahre 1952 war das Budget des Landes auf zwei Milliarden bei Nassers Tod gewachsen. Das war jedoch kein echtes Wachstum, obwohl wir durch die Verstaatlichung der ausländischen Konzerne nach der Drei-Mächte-Aggression von 1956 und durch die Freigabe von 400 Millionen Pfund durch England (Währungsreserven, die Eden in der Suezkrise hatte einfrieren lassen) ausreichende Mittel besessen hatten.

Am 1. Januar 1957 – unmittelbar nach der Freigabe unserer Reserven und der Nationalisierung aller ausländischen Konzerne – befand sich unsere Wirtschaft in ihrem besten Zustand. Im weiteren wurde der „öffentliche Sektor“ der Wirtschaft mit nicht weniger als 1000 Millionen Pfund Aktiva geschaffen. Hätten wir es richtig angefangen, so könnten wir heute eine Großmacht sein. 1961 waren die Nationalisierungsmaßnahmen durchgeführt worden, und ein wirtschaftlicher Aufschwung hätte beginnen können, der ebenso auf dem Sektor der verstaatlichten Industrie wie auf einem gesunden, richtig geförderten Sektor der Privatwirtschaft beruht hätte. Wir hätten große ökonomische Fortschritte erzielen können.

Jedoch unser Sozialismus begann in der Praxis vom Marxismus angekränkelt zu werden. Das freie Unternehmertum wurde als übler Kapitalismus betrachtet und die Privatwirtschaft als Ausbeutung und Raub. Die Initiative des einzelnen hörte auf, und es folgte eine schreckliche Passivität des Volkes, an der wir immer noch bis zum heutigen Tag leiden. Ein Punkt war erreicht worden, an dem die Menschen vom Staat nicht nur die Wirtschaftsplanung (abgesehen von der Führung der inneren und äußeren Politik) erwarteten, sondern auch mit allen Konsumgütern versorgt zu werden, die freies Unternehmertum natürlich problemlos hätte herbeischaffen können. Als Ergebnis unserer Politik und der „neuen“ Theorie des Bekenntnisses zum Sozialismus sollte der Staat für Arbeit, Wohnungen und Ausbildung sorgen, ohne daß die Bürger irgendwelche positiven Anstrengungen machen mußten. Dieses Zurückschrecken vor jedem individuellen Risiko leitete den Beginn des totalen ökonomischen Zusammenbruches ein.

1970 las ich einen amerikanischen Bericht, in dem es hieß: „Laßt Nasser nur so laut schreien, wie er will, er wird sehr bald wirtschaftlich auf den Knien liegen.“

Zu jenem Zeitpunkt waren wir völlig auf unsere eigene Kraft angewiesen, wir erhielten keinerlei ausländische Hilfe, sei es aus der Sowjetunion, sei es aus Amerika, aus Westeuropa oder von arabischen Ländern. Alles, was die Welt für uns übrig hatte – Ost, West und Arabien –, waren Hohn und Schadenfreude. Unsere Wirtschaft war durch den Krieg im Jemen, durch das Scheitern der Vereinigung mit Syrien, durch die marxistische Durchführung des Sozialismus und schließlich durch die entehrende Niederlage von 1967 zerstört worden.

Ich las diesen Bericht wieder und wieder. Ich verweilte bei einer seiner Schlußfolgerungen, die ich beängstigend fand. Es hieß dort, daß die Vermehrung der Bevölkerung zu einer Vergrößerung des Verbrauches führen und daß dadurch innerhalb von zwei Jahren nach

1970 die ägyptische Wirtschaft auf den Nullpunkt herabsinken werde. Entsetzt, wie ich war, dachte ich, daß dies ein westlicher Propagandatrick sein müsse, Teil einer gegen uns geführten psychologischen Kampagne, um uns nachgiebiger gegenüber den Bedingungen der Israelis zu machen.

Als ich jedoch die Macht übernommen hatte, begriff ich die bittere Wahrheit. Ich rief Dr. Hassan Abbas Zaki, den damaligen Minister für Finanzen und Wirtschaft, zu mir und fragte ihn nach der wirtschaftlichen Lage. Er antwortete einfach:

„Die Staatskassen sind leer. Wir sind fast bankrott!"

„Wie konnte das geschehen, Hassan? Was hast du getan? Hast du Nasser nicht davon unterrichtet?"

„Nun", antwortete er, „ich habe versucht, ein Budget zu erstellen, indem ich die Ausgabeposten von einem Sektor des Voranschlages in den anderen verlegt habe, aber jetzt kann ich nicht einmal mehr das!"

Es gelang mir damals, 200 Millionen ägyptische Pfund zu borgen, aber Dr. Zaki sagte, daß das keineswegs genügen werde. Äußerst bestürzt aber war ich, als ich erfuhr, daß auch unser Liquiditätsproblem so groß war, daß wir sehr bald Schwierigkeiten haben würden, den Sold unserer Soldaten an der Front und unsere Beamten zu bezahlen. Wenn es wirklich so weit kam, dachte ich, daß man die Soldaten nicht mehr bezahlen konnte – wenn sie erfuhren, daß ihre Familien zu Hause nichts mehr zu essen hatten –, würden sie nicht von der Front desertieren? Und würde Ägypten dann nicht zusammenbrechen?

Ich arbeitete an der Lösung dieses Problems besonders energisch und bediente mich jeder erschließbaren Quelle. Während der Jahre 1971 und 1972 waren mir die wirklichen Ausmaße unserer ökonomischen Probleme noch nicht ganz klar. Nur fünf Tage vor dem Oktoberkrieg forderte ich den Nationalen Sicherheitsrat auf, der Wahrheit ins Gesicht zu blicken: Unsere Wirtschaft war am Ende. Dies hätte jedermann in meiner Position geängstigt, dessen bin ich sicher, aber ich blieb damals sehr ruhig und traf meine Entscheidung.

Ich glaube nicht, daß irgend jemand an meiner Stelle den Mut gehabt hätte, in einer solchen Situation einen derartigen Entschluß zu fassen, ich war aber überzeugt, daß der Schlüssel zu allem – politisch, wirtschaftlich und militärisch – darin lag, die Situation zu ändern, die eine Folge der Niederlage von 1967 war. Unser Selbstvertrauen und das Vertrauen der Welt in uns mußte wiederhergestellt werden. Die Wirtschaftslage war nur eine Dimension des Problems.

Die Hauptaufgabe bestand darin, die Schande und Demütigung der Niederlage zu beseitigen. Mir schien es tausendmal ehrenhafter für uns – für meine 40.000 Söhne in den Streitkräften und für mich –, bei der Überquerung des Kanals zu fallen, als diese Schande weiter zu ertragen. Unsere Nachkommen würden sagen, daß wir ehrenhaft auf dem Schlachtfeld gefallen seien. Sie würden unseren Kampf weiterführen.

6

Als Mr. Richardson, der von Nixon zu Nassers Begräbnis entsandte Sonderbotschafter, nach Washington heimgekehrt war, legte er einen Bericht vor, wonach Sadat kaum mehr als vier oder fünf Wochen an der Macht bleiben werde. Im Inland begannen Sowjetagenten innerhalb der ägyptischen Führung mit ihrem Kampf um die Macht. Das kam immer klarer zutage, nachdem ich meinen Entschluß gefaßt hatte, nur zwei Monate nach den Wahlen die gesamte Staatsverwaltung von Privatbesitz aufzuheben.

Zu jener Zeit hielten die Führer Ägyptens, Syriens, Libyens und des Sudans eine Reihe von Zusammentreffen ab, um nach einer Formel für die Einheit unter den arabischen Ländern zu suchen. Der Sudan war damals noch für keine Form der Vereinigung mit anderen Ländern bereit, da seine verfassungsmäßigen Institutionen noch vollendet werden mußten. El-Gaddafi versuchte den Anschein zu erwecken, er sei ein extremer „Unionist", dagegen zeigte sich Präsident Al-Assad als der von allem Anfang an wahrhaft eifrigste Vorkämpfer der Einheit. Wir einigten uns auf eine Anfangsformulierung, nämlich eine losere Form der Vereinigung, als es die völlige Verschmelzung ist: wir bildeten eine enge Gemeinschaft von Staaten, die wir „Konföderation der Arabischen Republiken" nannten. Dies bedeutete, daß jede Republik ihren individuellen Charakter beibehalten sollte, ihren derzeitigen Präsidenten und das bestehende Regierungssystem, das den besonderen Verhältnissen jedes einzelnen Staates entsprach. Diesem Schritt sollte die Bildung eines Rates aller Präsidenten folgen, der die Union vorzubereiten und die Schritte festzulegen hatte, die zur Einheit führen würden. Dies war zur Zeit Nassers die akzeptierte Formel, nachdem wir unsere Lektion mit dem Scheitern der Union mit Syrien 1961 gelernt hatten, einer „Einheit", die nur drei Jahre gedauert hatte.

Der wichtigste Machtblock, er umfaßte Ali Sabri, Schaaraui Gomaa und Sami Scharaf, die alle Sowjetagenten waren, hielt dies für die richtige Gelegenheit, den Kampf gegen mich zu beginnen. Ali Sabri, der der ägyptischen Delegation angehörte, gab eine Erklärung ab, wonach die besonderen Verhältnisse Ägyptens ihm nicht gestatteten, mit irgendeinem Staat eine „Vereinigung“ einzugehen. Dies war die früheste Manifestation des Konfliktes zwischen dieser Gruppe und mir! Ali Sabri und die übrigen Delegierten, die die mir von Nasser hinterlassene politische Führung Ägyptens bildeten, versuchten jedes nur mögliche Hindernis zu errichten, um eine Vereinigung mit Libyen und Syrien scheitern zu lassen. El-Gaddafi sagte mir nichts davon, daß sie mit ihm Verbindung hielten, um unsere Bemühungen zunichte zu machen. Aber Präsident Al-Assad sagte zu mir: „Du bist in einer eigenartigen Lage: Kaum erklärst du uns irgend etwas, sagt deine Begleitung hinter deinem Rücken schon das Gegenteil.“ Am letzten Tag unserer Besprechungen bemerkte der Präsident der Arabischen Republik des Sudan, Gaafar Mohammed El-Numeiri, der unmittelbar danach nach Moskau reiste, zu mir: „Der Sudan ist, wie ich dir schon sagte, für eine Union noch nicht vorbereitet. Aber ich werde jede Maßnahme unterstützen, die die Union zwischen euch und Syrien herbeiführt, weil dies im Interesse der panarabischen Sache liegt!“

Nachdem El-Numeiri abgereist war, zeigte es sich, daß das Vier-Mächte-Treffen ein Fehlschlag war. Als El-Gaddafi mir seinen Abreisetermin mitteilte, sagte ich ihm: „Ich werde auf dem Flugplatz sein, um dich zu verabschieden, aber ich möchte, daß du, Muammar, weißt, daß Präsident Hafis Al-Assad von Syrien diesmal Ägypten nicht verlassen wird, bis wir – er und ich – eine Konföderation der Arabischen Republiken gebildet haben. Das ist unsere Bestimmung, denn wir kämpfen einen gemeinsamen Kampf.“

„Ich bin bereit, mich euch anzuschließen“, sagte El-Gaddafi. Nur 24 Stunden vorher hatte er völlig andere Ansichten geäußert; er wollte die Einheit entweder nach seinen eigenen Träumen und Wünschen oder gar keine Einheit.

„Es wird merkwürdig aussehen“, meinte ich. „El-Numeiri ist doch bereits nach Moskau abgereist, im Glauben, unsere Zusammenkunft der vier Staatsoberhäupter sei fehlgeschlagen. Wenn du dich uns wirklich anschließen willst, dann halten wir doch die ursprünglich geplante Konferenz in Bengasi ab. Du könntest schon vor uns nach Bengasi gehen, wir werden dort in einigen Stunden eintreffen.“

Wir waren nämlich übereingekommen, eine Dreimächtekonferenz (Ägypten, Libyen, Syrien) in Bengasi abzuhalten, bevor Präsident Numeiri seine Teilnahme angekündigt hatte; so war die Konferenz um den Sudan erweitert und Kairo als Konferenzort bestimmt worden.

Der Delegation, die mich nach Libyen begleitete, gehörten Hussein

El-Schafi und Ali Sabri, die damaligen Vizepräsidenten, an. Ali Sabri fuhr sehr früh zum Flughafen, begleitet von Schaaraui Gomaa, der in seiner Eigenschaft als Innenminister dort El-Gaddafi verabschieden sollte. Die beiden nahmen El-Gaddafi zur Seite und begannen, unseren Plan zu sabotieren. El-Gaddafi hörte ihnen zu und reagierte auch positiv. Er erklärte, er sei von Anfang an gegen das Projekt gewesen, habe es aber „peinlich gefunden, Präsident Sadat nicht entgegenzukommen". Als ich dann auf den Flugplatz kam, sagte mir Schaaraui Gomaa:

„El-Gaddafi sagte, daß Eure Exzellenz Druck auf ihn ausgeübt hätten und er in Wirklichkeit keine Vereinigung wolle."

Ali Sabri sagte mir dasselbe. Darauf antwortete ich, daß ich solchen Unsinn nicht anhören wolle.

In Bengasi trafen die Delegierten der drei Länder, geführt von ihren Präsidenten, nun zu weiteren Gesprächen zusammen. Alle Mitglieder des libyschen Revolutions-Kommandorates waren anwesend. Ich berichtete über mein Gespräch mit El-Gaddafi und erwähnte auch die Bemerkung, daß er „peinlich berührt" gewesen sei. Ich betonte, wir hätten nicht die Absicht, irgend jemanden durch unsere Bemühungen um Einheit in Verlegenheit zu bringen. El-Gaddafi schwieg, und auch Ali Sabri gab keinerlei Kommentar ab. Die Verhandlungen begannen nun ernsthaft, doch schon zwei Tage später wurde ganz klar, daß wir kein Übereinkommen erreichen konnten. Wir beschlossen daher, die Konferenz abzubrechen und nach Hause zu reisen. Eine Erklärung für die Presse wurde vorbereitet, in der es hieß, es sei uns nicht gelungen, Übereinstimmung zu erreichen. Unser Gepäck war bereits auf den Flugplatz vorausgeschickt worden, wo die Journalisten warteten, als in letzter Sekunde die syrische Delegation einen Zusatz zu einer schon vorher diskutierten Formulierung vorschlug. Dieser Zusatz wurde El-Gaddafi vorgelegt und erwies sich als ein Durchbruch, denn er stimmte ebenso wie ich dieser neuen Formel zu. Die Journalisten wurden hereingerufen, und das „Abkommen von Bengasi" wurde unterzeichnet. Nur Minuten später jedoch kam Ali Sabri, um seine Einwände vorzubringen.

„Wir wollen uns mit diesen Einwänden in Kairo beschäftigen, nicht wahr?" sagte ich.

7

In Kairo berief ich das Oberste Exekutivkomitee der „Arabischen Sozialistischen Union“ zu einer Sitzung ein und legte dessen acht Mitgliedern das von mir in Bengasi unterzeichnete Abkommen vor. Nach längerer Debatte ergab sich, daß die Mehrheit – die Sowjetagenten, die den größten Machtblock in der Führung darstellten – eine Oppositionsgruppe gegen das Abkommen gebildet hatte und zu einer ersten Kraftprobe mit mir bereit war, um mir ihre Vormundschaft aufzuzwingen. Bei der Abstimmung über das Abkommen stimmten fünf – die Sowjetagenten in der Führung – dagegen und nur drei (Hussein El-Schafi, der Vizepräsident, Dr. Mahmud Fauzi, der Ministerpräsident, und ich) dafür. Sie wollten ein Ende mit mir machen oder zumindest meine Macht so drastisch beschneiden, daß ich außerstande gewesen wäre, ohne ihre Billigung Entscheidungen zu fällen.

Sie waren aber überrascht, als ich vorschlug, das Thema dem Zentralkomitee vorzulegen. Da sie auf diese unerwartete Entwicklung nicht vorbereitet gewesen waren, versuchten sie Zeit zu gewinnen, indem sie verlangten, das Problem solle noch studiert und das Ergebnis der Abstimmung überdacht werden. Ich bestand aber darauf, die ganze Angelegenheit an das Zentralkomitee weiterzuleiten. Nun versuchten sie verzweifelt, das Komitee auf ihre Seite zu ziehen, aber vergeblich: das Abkommen wurde dort einstimmig ratifiziert. Die erste Kraftprobe endete so mit einem totalen Sieg für mich, und sie schienen sich für den Augenblick damit abzufinden.

Im Januar 1971 mußte ich einen Entschluß hinsichtlich des „Rogers-Planes“ fassen. Wieder berief ich das Oberste Exekutivkomitee ein, an der Sitzung nahmen auch der Kriegsminister und der Außenminister teil. Die Diskussion ergab, daß der Machtblock, der die Mehrheit der Führerschaft, die Nasser mir hinterlassen hatte, bildete, die Ansicht vertrat, der Zermürbungskrieg gegen Israel solle wiederaufgenommen werden, obwohl Oberägypten, die Hälfte unseres Landes, ungeschützt und offen für israelische Angriffe dalag. Diese Tatsache war in den Jahren 1968 und 1969 demonstriert worden. Die Sowjetunion jedoch zögerte die Verschiffung der Raketen an uns hinaus, die es uns ermöglicht hätten, mit diesen Angriffen fertig zu werden und unsere zivilen Einrichtungen in Oberägypten zu schützen. Der Vertrag über die Lieferung dieser Raketen war längst unterzeichnet, aber die Sowjetunion schob die Lieferung immer wieder hinaus und gebrauchte jeden nur denkbaren Vorwand, um diese Verzögerung zu begründen.

Es war während der ganzen Debatte klar, daß das Ziel darin bestand, mich und ganz Ägypten in eine äußerst schwierige Situation zu bringen. Ich schloß die Diskussion daher mit der Erklärung, daß ich den Zermürbungskrieg so lange nicht aufnehmen könne, als nicht die SAM-Batterien geliefert und alle lebenswichtigen zivilen Einrichtungen Oberägyptens wirkungsvoll geschützt seien. Ich betonte, daß ich einer Verlängerung der Feuereinstellung auf Grund des „Rogers-Planes" nur für 30 Tage – endend am 7. März 1971 – zustimmen würde, um der Welt und den USA sowie Israel im besonderen eine letzte Chance zu geben, ihren Verantwortungen nachzukommen.

Am 4. Februar 1971 kündigte ich vor dem Parlament eine neue Initiative an: Falls die Israelis ihre Truppen auf die Sinai-Pässe zurückzogen, so war ich bereit, den Suezkanal wieder zu eröffnen. Meine Truppen würden auf das Ostufer übersetzen. Dann wäre ich willens, die „Rogers-Plan"-Feuereinstellung um sechs, statt um drei Monate zu verlängern. Ferner würde ich eine feierliche Erklärung über einen Waffenstillstand abgeben und auch die diplomatischen Beziehungen zu den USA wiederherstellen. Schließlich erklärte ich mich bereit, durch die Vermittlungsbemühungen Dr. Jarrings, des Repräsentanten des UN-Generalsekretärs, ein Friedensabkommen mit Israel zu schließen. Es war das erstemal in 22 Jahren, daß ein Araberführer den Mut zu so einer Erklärung hatte. Keiner meiner Gegner wußte im voraus von meiner Initiative. Sie wurden überrascht und waren, als sie meine Erklärung im Parlament hörten, buchstäblich sprachlos. Die Welt jedoch hieß meinen Vorschlag willkommen. Es war, als ob sie nun begriffe, daß wir – vielleicht zum allerersten Mal – objektiv und realistisch statt emotionell und irrational handelten. Das ägyptische Volk mit seinem wachen Sinn für Politik und seinem klaren, natürlichen Verstehen begriff den Sinn dieser Initiative sogleich und begrüßte sie auf das wärmste.

Anfang 1971 wollte ich der Sowjetunion zum ersten Mal als Staatspräsident einen Besuch abstatten, um die Erfüllung des zweiten Teiles unseres Abkommens, das noch unter Nasser abgeschlossen worden war, zu betreiben. Es ging dabei um unsere Versorgung mit einer „Abschreckungswaffe", nämlich den SAM-Batterien (für den Schutz unserer zivilen Einrichtungen in Oberägypten), sowie um den Ersatz der während des Zermürbungskrieges verbrauchten Munition. Die Sowjetführer erklärten sich bereit, mich am 1. und 2. März zu empfangen. Auch mein Wunsch, die Reise geheimzuhalten, fand Zustimmung.

Am Verhandlungstisch im Kreml erklärte ich die seit Nassers Tod aufgetretenen Schwierigkeiten und unsere gegenwärtigen vitalen Bedürfnisse. Ich begann mit zwei grundlegenden Punkten, die ich auch in allen folgenden Treffen mit den Sowjetführern betonte. Der erste Punkt war, daß es keineswegs unsere Absicht sei, Sowjetsoldaten unsere Schlachten für uns schlagen zu lassen, und der zweite, daß wir keinesfalls eine Konfrontation zwischen den USA und der Sowjetunion heraufbeschwören wollten. Ich war erregt und gebrauchte in meiner Argumentation sehr scharfe Ausdrücke. Es gab einige sehr heftige Rededuelle zwischen mir und Kossygin, dem Ministerpräsidenten, sowie auch mit Marschall Gretschko, dem Verteidigungsminister. Ich verwendete immer wieder eine sehr scharfe Sprache, und so hatte Breschnjew offenbar das Gefühl, eingreifen zu müssen. Er sagte mir, daß die Sowjetregierung bereit sei, Ägypten mit verschiedenen Arten von Waffen zu versorgen. Es waren zwar nicht jene Waffen, die wir erbeten hatten, aber wir sagten, daß wir sie annehmen würden, da wir dringend Waffen brauchten, welcher Art immer.

Die Sowjetunion änderte ihre Methode uns gegenüber niemals. Bei jenem Zusammentreffen sagte ich:

„Ich danke Ihnen, aber ich muß doch zu Protokoll geben, daß es immer noch Differenzen zwischen uns gibt."

Im Verlauf unserer hitzigen Debatten sagte man mir, die Sowjets seien bereit, uns auch mit Raketen ausgerüstete Flugzeuge zu liefern sowie für ihre Bedienung ägyptische Besatzungen auszubilden, unter der Bedingung, daß ihr Einsatz an die Erlaubnis der Sowjetregierung gebunden bleibe. Ich wurde bleich vor Zorn!

„Niemand", so sagte ich, „ist es gestattet, eine Entscheidung über ägyptische Angelegenheiten zu treffen, außer dem Volk von Ägypten, repräsentiert durch mich, den Präsidenten von Ägypten. Ich will eure Flugzeuge nicht."

Breschnjew nahm mich dann zur Seite und sagte mir:

„Sie kennen doch die MIG-25-Flugzeuge, von denen Sie vier haben?"

„Sie sind ausgezeichnet", sagte ich.

„Ich werde Ihnen 30 MIG-25-Bomber schicken."

„In dem Fall", sagte ich, „nehme ich zurück, was ich über unsere Differenzen gesagt habe, natürlich vorausgesetzt, daß die Piloten ihre Befehle von mir erhalten."

Breschnjew lieferte uns niemals die versprochenen Flugzeuge. Ich gab schließlich Befehl, daß die vier MIG-25-Flugzeuge mit Sowjetbesatzungen nicht starten dürften. Die Sowjetunion hatte nun die Wahl, sie entweder zurückzunehmen oder an uns zu verkaufen.

Ich hatte seinerzeit gestattet, daß diese vier MIG-25 in Ägypten stationiert wurden, um gewisse Erkundungsflüge für die ägyptische Armee zu unternehmen. Das geschah allerdings nur einmal; ihre

Sowjetbesatzungen weigerten sich danach, unsere Weisungen auszuführen. Es stellte sich heraus, daß ihre eigentliche Aufgabe war, für die 5. Sowjetflotte Aufklärungsflüge gegen die 6. US-Flotte im Mittelmeer durchzuführen. Da die Sowjets sich weigerten, sie an uns zu verkaufen, wurden sie schließlich abgezogen.

Ich berichtete alles, was in Moskau geschehen war, dem Obersten Exekutivkomitee. Ich sagte:

„Ich habe diese Flugzeuge wegen der damit verbundenen Verpflichtungen abgelehnt, vor allem, weil ich vor jedem Einsatz die Billigung Moskaus hätte einholen müssen. Es muß klar sein, daß nur der Präsident von Ägypten das Recht hat, in diesen Dingen eine Entscheidung zu fällen. Angesichts der uns gestellten Bedingungen ist diese ‚Abschreckungswaffe' für mich nicht akzeptabel."

Meine politischen Gegner schwiegen, aber verließen im Zorn die Sitzung, verärgert darüber, daß ich nicht bereit war, die Sowjetunion – eine so große Macht sie auch war – um Erlaubnis zu fragen.

Die Sowjetunion sandte im April die SAM-Batterien. Ein Teil der versprochenen Munition traf ebenfalls ein, aber der Rest kam erst mit der Luftbrücke im Oktoberkrieg 1973. Die Flugzeuge und die „Abschreckungswaffe", die mir Breschnjew zugesagt hatte, erwiesen sich als ein Teil jener leeren Versprechungen, die man mir stets machte. Dies war eben die Haltung, die die Sowjetunion mir gegenüber einnahm. Sie wollte uns mit gebundenen Händen sehen, unfähig, allein Entscheidungen zu treffen. Am 7. März erklärte ich in einer öffentlichen Ansprache, daß wir nicht länger durch das Waffenstillstandsabkommen gebunden seien und daß der „Rogers-Plan" sein Ende gefunden habe. Ich wollte damals den Zermürbungskrieg sofort wieder beginnen, aber die Tatsache, daß die Sowjetunion ihre Versprechungen nicht einhielt, hinderte mich daran.

8

Meine „Friedensinitiative" vom 4. Februar leitete eine ägyptische diplomatische Offensive ein, die einzige Alternative zu einer militärischen Aktion, die ich damals nicht unternehmen konnte. Als Ergebnis traten die USA mit dem Vorschlag an mich heran, daß William Rogers, der damalige Außenminister, zu einem Besuch nach Ägypten kommen sollte. Ich begrüßte diesen Vorschlag. Es war ein Schock für die Sowjetunion und ihre Handlanger in Ägypten.

Damals waren die führenden Köpfe sowohl des Machtblocks, der für die Sowjets arbeitete, wie auch der anderen Verschwörer zu der Erkenntnis gekommen, daß ich sowohl innerhalb als auch außerhalb Ägyptens an Boden gewann. Ihr noch unterirdischer Kampf gegen mich mußte, das spürten sie, beschleunigt und ihr Komplott, mich zu stürzen, rasch durchgeführt werden.

Zunächst forderten sie von mir, daß ich den Innenminister Schaaraui Gomaa (einer der Sowjetagenten und Hauptverschwörer gegen mich) zum Ministerpräsidenten ernennen solle. Ich weigerte mich. Vielmehr hatte ich mich damals schon entschlossen, den bisherigen Vizepräsidenten Ali Sabri auszuschalten, der der wichtigste Agent der Sowjetunion war. Nun ließ ich den sowjetischen Botschafter kommen und erklärte ihm:

„Obwohl ich gerne gute Beziehungen mit Ihnen aufrechterhalten möchte, muß ich Sie doch bitten, die sowjetische Führung davon zu informieren, daß ich mich entschlossen habe, Ali Sabri aus der politischen Führung Ägyptens zu entfernen. Ich informiere Sie darüber – obwohl es sich um eine unserer inneren Angelegenheiten handelt, in die sich einzumengen ich niemandem gestatte – weil ich fürchte, daß die westliche Presse schreiben wird, ich hätte Moskaus Mann Nr. 1 in Ägypten abgesetzt und Sie auf diese Weise verärgert. Sie sollten wissen, daß Moskau keine Männer in Ägypten hat. Sie haben es mit einer Regierung und nicht mit Einzelpersönlichkeiten zu tun. Ich entlasse Ali Sabri, weil ich zwar Meinungsverschiedenheiten, nicht aber einen Machtkampf gestatten kann."

Aber der Sowjet-Machtblock blieb sehr aktiv. Versammlungen wurden abgehalten, und Anhänger angeworben. Ich erhielt Briefe, in denen Beschwerde darüber geführt wurde, daß der Schreiber entweder „Befehle" oder „Instruktionen" erhalten habe, ausgegeben von der von diesen Leuten beherrschten „Arabischen Sozialistischen Union". Ich ließ stets diese Beschwerden den Verschwörern selbst übermitteln und warnte sie, deren Autoren zu verfolgen. Gegen Ende April wurde die Tätigkeit der Verschwörer geradezu fieberhaft. Sie kamen täglich zusammen und stifteten andere an, sich mit ihnen zu verbünden, sie verbreiteten im ganzen Land Gerüchte. Tatsächlich besaßen sie eine Art „Gerüchtefabrik", auf deren Effizienz sie auch noch sehr stolz waren. Sie pflegten zu prahlen, daß sie in Kairo ein Gerücht starten, es in ganz Ägypten umlaufen lassen und dann in Rekordzeit wiederum „zurückerhalten" konnten. Das ist eine in Rußland wohlbekannte Methode, praktiziert von den „Agitprop-Zentren".

Ich hatte aber den Kampf gegen die Verschwörer sorgfältig geplant. Die Stunde Null war der 1. Mai 1971. Sie taten alles, was sie nur konnten, um unsere Maifeier einen Fehlschlag werden zu lassen. Doch sie wurden enttäuscht. Meine Rede zum 1. Mai erweckte allgemeines Interesse, und die Feierlichkeit war ein großer Erfolg. Am 2. Mai 1971 enthob ich Ali Sabri aller Positionen, die er bis dahin innegehabt hatte. Es war in den heimischen Zeitungen kaum mehr als eine Einzeilenmeldung ... Während sich die Bevölkerung freute, wurde die Untergrundaktivität der Verschwörer noch fieberhafter. Noch mehr geheime Zusammenkünfte wurden abgehalten, noch mehr Leute wurden aufgefordert, sich ihnen anzuschließen, noch mehr Diskussionen des geplanten Staatsstreichs fanden statt – sie wiegten sich in der falschen Sicherheit, der Präsident wisse von all dem nichts. Doch mußte nun der Kampf, den ich begonnen hatte, zu einem erfolgreichen Abschluß gebracht werden. So hielt ich verschiedene Zusammenkünfte mit höheren Offizieren der Streitkräfte ab. In meiner letzten Ansprache vor ihnen sagte ich:

„Ich werde nicht zulassen, daß irgendwelche ‚Einflußsphären' gebildet werden oder jemals wieder ein Machtkampf stattfindet. Jedermann, der gegen die Interessen Ägyptens handelt, wird vernichtet werden."

Kriegsminister Mohammed Fauzi, der unter den Einfluß der Verschwörer geraten war, saß bei dieser Gelegenheit neben mir.

Am 13. Mai 1971 sollte ich der Tahrir-Provinz einen Besuch abstatten. Ich erfuhr jedoch, daß ein Plan bestand, mich dort zu ermorden. So erklärte ich, für die Anstrengungen zu müde zu sein, und verschob die Reise.

Nun war ich entschlossen, mit den Verschwörern Schluß zu machen. Aber es fehlte mir eindeutiges belastendes Beweismaterial, um gegen sie vorgehen zu können. Es gab – von dem Tag an, da ich die Macht übernommen hatte – genügend Gründe, um ihrem Treiben ein Ende zu setzen: Aber ich brauchte konkrete Beweise.

Nun bat am 11. Mai ein mir bis dahin unbekannter junger Polizeioffizier, von mir empfangen zu werden. Er brachte eine Bandaufnahme von abgehörten Telefongesprächen zwischen zwei Hauptanstiftern des Komplotts, aus denen eindeutig hervorging, daß sie sich verschworen hatten, mich und das Regime zu stürzen. Die Aufnahme enthüllte ferner, daß an dem Tag, als ich dem Zentralkomitee das Vereinigungsabkommen vorgelegt hatte, das Rundfunkgebäude umzingelt worden war. Hätte ich den Versuch unternommen, mich über das Radio an das Volk zu wenden, so wäre ich in die Falle gegangen und dort ermordet worden.

Angesichts dieser Beweise durfte ich nicht länger zögern, diese Leute zu entmachten. Es bestand nicht der geringste Zweifel, daß sie sich verschworen hatten, die legitime Regierung zu stürzen. Auf diese

Weise vergingen sie sich gegen die Interessen Ägyptens. Ich begann mit der Entlassung des Innenministers Schaaraui Gomaa. Später an diesem Tag, dem 13. Mai, genau drei Minuten vor elf Uhr abends (dem Zeitpunkt der letzten Nachrichtensendung von Radio Kairo), erschien Aschraf Marwan, der Schwiegersohn Nassers und Direktor von Sami Scharafs Büro, um mir die Demission des Präsidenten der Nationalversammlung, des Kriegsministers, des Informationsministers, des Ministers für Präsidialangelegenheiten sowie einiger Mitglieder des Zentralkomitees und sogar einiger Mitglieder des Obersten Exekutivkomitees vorzulegen. Dieser Schachzug sollte bei Annahme der Demissionen eine Lähmung der verfassungsmäßigen Körperschaften herbeiführen. Nun, ich nahm aber an. Ich akzeptierte die Demissionen und ließ die Nachricht darüber sogleich über den Rundfunk verbreiten. Außerdem stellte ich alle Beteiligten unter Hausarrest. Als nächstes bildete ich noch während dieser Nacht die Regierung um. So kam es, daß das Volk, statt vor einem Zusammenbruch der konstitutionellen Einrichtungen zu stehen, sich vor Freude kaum fassen konnte. Die Menschen marschierten durch die Straßen, ohne eigentlich genau zu wissen, wie sie ihre Gefühle nun ausdrücken sollten.

Der Alpdruck des Machtkampfes im Zentrum der Führung, der Ägypten so lange gelähmt hatte, war endlich zu Ende.

Es war auch notwendig, die Übeltaten dieser Leute rasch wiedergutzumachen. Sie hatten Jahr für Jahr mit dem Leben der Menschen gespielt, in den Herzen der Ägypter Angst erzeugt, sich dem Lauf der Gerechtigkeit entgegengestellt und eine unerträgliche Form der Unterdrückung und Folter praktiziert. Sie hatten die Menschen des wichtigsten Elements des Lebens, nämlich der Freiheit, beraubt. Ich befahl, daß alle im Innenministerium archivierten Tonbandaufnahmen von privaten Gesprächen sofort zu verbrennen seien. Das geschah. Es war ein Symbol der Wiederherstellung der so lange entbehrten Freiheit des Volkes. Dann ordnete ich die Auflassung aller Anhaltelager an und verbot alle willkürlichen Festnahmen. Ich rief alle auf, zu sagen und zu tun, was immer sie wollten, solange dadurch keine Gesetze verletzt würden.

Die Ereignisse des 13. Mai 1971 und der folgenden Tage stellten eine ernsthafte Anstrengung meinerseits dar, den Kurs der Revolution vom 23. Juli 1952 zu korrigieren. Man konnte sie als erste Bausteine zu dem Gebäude unserer gegenwärtigen sozialistischen Gesellschaft betrachten, die von wirklich sozialer Gerechtigkeit charakterisiert ist, statt von unsinnigen sozialistischen Schlagworten. Positive Arbeit und klare Ziele unterscheiden unser Gesellschaftssystem von den verzerrten Interpretationen gewisser politischer Konzepte und fremder Ideologien, die in völligem Gegensatz zu unserer echten arabischen Ethik, unserem religiösen Glauben und den wahren Traditionen unseres Volkes stehen – die aus der Natur der festgefügten ägyptischen Familie stammen.

9

Podgorni besuchte Ende Mai 1971 Ägypten, nachdem die westlichen Zeitungen – wie ich es vorausgesehen hatte – berichtet hatten, in Ägypten seien nun die führenden Anhänger Moskaus im Gefängnis. Eine Karikatur, die in einigen westlichen Zeitungen erschien, zeigte Podgorni, der die Agenten Moskaus in Ägypten trifft, die aber alle Sträflingskleidung tragen. Podgorni wünschte, daß sofort ein sowjetisch-ägyptischer Freundschaftsvertrag abgeschlossen werden solle. Obgleich ich dagegen keinen Einwand erhob, erklärte ich doch, daß der gegenwärtige Zeitpunkt ungünstig dafür sei. „Ihre Männer“, so sagte ich zu Podgorni, „sind verhaftet worden, das ist richtig. Aber es ist ihnen noch nicht der Prozeß gemacht worden. Ein jetzt abgeschlossener Vertrag könnte ihren Ruf beim Volk noch verschlechtern, weil dies bestätigen würde, daß sie Ihre Agenten in Ägypten waren.“ Podgorni lag jedoch zu viel daran, daß dieser Vertrag raschest abgeschlossen würde, als daß er auf mich gehört hätte. Das Politbüro, sagte er, habe in Moskau getagt und bestehe darauf, daß der Abschluß eines solchen Vertrages im Augenblick wesentlich sei. So stimmte ich zu, wohl hauptsächlich, um die Ängste der Sowjetführer zu beschwichtigen, denn ich wußte, daß sie in außenpolitischen Belangen stets übertrieben mißtrauisch waren. Am folgenden Tag wurde daher ein solcher Freundschafts- und Kooperationsvertrag geschlossen. Als ich Podgorni zum Flugplatz begleitete, um ihn zu verabschieden, bat ich ihn, seinen Kollegen in Moskau die folgende Botschaft zu übermitteln: „Bitte haben Sie Vertrauen zu uns . . . Vertrauen . . . Vertrauen!“ Denn ich fühlte, daß es ihnen gerade an Vertrauen zu uns mangelte, was mich für unseren bevorstehenden Kampf besorgt machte.

Während meiner Gespräche mit Podgorni hatte ich gesagt, daß wir zwar mit der Art, wie sie uns behandelten, nicht glücklich seien, aber dennoch den Vertrag abschlössen, um unseren guten Willen zu beweisen.

„Geben Sie mir vier Tage“, sagte Podgorni, „und alle Waffen, die

Sie verlangt haben, werden an Sie abgesandt werden, einschließlich der ‚Vergeltungswaffe'."

Das war Ende Mai. Ich wartete während des ganzen Juni, Juli, August, September, Oktober auf die Erfüllung des Versprechens, aber ohne jeden Erfolg. Die Sowjetführer hatten die Gewohnheit, plötzlich für lange Zeitabschnitte stumm zu werden, so stumm wie das Grab, was mich mehr als irgend etwas anderes verbitterte. Ich berief oft den sowjetischen Botschafter, ich schrieb ihnen häufig, aber alles, was ich stets als Antwort erhielt, war „Schweigen". Es war, als ob man mit „imaginären" Menschen korrespondierte.

Im Juli 1971 fand ein kommunistischer Staatsstreich im Sudan statt. Meine Haltung war fest. Ich erklärte, wir verurteilten diesen Versuch, weil wir die Bildung eines kommunistischen Regimes an unserer Türschwelle, in einem Land, das mit uns gemeinsame Grenzen hat, nicht akzeptieren könnten. Ein paar Tage später war der Staatsstreich gescheitert, Präsident El-Numeiri liquidierte seine Feinde und war wiederum an der Macht.

Meine Haltung gegenüber dem Staatsstreich im Sudan erweiterte die Kluft zwischen mir und den Sowjetführern. Vom Juli bis zum September erhielt ich auf meine Botschaften stets die Antwort, sie befänden sich auf Urlaub auf der Krim.

Gegen Ende September sandten sie mir eine Botschaft, wonach sie bereit seien, mich am 11. Oktober in Moskau zu empfangen. Obwohl ich nun schon bald genug hatte (jedermann in meiner Position würde, angesichts dieses offensichtlichen Ignorierens durch fünf Monate, längst die Geduld verloren haben), ließ ich mir doch nicht die mindeste Verärgerung anmerken und reiste nach Moskau. Bei den Gesprächen wiederholte ich, was ich schon am 1. und 2. März 1971 gesagt hatte:

„Es macht mir nichts, meine Freunde, wenn Sie mich in bezug auf die Aufrüstung immer einen Schritt hinter Israel halten, aber ich finde, es ist zuviel, daß Sie mich 20 Schritte hinter Israel herlaufen lassen."

Wie üblich ließen mich die Sowjetführer sagen, was ich wollte, nur gelegentlich äußerten sie eine Gegenmeinung, die sich manchmal aber auch zu einem scharfen Wortwechsel entwickelte. Die Ausnahme bildete nur Breschnjew. Er schien stets verständnisvoll und stellte sich niemals gegen mich. Diesmal versprachen sie, mir die mit Raketen ausgerüsteten Flugzeuge zu senden, zusammen mit Experten, um ägyptische Besatzungen auszubilden. Außerdem verzichteten sie auf ihre ursprüngliche Bedingung, daß diese Flugzeuge nur dann eingesetzt werden dürften, wenn Moskau vorher die Erlaubnis erteilt hatte. Am Ende des Treffens sagte ich: „Heute ist der 12. Oktober. Ich hoffe, diese Waffen werden so bald als möglich geliefert werden, so daß wir noch vor Jahresende in der Lage sein werden, den toten Punkt der gegenwärtigen Situation zu überwinden."

Ich hatte angekündigt, daß 1971 das Jahr der Entscheidung sein werde, entweder durch eine friedliche Lösung oder durch Krieg.

Sie stimmten zu. Ich reiste nach Ägypten zurück, überzeugt, daß die uns versprochenen Waffen nun bald auf dem Wege zu uns sein würden.

Im Oktober und November gab es keine Anzeichen dafür, daß irgend etwas geschah. Ich berief den Sowjetbotschafter zu mir und sandte durch ihn Botschaften an den Kreml, bekam aber wiederum keinerlei Antwort. Am 8. Dezember hörte ich zu meiner Überraschung vom Ausbruch des indisch-pakistanischen Krieges und von der Einmischung der Sowjets. Am 12. Dezember berief ich wiederum den sowjetischen Botschafter und erinnerte ihn, daß ich bisher keinerlei Waffen erhalten hatte. Er möge daher den Sowjetführern mitteilen, daß ich mit ihnen zusammentreffen wolle. Es müsse ein Weg aus dieser Situation gefunden werden, da ich mich bloßgestellt fühlte, denn es war mir nicht gelungen, das Jahr 1971 zu einem „Jahr der Entscheidung" zu machen.

Ende Dezember erschien der sowjetische Botschafter bei mir, um mitzuteilen, die sowjetischen Führer wären im Augenblick außerordentlich beschäftigt, wollten mich aber am 1. und 2. Februar 1972 in Moskau empfangen.

Nun war klar, daß ich auf Grund meiner Erklärung, 1971 werde das Jahr der Entscheidung sein, eine wütende Schmähkampagne zu erwarten hatte. US-Außenminister Rogers hoffte, er könne die öffentliche Meinung Israels und der Juden in den USA wieder für sich günstig stimmen und vergessen machen, daß er sich in der Vergangenheit an meine Seite gestellt hatte. Daher hielt er am 1. Januar 1972 eine Rede, in der er erklärte, 1971 sei vorbeigegangen, ohne daß Sadat entscheidende Aktionen unternommen habe. Die USA würden Israel mit mehr Waffen, militärischer Ausrüstung und praktisch allem übrigen versorgen. Er sagte ferner, daß die USA und Israel seit November 1971 begonnen hätten, gemeinsam Waffen für Israel zu produzieren, und daß die Vereinigten Staaten dafür sorgen würden, daß Israel allen Araberstaaten zusammen – nicht nur Ägypten – überlegen bleibe.

Dies war ein Teil jener heftigen psychologischen Kampagne, die, wie ich es erwartet hatte, gegen uns geführt wurde. Das ägyptische Volk hatte wie immer genug politisches Unterscheidungsvermögen, um zu begreifen, daß die Schuld an all dem die Sowjetunion trug. Im Jahre 1972 erreichte dann die Ablehnung der Sowjetunion durch die

Ägypter ein noch nie dagewesenes Ausmaß, obwohl ich in der Öffentlichkeit gar nicht alle Tatsachen mitteilte. Im Gegenteil, ich verteidigte die Sowjetunion in jeder meiner öffentlichen Erklärungen.

10

Am 1. und 2. Februar war ich in Moskau. Ich fragte nach den Gründen für die Verzögerung der Waffenlieferung, die die Sowjetführer mir versprochen hatten. Breschnjew sagte, er nehme die Verantwortung dafür auf sich. Der Grund liege, so meinte er, in notwendigen bürokratischen Arbeiten und ähnlichem. „Ich bin nicht überzeugt, daß dies so ist", sagte ich. „Wenn sich das wiederholt, werde ich handeln und eine Entscheidung treffen müssen." Ich war außer mir vor Zorn. Ich wiederholte, was ich schon bei den vorhergehenden Besuchen gesagt hatte, nämlich daß wir weder sowjetische Soldaten für uns kämpfen, noch es zu einer Konfrontation zwischen der UdSSR und den USA kommen lassen wollten. Das Treffen endete damit, daß sie mir eine Liste all jener Waffen vorlasen, die sie mir versprachen, „sofort" abzusenden. Es waren zwar nicht jene wesentlichen Waffen, die ich gewollt hatte, aber es war besser als nichts.

Nach Ägypten zurückgekehrt wurde mir klar, daß meine Geduld nun am Ende war.

Damals hatten Breschnjew und Nixon vereinbart, zu einem ersten Gipfelgespräch im Mai 1972 zusammenzutreffen, um eine internationale Entspannung herbeizuführen. Die Waffen, die die Sowjetunion uns verkaufen wollte – nicht jene, die wir verlangt hatten –, begannen nun einzulangen.

Schon im April war der sowjetische Botschafter erschienen, um eine „dringende" Botschaft der Sowjetführer zu übermitteln. Sie wünschten, daß ich Ende April zu einem neuerlichen Besuch in Moskau eintreffen sollte. Obwohl ich wußte, daß sie einfach nur den USA beweisen wollten, wie fest sie in unserem Raum verankert waren, nahm ich doch die Einladung an.

In unseren Gesprächen in Moskau kamen wir überein, daß sie uns nach dem Besuch Nixons in Moskau eine detaillierte Analyse der Lage zukommen lassen würden, in Vorbereitung für die Lieferung innerhalb von fünf Monaten – von Juni bis Oktober 1972 – all jener

Waffen, deren Lieferung in unseren alten Verträgen vereinbart worden war. Zum Zeitpunkt der Präsidentschafts-Wahlkampagne in den USA sollten diese Lieferungen abgeschlossen sein, damit alle Vorbereitungen getroffen werden konnten, um, sobald im November 1972 ein neuer amerikanischer Präsident gewählt war – und alle Wege zum Frieden weiterhin blockiert blieben –, eine militärische Aktion zu unternehmen. Die Sowjetführer stimmten diesem Plan zu, und ich kehrte nach Kairo zurück.

Am 15. Mai traf Marschall Gretschko, begleitet vom Oberbefehlshaber der sowjetischen Luftwaffe, in Ägypten ein. Sie brachten auch ein neues Flugzeug mit, eine Suchoi-17. Sie wurde uns vorgeführt und ein Testflug unternommen. Gretschko hatte, wie üblich, eine vom Zentralkomitee der KPdSU vorbereitete Erklärung mit, die von uns abgegeben werden sollte. In ihr wurde die Lieferung von Langstrekkenbombern bestätigt, was aber gar nicht stimmte. Dennoch wurde das Kommuniqué herausgegeben. Obgleich ich wußte, daß der Besuch Gretschkos in Ägypten – nur fünf Tage vor dem Eintreffen Nixons in Moskau – ebenfalls dem Ziel diente, den Einfluß der UdSSR im Nahen Osten zu demonstrieren, störte mich dies nicht. Ich verlieh den Mitgliedern der Delegation vor ihrer Abreise trotzdem Orden.

Nixons Besuch in Moskau fand am 20. Mai statt. Die erste Entspannungserklärung wurde von Washington und Moskau gemeinsam herausgegeben; darin verlangten sie eine Entschärfung der militärischen Lage im Nahen Osten. Es war ein gewaltiger Schock für uns, denn, wie schon erklärt, hinkten wir 20 Schritt hinter Israel her. „Militärische Entschärfung“ konnte in diesem Zusammenhang nur Nachgeben gegenüber Israel bedeuten.

Die sowjetische „Analyse“ nach dem Treffen mit Nixon in Moskau traf bei mir am 6. Juni 1972 ein – um mehr als zehn Tage verspätet. Diese „Analyse“ erklärte, daß in der Nahostfrage kein Fortschritt erzielt worden sei. Genau wie ich es bei meinem Besuch in Moskau im April vorhergesagt hatte – angesichts des Umstandes, daß 1972 ein Wahljahr in den USA war.

Noch bedauerlicher war, daß die sowjetische Analyse der Lage, die mir der Botschafter überbrachte, nichts über das Ausbleiben der mir zugesagten Waffenlieferungen aussagte. Mehr als zweieinhalb Seiten lang, befaßte sich die Analyse weder mit unserem Kampf noch mit den dafür notwendigen Waffen, ausgenommen die letzten fünf Zeilen: Dort hieß es, Ägypten sei nicht imstande, einen Krieg zu führen, Moskau habe seine Erfahrungen in dieser Hinsicht. Die Sowjets hätten aber außerordentliche Anstrengungen unternommen, um Nixon zu überzeugen, daß die Resolution 242 des UN-Sicherheitsrates durchgeführt werden sollte. (Diese Resolution fordert Israel auf, sich aus den 1967 besetzten arabischen Gebieten zurückzuziehen. A. d. Ü.)

Ich fragte den Sowjetbotschafter: „Ist dies die Botschaft?"

„Ja", versicherte er.

„Sie waren doch mit uns im April in Moskau", sagte ich. „Sie hörten doch, wie wir übereinkamen, daß die Waffen uns noch vor den Wahlen in den USA geliefert werden sollten?"

„„Ja", sagte er.

„Nun", so fuhr ich fort, „diese Botschaft enthält nichts darüber."

„Dies ist die Botschaft, die ich erhalten habe."

„Dann kann ich sie nicht annehmen", betonte ich. „Ich lehne auch die Methode ab, nach der die Sowjetführer mit uns umgehen. Bitte übermitteln Sie alles, was ich nun sage, an die Sowjetführer als eine offizielle Mitteilung.

Erstens: Ich weise die Botschaft der Sowjetführer, die Sie überbracht haben, nach Form und Inhalt zurück. Sie ist nicht akzeptabel. Ich weise auch diese Methode, mit uns zu verkehren, zurück.

Zweitens: Ich habe mich entschieden, auf die Dienste sämtlicher sowjetischer Experten (etwa 15.000) zu verzichten. Sie sollen binnen einer Woche ab heute in die Sowjetunion zurückkehren. Ich werde diesen Befehl dem Kriegsminister übermitteln.

Drittens: Es gibt sowjetisches Kriegsgerät in Ägypten, wie vier MIG-25-Flugzeuge und eine Anlage für elektronische Kriegführung, mit sowjetischen Besatzungen. Diese Ausrüstung muß entweder an uns verkauft oder aber in die Sowjetunion zurückgebracht werden.

Viertens: Keine Geräte, die der Sowjetunion gehören, werden in Ägypten bleiben. Entweder Sie verkaufen sie an uns oder Sie ziehen sie innerhalb der gesetzten Frist ab.

Fünftens: All dies muß innerhalb einer Woche von heute an durchgeführt werden."*

Der Botschafter glaubte nicht, daß es mir Ernst war, er hielt das Ganze für einen Erpressungsversuch.

Am folgenden Morgen berief ich den Kriegsminister und befahl ihm, alle von mir getroffenen Entscheidungen durchzuführen. Am 16. Juli waren alle diese Befehle ausgeführt. Da die Sowjetunion sich weigerte, uns die Flugzeuge und die elektronischen Anlagen zu verkaufen, wurden sie zusammen mit den Experten abgezogen.

Einer der Gründe für meine Entscheidung war die Haltung der Sowjetunion mir gegenüber; aber ein weiterer wichtiger Grund war, daß im Rahmen der von mir festgelegten Strategie kein Krieg

* Siehe Anhang V.

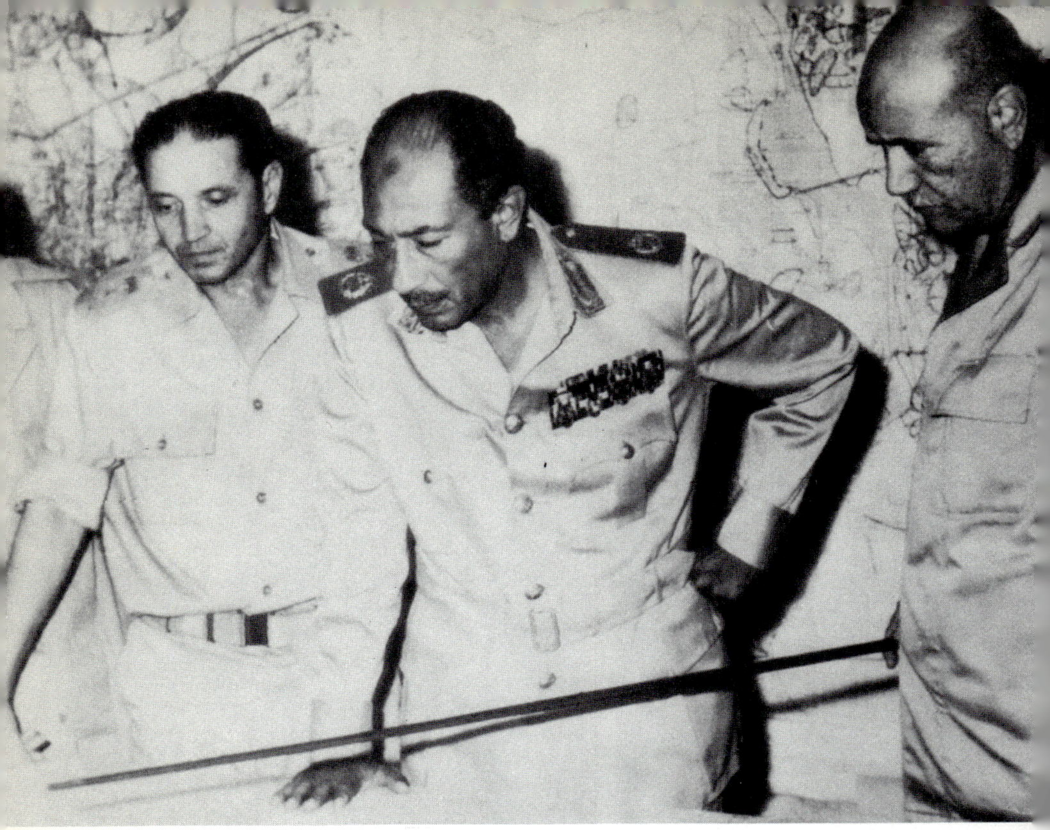

Vorhergehende Seite, oben: Sadat mit Muammar El-Gaddafi in Bengasi.
Vorhergehende Seite, unten: Sadat mit Marschall Tito in Kairo.
Oben: Sadat als Oberster Befehlshaber mit Marschall Achmed Ismael Ali und Generalstabschef Schasli (links).
Links: Gewaltige Wasserwerfer schnitten Breschen in die israelischen Erdbefestigungen am Suezkanal.
Rechte Seite, oben: SAM 7, die Panzerfaust der Ägypter, die sich den israelischen Panzern gewachsen zeigte.
Rechte Seite, unten: Ägyptische Artillerie und Truppen am 6. Oktober 1973 auf dem Ostufer des Suezkanals.

Oben: Sadat eröffnete 1975 den Suezkanal wieder.
Linke Seite, oben: Kissinger-Besuch bei Sadat im Zeichen neuer Freundschaft.
Linke Seite, unten: Sadat beginnt die Demolierung des Tura-Gefängnisses bei Kairo.

Oben: Sadat mit US-Präsident Carter, dem deutschen Bundeskanzler Schmidt und deren Damen, Mrs. Carter, Frau Schmidt und Frau Sadat.
Unten: Sadat mit seiner Frau Gihan und den Töchtern Luba (links) und Noha (rechts). Luba machte Sadat am Tag seines Besuches in Jerusalem zum Großvater.

Oben: Sadat eröffnete 1975 den Suezkanal wieder.
Linke Seite, oben: Kissinger-Besuch bei Sadat im Zeichen neuer Freundschaft.
Linke Seite, unten: Sadat beginnt die Demolierung des Tura-Gefängnisses bei Kairo.

Reisediplomatie
Linke Seite, oben: Sadat mit US-Präsident Ford, Österreichs Bundespräsidenten Kirchschläger und Bundeskanzler Kreisky.
Linke Seite, unten: Mit Frau Golda Meir in Jerusalem, 22. November 1977.
Oben: Dayan, Sadat und Ministerpräsident Begin.
Unten: Der ägyptische Präsident beim Gebet in der El-Aksa Moschee in Jerusalem.

Oben: Sadat mit US-Präsident Carter, dem deutschen Bundeskanzler Schmidt und deren Damen, Mrs. Carter, Frau Schmidt und Frau Sadat.
Unten: Sadat mit seiner Frau Gihan und den Töchtern Luba (links) und Noha (rechts). Luba machte Sadat am Tag seines Besuches in Jerusalem zum Großvater.

ausgefochten werden konnte, solange sowjetische Experten in Ägypten arbeiteten. Aber die Sowjetunion, der Westen und Israel deuteten irrigerweise meinen Entschluß, die Experten auszuweisen, als einen Hinweis, daß ich mich nun endgültig entschlossen hätte, keinen Krieg mehr zu führen. Diese irrtümliche Einschätzung förderte mein strategisches Konzept und machte mich sehr glücklich, denn es war genau das, was ich sie glauben lassen wollte. Ein anderer Grund für die Ausweisung der sowjetischen Experten war, daß die Sowjetunion begonnen hatte zu glauben, daß sie eine privilegierte Stellung in Ägypten innehabe: der sowjetische Botschafter nahm schließlich eine Position ein, die mit jener des britischen Hochkommissars in den Tagen der britischen Okkupation Ägyptens vergleichbar war.

Der Operationschef der Armee, der damalige Generalmajor El-Gamasi, sagte mir, daß sich die Besatzung der Störsender, die Mannschaften der vier Flugzeuge und alles übrige sowjetische Bedienungspersonal ständig geweigert hätten, ohne Erlaubnis aus Moskau irgendwelche Befehle auszuführen.

Ein anderer Grund für meinen Entschluß war, daß ich die Sowjetunion auf ihren Platz zu verweisen wünschte – auf ihren natürlichen Platz als ein befreundetes Land, nicht mehr und nicht weniger. Moskau glaubte damals, daß es Ägypten in der Tasche habe. Die Welt hatte zu denken begonnen, daß die Sowjetunion unsere Schutzmacht sei. Ich wollte der Sowjetunion deutlich machen, daß Ägypten allein über sein Schicksal zu entscheiden habe, und ich wollte der Welt mitteilen, daß wir stets unsere eigenen Herren seien. Wer immer mit uns sprechen wollte, sollte zu uns kommen, nicht aber sich an die Sowjetunion wenden.

Kapitel IX

Der Oktoberkrieg

1

Seit der Niederlage vom Juni 1967 hatte ich den Sommerurlaub nicht mehr in Alexandrien verbracht. Als ich jedoch die Entscheidung, die Sowjetexperten aus Ägypten auszuweisen, getroffen hatte, fühlte ich ein wenig Erleichterung und wollte in Alexandrien ausspannen. Ich wies meinen Stab an, daß – sollten die Sowjets Verbindung mit mir suchen – man ihnen sagen solle, ich sei in Alexandrien auf Sommerurlaub und daher nicht erreichbar: Genauso, wie ich nur allzuoft hatte hören müssen, die Sowjetführer seien in ihren Sommerurlaubsorten auf der Krim und daher nicht ansprechbar.

Sobald ich in Alexandrien eingetroffen war, begann ich die Vorbereitungen für den Kampf. Die ganze Welt, einschließlich der Ägypter, hatte freilich die Ausweisung der Sowjetexperten durch mich als einen Hinweis betrachtet, daß ich nicht Krieg führen wolle. Ich rief Hafis Ismail, meinen Berater für nationale Sicherheit, zu mir und sagte ihm, daß die USA nun bestimmt mit uns in Verbindung treten würden und er daher die notwendigen Alternativen für einen erfolgreichen Dialog mit den Amerikanern vorbereiten müsse. Dem Kriegsminister Mohammed Sadek sagte ich, er solle den Obersten Rat der Streitkräfte für den folgenden Tag einberufen und ihm meine Anordnungen mitteilen, daß die Streitkräfte ab dem 15. November kriegs- und angriffsbereit sein müßten. Dann ließ ich Said Marai, den Generalsekretär der „Arabischen Sozialistischen Union“, kommen und trug ihm auf, mit den ASU-Provinzsekretären eine Tagung abzuhalten und sie zu informieren, daß meine Entscheidung, die Sowjetexperten auszuweisen, bedeutete, daß wir Krieg führen würden, und nicht das Gegenteil. Ich forderte ferner Mamdu Salem, der damals für die Zivilverteidigung verantwortlich war, auf, die „Heimatfront“ für den Krieg vorzubereiten und mit allen da noch bestehenden Mängeln aufzuräumen.

Bevor meine erste Woche in Alexandrien um war, nahm Kissinger mit uns Kontakt auf und schlug ein ägyptisch-amerikanisches Treffen auf höchstmöglicher Ebene vor. Es wurde beschlossen, daß Hafis Ismail im September oder Oktober mit Kissinger zusammentreffen sollte. Doch mußte der Termin mehrfach verschoben werden, und so kam die Begegnung erst im Februar 1973 zustande.

Anfang August 1972 erklärte El-Gaddafi unerwartet der Welt, er wolle eine totale Vereinigung mit Ägypten. Da ich einen Besuch in Libyen schon zugesagt hatte, reiste ich nach Bengasi, um herauszufinden, was er wollte. Er schien wirklich auf einer solchen Art der Vereinigung zu beharren und hatte schon große Anstrengungen unternommen, um durch die Medien die „Massen" für seine Idee zu mobilisieren: freilich ohne mich zu konsultieren. In Bengasi angekommen, mußte ich überrascht feststellen, daß er die Pläne für den Zusammenschluß schon fertig hatte. Ich empfand für diese Eile wenig Enthusiasmus. Um jedoch El-Gaddafis Position zu stützen – und auch auf Bitten einiger seiner Kollegen im libyschen Revolutionsrat –, stimmte ich einer libysch-ägyptischen Konferenz zu.

Nun stellte sich zu meiner Überraschung heraus, daß nach dem von El-Gaddafi ausgearbeiteten Plan ich zwar Präsident des neuen Staates (Ägypten und Libyen umfassend) sein würde, El-Gaddafi aber Vizepräsident und vor allem Oberbefehlshaber aller Streitkräfte.

Ich erklärte nun El-Gaddafi und seinen Kollegen, daß ich diesem Projekt nicht zustimmen könne, insbesondere nicht seiner Ernennung zum Oberbefehlshaber, angesichts unserer früheren bitteren Erfahrungen: Es hatte katastrophale Folgen gehabt, als ein Politiker Oberbefehlshaber unserer Streitkräfte gewesen war; das hatte sich im Krieg von 1956, im Jemen-Krieg und schließlich im Krieg von 1967 gezeigt. Die Streitkräfte seien eine Sache für Fachleute und müßten aus der Politik herausgehalten werden. El-Gaddafi hatte keine Einwände.

Der zweite Grund für meine Ablehnung des Projektes war, daß eine Verschmelzung zu jenem Zeitpunkt dem libyschen Volk unnötige wirtschaftliche Schwierigkeiten beschert hätte, für die ich nicht verantwortlich sein wollte. Die Konferenz nahm meinen Vorschlag an, daß wir Schritt für Schritt auf die Einheit zugehen sollten. Dann kehrte ich nach Ägypten zurück.

Am 30. August sandte ich der Sowjetunion eine Botschaft*, die ich als einen Wendepunkt in unserer Geschichte betrachte, weil sie eine volle und genaue „Beschreibung" des Standes unserer damaligen Beziehungen enthielt. Ich erklärte in dieser Botschaft den Sowjetführern, daß ich ihnen noch eine Chance geben wolle, uns ihren guten Willen zu beweisen und auf unsere Forderungen bis Oktober 1972 zu reagieren. Sollte bis dahin jedoch keine Antwort erfolgt sein, würde

* Siehe Anhang V.

ich mich als frei betrachten, jene Entschlüsse zu fassen, die ich für richtig hielt. Unsere Ziele waren tatsächlich gegensätzlich, denn die Sowjetunion traf Vorbereitungen, um nach Wiedereröffnung der ägyptischen Universitäten Studenten zum Aufruhr zu verführen, und zwar entsprechend einem von Moskau angeordneten und von der Arabischen Kommunistischen Partei entworfenen Plan für die Aktivität von Sowjetagenten an diesen Universitäten.

Zu diesem Zeitpunkt hätte der Kriegsminister Sadek mir schon einen Bericht über die Strategie und die Rahmenrichtlinien zum bevorstehenden Feldzug vorlegen sollen. Ich hatte ihm, wie schon berichtet, den Auftrag gegeben, den Obersten Rat der Streitkräfte einzuberufen und diesem meine Botschaft mitzuteilen. Zwei Tage später hatte er mir gemeldet, daß dies geschehen sei. Die Streitkräfte seien schon ab dem 1. November – und nicht erst ab dem 15. – einsatzbereit.

Der Grund für die Wahl gerade dieses Datums für die Einsatzbereitschaft war, daß Anfang November die Präsidentschaftswahlen in den USA vorbei sein würden. Ich wollte dem gewählten Präsidenten die Chance geben, eine friedliche Lösung des Problems zu suchen. War aber bis dahin in dieser Richtung nichts erreicht worden, so wollte ich zu einer militärischen Aktion bereit sein.

Ich berief daher den Obersten Rat der Streitkräfte für den 28. Oktober ein. Ich wollte sichergehen, daß die Streitkräfte einsatzfähig waren, und forderte daher jeden der Befehlshaber auf, mir über die Bereitschaft seiner Einheiten zu berichten: Der November stand ja vor der Tür. Ich erinnerte sie daran, daß dies der Zeitpunkt sei, den Sadek und ich für den Abschluß der Vorbereitungen festgelegt hatten, und erinnerte an die im Sommer von mir erteilten Befehle.

Generalmajor Nawal, dem der Verwaltungsdienst der Streitkräfte unterstand, überraschte mich jedoch mit der Frage:

„Ich habe bisher von keinem solchen Befehl gehört. Darf ich fragen, was er enthielt? Ich weiß nichts von einem Befehl Eurer Exzellenz!"

Ich wandte mich an Sadek und fragte vor dem gesamten Rat:

„Was soll das bedeuten? Wir sind doch in Alexandrien übereingekommen, daß Sie diesen Rat einberufen und ihm sagen werden, daß wir am 15. November zum Beginn des Kampfes bereit sein müssen. Haben Sie mir nicht zwei Tage später berichtet, daß der Rat versammelt war und alles schon am 1. November bereit sein werde, zwei Wochen vor dem Stichtag?"

Der Kriegsminister flüsterte mir zu: „Ich hielt es nicht für ratsam, Herr Präsident, jedermann alles zu sagen. Ich habe daher nur die Armeebefehlshaber informiert, um die Geheimhaltung zu sichern."

Was für eine Art von Geheimhaltung sollte das wohl sein, dachte ich. Kann man denn den Entschluß, einen Krieg zu führen, gerade vor jenen Leuten geheimhalten, die diesen Krieg führen sollen? Eine merkwürdige Situation, so fand ich, war entstanden: Konnte man erwarten, daß die Befehlshaber der Armeen ohne das Wissen des Obersten Rates der Streitkräfte in den Krieg gingen? Der Generalmajor, der sich erkundigt hatte, war verantwortlich für die Verwaltung, die auch den Nachschub einschloß, also die Versorgung der Armee mit Lebensmitteln, Wasser, Munition, Treibstoff und so weiter, ohne die keine Einheit ihren Kampfauftrag erfüllen kann.

Die Zweifel, die ich dem Kriegsminister gegenüber hegte, waren auf diese Weise bestätigt worden. Er wollte nicht kämpfen, weil er sich fürchtete, daß tatsächlich eine Schlacht stattfinden könnte. Ich fragte daher nun die Befehlshaber der Armeen persönlich nach dem Stand der Kampfbereitschaft, beginnend mit Generalmajor Abdel-Monaim-Wassil, der die 3. Armee befehligte. Seine Antwort war erschütternd.

„Wir sind vollkommen exponiert, Herr Präsident", sagte er. „Jeder Versuch, Streitkräfte auf unserer Seite des Kanals zu konzentrieren, kann von den Israelis beobachtet werden. Daher werden sie uns angreifen, bevor wir noch den Übergang erzwungen haben. Der Grund dafür ist", so erklärte er weiter, „daß die Israelis eine Kette großer Erdbefestigungen, an die 14 Meter hoch, auf dem Ostufer des Kanals gebaut haben. Die unsrigen sind viel niedriger, kaum höher als drei Meter. Unsere Soldaten glauben, daß die Israelis hinter ihren großen Wällen ein gewaltiges Netzwerk elektronischer Geräte eingerichtet haben, mit dem fertig zu werden sie nicht hoffen können."

Was diese Worte bedeuteten, war nichts anderes, als daß der Verteidigungsplan 200, den Nasser mir hinterlassen hatte, nun sinnlos geworden war. Einen Monat vor seinem Tod hatte Nasser mich aufgefordert, ihn zum Armeeoberkommando in Nasr City, einem Vorort von Kairo, zu begleiten. Dort waren alle unsere Befehlshaber, die sowjetischen Experten, Kriegsminister Fauzi und Generalstabchef Sadek versammelt. Die ägyptischen Befehlshaber und Fachleute hatten Nasser und mir durch sieben Stunden den Verteidigungsplan 200 erläutert, dem wir am Ende zustimmten. Es war ein vollkommen vernünftiger Verteidigungsplan; aber sonst hatte mir Nasser nichts hinterlassen. Es gab keine Pläne für irgendeine Art von Offensive.

Als Kriegsminister hatte Generalleutnant Mohammed Fauzi dafür gesorgt, daß der Verteidigungsplan 200 anwendbar blieb. Als die Israelis ihre Erdbefestigungen um einen Meter erhöhten, wurden unsere um eineinhalb erhöht. Aber der neue Kriegsminister Sadek hatte damit aufgehört, so daß es bei uns keinen Ausbau mehr gab. Die

Israelis bauten ihre Befestigungen weiter, so daß sie schließlich 14 Meter hoch waren.

Ich stellte nun dieselben Fragen an General Saad Mamun, den Befehlshaber der 2. Armee, der gegenwärtig Gouverneur von Kairo ist, und erhielt eine gleichlautende Antwort.

„Es tut mir leid, Ihnen sagen zu müssen, daß ich sehr zornig bin", sagte ich dem Obersten Rat der Streitkräfte. „Als ich hierher kam, hatte ich erwartet, daß Sie bereit sein würden, jeden Plan, für den wir uns entscheiden, auszuführen. Nun finde ich heraus, daß Sie nicht einmal einen Verteidigungsplan fertig haben. Wie können wir hoffen, eine Offensive zu beginnen, wenn wir nicht einmal für die Verteidigung vorbereitet sind? Sollen wir noch einmal eine Niederlage erleiden wie im Juni 1967?"

Ich verließ diese Versammlung, entschlossen, einen Ersatz für Sadek, den defätistischen Kriegsminister, der mich belogen hatte, zu finden. Ich rief Generalmajor Achmed Ismail zu mir, den inzwischen verstorbenen Feldmarschall, damals Chef des Nachrichtendienstes und Erbauer der ersten Verteidigungslinie, die 1967 entlang des Suezkanals von Port Said nach Suez eingerichtet worden war. Ich sagte ihm, er solle den Oberbefehl übernehmen und am nächsten Morgen zu mir kommen, um als Kriegsminister vereidigt zu werden. Unterdessen schickte ich meinen Privatsekretär zum bisherigen Kriegsminister, um ihm mitzuteilen, daß ich seine Demission angenommen hätte. Ich befahl dem Stabchef, einstweilen als Oberbefehlshaber zu fungieren, bis Achmed Ismail Ali vereidigt sei. Ich konnte es mir nicht leisten, auch nur die kleinste Lücke in den Spitzenpositionen der Streitkräfte entstehen zu lassen.

Als General Achmed Ismail Ali schließlich offiziell als Oberbefehlshaber eingesetzt war, forderte ich ihn auf, den Verteidigungsplan 200 wieder effektiv zu machen. Wenn die israelischen Erdbefestigungen 14 Meter hoch waren, so sollten unsere 20 Meter hoch sein. Eine sofortige Zuweisung von 20 Millionen ägyptische Pfund wurde für diese Zwecke flüssiggemacht.

Obwohl ich alles getan hatte, um die Situation wieder in Ordnung zu bringen, dauerten doch die schlaflosen Nächte, die ich nach dieser Zusammenkunft mit dem Obersten Rat der Streitkräfte hatte, an. Eine Tragödie wie 1967 durfte es nie wieder geben. Wie konnte solche Nachlässigkeit in unseren Streitkräften gestattet werden, da wir doch all unsere zukünftigen Hoffnungen gerade auf diese Streitkräfte setzten? Konnten wir nun auch nur irgendeinen Angriff der Israelis zurückschlagen? Achmed Ismail Ali machte meinen Sorgen und ernsten Zweifeln ein Ende, als er am 30. November, einen Monat, nachdem ich ihn ernannt hatte, zu mir kam, um mir mitzuteilen, daß unsere Verteidigungsvorbereitungen abgeschlossen seien. Er sei nun im Begriff, seinen Plan für die Offensive zu entwerfen. Die Grundzüge dieses Planes waren schon im Januar 1973 fertiggestellt. Achmed Ismail Ali hatte etwas in der militärischen Geschichte noch nie Dagewesenes getan: Er hatte jeden Offizier der Streitkräfte, die entlang des Kanals stationiert waren, aufgefordert, auf die Befestigungen auf unserer Seite zu steigen, die nun 20 Meter hoch waren, um auf Sinai hinüberzublicken und einen genauen Einsatzplan zu entwerfen, den er nach der Überquerung des Kanals durchführen konnte. Die Offiziere hatten so Gelegenheit, Zuversicht zu fassen, und nahmen an der Planung der Aktion teil, die sie ja schließlich selbst auszuführen hatten.

Ich kann daher sagen, daß die Planung für den Oktoberkrieg 1973 von der Gesamtheit unserer Streitkräfte entworfen worden ist.

2

Um wieder zu der Geschichte unserer Beziehungen mit der Sowjetunion zurückzukehren: Präsident Hafis Al-Assad stattete Moskau im Oktober 1972 einen Besuch ab und machte auf dem Wege nach Hause in Kairo Zwischenstation, um mir zu berichten, daß die Sowjets eine ägyptische Delegation, geführt von unserem Ministerpräsidenten, am 16. Oktober in Moskau erwarteten. Dies war die Reaktion auf einen Vorschlag, den ich in einem Schreiben vom 30. August gemacht hatte. Ich stimmte zu. An der Spitze einer Delegation reiste Premier Asis Sidki nach Moskau. Bei den Gesprächen gaben sich die sowjetischen Führer sehr erregt und bekundeten die größtmögliche Verärgerung über meine Entscheidung, die 15.000 sowjetischen Experten auszuweisen. Sie sagten, sie seien dadurch vor der ganzen Welt in eine peinliche Situation gebracht worden. Dr. Asis Sidki brachte wieder nichts anderes als ein Bündel Versprechungen nach Hause, die niemals gehalten wurden.

Damals war noch ein sowjetisch-ägyptisches Flottenabkommen in Kraft, das Nasser im Jahre 1967 für fünf Jahre geschlossen hatte. Es gestattete der sowjetischen Mittelmeerflotte die Benützung gewisser Marineanlagen und sollte in drei Monaten ablaufen. Ich forderte daher im Dezember 1972 General Achmed Ismail Ali auf, den sowjetischen Botschafter zu sich zu rufen und ihm mitzuteilen, daß Ägypten bereit sei, dieses Abkommen um weitere fünf Jahre – bis

1978 – zu verlängern. Ich wollte der Sowjetunion zeigen, daß ich keineswegs einen vollständigen Bruch mit ihr wünschte. Im weiteren wurden zwei diplomatische Reisen von Hafis Ismail, meinem Berater für nationale Sicherheit, und von Generalleutnant Achmed Ismail Ali, dem Kriegsminister, unternommen. Hafis Ismail hatte endlich im Februar eine Unterredung mit Kissinger. Im selben Monat reiste Generalleutnant Ali nach Moskau. Mehr als acht Monate waren vergangen, seit ich die Sowjetexperten gezwungen hatte, binnen einer Woche Ägypten zu verlassen. Der Kreml hatte inzwischen herausgefunden, daß tatsächlich – wie ich wiederholt betont hatte – vor dieser Entscheidung kein Kontakt zwischen mir und den USA bestanden hatte. Damit besaßen die Sowjets den Beweis, daß meine Haltung gegenüber Freund wie Feind stets nur von hohen moralischen Grundsätzen diktiert war. Das größte Waffenlieferungsgeschäft, das wir jemals abgeschlossen haben, war das Ergebnis dieses Besuches. Zum ersten Mal begannen auch tatsächlich sofort und in Rekordzeit Lieferungen einzutreffen, durch die Teile des Abkommens erfüllt wurden. Allerdings kamen die Lieferungen auch bald wieder zu einem Ende, andere Teile des Abkommens wurden erst 1975 erfüllt. Ich möchte betonen, daß wir auch ohne dieses Waffengeschäft unseren Krieg geführt hätten. Denn unser Entschluß und unser Plan beruhten auf den Waffen, die wir damals in Händen hatten. Im Anschluß an einen Besuch des ägyptischen Außenministers im Jahr 1976 stornierte die Sowjetunion alle Lieferungsverträge an Ägypten und weigerte sich von da an auch, auf Diskussionen über eine Neugestaltung der Schulden Ägyptens einzugehen.

Was nun die USA anging, so hatte das Treffen von Hafis Ismail mit Kissinger keinerlei Ergebnisse gebracht. Wie ich stets gesagt hatte, war es für die USA (oder für irgendeine andere Macht) unmöglich, etwas zu unternehmen, solange wir selbst nicht militärisch aktiv wurden, um den toten Punkt zu überwinden. Der wesentliche Inhalt dessen, was Kissinger Hafis Ismail sagte, war, daß die USA bedauerlicherweise so lange nicht helfen könnten, solange wir die besiegte Partei waren und Israel seine Überlegenheit aufrechterhielt.

Ich mußte mich auch für Verhandlungen auf arabischer Ebene vorbereiten. Und hier muß ich nun auf jene höhere Macht hinweisen, die den Lauf der menschlichen Dinge bestimmt und auf ihre Weise lenkt, die sich unserer Kontrolle entzieht ... Es ist oft absurd zu sagen, daß man dies oder jenes getan hat, wenn man in Wirklichkeit nichts getan hat – und dies stimmte für meine Vorbereitungen für die Kontaktaufnahme mit den arabischen Ländern. Alles war vorbereitet und das Szenarium fertig, bevor ich auch nur begann, etwas in die Wege zu leiten.

In Kuwait betrachtete mich das „Haus El-Sabah“, die regierende Familie des Emirats, als ein Familienmitglied. Ich war eng befreundet mit Abdullah Mubarak El-Sabah, eine Verbindung, die durch gegenseitige Loyalität gefördert und genährt wurde. Er war damals Thronfolger, Verteidigungs- und Innenminister. Es war auch der Wille Gottes, daß, als Nasser starb, Dschabir El-Achmed – auch ein guter Freund, mit dem ich in ständiger Korrespondenz stand – Thronerbe und Ministerpräsident war. Er ist nun, nach dem Tod meines Freundes Sabah Salem, der Herrscher von Kuwait.

In Saudi-Arabien war König Feisal schon 21 Jahre lang mein persönlicher Freund. Wir standen einander besonders nahe zur Zeit des Islamischen Kongresses 1955, als er noch Thronfolger war. Ungeachtet des Krieges im Jemen behielt unsere Beziehung ihre ursprüngliche Wärme. Freundschaft bedeutete uns beiden ein hohes Ideal.

Im Libanon war Hamid Franschijeh, der Bruder des Präsidenten Suleiman Franschijeh, mein persönlicher Freund.

Was Marokko anging, so stammten meine Beziehungen zu König Hassan II. aus dem Jahre 1969, als ich als Stellvertreter Nassers an der ersten Islamischen Konferenz, die dem Brand der El-Aksa-Moschee folgte, teilnahm. Die brüderlichen und freundschaftlichen Beziehungen zwischen mir und König Hassan sind noch herzlicher geworden. König Feisal, der auch an der Rabat-Konferenz teilgenommen hatte, sagte damals zu König Hassan II. von Marokko: „Wenn es der Wille Gottes ist, daß Ägypten gedeihen soll, dann wird Sadat an der Macht sein.“ Ich hatte bei dieser Konferenz den Ruf, meine Meinung offen auszusprechen und stets auf der Seite der Gerechtigkeit zu stehen.

Algeriens Präsident Boumedienne war „allergisch“ gegenüber Nasser gewesen, und zwar wegen dessen Freundschaft mit dem von ihm gestürzten Achmed Ben Bella. Und Tunesiens Präsident Bourguiba hatte häufig Differenzen mit Nasser gehabt, weil dieser ihn der Käuflichkeit und des Verrates beschuldigte.

Es war der Wille Gottes, daß ich so enge persönliche Beziehungen zu den Führern der arabischen Welt besaß. Sie alle hießen mich als Präsident willkommen und zeigten, daß sie bereit waren, zu helfen. Meine klare und offen dargelegte Politik ging dahin, daß Ägypten nicht länger zwischen den arabischen Staaten nach Kategorien sogenannter fortschrittlicher und reaktionärer Regierungssysteme oder republikanischer und monarchistischer Regime Unterscheidungen machen werde. Wir sollten nur einer Sache verpflichtet sein, nämlich unserem Arabertum, rein und unverfälscht.

Was Afrika anlangt, so nahm ich 1973 an der jährlichen Gipfelkonferenz der „Organisation for African Unity“ in Addis Abeba teil. Die

Konferenz beschloß eine Resolution, in der Israel eindeutig verurteilt wurde. Es war das erste Mal in der Geschichte der OAU, daß eine solche Resolution angenommen wurde; sie ließ für die Zukunft Gutes erhoffen. Als der Krieg ausbrach, hatten 80 Prozent aller afrikanischen Länder ihre Beziehungen mit Israel abgebrochen.

Unterdessen hatten die Israelis im Herzen von Beirut drei palästinensische Führer ermordet. Ich sandte eine Botschaft an den Präsidenten Franschijeh des Libanon, in der ich ihn aufforderte, die Einberufung des UN-Sicherheitsrates zu verlangen, um den Zwischenfall zu diskutieren: Wenn er es nicht täte, so würde ich es tun. Franschijeh stellte die Forderung und wurde von mir dabei unterstützt.

Der Sicherheitsrat trat zusammen und begann über die Ermordung der Palästinenser-Führer zu diskutieren. Es kam aber als Überraschung für alle, einschließlich der Mitglieder des Sicherheitsrates, als Ägypten das Problem des Nahen Osten vorbrachte. Die folgenden Verhandlungen, die mehr als zwei Monate dauerten, endeten zum ersten Mal mit der Annahme einer Resolution zu unseren Gunsten. Das Abstimmungsergebnis war 14:1, die USA hatten ihr Veto eingelegt. Dies war ein Teil der von mir entworfenen Strategie, eine günstige Situation zu schaffen, vor allem auf arabischer und afrikanischer Ebene (wie der OAU-Konferenz 1973), auf der internationalen Bühne (durch die Debatte im Sicherheitsrat) und in der bündnisfreien Welt: eine Konferenz der blockfreien Länder fand im September 1973 in Algier statt. Daß all diese Tagungen in diesem einen Jahr – dem Jahr des Oktoberkrieges – stattfanden, war ein Geschenk Gottes.

Im September 1973 nahm ich an der erwähnten Gipfelkonferenz der blockfreien Staaten in Algier teil, bei der mein Freund Präsident Boumedienne den Vorsitz führte. In einer Rede erklärte ich, der Krieg sei unvermeidlich, weil Israel ihn wolle. Ich legte meine Karten auf den Tisch und unterstrich, daß nichts, außer einer kompletten Kapitulation der Araber, Israel zufriedenstellen werde. So erreichte ich, daß die blockfreien Länder für den bevorstehenden Krieg nicht unvorbereitet waren; die meisten standen sogar auf meiner Seite.

Drei Wochen vor der Stunde Null war uns die Unterstützung von mehr als 100 Ländern sicher. Ich hatte viele Monate gebraucht, vom Januar bis zum September 1973, um die Welt auf diesen Krieg vorzubereiten.

3

Meine Anstrengungen an der inneren Front beschränkten sich nicht nur darauf, die richtige geistige Kampfbereitschaft zu schaffen. Mehr als 127 Millionen ägyptische Pfund wurden für die Vorbereitung des ganzen Landes auf diesen Krieg ausgegeben. Mein Plan beruhte auf der Annahme, daß das gesamte Gebiet von Alexandrien bis Assuan zum Schlachtfeld werden konnte. Jede Fabrik, jedes Kraftwerk erhielt Kriegseinsatzpläne. Wir mußten gewiß sein, daß alle Dienstleistungen weiter funktionierten, wenn auch vielleicht nur teilweise, falls sie durch den Krieg betroffen wurden.

Im April 1973 kam Präsident Hafis Al-Assad im geheimen nach Ägypten. General El-Gamasi, damals Operationschef der Streitkräfte, legte uns Aufzeichnungen vor, in denen er sehr übersichtlich alle strategisch wichtigen Daten, um den Krieg im Jahr 1973 zu beginnen, vermerkt hatte. Diese Notizen, damals noch im Manuskript – und streng geheim –, stellten für den Kriegsbeginn drei Zeitperioden als möglich dar. Die erste war eine Periode im Mai, die zweite im August und September und die dritte im Oktober und danach. Die geeignetste Zeit schien jene im Oktober. Der Angriff konnte am Yom-Kippur-Tag stattfinden – dem Bußtag der Juden –, dem 6. Oktober, an dem alle öffentlichen Dienste in Israel stilliegen würden. Nach dem Oktober (von November bis zum Frühjahr) sind die Bedingungen an der syrischen Front aus klimatischen Gründen für eine militärische Aktion nicht günstig.

Ich hatte mit Al-Assad in Borg-el-Arab, der Hauptstadt der westlichen Wüste, eine private Zusammenkunft, bei welcher ich sagte:

„Ich habe mich entschlossen, noch in diesem Jahr Krieg zu führen, und habe die entsprechenden Befehle an General Achmed Ismail Ali erteilt. Was sagst du dazu?"

„Ich gehe mit euch", sagte er. „Wir werden kämpfen und uns dafür vorbereiten."

Obwohl ich keineswegs die Absicht hatte, den Krieg im Mai zu beginnen, begann ich doch als Teil meines strategischen Täuschungsplanes eine Kampagne in den Massenmedien und ordnete verschiedene Maßnahmen der zivilen Verteidigung an, um die Israelis glauben zu lassen, daß der Krieg unmittelbar bevorstehe. An den Tagen, an denen der Kriegsausbruch am wahrscheinlichsten war, gab es auch tatsächlich eine totale Mobilisierung in Israel, während wir in Wirklichkeit militärisch völlig ruhig blieben. Ich tat dann dasselbe im August, und die Reaktion der Israelis war die gleiche. Nach dem

Oktoberkrieg fragte man Mosche Dayan, warum er im Oktober nicht mobilisiert habe.

Er antwortete: „Sadat hat mich zweimal dazu gebracht, und es kostete uns jedesmal zehn Millionen Dollar. Beim dritten Mal glaubte ich, es sei nicht ernst, aber er hat mich hereingelegt!"

Hafis Al-Assad und ich kamen überein, mit dem Krieg erst zu beginnen, bis ein Oberster Gemeinsamer Kriegsrat, dem Mitglieder der syrischen wie der ägyptischen Streitkräfte angehören sollten, gebildet worden sei, um unsere Aktionen zu koordinieren. Dieser Rat trat im August 1973 in Alexandrien zusammen, um dem Kriegsplan noch einige Verfeinerungen zu geben.

Ende August unternahm ich eine Reise nach Saudi-Arabien, Katar und Syrien. Ich traf Präsident Al-Assad am 28. und 29. August. Wir beschlossen, daß der Krieg am 6. Oktober – „D-Day" im militärischen Jargon – beginnen sollte.

Unterdessen besuchte ich regelmäßig alle Einheiten unserer Streitkräfte, um die politische Situation zu erklären und ihnen zu sagen, daß der Krieg unmittelbar bevorstehe. Am 5. Juni, also vier Monate vor der Stunde Null, hatte ich die endgültigen Befehle gegeben. Es war mir auch gelungen, einen Geist der Kriegsbereitschaft zu schaffen, ein Gefühl, daß der Kampf bald beginnen werde, obwohl ich natürlich niemals das Datum nannte. Jedermann in den Streitkräften war bis zum äußersten angespannt. Am 5. Juni besuchte ich den Frontflugplatz von Kattamia, wo ich mit den Piloten sprach. Während unseres Treffens läutete das Telefon. General Achmed Ismail Ali ging zum Apparat, während ich meine Gespräche mit den Piloten fortsetzte.

Als die Zusammenkunft zu Ende war, wollte ich mit meinem Flugzeug weiterfliegen, um der 2. und 3. Armee Besuche abzustatten, aber General Ali flüsterte mir zu, der Sowjetbotschafter habe dringend um eine Audienz gebeten. Er müsse mir eine außerordentlich wichtige Botschaft übermitteln. Es ging dabei vor allem darum, daß die Sowjetführer sich nach einer langen Periode der Abkühlung in unseren Beziehungen entschlossen hatten, Podgorni, den Vorsitzenden des Präsidiums des Obersten Sowjets, nach Ägypten zu senden, um mit mir am 11. Juni zusammenzutreffen. „Es tut mir leid, aber ich will ihn nicht sehen", sagte ich zu General Ali.

Die Sowjetführer wußten recht gut, daß ich Podgorni nicht mochte; der Grund dafür war, daß er bei einem Besuch in der Türkei abfällige Bemerkungen über die Araber, besonders über die arabischen Soldaten gemacht und erklärt hatte, daß die Sowjetunion die Araber nie mehr mit komplizierteren Waffen ausrüsten werde, weil diese sie den Israelis in die Hände fallen ließen. Ich hatte damals brieflich eine Erklärung für diese Behauptung des sowjetischen Staatsoberhauptes verlangt, aber es war niemals ein offizielles Dementi erfolgt. Niemand haßte Ägypten mehr als Podgorni. Die Kommentare, die er immer machte, wenn ich mit den Sowjetführern im Kreml zusammentraf, waren stets antiägyptisch. Wie konnte ich ihn also nun in Ägypten bewillkommnen?

Sobald dies geregelt war, setzte ich meine Besuche bei der 2. und 3. Armee fort. Ich inspizierte bestimmte Abschnitte unserer Verteidigungslinien, wo pyramidenförmige Hügel, zehn Meter höher als die Befestigungen der Israelis, in regelmäßigen Abständen entlang des Kanals von Port Said bis Suez errichtet worden waren. Von der Spitze dieser Pyramiden konnte ich den Sinai sehr genau sehen. An einem Punkt gegenüber Kantara-Ost blieb ich für eine Weile. Der Befehlshaber, der den Auftrag hatte, Kantara den Israelis wieder abzunehmen – Generalmajor Fuad Asis Ghali –, erklärte mir, wie er diese Aktion plante.

Ich betrachtete Kantara-Ost als eine der wichtigsten Stellungen, die wir in den ersten Stunden des Krieges zurückerobern mußten. Die Bedeutung für Israel konnte man gar nicht hoch genug ansetzen: Es war nach El-Arisch, der Hauptstadt, die zweitwichtigste Stadt des Sinai. Noch berauscht von seinem Sieg im Jahr 1967 hatte Dayan an einer israelischen Universität eine Rede gehalten, in der er sagte:

„Wir haben uns der Verantwortung, die uns von der älteren Generation übertragen worden ist, würdig erwiesen. Wir haben unseren Staat so weit ausgedehnt, daß seine gegenwärtigen Grenzen sich nun vom ägyptischen Kantara bis zum syrischen Kuneitra erstrecken. Es ist die Pflicht der nun heranwachsenden Generation, diese Grenzen zu verteidigen und weiter auszudehnen."*

Dies war einer der Hauptgründe, warum ich solches Interesse an Kantara zeigte, denn ich hoffte stets, Dayan antworten zu können: „Euer Traum ist für immer dahin."

Vor dem Tode Nassers sagte ich einmal zu Generalleutnant Abdel-Moneim Riad, dem Stabchef der Streitkräfte nach der Niederlage von 1967: „Wenn dein Plan für eine Offensive fertig ist, denke daran, mir einen Platz bei jener Einheit zu geben, die Kantara-Ost zurückerobern soll."

Die Erinnerung daran kam mir in den Sinn, als ich an einem der „Sprungbretter" stand, die wir für unsere Offensive vorbereitet hatten. Ich blickte hinüber nach Kantara-Ost, sagte aber kein Wort. Obwohl ich diesen Ort sieben Jahre lang nicht gesehen hatte, so

* Im Arabischen ist Kuneitra das Diminutivum von Kantara, daher das Wortspiel Dayans. Übersetzt bedeuten die Worte: „Brücke" bzw. „kleine Brücke".

kannte ich ihn doch sehr gut, denn ich war dort nach meiner Wiederaufnahme in die Armee im Jahre 1950 in Garnison gewesen. Die Erinnerung daran vertiefte mein Schweigen, und ein Sturm von Gefühlen stieg in meinem Herzen auf, schmerzhaft, aber mit einer Macht, die in mir Hoffnung erweckte. Auf dem Weg zurück wandte sich Achmed Ismail Ali an mich und sagte: „Als ich Sie in diesem schrecklichen Schweigen sah, Herr Präsident, hatte ich das Gefühl, als ob Sie im Begriffe wären, mir den Befehl zum sofortigen Angriff zu geben."

Bei dem Entwurf des Kriegsplanes zog ich viele Dinge in Rechnung, vor allem die strategische Grundlage, von der auszugehen war. Ich hatte Nasser oft und oft gesagt, daß sich die gesamte Situation ändern würde, in Ost und West und überall, wenn es uns nur gelang, zehn Zentimeter des Sinaigebietes zurückzuerobern (womit ich einfach einen Brückenkopf meinte) und uns dort so festzukrallen, daß uns keine Macht der Erde wieder vertreiben konnte. Vor allem würde die Demütigung überwunden sein, an der wir seit der Niederlage im Jahre 1967 gelitten hatten. Denn auf Sinai überzusetzen und dort ein Gebiet zurückzuerobern und zu halten, würde unser Selbstvertrauen wiederherstellen. Es würde auch bedeuten, daß wir imstande gewesen waren, ein in der Kriegsgeschichte einzigartiges Hindernis zu überwinden: die Ufer des Kanals aus hartem Felsen und die israelischen Erdbefestigungen, die 14 Meter hoch waren.

Geleitet von diesem Gedanken, erließ ich meine strategischen Weisungen gegen Ende des Februar 1973: Wir mußten in den ersten 24 Stunden des Kampfes die Oberhand erhalten, weil, so sagte ich, „wer das erste Gefecht gewinnt, wird gewiß den gesamten Krieg gewinnen". Unser Plan und die Methode der Durchführung mußten auf einer Art Kriegführung beruhen, die die Waagschale in den ersten 24 Stunden zu unseren Gunsten senkte.

Im September 1973 kam der Außenminister eines gewissen Landes, um mich zu besuchen. Als Teil meines strategischen Täuschungsplanes sagte ich ihm: „Bitte berichten Sie Ihrem Präsidenten und bitten Sie ihn, dies als strenges Geheimnis zu behandeln: Ich werde im Oktober in New York bei den Vereinten Nationen sein, aber ich möchte dies jetzt noch nicht ankündigen." Ich wußte, daß ein Bericht darüber schon in kürzester Zeit Israel erreichen werde! Und so war es auch. Israel glaubte auch dieser Nachricht wegen, daß ich nicht vorhatte, Krieg zu führen.

4

Am 28. September 1973, dem dritten Jahrestag des Todes Nassers, hielt ich eine Rede, um dem großen Bild der Lage, wie es sich in den Augen des Volkes abzeichnete, die letzten Lichter aufzusetzen.

Ich hatte viele Monate zuvor schon eine Anzahl von Journalisten entlassen beziehungsweise ihnen andere Aufgaben im Informationsministerium übertragen, weil sie an einer Kampagne teilgenommen hatten, die darauf berechnet war, ein Gefühl der Unsicherheit und Ungewißheit im Land zu erzeugen. Sie waren außerdem auch hinter den Studentenunruhen gestanden, die von den Kommunisten Ende 1972 und Anfang 1973 organisiert worden waren. Sie schrieben und taten Dinge, die darauf abzielten, in den jungen Menschen ein Feuer mißgeleiteten Zornes zu entzünden. Doch verkündete ich in meiner Rede vom 28. September eine allgemeine Amnestie; alle Studenten und Journalisten, denen ein Prozeß bevorstand, seien nun pardoniert. Es werde gegen niemanden Prozesse geben, nicht einmal gegen die linksradikalen Studenten.

Dieser Entschluß wurde nun von der „Linken" als ein „Versuch zur inneren Befriedung" interpretiert, als ein Versuch, die innere Front zu konsolidieren. Niemand verstand, daß dies ein Teil meines Kriegsplanes war. Ich ging genauso vor, wie ich mit den Sektierern, die früher Schwierigkeiten gemacht hatten, verfahren war.

Am 30. September 1973 berief ich den Nationalen Sicherheitsrat ein und ersuchte die Mitglieder, mir ihre Beurteilung der Situation mitzuteilen. Wir hatten eine ausführliche Diskussion; einige Mitglieder traten für Krieg ein, andere zögerten. Der Versorgungsminister erklärte, daß die Lebensmittelvorräte für einen langdauernden Krieg ungenügend seien. Alle Mitglieder befaßten sich in ihren Ausführungen mit der Lage des Landes, mit der Notwendigkeit, etwas zu unternehmen und mit den Chancen des Krieges. Als sie geendet hatten, sagte ich:

„Nun, nachdem Sie dies alles gesagt haben, lassen Sie mich Ihnen mitteilen, daß unsere Wirtschaft auf dem Nullpunkt angekommen ist. Wir haben Verpflichtungen (gegenüber den Banken usw.), denen wir gegen Ende des Jahres nachkommen müssen, dazu aber nicht imstande sein werden. In drei Monaten, sagen wir etwa Anfang 1974, werden wir nicht mehr genug Brot haben. Ich kann die Araber auch nicht mehr um nur einen einzigen Dollar bitten. Sie sagen, daß sie uns Hilfe geleistet haben, um den Verlust der Suezkanalgebühren zu ersetzen, obwohl wir nicht gekämpft haben oder nicht kämpfen wollten."

Nachdem ich den Rat, also die führenden Funktionäre, über unsere Situation informiert hatte, beschloß ich die Sitzung.

Am folgenden Tag, dem 1. Oktober, berief ich den Obersten Rat der Streitkräfte ein. Der Reihe nach stand jeder Befehlshaber vor der detaillierten Operationskarte, um seinen Plan und die Rolle, die ihm im Feldzug zugeteilt war, zu erklären. Bevor diese Zusammenkunft endete, sagte ich:

„Jeder von Ihnen muß darauf vorbereitet sein, daß jetzt jede Minute der entsprechende Befehl von mir erlassen werden kann."

Am 1. Oktober unterschrieb ich den „Kriegsbefehl"*, den ich an den Oberbefehlshaber, den inzwischen verstorbenen Feldmarschall Achmed Ismail Ali, richtete. Ich hatte schon im September einen Befehl anderer Art unterschrieben, nämlich eine strategische Anweisung, ebenfalls an den Oberbefehlshaber gerichtet, in der ich die strategischen Ziele des Krieges, wie ich sie sah, dargelegt hatte. Es war dies der erste Befehl solcher Art in der Geschichte des modernen Ägypten.

Der „Countdown" hatte schon früher begonnen: zehn Tage vor der Stunde Null. Unsere Kriegsschiffe waren zu diesem Zeitpunkt ausgelaufen, um ihre Bereitstellungsräume einzunehmen. Jede Marineeinheit hatte versiegelte Befehle erhalten, die erst geöffnet werden durften, sobald sie ein bestimmtes Codewort empfangen hatten. Andere Streitkräfte bedurften ebenfalls dieser Zehntagefrist für weitere „Generalproben". Der Krieg war nun nicht länger nur ein Plan, der zu entwerfen war. Jede Bewegung hatte geübt werden müssen, und je mehr solcher Übungen es gab, desto besser waren die Chancen für den Erfolg. Ein allgemeiner Übungs-Countdown ging am 21. September zu Ende. Die letzte Brigade, die daran teilnahm, beendete ihre Ausbildung für ihre besonderen Unternehmungen am 23. September.

Wie zwischen Präsident Hafis Al-Assad und mir vereinbart, rief ich den sowjetischen Botschafter am 7. Ramadan – dem 3. Oktober – zu mir und sagte ihm:

„Ich möchte Sie offiziell davon informieren, daß Syrien und Ägypten militärische Aktionen gegen Israel unternehmen werden, um den gegenwärtigen toten Punkt zu überwinden. Ich möchte, daß mir die sowjetischen Führer dringendst eine Antwort auf diese Frage geben: Welche Haltung wird die Sowjetunion einnehmen?"

Er fragte mich, wann wir die „militärische Aktion" unternehmen wollten. Ich antwortete, daß das Datum noch nicht festgesetzt sei. Ich war mit Präsident Al-Assad übereingekommen, daß er am nächsten

* Siehe Anhang II.

Tag den sowjetischen Botschafter rufen und diesem dann das von uns festgelegte Datum mitteilen würde. Dies war, so dachten wir, die bessere Vorgangsweise, angesichts der schlechten Beziehungen zwischen mir und der Sowjetunion.

Am folgenden Tag, am 8. Ramadan – Donnerstag, den 4. Oktober –, verlangte der sowjetische Botschafter dringend, empfangen zu werden. Ich erwartete die Antwort auf meine Frage, aber im Augenblick, als er eingetreten war, sagte er: „Ich habe eine dringende Botschaft der sowjetischen Führung für Sie. Moskau fragt an, ob Sie gestatten, daß vier große Transportflugzeuge in Ägypten eintreffen, um sowjetische Familien zurück nach Moskau zu bringen. Man möchte, daß sie auf einem Militärflugplatz landen, um die ganze Sache geheimzuhalten. Die vier Flugzeuge würden morgen früh – am 5. Oktober – hier sein."

Es handelte sich dabei um sowjetische Zivilisten, die in Fabriken und Unternehmungen arbeiteten, und deren Familien. Das militärische Personal und dessen Angehörige hatten schon ein Jahr zuvor das Land verlassen, als ich die Experten ausweisen ließ.

Was für ein schlechtes Vorzeichen, dachte ich; es bedeutete wohl, daß sie an meine Niederlage glaubten und daher um das Leben ihrer sowjetischen Bürger fürchteten. Was aber war mit den Ägyptern? Fürchtete niemand um deren Leben? Verblüfft sagte ich zu dem Botschafter:

„Ich habe keinen Einwand. Sie können ihnen sagen, daß ich dem zustimme, aber . . . wo ist eigentlich die Antwort der Sowjetführung auf meine Anfrage?"

Er sagte, er habe aus Moskau keine andere Botschaft für mich erhalten.

Tatsächlich trafen am nächsten Tag, dem 5. Oktober, vier große Transportmaschinen ein und brachten die sowjetischen Bürger nach Hause. Die Israelis entdeckten auf ihren Radarschirmen die großen Flugzeuge und glaubten, daß sie sowjetischen Nachschub nach Ägypten und Syrien brachten – denn dort geschah zur selben Zeit dasselbe. Mit unserer elektronischen Ausrüstung konnten wir und die Israelis beobachten, was sich auf jeder Seite der Grenze abspielte.

Dieser Vorfall zeigte einen völligen Mangel an Vertrauen in uns und unsere Kampffähigkeit. Etwas noch Schlimmeres sollte geschehen. Ein sowjetisches Schiff, das Nachschub für uns an Bord hatte, sollte, wie die Sowjets mitgeteilt hatten, in Alexandrien am 9. Ramadan vor Anker gehen. Während es noch auf See war, erhielt das Schiff aus Moskau Befehl, nicht Alexandrien anzulaufen, sondern im Mittelmeer zu kreuzen. Erst als Moskau sicher war, daß wir gewannen, erlaubte es dem Schiff, Alexandrien anzusteuern. Als wir wegen der Verzögerung anfragten, wurde uns gesagt, das Schiff habe sich verirrt!

Am Donnerstag, dem 4. Oktober, war ich in den Tahirah-Palast übersiedelt, der als Kriegshauptquartier diente. Am Freitag fuhr ich, um meine Gebete zu sprechen, zu der kleinen minarettlosen Moschee, in der ich vor fünfzig Jahren beten gelernt hatte. Ich saß in dieser stillen Moschee, überwältigt von dem Gefühl, Gott nahe zu sein, während Bilder meiner Kindheit vor mir auftauchten, Bilder der Unschuld und Reinheit. Nachdem ich die Freitagsgebete verrichtet hatte, fuhr ich still nach Hause und saß am Abend auf meinem Balkon, um den schönen jungen Ramadanmond zu betrachten.

Ich habe stets die unverfälschte Natur geliebt und stets das geschäftige Leben in der Stadt, den Kitsch und die grellen Lichter gescheut. Der Friede meiner Seele war vollkommen. Obwohl mir die Bedeutung des Bevorstehenden völlig bewußt war, erwartete ich doch den Morgen, an dem der Krieg die Welt erschüttern würde, genau wie jeden anderen Tag, den ich erlebt hatte. Ich ging in den Krieg ohne die geringste Erregung oder Nervosität. Mein Verstand arbeitete jedoch immer noch an gewissen Einzelheiten, weiteren abschließenden Details, an nichts sonst.

Es mag sonderbar klingen, daß ich am Vorabend der Schlacht besser schlief als in den meisten Nächten zuvor. Als ich am Morgen erwachte, fühlte ich mich frisch genug, um die üblichen Turnübungen zu machen und mein tägliches unverändertes Programm aufzunehmen. Ich war entspannt, und meinem Verstand schien zusätzliche Kraft zuzufließen, in Erwartung der Verantwortung für meinen eigenen „D-Day“ . . .

5

Am Samstag, dem 6. Oktober, erschien Feldmarschall Achmed Ismail Ali: Es war genau ein Uhr dreißig nachmittags, wie vereinbart. Wir fuhren zusammen in einem Armeejeep (ich trug meine Uniform) in das Hauptquartier und kamen dort nach ein paar Minuten an. Im Kommandoraum nahm ich Platz, der Oberbefehlshaber zu meiner Rechten. Wir hatten angeordnet, daß auf Grund der Meinung der Korangelehrten niemand fasten solle, aber ich war keineswegs sicher, daß dies auch befolgt wurde: „Warum raucht ihr nicht, warum trinkt niemand? Dieser Einsatz verlangt von euch äußerste Aufmerksamkeit und Konzentration." Ich bemerkte, daß die Leute sehr verlegen waren, so bestellte ich für mich selbst Tee und zündete meine Pfeife an. Nun begannen auch die anderen Offiziere zu rauchen und bestellten Tee. Um Punkt zwei Uhr, der Stunde des Angriffes der Luftwaffe über den Kanal hinweg, kam die Meldung, daß unsere Flugzeuge gestartet waren.

222 Überschall-Düsenmaschinen nahmen an dieser ersten Angriffswelle teil und führten ihre Mission in 20 Minuten durch. Wir verloren nur fünf Flugzeuge. In diesen ersten Minuten des Krieges fiel mein Bruder, der Luftwaffenpilot Atif. Er stand mir nahe wie ein eigener Sohn, denn ich hatte ihn erzogen. Jedoch sagte man mir damals nicht, daß Atif einer der ersten Blutzeugen war.

Der Luftangriff war, entsprechend unserer Planung, ein vollkommener und phänomenaler Erfolg. Wir waren selbst überrascht, denn 90 Prozent der Ziele wurden erreicht. Ebenso überrascht waren Israel und die Welt – Ost wie West. Die Sowjetunion hatte auf Grund der Berichte ihrer Agenten geschätzt, daß in jedem künftigen Krieg ein Luftangriff die ägyptische Luftwaffe nicht weniger als 40 Prozent ihrer Gesamtstärke kosten würde und daß nur 30 Prozent der Ziele erreicht würden. Diese Einschätzung sollte uns natürlich einschüchtern und uns das Gefühl geben, einem Krieg nicht gewachsen zu sein: Die Sowjets hatten wenig Vertrauen in uns, wie ja auch wir das Vertrauen zu ihnen verloren hatten.

In genau 20 Minuten hatten unsere Maschinen die Kommandostäbe, alle Luftwaffen-Leitstellen, die Luftabwehr und die Störzentralen (elektronische Kriegsgeräte) sowie alle Verbindungsstellen, Raketenbatterien und Geschützstellungen auf Sinai angegriffen. Sobald ich sicher war, daß all dies durchgeführt worden war, gratulierte ich dem Luftwaffenbefehlshaber Husni Mubarak, der diesen Angriff geplant und durchgeführt hatte. Ich beglückwünschte alle Befehlshaber in der Leitungszentrale zu diesem Luftangriff, der tatsächlich den Verlauf des Krieges entschieden hat. Israel hatte sein Gleichgewicht nicht nur während der ersten und entscheidenden 24 Stunden des Krieges verloren, sondern auch für die ersten vier Tage. Es verlor die Kontrolle über seine Streitkräfte auf Sinai, und seine Verbindung mit den Truppen war völlig unterbrochen.

Die ägyptische Luftwaffe machte durch diesen bewunderswerten Angriff alles wett, was sie im Krieg von 1956 und in der Niederlage von 1967 verloren hatte. Sie bahnte damit unseren Streitkräften den Weg zur Erringung jenes Sieges, der ihnen, unserem Volk und unserer arabischen Nation, das Selbstvertrauen wiedergab. Sie stellte auch das Vertrauen der Welt zu uns wieder her und zerstörte für immer die Legende von der Unbesiegbarkeit Israels.

Ich habe später den damaligen Luftwaffenchef Husni Mubarak aufgefordert, die Uniform abzulegen, Zivilkleidung anzuziehen und mir als Vizepräsident beizustehen.

Dem Luftangriff folgte der Feuerschlag unserer Artillerie. Mehr als 3000 Geschütze beschossen ihre Ziele mit der größten Genauigkeit. Es war die stärkste Feuerkonzentration, die die Welt seit der Schlacht von Alamein im Zweiten Weltkrieg erlebt hat.

Das Epos des 6. Oktober hatte begonnen, jene großartige Leistung der ägyptischen und arabischen Soldaten. Unsere Einheiten am Kanal warteten nicht auf den Befehl zum Übersetzen: Im Augenblick, als unsere Luftstreitkräfte im Tiefflug über den Kanal und weiter nach Sinai hineinflogen, begannen unsere Truppen mit der Überquerung. Ihre aufgestaute Leidenschaft, ihr lang gezügelter Eifer entluden sich nun. Sie stießen aus den Befestigungen ihre Boote in den Kanal und überquerten ihn mit dem Ruf „Allah akbar!“ (Gott ist der Größte).

Unser Plan wurde in sorgfältig vorbereiteten Phasen durchgeführt. Zum ersten Mal in der Geschichte wurden gewisse allgemeine Konzepte, die bis zum Krieg im Oktober 1973 als mehr oder weniger unumstößlich gegolten hatten, durch Ägyptens Strategie ungültig. Die Regel war, daß nur Panzer gegen feindliche Panzer eingesetzt werden sollten. Man lehrte uns – und überhaupt jedem Soldaten überall –, daß die Infanterie, welche Ausbildung oder Ausrüstung auch immer sie besaß, niemals gegen Panzer kämpfen solle, weil diese Waffengattung, um den militärischen Jargon zu gebrauchen, „soft“ (weich) ist. Wir aber setzten im Oktoberkrieg auf Sinai Spezialtruppen und besonders gut ausgebildete Infanterieeinheiten ein, die mit tragbaren Panzerabwehrraketen ausgerüstet waren, um sich den israelischen Panzern entgegenzustellen. In erbitterten Kämpfen haben sie eine große Anzahl der Feindpanzer abgeschossen, bevor noch unsere Panzer den Kanal überquert hatten und die große Tankschlacht beginnen konnte.

Entsprechend unseren Plänen hätte die Überquerung erst nach Beginn des Artilleriefeuers stattfinden sollen, so daß unter dem Schutz des gewaltigen Sperrfeuers von mehr als 3000 Geschützen die Infanterie sicher hätte übersetzen können. Aber wie ich schon erwähnte, begann das Übersetzen unmittelbar nach dem Luftangriff und noch vor dem Sperrfeuer. Am Ostufer mußten unsere Soldaten mit den Erdbefestigungen, die an manchen Punkten mehr als 17 Meter hoch waren, fertig werden. Sie bezwangen sie durch einfache Methoden, die die ganze Welt verblüfften: Ein Soldat erkletterte den Sandhügel, auf dem „Gipfel“ angekommen, ließ er eine mitgeführte Strickleiter hinunter, so daß nun auch seine Kameraden, die Panzerabwehrraketen und Maschinenwaffen tragen mußten, hinaufklettern konnten und leichte Artillerie an Seilen emporhievten. Sehr bald hatten sie die Stützpunkte der Israelis, die diese hinter den Erdwällen am Ostufer errichtet hatten, erobert, warteten nun auf den Feind und gaben ihren Kameraden für weitere Überquerungen Feuerschutz.

Es war überwältigend, es war ein grandioses Schauspiel. Ich folgte der Aktion von meinem Hauptquartier aus in völliger Ruhe und Ausgeglichenheit. Hätte jemand durch meine äußere Ruhe dringen und in mein Inneres blicken können, er hätte dort ebensolche Ruhe vorgefunden. Ich kannte keine Angst irgendeiner Art, alle einstigen Sorgen waren nun für immer zerstreut.

Die 7. Brigade überquerte als erste den Kanal. Die ägyptische Fahne flatterte hoch auf dem Ostufer. Berichte kamen in regelmäßigen Abständen, ein Stützpunkt der Bar-Lev-Linie nach dem anderen fiel in unsere Hände, und zwar so rasch, daß schon sechs Stunden nach Angriffsbeginn die israelische Front ins Wanken geriet. Es war offensichtlich, daß die Israelis die Kontrolle verloren hatten. Im militärischen Jargon bedeutet der Verlust der Kontrolle den Verlust der Verbindung zwischen den Befehlshabern und ihren Soldaten auf dem Schlachtfeld – dies aber war entscheidend für den Erfolg unseres Überraschungsangriffes.

Als unsere Streitkräfte übergesetzt hatten, begannen Pioniere „Durchlässe“ in die Erdbefestigungen zu schneiden, wobei sie Wasserwerfer mit hohem Druck verwendeten. Dies war eine ägyptische Erfindung, die unser Pionierkorps erdacht hatte. Den Auftrag, die Pumpen herzustellen, erteilten wir deutschen Industrieunternehmen. Ich erinnere mich, daß die deutschen Ingenieure überrascht fragten: „Kann es denn irgendeinen Brand geben, für den man eine derartige Wasserkraft braucht?“ Aber diese gewaltigen Wasserströme schnitten, wie mit einem Messer, die Erdbefestigungen auf. Einschnitte in die 17 Meter hohen Wälle entstanden, in die dann Brücken geschlagen wurden, um die Panzereinheiten hinüberrollen zu lassen.

Gegen Abend war alles entsprechend dem Plan, sogar noch vor dem festgelegten Zeitpunkt, durchgeführt.

Am Morgen desselben Tages jedoch hatte die Front noch ganz anders ausgesehen. Örtliche Befehlshaber, die den Plan bis zur letzten Minute geheimhalten wollten, hatten zu einem besonderen ägyptischen Trick gegriffen. Sie ließen ihre Soldaten sich am Ufer des Kanals ausstrecken und versorgten sie mit Zuckerrohr, das sie kauten und glücklich den Saft aussogen, so als ob sie dienstfrei wären. Aber der wesentliche, der taktische Trick, der die Israelis zwang, nun für immer die ägyptischen Soldaten zu respektieren, bestand darin, daß fünf Armeedivisionen die Stellungen des Feindes an der gesamten Front von fast 180 Kilometer Länge erstürmten.

6

Ich war fünf Stunden und 40 Minuten in der Leitzentrale gewesen, als man mir mitteilte, der sowjetische Botschafter wünsche empfangen zu werden. Es war 20 Minuten vor acht Uhr abends. Ich sagte Achmed Ismail Ali, daß ich in den Tahirah-Palast fahren werde, und wies ihn an, mich über alle Entwicklungen der Kampflage auf dem laufenden zu halten. Der Tahirah-Palast war als ein ultramodernes Kommunikationszentrum ausgebaut worden, so daß ich von dort mit jedermann in Ägypten in Verbindung treten konnte, selbst wenn unsere Städte oder zivilen Einrichtungen getroffen worden wären. Ich hatte übrigens nicht nur allen Offizieren in der Kommando-Leitzentrale zu den außerordentlichen Leistungen unserer Streitkräfte gratuliert, sondern auch eine Glückwunschbotschaft an unsere Truppen an der Front gesandt. Die Entscheidung in dieser Schlacht war schon endgültig gefallen.

Ich glaubte, der sowjetische Botschafter bringe mir nun die Antwort der Sowjetführung auf die von mir gestellte Frage nach der Haltung der Sowjets zu meinem Krieg. Ich wurde jedoch wieder einmal enttäuscht. Der Botschafter sagte, er habe mir zu berichten, daß Präsident Hafis Al-Assad den sowjetischen Botschafter in Damaskus am 4. Oktober zu sich berufen und ihm mitgeteilt habe, daß der Krieg am 6. beginnen werde. Ich erwiderte, daß dies auf Grund einer vorherigen Abmachung mit mir geschehen sei. Der Sowjetbotschafter erklärte aber weiter, Syrien habe die Sowjetunion bei der gleichen Gelegenheit am 4. Oktober ersucht, einen Waffenstillstand herbeizuführen, und zwar spätestens 48 Stunden nach dem Beginn der Kampfhandlungen.

Der Botschafter betonte, er sei beauftragt, mich von diesem Ersuchen zu informieren und sich offiziell meiner Zustimmung zu vergewissern.

„Ich zweifle, ob Präsident Al-Assad", so sagte ich, „wirklich einen Waffenstillstand schon gefordert hat, bevor noch der Krieg begonnen hatte. Ich würde jedoch gerne wissen, ob Sie mir das als offizielle Botschaft übermitteln oder nur als Information?"

„Dies ist", so sagte er, „eine offizielle Botschaft der Sowjetführung. Wenn Sie irgendwelche Bedenken haben, setzen Sie sich doch mit Präsident Hafis Al-Assad in Verbindung und besprechen Sie alles mit ihm."

„Ich werde mich in der Tat mit Präsident Al-Assad in Verbindung setzen", erwiderte ich, „um klarzustellen, ob sich die Dinge wirklich so verhalten. Ich möchte jedoch, daß Sie auf alle Fälle die sowjetischen Führer davon informieren, daß ich, selbst wenn Syrien dies verlangt haben sollte, einem Waffenstillstand erst dann zustimmen werde, wenn die Hauptziele meines Krieges erreicht worden sind."

Ich erkundigte mich dann nach der Antwort auf meine Frage nach der Haltung der Sowjetunion gegenüber dem von mir begonnenen Krieg, aber er sagte, daß man darüber noch nachdenke.

Sobald mich der Botschafter verlassen hatte, sandte ich eine verschlüsselte Nachricht an Al-Assad, in der ich ihm die sowjetische Behauptung mitteilte. Das war um acht Uhr abends am 6. Oktober, nur sechseinhalb Stunden nach Kriegsbeginn.

Ich teilte Al-Assad auch mit, daß ich dem Botschafter erklärt hatte, ich würde einem Waffenstillstand erst zustimmen, sobald alle Angriffsziele erreicht seien. Obgleich dies eine sehr ernste Angelegenheit war, erhielt ich doch erst am Nachmittag des 7. Oktober eine Antwort. Präsident Al-Assad bestritt darin, irgend etwas von dem gesagt zu haben, was ihm die Sowjetführer in den Mund gelegt hatten.

Am nächsten Tag ging ich nicht ins Hauptquartier, weil alles sich planmäßig entwickelte und die Befehlshaber sich als militärische Fachleute erwiesen: „Krieg" war ja ihr Geschäft. Ich dachte auch, daß meine Gegenwart nervöse Spannungen erzeugen könnte. Ich blieb also fern, bat aber Marschall Achmed Ismail Ali, mich ständig über alle Entwicklungen zu unterrichten.

Am Abend des 7. Oktober verlangte zu meiner Überraschung der sowjetische Botschafter wieder, mich dringend zu sprechen. „Nun", so sagte ich, „ich habe vor einer halben Stunde die Antwort von Präsident Al-Assad erhalten; er bestreitet Ihre Geschichte völlig: jene offizielle Botschaft der Sowjetführung, die Sie mir gestern überbrachten." Sein Gesicht wurde blaß. „Ich habe gebeten, empfangen zu werden", sagte er, „um Ihnen eine weitere Botschaft der Sowjetregierung zu übermitteln, im Gefolge eines weiteren Ansuchens Syriens um einen Waffenstillstand."

„Nun, hören Sie", sagte ich, „diese Angelegenheit ist abgeschlossen. Ich wünsche nicht, daß Sie darüber weiter mit mir reden. Sie wissen, ich habe es Ihnen schon gestern gesagt, daß ich so lange keinen Waffenstillstand wünsche, als ich meine Ziele noch nicht erreicht habe. Teilen Sie der Moskauer Führung mit, sie möge mir sofort Panzer schicken: Denn dies wird die größte Panzerschlacht in der Geschichte werden."

Die Kämpfe am 6. und 7. Oktober waren außerordentlich heftig, und die Panzerschlacht hatte tatsächlich schon begonnen.

Der Botschafter berichtete mir nun, daß die Sowjetunion eine Luftbrücke einrichten wolle: Längst überfällige Munition und Ausrüstung würden nun sofort auf dem Luftweg nach Ägypten gebracht werden. Ich freute mich, das zu hören, und sagte: „Das ist die Art, wie unsere Beziehungen sich abspielen sollten.“

Der sowjetische Botschafter kam in der Tat dann täglich in den Tahirah-Palast, um mit mir Informationen auszutauschen. Er forderte mich immer wieder auf, eine Feuereinstellung zu akzeptieren, und ich erklärte ihm immer wieder, daß das nicht möglich sei. Ich sagte stets, ich könnte es nicht tun, „bevor nicht mein Ziel erreicht ist, nämlich die Zerstörung der ‚Theorie der Sicherheit‘ der Israelis“.

7

Die Welt war verwirrt. Sie hatte sich den Gesichtspunkt der Israelis zu eigen gemacht und übernahm daher ihre Informationen aus den israelischen Militärkommuniqués. Um seine Niederlage zu verschleiern, spielte Israel Fernsehfilme aus dem Krieg von 1967, und zwar sowohl in Israel als auch für das Ausland. Die Israelis glaubten, daß Propaganda die Tatsachen ändern könne. Die Welt glaubte zunächst unseren Kommuniqués nicht, obwohl Marschall Ali ohnehin in der Einschätzung der Verluste des Gegners an Panzern sehr konservativ vorging. Marschall Ali bestand darauf, daß jeder Bericht aus verschiedenen Quellen Bestätigung erhalten müsse. Wenn zwei Berichte nicht übereinstimmten, so akzeptierte er nur jenen, der die kleinere Anzahl angab. Zählt man die Verluste des Feindes entsprechend unseren Kommuniqués zusammen, so ergibt sich, daß wir um 150 Panzer weniger gemeldet hatten, als tatsächlich abgeschossen worden sind. Ich hatte Marschall Ali und Dr. Abdel-Kader Hatem (damals Stellvertretender Ministerpräsident und Informationsminister) gesagt:

„In diesem Krieg sollen die Leute die Wahrheit erfahren, ob sie nun gut oder schlecht ist. Sie sollen erwarten können, die Wahrheit zu hören, wie immer sie sein mag und zu jeder Zeit.“

Unterdessen setzte sich Breschnjew mit Präsident Tito in Verbindung und bat ihn, er möge doch versuchen, mich zur Annahme eines Waffenstillstandes zu überreden, weil – wie Breschnjew Tito sagte – Syrien schon dreimal die Sowjetunion gebeten habe, eine Feuereinstellung herbeizuführen, die aber stets von Ägypten zurückgewiesen worden sei. Durch seine harte Haltung werde Präsident Sadat eine Katastrophe über die arabische Welt, über die progressiven Regime und die gesamte Welt überhaupt heraufbeschwören. Präsident Tito verhielt sich in dieser Situation mit großem Takt: Er sagte Breschnjew, er könne sich gerade wegen seiner großen persönlichen Freundschaft mit Sadat nicht in die Angelegenheiten des ägyptischen Präsidenten einmengen. Nur Präsident Sadat könne die Situation aus der richtigen Perspektive sehen und dementsprechend handeln. Tito hatte mittlerweile 140 Panzer bereitgestellt, um die ich ihn dringend gebeten hatte (angesichts meiner Erfahrungen mit der Sowjetunion). Er sandte uns die Panzer, ausgerüstet mit Treibstoff und Munition, direkt auf das Schlachtfeld. Präsident Tito hatte sich eine umfassende Erfahrung als großer Kämpfer im Zweiten Weltkrieg erworben. Für diese Haltung Titos und seines Landes werde ich immer dankbar sein.

Vom dritten Tag des Krieges an wurden unsere Siegesberichte bestätigt. Die Welt begann unseren Kommuniqués zu glauben, Bewunderung für unsere Kampffähigkeit zu zeigen und sich an den Siegen zu freuen. In diesen ersten drei Tagen hatte Israel an der syrischen und an der ägyptischen Front ein Drittel seiner gesamten Luftwaffe verloren und außerdem noch die Elite seiner gut ausgebildeten und erfahrenen Piloten. Dies erklärt, warum unsere mit Unterschallgeschwindigkeit fliegenden MIG-17 imstande waren, die „Phantom" (die raffiniertesten Maschinen, die die USA bis dahin erzeugt hatten) in den folgenden Luftkämpfen zu besiegen.

Der Mythos war zerstört, der Mythos des „langen Armes" Israels, ja der unbesiegbaren israelischen Luftwaffe, seiner Panzer und seiner Soldaten. Am vierten Tag der Kämpfe fiel – wie ein Symbol des Zusammenbruchs der israelischen Streitkräfte – der Befehlshaber des israelischen Panzerkorps, General Abraham Mindler, ein weltbekannter Mann, an der ägyptischen Front. Die Funksprüche, die zwischen Mindler und dem israelischen Oberkommando gewechselt worden waren, beleuchteten die Tatsache der israelischen Niederlage!

Kissinger sagte zu Frau Meir: „Sie haben den Krieg verloren, Sie müssen sich damit abfinden."

Kissinger bemühte sich dann, den Israelis eine Atempause zu verschaffen, denn es war offensichtlich, daß wir von Sieg zu Sieg schritten. Der bemerkenswerteste Erfolg an jenem Tag war vielleicht die Vernichtung einer der wichtigsten Einheiten der Israelis, der Panzerbrigade 190. Sie hätte einen Vorstoß direkt durch unsere Streitkräfte an den Kanal führen sollen, um so eine Lücke für ein weiteres tieferes Eindringen zu schaffen. 20 Minuten nach dem Beginn des Kampfes sah der Brigadebefehlshaber Assaf Jagouri, daß alle seine Panzer zerstört waren. Er hatte einen Nervenzusammenbruch, als er sich den ägyptischen Truppen ergab, und war erschüttert, als er erkannte, daß sein eigener Tank als einziger von mehr als 115 Panzern übriggeblieben war. Dieser Sieg war eine bemerkenswerte Tat eines unserer jungen Generale, Abu Sidah.

Wir hatten auf diese Weise einen Rekord gebrochen (der neue ägyptische Rekord war die Zerstörung einer feindlichen Panzerbrigade in 20 Minuten), genauso wie wir sechs Jahre zuvor einen Rekord erzielt hatten, als eines unserer Raketenboote einen israelischen Zerstörer versenkte. Das größte israelische Kriegsschiff, der Zerstörer „Eilat“ mit seiner gewaltigen Feuerkraft, mit Raketen und seiner Besatzung von mehr als 300 Mann, wurde von einem Raketenboot versenkt, dessen Besatzung aus nicht mehr als 17 Mann bestand! Dies war ein Wendepunkt für die Strategie in der Seekriegführung, die von allen Ländern der Welt übernommen worden ist: Die Geschichte vermerkt, daß die Boden-Boden-Rakete, die die Marinestrategie der Welt änderte, eine ägyptische Rakete gewesen ist, abgefeuert von einem ägyptischen Boot, von ägyptischen Offizieren und Soldaten zu einem Zeitpunkt, als die Welt glaubte, Ägypten und die Araber seien unfähig, die moderne Technologie anzuwenden. Dies geschah in der schwärzesten Stunde unserer Niederlage im Jahre 1967. Nun, sechs Jahre später, im Jahre 1973, schrieben ägyptische Soldaten noch einmal Kriegsgeschichte, indem sie eine radikale Änderung der alten militärischen Grundregeln herbeiführten, und zwar, wie ich schon vorher bemerkt habe, hinsichtlich der Bekämpfung von Panzern durch Infanterie.

Die militärischen Leistungen der Ägypter im Oktober 1973 waren in mehr als einer Weise ein außerordentlicher Wendepunkt in der Geschichte der Kriegführung (schon allein unter dem Aspekt, daß sie nach der Niederlage von 1967 eintraten):

1. Im Oktoberkrieg kam zum ersten Mal elektronische Kriegführung mit dem Einsatz von Raketen brillant zur Anwendung. Die Ägypter und die Araber haben ihre Kampffähigkeit unter Beweis gestellt und diesen Krieg gewonnen. Selbst bevor noch die USA intervenierten, waren die modernen Waffensysteme, die Israel schon vorher von Amerika erhalten hatte, jenem Rüstungsmaterial weit überlegen, das die Sowjets den Arabern geliefert hatten.

2. Die Panzerschlachten unserer Ära – im Zeitalter der Raketen und der elektronischen Kriegführung – haben gigantische Ausmaße angenommen. Eine noch nie dagewesene Zahl von Panzern hat an ihnen teilgenommen. An der Panzerschlacht von Kursk im Zweiten Weltkrieg, die bisher als die größte der Geschichte gegolten hat, haben nicht mehr als 500 Panzer teilgenommen. Dagegen sind in der Schlacht vom Oktober 1973, die 17 Tage dauerte, 3000 Panzer auf beiden Seiten verlorengegangen. Mehr als 5000 Panzer haben insgesamt an den Kämpfen teilgenommen.

8

Am Morgen des 13. Oktober – sieben Tage nach Kriegsausbruch – wurde ich geweckt. Der britische Botschafter wollte mich dringend sprechen, um mir eine wichtige Mitteilung von Premier Heath zu überbringen. Ich empfing ihn in dem Raum, der sich an mein Schlafzimmer anschließt. Er überreichte mir eine Botschaft von Kissinger, übermittelt durch den britischen Premier, da unsere Beziehungen mit den USA noch nicht wiederaufgenommen waren. Der amerikanische Außenminister wollte von mir erfahren, ob ich – wie es die Sowjetunion ihm darstellte – wirklich einem Waffenstillstand zugestimmt hätte.

Kissinger war am vierten Tag des Krieges zur Realität erwacht, als das SOS-Signal „Rettet Israel“ bei ihm eintraf. In den ersten drei Tagen des Krieges hatte die israelische Propagandamaschine behauptet, „man werde die Knochen der Ägypter zermalmen“, und die Massenmedien der Welt hatten einfach das Echo zu dieser Propaganda abgegeben. Kissinger hatte nicht bezweifelt, daß wir besiegt würden, bis er eben durch die SOS-Botschaft der Israelis aufgeschreckt wurde. Sie enthielt die dringende Forderung nach 400 Panzern, um die an der ägyptischen Front verlorengegangenen zu ersetzen. Ein Bericht des Pentagons kam hinzu, wonach der Krieg an der ägyptischen Front keineswegs zugunsten Israels verlaufe. Kissinger mußte auch davon gehört haben, daß Dayan vor allen ausländischen Pressekorrespondenten zusammengebrochen war und weinend gesagt hatte, die Israelis hätten keine Hoffnung mehr, die Ägypter auch nur um einen Zoll zurückzutreiben, und die Straße nach Tel Aviv sei nun offen. Vom Augenblick an, als er dies wußte, arbeitete Kissinger zusammen mit der Sowjetunion unermüdlich an dem Zustandekommen eines Waffenstillstandes.

Der erste Vorschlag Kissingers für eine Feuereinstellung hatte noch die Rückkehr der Kriegführenden auf die Frontlinien vom 6. Oktober vorgesehen (unter der Annahme, daß die Israelis „unsere Knochen zermalmten“). Dann änderte er seine Waffenstillstandsbedingungen, um Israel zu retten. Er schlug nun eine Feuereinstellung an Linien vor, die dem Frontverlauf vom 13. Oktober entsprachen. Wir lehnten beide Vorschläge ab. Als ihn die Sowjetunion davon informierte, daß Ägypten doch einem Waffenstillstand auf Grund des Frontverlaufes vom 13. Oktober zustimme, war er sehr erfreut und nahm mit der US-Delegation bei den Vereinten Nationen Verbindung auf, um die entsprechenden Vorbereitungen zu treffen. Um sicherzugehen, daß es sich so verhielt, wie die Sowjets gemeldet hatten, wollte er von mir eine direkte Bestätigung erhalten. Das war der Anlaß jener Botschaft via Premierminister Heath. Kissinger war schon Anfang 1972 in Paris durch unseren damaligen Berater für Nationale Sicherheit informiert worden, daß die Sowjetunion nicht das Recht habe, für Ägypten zu sprechen – dies war eine Tatsache, die wir offiziell den USA mitteilten. Dennoch war Kissinger über meine Antwort an Premier Heath erschüttert:

„Bitte, sagen Sie Kissinger, daß dies niemals geschehen ist. Ich habe keinem Waffenstillstand, den die Sowjetunion oder irgendeine andere Seite vorgeschlagen hat, zugestimmt. Er hätte Angelegenheiten, die Ägypten betrafen, mit Kairo und nicht mit Moskau besprechen sollen. Außerdem werde ich einem Waffenstillstand so lange nicht zustimmen, als die Ziele, die unser Plan vorsieht, noch nicht erreicht sind."

„Ist es wahr", fragte der britische Botschafter, „daß Sie darauf bestehen, das Rote Meer für die israelische Schiffahrt zu schließen?"

„Ja, in der Tat", sagte ich.

„Nun, was sind denn Ihre Bedingungen?" fragte er.

„Ich bin bereit", so betonte ich, „auf einen Waffenstillstand einzugehen, falls die Israelis zustimmen, alle besetzten arabischen Territorien zu räumen."

Der britische Botschafter verließ mich, um Kissinger über diese Entwicklungen zu informieren. Unmittelbar danach erhielt ich von der Sowjetunion eine Note, wonach Ministerpräsident Kossygin zu mir nach Kairo kommen wolle. Ich antwortete, daß er willkommen sei.

Kossygin traf sehr schnell ein. Sein Hauptanliegen war, daß wir an den gegenwärtigen Frontlinien das Feuer einstellen sollten.

„Ich bin nicht zu einer Wiederholung des Waffenstillstandes von 1948 bereit", sagte ich, „der schließlich den Verlust des Krieges für uns herbeigeführt hat."

„Wir werden uns einschalten und dafür garantieren, daß nichts Derartiges geschehen kann", sagte er.

„Bei Israel", erwiderte ich, „kann man niemals irgend etwas garantieren. Außerdem, wo sind die Panzer, um die ich Sie am zweiten Tag des Krieges gebeten habe? Ihre gegenwärtige Luftbrücke versorgt uns mit überfälliger Ausrüstung, mit Dingen, die Sie uns schon zu Beginn des Jahres 1973, lange vor dem Krieg, hätten senden sollen."

Dies schloß natürlich die Munition ein, die Nasser als Ersatz für jene verlangt hatte, die wir im Zermürbungskrieg verschossen hatten und die man ihm aber verweigerte, weil er nicht bereit war, auf die Forderungen der Sowjets einzugehen.

Kossygin zeigte sich dann von seiner bösartigen Seite. Kossygin ist nämlich aggressiv und ein Bürokrat. In der Sowjetunion ist er dafür bekannt, 13 Jahre lang in Regierungsposten unter Stalin gedient zu haben, ohne daß er von Berija, dem Innenminister Stalins, „liquidiert“ oder nach Sibirien geschickt worden wäre, wie es das Schicksal fast aller anderen politischen Führer war, die unter Stalin arbeiteten. Kaum einem außer Kossygin blieb dieses Los erspart – zumindest hat uns Chruschtschow dies erzählt, als er 1964 Ägypten besuchte.

„Nun“, sagte ich zu Kossygin, „wir wollen einmal nachprüfen, was Sie sagen. Sie haben uns Brücken geschickt, um den Suezkanal zu überqueren, das ist wahr, aber der Brückenschlag dauerte fünf Stunden. Es sind Brücken aus dem Zweiten Weltkrieg. Sie selbst dagegen verwenden schon eine ganz andere Type, die sogenannten BMP-Brücken, deren Bau nicht länger als eine halbe Stunde dauert. Die Ausrüstung, mit der Sie uns versorgt haben, ist keineswegs modern. Durch Ihre Schuld steht unsere Rüstung weit hinter jener Israels zurück; trotzdem habe ich mich entschlossen, zu kämpfen. Und es ist gelungen: Ich gewinne! Nennen Sie das freundschaftliche Beziehungen? Ist es nicht höchste Zeit, daß wir die Vergangenheit begraben und ein neues Kapitel beginnen?“

„Herr Präsident“, antwortete Kossygin, „ich hatte nicht gedacht, daß Sie so erregt sein würden.“

In dieser Stimmung endete unsere erste Zusammenkunft. Während seines vier Tage dauernden Aufenthaltes in Ägypten verbrachte Kossygin jeweils den Tag in der sowjetischen Botschaft und kam erst am Abend zu mir. Die Gegenüberquerung des Kanals durch die Israelis (auch „Deversoir-Brückenkopf“ genannt) fand statt, während er in Ägypten war. Er kam zu mir – auf seinem Gesicht war deutlich die Schadenfreude zu lesen – und sagte:

„Mit diesen Gegenangriffen sind Sie nun endgültig mattgesetzt, denn jetzt ist Kairo bedroht.“

„Es tut mir leid, Sie zu enttäuschen, aber es wird niemals irgendeine Bedrohung Kairos geben! Übrigens, wo sind die Panzer, um die ich Sie gebeten habe?“ fragte ich.

„Wir haben uns auf Syrien konzentriert“, meinte er, „weil es schwere Verluste erlitten hat, und zwar an einem Tag mehr als 1200 Panzer.“

„Ich habe dagegen keinen Einwand“, sagte ich, „Sie sollten alles in Ihrer Macht Stehende tun, um Syrien zu helfen. Aber das bedeutet doch nicht, daß Sie mir die Panzer verweigern, um die ich gebeten habe. Schicken Sie die Panzer, und ich werde mich um die Gegenangriffe kümmern.“

Nach vier Tagen reiste er nach Moskau ab. Ich versicherte ihm beim Abschied:

„Ich werde keinen Waffenstillstand akzeptieren, bis nicht die Endphase unseres Planes verwirklicht worden ist. Ich hoffe, das ist Ihnen klar."

9

Wie ich später erfuhr, waren den Israelis – seit sie die „Rettet-Israel"-Botschaft abgesandt hatten – Stunde um Stunde Informationen des US-Beobachtungssatelliten übermittelt worden. Nun erhielten sie durch den Satelliten die Information, daß die Ägypter ihre 21. Panzerdivison auf das Ostufer des Kanals übergesetzt hatten, in dem Versuch, auf Präsident Al-Assads Bitte hin, den Druck auf Syrien zu vermindern. Ich wußte auch, daß das Pentagon den Israelis den Rat gegeben hatte, einen Gegenangriff zu versuchen, um ihre Streitkräfte auf Sinai aus ihrer trostlosen Lage zu retten. In seinen „Erinnerungen" versucht der israelische Stabchef David Elazar sich zu entlasten (im Gefolge seiner Verurteilung durch den sogenannten „Agranat-Bericht"), indem er berichtet, daß Frau Golda Meir, nachdem sie die Informationen durch den US-Satelliten erhalten hatte, die Befehlshaber aufforderte, etwas zu unternehmen – irgend etwas –, weil die Lage der Israelis an der ägyptischen Front einen „Tiefstand" erreicht habe.

Während der amerikanische Satellit stündlich Informationen an Israel weitergab, erhielten wir von den sowjetischen Satelliten, die die Kämpfe beobachteten, nichts. Ich möchte dies hier gerne sozusagen zu Protokoll geben, weil es von historischer Bedeutung ist, da ja die Sowjetunion behauptet, der Vorkämpfer der Sache der Araber zu sein.

Sowjetische Satelliten haben die Kämpfe von allem Anfang an überwacht, denn Syrien hatte die Sowjetunion von der „Stunde Null" informiert. Die Aufnahmen wurden dem Zentralkomitee der KPdSU vorgespielt. Ich bat um Kopien dieser Aufnahmen, habe aber bis zum heutigen Tag keine Antwort erhalten und werde wohl auch keine bekommen. Israel dagegen wurde, sogar ohne es verlangt zu haben, stündlich vom Pentagon informiert. Die USA waren nur zu gern bereit, weil die Aufnahmen des Satelliten zeigten, daß die Kämpfe an der ägyptischen Front sich nicht zugunsten Israels entwickelten, und weil Dayan erklärt hatte, die Straße nach Tel Aviv liege nun offen.

Während ich den Fortgang des Krieges von der Befehlszentrale aus verfolgte, wurde ich mir einer sehr ernsten Entwicklung bewußt. Die USA benützten nun für die Luftbrücke, die sie, um Israel zu retten, eingerichtet hatten, El-Arisch als Luftbasis. Dort landeten riesige amerikanische Transportmaschinen, beladen mit Panzern und höchstentwickelten Waffen. El-Arisch ist eine ägyptische Stadt, es ist die Hauptstadt von Sinai, und lag damals direkt hinter der Front.

Eine weitere schwerwiegende Entwicklung wurde mir bewußt. In den Panzerschlachten, die sehr heftig waren und von den Ägyptern, wie Israel selbst zugab, außerordentlich erfolgreich geführt wurden – insbesondere als wir die Panzereinheiten unter dem bekannten General Mindler vernichteten –, erschienen jedesmal, wenn wir ein Dutzend Panzer zerstört hatten, mehr Panzer als vorher auf dem Schlachtfeld. Die USA griffen in diesen Krieg ein, um Israel zu retten. Die Amerikaner benützten ganz offen den ägyptischen Flugplatz von El-Arisch, unmittelbar hinter der Front, um Israels Niederlage in einen Sieg zu verwandeln.

Damals erinnerte ich mich, was die USA im Zweiten Weltkrieg an der deutschen und dann auch an der japanischen Front getan hatten. Die amerikanischen Luftangriffe auf deutsche militärische Ziele und deutsche Städte wurden von je 1000 Flugzeugen geführt und erteilten den Deutschen Lektionen, die sie niemals vergessen sollten. Die Atombomben, die auf Hiroshima und Nagasaki abgeworfen wurden, waren den Japanern eine ebenso unvergeßliche Lehre.

Es gab noch eine dritte Entwicklung, die nicht weniger ernst war. Die israelischen Flugzeuge vom US-Typ „Phantom" hatten zu Beginn des Krieges ein Dutzend Raketen auf die Stellungen der ägyptischen SAM-Lenkwaffen abgefeuert, aber nur die Antennen einer Batterie getroffen, die innerhalb von 15 Minuten repariert werden konnten. Die ägyptischen Raketenbatterien wurden nie außer Gefecht gesetzt. Es gelang ihnen vielmehr, in den ersten drei Tagen der Kämpfe ein Drittel der gesamten israelischen Luftwaffe abzuschießen. Dies bewirkte einen Befehl des israelischen Oberkommandos an alle Flugzeuge (am dritten Tag des Oktoberkrieges), sich von der Sinai-Front fernzuhalten. Nun aber waren zwei Raketen auf zwei SAM-Batterien abgefeuert worden, die beide total außer Gefecht setzten. Später erfuhr ich, daß es sich um eine neue amerikanische Rakete, genannt die TV-Kamera-Bombe, handelte, die in Japan entwickelt worden war und in den USA noch getestet wurde.

So nahmen nun also die USA an den Kämpfen teil, indem sie Israel mit noch unerprobten Waffen ausrüsteten: mit der Maverick-Bombe und mit vielem anderen, nur um Israel zu retten. Ich kannte meine Möglichkeiten: Ich war nicht bereit, gegen die USA zu kämpfen.

Um zu meinem Bericht zurückzukehren: Am 16. Oktober hatte ich unserem Stabchef Saad El-Schadli Befehl gegeben, nach Deversoir zu gehen, um dort an Ort und Stelle den Gegenangriff der Israelis zu liquidieren. Es wäre an diesem Tag nicht schwierig gewesen, mit den eingesickerten Streitkräften fertig zu werden. Es war nur ein Wettlauf mit der Zeit. Hätte El-Schadli zu den von mir bestimmten Terminen die Befehle ausgeführt, die Marschall Ali und ich erteilt hatten, nämlich den Bittersee einzuschließen und das Einsickern jener Truppen, die den Kanal überschritten hatten, aufzuhalten und sie in dem engen, von ihnen besetzten Landstreifen einzukesseln, wäre es ein leichtes gewesen, sie zu vernichten. Sobald er an Ort und Stelle war, wäre es nur eine Angelegenheit von Stunden gewesen, die Sache durchzuführen. Aber El-Schadli verschwendete die ganze Nacht mit dem Einholen von Informationen und der Errichtung eines Oberkommandos für sich selbst, um mit Marschall Ali, dem Oberbefehlshaber, zu konkurrieren. Unsere Sturmtruppen waren schon in Deversoir eingetroffen und hatten den Brückenkopf der eingedrungenen Israelis erreicht: Sie standen, wie die Israelis selbst zugaben, in heftigem Kampf (und zwar sowohl unsere Stoßtruppen als auch unsere Sondereinheiten), als El-Schadli ihnen befahl, sich zurückzuziehen und zu warten, bis er weitere Erkundigungen eingeholt hatte. Das Ergebnis dessen war, daß die Israelis das schon besetzte Gebiet noch weiter ausdehnen konnten.

Am 19. Oktober kam El-Schadli als nervöses Wrack zurück. Er sagte, wir müßten unsere Truppen vom Ostufer des Kanals zurückziehen, weil, wie er behauptete, nun tatsächlich eine Bedrohung für unsere Streitkräfte auf dem Westufer bestehe (genau das wollten die Israelis uns glauben machen). Marschall Ali bat mich, ins Hauptquartier zu kommen. Es war die Mitternacht vom 19. auf den 20. Oktober, und der Marschall hatte erklärt, daß ich als Oberster Befehlshaber nun eine wichtige Entscheidung treffen müsse. Ich begab mich ins Hauptquartier und studierte die Situation sorgfältig. Wir hatten auf dem Ostufer des Kanals fünf Divisionen mit 1200 Panzern, auf dem Westufer eine Panzerdivision, die den eindringenden Israelis gegenüberstand. In Kairo hatten wir jedoch noch eine weitere Division, die an den Kanal vorgezogen werden konnte, abgesehen von den Einheiten der Republikanischen Garde, die am Krieg teilnahmen, tapfer kämpften und zurückkehrten, ohne einen einzigen Panzer verloren zu haben.

Nachdem ich die wirklichen Dimensionen der Lage übersehen konnte, rief ich alle unsere Befehlshaber zu einer Lagebesprechung zusammen: den Oberbefehlshaber Achmed Ismail Ali, den Operationschef General El-Gamasi, den Befehlshaber des Raketenkorps General Mohammed Ali Fachmi und den Luftwaffenoberbefehlshaber General Husni Mubarak. Sie waren alle meiner Meinung, daß es keinerlei Grund zur Sorge gäbe. Dementsprechend gab ich einen Befehl, von dem ich glaube, daß er noch wichtiger war als jener vom 6. Oktober, wonach es keinen Rückzug vom Ostufer nach dem Westufer des Kanals geben dürfe (nicht einen Soldaten, nicht ein Gewehr, nichts). Wir mußten, so ordnete ich an, mit den israelischen Truppen auf dem Westufer im Licht der tatsächlichen Situation fertig werden. Dann setzte ich mich mit unserer Panzerdivision am Westufer in Verbindung, die von Kabil, einem der Helden des Oktoberkrieges, kommandiert wurde. Ich befahl ihm, den Vormarsch der Israelis aufzuhalten, sie auf das Territorium, das sie nun besetzt hatten, zu beschränken und zu verhindern, daß sie weiteren Boden gewannen: „Versucht aber nicht, euch mit ihnen auf eine Schlacht einzulassen, bevor ihr nicht Verstärkung erhalten habt!"

Während der Nacht instruierte ich Marschall Ali, El-Schadli als Stabchef abzusetzen, befahl aber, daß diese Entscheidung vor den Streitkräften geheimgehalten werden sollte, um alle möglichen Reaktionen bei uns oder auch bei den Israelis zu vermeiden. Bevor noch die Nacht um war, rief ich General El-Gamasi zu mir und ernannte ihn zum Stabchef. Er ist heute der Oberbefehlshaber der ägyptischen Streitkräfte und Kriegsminister.

10

In dieser Nacht vom 19. auf den 20. Oktober faßte ich den Entschluß, einem Waffenstillstand zuzustimmen. In den vorangegangenen zehn Tagen hatte ich – ganz auf mich angewiesen – gegen die USA mit ihren modernen Waffen gekämpft, von denen die meisten vorher noch nie zum Einsatz gekommen waren. Die Wirklichkeit war ganz anders, als die Welt glaubte. Jedermann hatte angenommen, daß die Sowjetunion hinter uns stand und die Luftbrücke eingerichtet hatte, um uns zu helfen. Die Tatsachen jedoch sahen so aus: Ich hatte die USA und Israel mir gegenüber. Die UdSSR stand dagegen hinter mir, bereit, mir den Dolch in den Rücken zu stoßen, sobald ich 85 bis 90 Prozent meiner Waffen verloren hatte, genau wie 1967. Es war klar, daß die USA mein gesamtes Luftverteidigungssystem mit ihren TV-Kamera-Bomben vernichten und den Israelis den „offenen Himmel Ägyptens" geben konnten, dessen diese sich schon 1967 erfreut hatten.

Husni Mubarak, der Oberbefehlshaber der Luftwaffe, wirkte wahre Wunder. Er setzte alle vorhandenen Maschinen ein, selbst unsere Schulflugzeuge, die er in Kampfmaschinen verwandelt hatte, indem er sie mit Kanonen und Raketen ausrüstete. Die MIG-17, obwohl langsamer als der Schall, wurden von unseren Piloten sehr geschickt in Kämpfen mit den Phantoms und Mirages eingesetzt.

Was die ägyptische Luftwaffe leistete, war bemerkenswert, episch und glorreich. Es war das Gegenteil dessen, was die Sowjetunion erwartet hatte, die uns beweisen wollte, daß wir nicht imstande seien, Krieg zu führen, weil ich die Sowjetexperten ausgewiesen hatte. Moskau wollte, daß Ägypten sich wiederum nur auf die Sowjetunion verlasse.

Breschnjew sagte das auch meinem Freund Boumedienne, als dieser Moskau einen geheimen Besuch abstattete, um für uns Waffen einzukaufen. Zu diesem Zeitpunkt hatte unsere Siegesserie einen noch nie dagewesenen Höhepunkt erreicht. Während ihres Gespräches geriet Breschnjew in große Erregung und erklärte Boumedienne, daß Anwar El-Sadat Ägypten in den Ruin führen und darüber hinaus auch noch den Ruin aller fortschrittlichen Staaten dieses Raumes – so etwa Syriens – und schließlich auch noch aller übrigen Araber herbeiführen werde. Sadat sei ein Narr. Boumedienne erwiderte:

„Ich bin hier als Kunde! Ich bin gekommen, um Waffen zu kaufen. Hier sind 100 Millionen Dollar für die von Ägypten gewünschten Waffen und hier sind weitere 100 Millionen für die Syrer. Werden Sie ihnen jetzt das, was sie verlangen, schicken?“

Wieder in Algier, berichtete Präsident Boumedienne einem eigens einberufenen Revolutionsrat, was in Moskau geschehen war. Er sagte:

„Während die Amerikaner und die Israelis alles daransetzen, Präsident Sadat zu besiegen, ist die Sowjetunion noch hundertmal mehr darauf aus, ihn zu besiegen.“ Ich wüßte gerne, ob Präsident Boumedienne sich dessen jetzt noch erinnert (denn er berichtete es mir persönlich), oder wird er es nun – als Mitglied der Ablehnungsgruppe gegenüber meiner Friedensinitiative – ableugnen?

Nach meinem Treffen am 19. Oktober mit den Befehlshabern der Streitkräfte, kehrte ich um 1 Uhr 30 früh in den Tahirah-Palast zurück, um meinen Entschluß in die Tat umzusetzen.

Ich ließ sogleich den Sowjetbotschafter holen. Während ich auf ihn wartete, sandte ich ein Telegramm an Präsident Al-Assad, in dem es hieß, daß ich blutenden Herzens einem Waffenstillstand zustimme. Ich sei bereit, gegen Israel auch weiterhin zu kämpfen, sei aber außerstande, gegen die USA Krieg zu führen. Ich könne es niemals zulassen, daß meine Streitkräfte vernichtet werden oder mein Volk und dessen Ziele ein Debakel erleiden. Ich betonte abschließend, daß ich die Verantwortung für diesen Beschluß trage und bereit sei, mich vor meinem Volk und der arabischen Nation zu verantworten.*

Als der sowjetische Botschafter kam, sagte ich ihm, ich sei bereit, einem Waffenstillstand unter Beibehaltung der bestehenden Frontlinien zuzustimmen. Unterdessen war Kissinger auf dem Weg nach Moskau, um dort Gespräche über den Waffenstillstand zu führen. Dem Botschafter legte ich ans Herz: „Die beiden Supermächte sollten diesen Waffenstillstand und die sofortige Durchführung der Resolution 242 des Sicherheitsrates garantieren."

Tatsächlich einigten sich die beiden Supermächte in dieser Angelegenheit, und der Sicherheitsrat entschied, daß der Waffenstillstand am 22. Oktober um 19 Uhr in Kraft treten sollte. Ich muß hier in Erfüllung meiner historischen Verantwortung feststellen, daß unsere Streitkräfte auch in den Tagen vom 19. bis zum 22. Oktober glorreich kämpften. *Ich fordere Israel auf, die wirklichen Verluste, die es im Deversoir-Brückenkopf oder auch im Sinai erlitten hat, bekanntzugeben.* Unsere Spezialtruppen und unsere Luftwaffe haben den Israelis in diesen wenigen Tagen große Verluste zugefügt, besonders bei Deversoir am Westufer. Die Israelis gaben dies erst vor einem Jahr zu, als sie selbst den Deversoir-Brückenkopf als das „Tal des Todes" bezeichneten.

Am 22. Oktober, knapp bevor der Waffenstillstand in Kraft trat, ging ich in die Befehlszentrale und ordnete an, zwei Boden-Boden-Raketen auf Deversoir abzufeuern: Ich wollte den Israelis zeigen, daß sich solche Waffen in unserer Hand befanden und wir sie in einem späteren Stadium des Krieges auch einsetzen konnten. Israel hatte in der Tat vom Beginn des Krieges an begriffen, was wir wollten und daß wir meinten und taten, was wir sagten.

Der Waffenstillstand trat in Kraft, die Truppen blieben in den Frontlinien vom 22. Oktober. Die Israelis haben später zugegeben, daß ihre Stellungen sehr verwundbar waren: Ihre Streitkräfte waren auf einem sehr schmalen Streifen am See Deversoir zusammengedrängt, nach allen Seiten ohne Geländedeckung. So haben sie wie stets seit dem Krieg von 1948 die Chance des Inkrafttretens des Waffenstillstandes ausgenützt und nur zwei Stunden später eine „fliegende Kolonne" nach Süden gegen Suez ausgeschickt und eine andere nach Norden, auf Ismailia zu.

Unsere Spezialeinheiten kämpften tapfer bei Deversoir, hauptsächlich in der Nacht, wenn die Dunkelheit Angst in die Herzen der Israelis trug. Ich kenne die Tatsachen; eben darum fordere ich ja die Israelis heraus, ihre wahren Verluste bei Deversoir bekanntzugeben.

* Siehe Anhang IV.

In den ersten drei Tagen des Krieges hatten wir 400 Panzer abgeschossen, deren Ersatz die Israelis von den USA forderten. Bald sahen wir uns Hunderten Panzern gegenüber, mit denen die USA Israel sogleich versorgt hatten.

Der Angriff, den die Israelis zwei Stunden nach Beginn des Waffenstillstands führten, hatte das Ziel, das von den israelischen Streitkräften besetzte Gebiet zu erweitern, so daß sie Stellungen im Rücken der 2. und 3. ägyptischen Armee beziehen und die Nachschublinien unserer Armeen unterbrechen, die Luftverteidigung zum Rückzug zwingen und damit die Fronttruppen ihres Schutzes berauben konnten; vor allem, um in einer Operation in letzter Minute ihr „Gesicht zu wahren" und Ismailia und Suez zu besetzen.

Was geschah, war gerade das Gegenteil. Ich wies die Befehlshaber beider Armeen, vor allem der 3. an, den Vorstoß der Israelis nach Süden abzuriegeln. Jedoch waren wegen der Nachlässigkeit des Befehlshabers der 3. Armee die israelischen Streitkräfte imstande, vorzudringen und die Vororte von Suez zu erreichen. Obwohl es ihnen niemals gelang, die Stadt Suez selbst einzunehmen, hatten sie doch auf dem Ostufer des Kanals eine 6,5 Kilometer breite Bresche zwischen den beiden Armeen hergestellt, eine Lücke zwischen fünf ägyptischen Divisionen, voll ausgerüstet mit Panzern und anderen Waffen. Ich hatte befohlen, daß nicht ein einziger Soldat, nicht ein einziges Gewehr einer dieser Divisionen jemals und unter welchen Umständen immer vom Ostufer zurückgezogen werden dürfe.

Auf dem Westufer versuchten die Israelis Ismailia zu erobern, es gelang ihnen aber nicht einmal, auch nur die äußersten Vororte dieser weit ausgedehnten Stadt zu erreichen. Ich hatte Maduh Salem, den Vorsitzenden des Obersten Rates für die zivile Verteidigung, aufgefordert, die Verteidigungsstellungen der Stadt zu verstärken; er entsandte ein 1000 Mann starkes Kontingent unserer Sicherheitstruppen, bestens ausgebildet und ausgerüstet. Sie wirkten mit der Armee und der Bevölkerung der Stadt zusammen, um Ismailia auf einen möglichen Angriff der Israelis vorzubereiten.

Als es den Israelis nicht gelang, Ismailia oder Suez zu erobern, nahm ich angesichts der Verletzung des Waffenstillstandes durch die Israelis Verbindung mit den USA und der Sowjetunion auf. Ich forderte die beiden Supermächte auf:

„Bitte, greifen Sie ein. Ich bin bereit zuzustimmen, daß Ihre Streitkräfte auf ägyptischem Territorium landen, um sicherzustellen, daß die Israelis sich auf die Frontlinien vom 22. Oktober zurückziehen. Ansonsten lassen Sie zu, daß ich sie selbst auf diese Linien zurückwerfe, und betrachten Sie dies nicht als eine Verletzung des Waffenstillstandes."

Ich wollte unbedingt verhindern, daß die USA an der Seite Israels eingriffen.

Die Sowjetunion reagierte mit der Konzentration von Kriegsschiffen und Landungstruppen im Mittelmeer. Die Amerikaner mobilisierten ihre nuklearen Waffen, was ihnen eine Menge Schwierigkeiten bereitete, weil sie ihre NATO-Verbündeten nicht konsultiert hatten. Die europäische öffentliche Meinung im Jahre 1973 war antiisraelisch und proarabisch, ganz im Gegensatz zu der Stimmung im Jahr 1967.

Als die Israelis jede Hoffnung verloren hatten, Ismailia oder Suez zu erobern, verschanzten sie sich einfach bei Deversoir, während unsere Streitkräfte steten Druck auf sie ausübten. Die Taten des Divisionskommandeurs Kabil sind einfach unvergeßlich: Mit einer einzigen Panzerdivision gelang es ihm, das gesamte Gebiet zwischen Ismailia und Suez abzublocken; er übernahm auf diese Weise die Aufgabe von drei Divisionen. Mit außerordentlicher taktischer Geschicklichkeit dirigierte er seine Einheiten nach allen Seiten, bis die Israelis in ihre „Tasche" zusammengedrängt waren. Die Situation wäre noch ganz anders gewesen, hätten wir – und nicht die Israelis – den Waffenstillstand verletzen wollen und den beiden Armeen auf dem Ostufer gestattet, die nur 6,5 Kilometer breite Bresche zu stürmen, durch welche die Israelis auf das Westufer übersetzten, und so der Sache ein Ende zu machen. Doch ließen und lassen wir uns – im Krieg wie im Frieden – nur von moralischen Prinzipien leiten.

Israel dagegen hatte sich – seit seiner Gründung 1948 – niemals einer Ethik oder Moral verpflichtet gefühlt. Es versuchte „psychologischen Druck" auf uns auszuüben. Es hatte starke Streitkräfte in diesem schmalen Landstreifen konzentriert, um uns einzuschüchtern und seine Verhandlungspositionen zu verbessern. Obwohl der Raum, den es besetzt hatte, kaum mehr als 200 Panzer aufnehmen konnte, hatte es doch 400 hineingeschickt! Aber meine Streitkräfte hatten sie von allen Seiten eingeschlossen. Im Osten hatten wir fünf Divisionen, vier im Westen, und die Israelis waren von einem Wall von Raketen und Panzern vollkommen umstellt. Die ersten Verstärkungen, die ich erhielt, 150 Panzer, kamen von meinem Freund Präsident Boumedienne. Weitere 140 Panzer sandte mir Präsident Tito, voll ausgerüstet mit Treibstoff und Munition, so daß sie sofort auf dem Schlachtfeld eingesetzt werden konnten.

Was nun die Sowjetunion angeht, so hatte sie die Panzer, die ich am zweiten Tag der Kämpfe erbeten hatte, immer noch nicht gesandt. Eines Tages erschien der sowjetische Botschafter, um mir mitzuteilen, das Zentralkomitee der KPdSU habe sich entschlossen, Ägypten 250 Panzer zu schenken. Ich dankte ihm und bat, die Panzer so rasch als möglich zu schicken. Aber meine Bitte wurde erst erfüllt, als sich die Israelis schon in Deversoir festgesetzt hatten.

Der ganze Gegenangriff der Israelis hatte nur zum Ziel, das Ansehen Israels zu retten: Ein französischer General, Monsieur Bouvre, damals Chef des Pariser Instituts für strategische Studien, besuchte mich später und sagte mir, daß dieser Kanalübergang der Israelis militärisch unwesentlich gewesen sei. Er sei, so meinte er, nur für die Fernsehkameras bestimmt gewesen.

11

Kissinger erklärte, er wolle mit mir zusammentreffen. Als er im November 1973 zum ersten Mal nach Ägypten kam, sagte er mir:

„Sie haben eine internationale Krise hervorgerufen; deshalb bin ich gekommen, um mit Ihnen zu sprechen. Was sind denn Ihre Forderungen?“

Meine Antwort lautete:

„Ich will eine Rückkehr zu den Waffenstillstandslinien des 22. Oktober. Ich habe 800 Panzer, Israel nur 400. Für jeden israelischen Panzer habe ich eineinhalb Raketen (600), die Israelis sind umzingelt, und die Bresche, die sie zwischen unseren Armeen – 6,5 Kilometer breit – aufgerissen haben, können wir jederzeit schließen und ihnen so das Ende bereiten. Darüber gibt es keinen Zweifel.“

Wir hatten eine drei Stunden lange Unterredung, in der wir schließlich in sechs Punkten Übereinstimmung erzielten. Einer davon war, daß am Kilometerstein 101 an der Straße Kairo–Suez ägyptisch-israelische Gespräche über eine Zurücknahme der Streitkräfte und eine Rückkehr zu den Frontlinien vom 22. Oktober beginnen sollten. Die Verhandlungen wurden dann unter Aufsicht der Vereinten Nationen geführt. Sie zogen sich jedoch ziemlich lange hin. Ich reiste damals zu einer arabischen Gipfelkonferenz nach Algier. Als ich zurückkam, waren die Verhandlungen immer noch nicht weitergekommen. Ich forderte El-Gamasi auf, sie abzubrechen.

„Ich bin nicht bereit“, sagte ich, „mich in diese Art von Handel und Streit einzulassen.“

Im Dezember 1973 war ich durchaus darauf vorbereitet, den Deversoir-Brückenkopf zu liquidieren. Unsere Streitkräfte begannen einen Zermürbungskrieg und setzten die Eindringlinge unter ständigen Druck. Wir gewannen täglich ein gutes Stück Boden zurück, manchmal ging es ein paar Meter vorwärts, manchmal ein paar Kilometer, aber wir rückten stets vor. Es war alles bereit, um die israelische „Tasche" zu liquidieren, besonders da wir nun kein Wasserhindernis überwinden und keine Bar-Lev-Befestigungslinie erobern mußten. Aber ich hatte ein Risiko abzuwägen, nämlich eine mögliche Intervention der USA!

Am 11. Dezember erschien wieder Kissinger, um mit mir zu konferieren. Ich sagte zu ihm:

„Ich kann diese Art, die Verhandlungen zu führen, nicht hinnehmen. Ich werde jetzt diesen Brückenkopf der Israelis bei Deversoir liquidieren."

„Ich weiß, daß Sie darauf vorbereitet sind", antwortete Kissinger. „Ich wußte es schon, bevor ich hierher kam. Ich habe das Pentagon um einige Luftaufnahmen des Kampfgebietes ersucht und einen umfangreichen Bericht erhalten. Ihr Wall von Raketen besteht aus soundso vielen Batterien (er nannte die Anzahl). Sie haben 800 Panzer, die den Brückenkopf der Israelis einschließen, die Zahl Ihrer Geschütze ist soundso hoch (auch dies nannte er genau). Sie könnten tatsächlich diesen Brückenkopf liquidieren. Sie müssen jedoch wissen, daß, wenn Sie das tun, das Pentagon einen Schlag gegen Sie führen wird."

„Ach", sagte ich, „darum geht es eben! Welche Haltung werden die USA einnehmen?"

„Das Pentagon wird Sie angreifen", sagte Kissinger. „Und zwar wird das Pentagon Sie aus einem ganz bestimmten Grund angreifen: Sowjetwaffen haben schon einmal den Sieg über amerikanische Waffen davongetragen, und in Übereinstimmung mit unserer globalen Strategie können wir nicht zulassen, daß das noch einmal geschieht."

Kissinger sagte dann weiter:

„Als Sie diese internationale Krise herbeiführten und die beiden Supermächte aufforderten, einzugreifen und dafür zu sorgen, daß die Truppen auf die Waffenstillstandslinien vom 22. Oktober zurückgenommen werden, und drohten, Sie würden das sonst selbst tun, vorausgesetzt, daß das Pentagon sich nicht gegen Sie stelle, wissen Sie, was für einen Plan das Pentagon damals entworfen hat? Wir planten, auf Ihrem Territorium, nämlich auf Sinai zu landen, falls die Russen westlich des Kanals landen sollten, um Sie zu erledigen. Unser Ziel war, Ihnen zu zeigen, daß die Russen unverläßlich sind. Und so hätten wir Ihnen einen Schlag versetzt, der aber tatsächlich die Russen getroffen hätte. Wir sind heute in derselben Situation: Wenn Sie versuchen, den israelischen Brückenkopf zu liquidieren, wird das Pentagon Sie angreifen, weil dies der von den USA festgelegten

Politik entspricht. Außerdem will das Pentagon die Niederlage seiner Waffen im Oktober rächen. Bestehen Sie denn auf einer gewaltsamen Liquidierung der eingedrungenen Streitkräfte?"

„Keineswegs", erwiderte ich rasch, „Sie wissen, daß ich ein Mann des Friedens bin. Hätten Sie meine Initiative von 1971 akzeptiert, so wäre kein Krieg ausgebrochen. Ich hasse nichts so sehr, wie auch nur einen Soldaten oder gar einen Offizier zu verlieren. Aber Sie haben mich nicht ernst genommen – und das Ergebnis haben wir jetzt."

„Nun, da wir ja schon einmal den Prozeß zur Erreichung des Friedens eingeleitet haben, führen wir doch eine Entflechtung der Streitkräfte herbei, die diesem Gegenangriff friedlich ein Ende setzen wird."

Kissinger erkundigte sich am selben Tag bei mir, ob ich bereit sei, im Dezember nach Genf zu kommen. Ich bestätigte meine Bereitschaft.

Kissinger verließ Ägypten am 12. Dezember 1973. Zu diesem Zeitpunkt brach ich jedoch unter großen Schmerzen beinahe zusammen. Ich litt täglich und stündlich: Ich sah keinen Ausweg. Alles schien falsch gelaufen zu sein. Und ich war nicht imstande, die Dinge wieder zurechtzurichten, denn es lag nicht länger in meiner Hand. Vier Tage lang hatte ich schwere Blutungen: Mein Harn bestand fast nur noch aus Blutgerinsel. Die Ärzte, die mich untersuchten, meinten, es sei eine Folge großer Anspannung, aber nichts Ernsthaftes. Ich bekam bestimmte Medikamente, und nach zwei Tagen verschwanden die Symptome.

Am 24. Dezember 1973 berief ich eine Tagung der Befehlshaber aller Korps, Armeen und Divisionen ein. Der Entwurf des Liquidierungsplanes für den Deversoir-Brückenkopf wurde sieben Stunden lang diskutiert, und schließlich bestätigte ich ihn. Der für seine Durchführung ernannte Befehlshaber war General Saad Mamun, der gegenwärtig Gouverneur von Kairo ist.

Den 25. Dezember, meinen Geburtstag, verbrachte ich wie stets in meinem Heimatdorf, in Mit Abu-el-Kom. Am nächsten Tag reiste ich nach Assuan.

Im Januar 1974 traf Kissinger wieder ein, und das erste Abkommen über die Truppenentflechtung wurde unterzeichnet. Die USA hatten die Rolle des Vermittlers zwischen uns und Israel übernommen.

Bei den Verhandlungen über das Abkommen von Assuan konzentrierte ich mich nur auf einen einzigen Punkt. Ich wollte nichts anderes, als die wirkliche Größe meines Sieges auch territorial zu erhalten. Ich machte mir keine Sorgen wegen des israelischen Brückenkopfes, weil ich wußte, daß die Israelis auf dem Westufer meine Gefangenen waren und ihre Gegenwart dort ihren Tod bedeuten konnte. Auf der Basis der Definition und der Erhaltung des wahren Ausmaßes meiner territorialen Erfolge – des Bodengewinnes also – wurde eine Übereinkunft erreicht. Dennoch befand ich mich noch in tiefster Sorge, weil alle Mächte – vor allem natürlich die USA – versuchten, meinen Sieg zuschanden zu machen. Aber auch die Sowjetunion wollte das gleiche, weil Syrien trotz der Anwesenheit sowjetischer Experten einen Rückschlag erlitten hatte, ich dagegen einen Sieg trotz der Ausweisung der sowjetischen Experten. Und auch Israel wollte selbstverständlich den Sieg zuschanden machen.

Solche Versuche machten mich an und für sich nicht besorgt. Ich wollte aber die Früchte meines Sieges ernten, weil ich ihn für den Weg zu einem gerechten Frieden hielt, für den ich stets gearbeitet hatte.

Kapitel X

Die Straße zum Frieden

1

In diesen Tagen bin ich am glücklichsten, wenn ich mich am Ufer des Suezkanals befinde. Ich sitze dort stundenlang in einem kleinen Blockhaus und sehe dem Fortschritt der Arbeit an den neuen Projekten zu und dem unaufhörlichen Bemühen um den Wiederaufbau.

Jedesmal, wenn ich eine Stadt am Kanal besuche, steigen vor mir die Erinnerungen an den 5. Juni 1975 auf. Ich traf damals in einem Hubschrauber ein, stieg dann in ein Auto um und fuhr zu einer Tribüne, von der aus ich den Suezkanal nach acht Jahren der Schließung für die internationale Schiffahrt für wiedereröffnet erklärte. Ich werde diesen Tag niemals vergessen. Die Freude, die in den Augen der Männer, Frauen und Kinder aufleuchtete, war wirklich wundervoll. Sie waren heimgekehrt, endlich, nach langen, langen Jahren, die sie als heimatlose und verzweifelte „Evakuierte" im Exil verbracht hatten.

Niemand kann die Freude solcher Menschen besser verstehen als ein Mann, der selbst in ein fremdes Land vertrieben wurde, der gezwungen worden ist, sein eigenes Heim, seine Straße und seine Freunde zu verlassen, seine Stadt, seine Heimat, das Land, das er kannte und liebte, zu dem er gehörte und ohne das er kein Leben besäße.

Unsere ägyptische Kultur, die siebentausend Jahre zurückreicht und die früheste in der Menschheitsgeschichte ist, war stets von der Liebe und der Bindung der Menschen zum Land beeinflußt. Daher war nun die Freude in den Gesichtern der Menschen anders als die üblichen weltlichen Freuden. Diese Menschen hatten acht Jahre als Evakuierte in der Fremde verbringen müssen, viele waren in dieser Zeit gestorben, und viele Kinder waren geboren worden. In all den Jahren stand unbeantwortbar die Frage über ihnen: Können wir jemals zurückkehren? Selbst am fernsten Horizont war keine Antwort zu erblicken.

Die „Kanalbevölkerung“ ist von allen anderen Ägyptern verschieden, weil sie besondere Berufe ausübt, die mit dem Meer in Zusammenhang stehen und völlig davon abhängig sind, ob der Kanal funktioniert. Bedenkt man all dies, wird man verstehen, warum diese Leute so glücklich waren, heimgekehrt zu sein. Für sie war es mehr als eine Repatriierung. Es war vielmehr so, als hätten sie ihre wahre Identität wiedergewonnen. Sie betrachteten das Meer und den Kanal als etwas fast Heiliges, als Symbole der Zugehörigkeit, genauso wie wir, die Bewohner des Niltals, unser Land betrachteten. Der Kanal hat ihre Lebensweise bestimmt und dementsprechend auch ihr Bewußtsein, Generation für Generation – so sehr, daß er mit ihrem Bewußtsein selbst identifiziert wurde.

An diesem besonderen Tag, dem 5. Juni 1975, der stets in meinem Herzen gegenwärtig sein wird, ereignete sich folgender Zwischenfall: Mein Auto fuhr langsam auf das Gebäude der Kanalbehörde zu, als plötzlich ein Mann mitten auf der Straße stand und dem Fahrer zuwinkte, er solle halten. Es war ein alter Mann, groß und schlank, sein langes weißes Haar fiel ihm auf die Schultern. Seine Gesichtszüge waren feierlich, und seine Augen blitzten scharf. Die Wachen versuchten, ihn zu entfernen, aber ich ließ den Fahrer halten und befahl, den Mann in Ruhe zu lassen. Der Mann blickte mich lange an, dann kniete er unvermittelt nieder und begann zu beten – ein Dankgebet zu Gott. Schließlich stand er wieder auf und deutete der Autokolonne an, sie könne weiterfahren. Er selbst verschwand in der gewaltigen Menge.

Der ganze Zwischenfall dauerte kaum eine Minute. Aber es schien, als ob Jahre in ihn verdichtet seien, Jahre der Verzweiflung und der schmerzlichen Sehnsucht. Und jene kurze Minute bedeutete diesem Mann alles. Er hatte überlebt, um sein Heimtland wiederzusehen, zu wissen, daß er heimgekehrt war. Er mochte nicht mehr lange zu leben haben, aber er würde hier begraben werden, in dieser seiner Erde. Daher kam sein Gefühl der Sicherheit, seine Feierlichkeit und sein Seelenfriede. Er mußte niederknien, um Gott, der dieses unerwartete Licht gesandt hatte, zu danken, jenes Licht, das die lange Dunkelheit endlich erhellte, die zu durchleben für den alten Mann so schmerzhaft gewesen war.

2

Ich begann nun die Feierlichkeiten zur Wiedereröffnung des Kanals einzuleiten. Aber das Bild jenes alten Mannes blieb in meiner Seele für immer eingeprägt. Noch heute bewegt mich, daß ich damals von den Streitkräften ein Dokument erhielt, das die Übergabe der Verwaltung der Kanalzone an die zivile Suezkanalbehörde zum Inhalt hatte. Ich unterzeichnete das Dokument und bestieg unseren Zerstörer „6. Oktober“ und durchschiffte den Kanal, um ihn wieder zu eröffnen.

Die ganze Welt stand an diesem Tag an meiner Seite. Dieselbe Welt, die nur ein paar Monate früher den Kanal für wertlos erklärt hatte, nur weil Israel stets behauptete, es liege ausschließlich in seiner Macht, ob der Kanal wieder eröffnet werde oder nicht.

Doch Taten sprechen lauter als Worte: denn nur durch Taten kann man falsche Behauptungen richtigstellen und die Haltung der Menschen ändern. Am 5. Juni 1975 feierte mit mir die Welt, repräsentiert von den vielen Delegationen, die aus allen Kontinenten gekommen waren. Es war, als ob die Menschheit erklärt hätte, der 5. Juni werde nicht länger ein Tag der Sorge für Ägypten und die Araber sein, sondern ein Freudentag für die ganze Welt. Nach mehr als hundert Jahren feierte die Welt nun diese zweite Eröffnung des Kanals.

Zwei Monate zuvor hatte Israel die Vermittlungsversuche der USA scheitern lassen und dem amerikanischen Außenminister Kissinger während der Verhandlungen über ein zweites Truppenentflechtungsabkommen eine Abfuhr erteilt. Obwohl die Hilfe der USA das Lebensblut Israels darstellte, glaubten die Israelis doch, die Stellung Präsident Fords sei, weil er kein „gewählter Präsident“ war, so schwach und Amerika so sehr mit der „Watergate-Affäre“ befaßt, daß nun ihre Chance gekommen sei, Druck auf Amerika auszuüben. Warum diese Gelegenheit nicht ausnutzen, wie Israel das gewohnt ist?

Meine Antwort darauf war, zu handeln statt zu reagieren: Ich eröffnete den Kanal wieder, der sich immer noch innerhalb der Reichweite der großen Geschütze befand, mit denen die USA Israel versorgt hatten. Außerdem gestattete ich den Evakuierten, in die Kanalstädte Port Said, Suez und Ismailia zurückzukehren. Es waren an die 700.000 „Emigranten“, die fast aufgehört hatten, menschliche Wesen zu sein, nicht nur wegen der schwierigen Lebensbedingungen in den übervölkerten Städten des Landesinneren, sondern viel mehr, weil sie jede Hoffnung verloren hatten, jene Lebenskraft, ohne die kein Mensch wirklich existieren kann.

Mir war nur zu gut bewußt, daß die gesamte Region sich innerhalb des Schußbereiches der israelischen Artillerie befand. Deshalb erklärte ich auch vor der ganzen Welt dieses Gebiet zu einem Teil des Binnenlandes. Jeder Angriff der Israelis werde als ein Angriff auf Städte des Landesinneren gewertet werden, was selbstverständlich eine entsprechende Vergeltung auslösen müsse, nämlich Angriffe auf Städte im Landesinneren Israels.

Es war das ohne Zweifel von meiner Seite ein großes Risiko. Israel hätte sich in den folgenden Verhandlungen (nur ein paar Monate später) hart zeigen und ein zweites Truppenentflechtungsabkommen ablehnen können – ein Abkommen, das die Kanalzone aus dem Bereich der israelischen Artillerie nehmen sollte. Ich ging dieses Risiko jedoch um des Friedens willen ein. Denn auf der Suche nach Frieden ist alles gestattet.

Zwei Jahre nach dem Oktoberkrieg wurden bei Grabungsarbeiten in der Kanalzone 39 Leichen israelischer Soldaten entdeckt. Die Israelis erwarteten, daß sie einen Preis zahlen müßten, um ihre Toten wiederzubekommen und begannen mit Verhandlungen.

„Ihr müßt gar nichts zahlen", sagte ich. „Dies ist eine humane Aktion, für die wir keine Zahlung annehmen wollen. Kommt einfach und holt die Leichen."

In der Tat wurden die Leichen der Gefallenen mit allen militärischen Ehren den Israelis übergeben; selbstverständlich, ohne daß dafür irgend etwas verlangt worden wäre. Einige ihrer Toten erhielten ein offizielles Militärbegräbnis, da sie höhere Armeeoffiziere waren. 1977 wurden im Verlauf der Grabungsarbeiten, um den Kanal zu vertiefen, weitere 19 Leichen israelischer Soldaten gefunden, und wieder haben wir diese sofort mit allen Ehren übergeben. Warum ich das tat? Um des Friedens willen. Ich glaube, daß ein Mann um des Friedens willen alles in seiner Macht Stehende tun kann, ja tun muß. Nichts auf der Welt kann wichtiger sein als der Frieden.

3

Die USA spielten bei der Wiedereröffnung des Kanals eine wichtige Rolle. Statt den Weltpolizisten zu spielen und ihre Macht zu demonstrieren, standen sie an meiner Seite und zeigten ihr wahres Gesicht, so voller Narben es auch durch den Vietnamkrieg sein mochte.

Als ich 1974 erklärte, ich würde den Kanal wiedereröffnen (während die Räumungsaktionen eben erst anliefen), erwies es sich, daß außer der Kriegsmarine der USA niemand über das notwendige Räumgerät verfügte, nicht einmal die Mammutfirmen der Amerikaner mit ihren gewaltigen Budgets und technischen Möglichkeiten. Ich sagte das Kissinger während dessen Besuch in Ägypten nach dem ersten Truppenentflechtungsabkommen. Seine Antwort war sehr direkt:

„Soll ich das so verstehen, daß Sie mich um Hilfe bitten?"

Darauf antwortete ich: „Ja."

„Gut, geben Sie mir eine Stunde Frist."

Während dieser Stunde nahm Kissinger, wie ich später erfuhr, Verbindung mit dem Weißen Haus und mit dem Pentagon auf und kam dann mit einer anderen Frage zu mir zurück:

„Würden Sie dem amerikanischen Hubschrauberträger ‚Iwo Jima', der zur 6. Flotte gehört und an Bord entsprechendes Räumgerät und natürlich auch Hubschrauber hat, gestatten, in Port Said vor Anker zu gehen und zu beginnen, Ihnen zu helfen?"

Bis zu diesem Augenblick und seit 18 Jahren hatten wir uns in einem Zustand der Konfrontation mit den USA befunden, aber ich stimmte zu. Noch einmal nahm Kissinger Kontakt mit dem Weißen Haus und dem Pentagon auf und kam mit der Antwort zurück:

„Die ‚Iwo Jima' wird in Port Said einlaufen, sie wird mit Ihnen zusammenarbeiten und an der Räumung des Kanals unter dem Kommando der ägyptischen Marine teilnehmen."

Einige Mitglieder der Mannschaft des Flugzeugträgers und einige Diplomaten der amerikanischen Botschaft in Kairo äußerten Befürchtungen, falls die „Iwo Jima" durch den Kanal fahren sollte. Sie hatten Angst, daß die ägyptische Küstenartillerie das Feuer auf sie eröffnen könnte: Ich versicherte ihnen, daß nichts geschehen würde, da ich bereits die entsprechenden Befehle an unsere Marine gegeben hatte.

Zur vorgesehenen Stunde lief – etwas langsam – die „Iwo Jima" in den Hafen vor Port Said ein. Sie tastete sich sozusagen mit großer Vorsicht vor, bis ihre Besatzung bemerkte, daß sie von unserer Marine unerwartet freundlich empfangen wurde. Sie begann sofort mit der Arbeit.

Das amerikanische Volk mag überrascht sein zu erfahren, daß zwischen den Vereinigten Staaten und uns niemals irgendwelche Dokumente über die Teilnahme des Hubschrauberträgers an den Räumungsoperationen ausgetauscht worden sind. Ich möchte deshalb dem amerikanischen Volk hier meinen Dank aussprechen. Denn dies war eine Manifestation amerikanischer Ritterlichkeit und eine Gelegenheit, bei der sich das wahre Antlitz der USA zeigte. Obgleich der

Kanal Ägypten gehört, so dient er doch nicht Ägypten allein, sondern der gesamten Welt. Angesichts ihrer gewaltigen Möglichkeiten sind die USA wohl verpflichtet – und man erwartete es auch von ihnen –, all jenen zu helfen, die für eine bessere Zukunft kämpfen, sowohl für sich selbst wie auch für die ganze Welt.

Dies ist stets das Bild der USA in meinen Augen gewesen und in den Augen unseres Volkes, das die gesamte Menschheitsgeschichte hindurch hohe ethische Werte respektiert und befolgt hat. Der wiedereröffnete Kanal erwies sich als ein besonders glücklicher Umstand.

4

Mein Kampf um den Frieden (eine lange Geschichte) geht bis auf meine Wahl zum Präsidenten Ägyptens am 15. Oktober 1970 zurück. Obwohl, als Nasser starb, keine diplomatischen Beziehungen zwischen uns und den USA bestanden, erschien dennoch – wie ich an anderer Stelle schon erwähnt habe – eine amerikanische Delegation, geführt von Botschafter Richardson, um uns das Beileid der USA auszudrücken.

Unglücklicherweise fand unser Zusammentreffen unter wenig günstigen Umständen statt. Am Tag des Begräbnisses war ich – als Ergebnis großer Erschöpfung – in Ohnmacht gefallen und an den nächsten Ort gebracht worden, wo ich ärztlich betreut werden konnte. Es waren das die Räume des alten Revolutions-Kommandorates. Die erste Person, die ich sah, als ich meine Augen wieder öffnete, war Mr. Richardson. Ich dankte ihm, noch im Bett liegend, für sein Erscheinen und traf mit ihm eine Vereinbarung für ein späteres Gespräch.

Der Waffenstillstand im ägyptisch-israelischen Zermürbungskrieg über den Kanal hinweg war von William Rogers, dem damaligen amerikanischen Außenminister, arrangiert worden, als Teil eines Interimsabkommens, des schon viel zitierten „Rogers-Planes", der damals noch in Kraft war. Ich sagte meinem Besucher:

„Ich bitte Sie, das folgende dem amerikanischen Präsidenten zu übermitteln: Ich war gegen den Rogers-Plan und habe ihn abgelehnt. Ich habe ihm erst zugestimmt, als Nasser aus der Sowjetunion zurückkam und berichtete, was sich dort abgespielt hatte und wie die Umstände waren. Alles, was ich will, ist Frieden. Lassen Sie uns zusammen für den Frieden arbeiten. Ich stehe heute hinter dem Rogers-Plan, aber ich sehe es natürlich nicht gern, daß die USA die Behauptung der Israelis unterstützen, Ägypten habe das Abkommen verletzt, indem es eine SAM-Batterie an das Westufer des Kanals vorverlegt hat. Das Westufer ist genauso wie das Ostufer mein eigenes Land. Noch einmal appelliere ich an Sie, gemeinsam mit mir für den Frieden zu arbeiten: Ich bin bereit, alles zu tun, um dieses Ziel zu erreichen.“

Richardson kehrte nach Washington zurück und legte dem Außenministerium jenen Bericht vor, in dem es hieß, daß El-Sadat kaum mehr als vier oder sechs Wochen an der Macht bleiben werde. Die Zukunft Ägyptens sei völlig ungewiß. Der britische Nachrichtendienst bestätigte diesen Bericht, und so entschlossen sich die Amerikaner und die Engländer abzuwarten, um zu sehen, was aus mir werden würde. Heute finde ich es sehr amüsant, den Zwischenfall in Gesprächen mit amerikanischen Diplomaten zu erwähnen.

Im November 1970 hatte der 90-Tage-Waffenstillstand geendet, den der „Rogers-Plan“ vorsah. Ich berief den Nationalen Sicherheitsrat ein und sagte, daß wir noch weitere 90 Tage Waffenstillstand brauchten, um den „Rogers-Plan“ am Leben zu erhalten. Dies jedoch sei die letztmögliche Verlängerung. Der Plan hatte einen Rückzug der Israelis (als zweite Phase) vorgesehen, den Botschafter Jarring, der Sonderdelegierte des UN-Generalsekretärs für den Nahen Osten, unmittelbar nach dem Ablauf der neunzigtägigen Waffenstillstandsperiode arrangieren sollte. Ferner sah der Plan ein Abkommen über den Rückzug Israels aus den besetzten arabischen Gebieten vor (was Israel natürlich nicht wollte), der innerhalb der 90-Tage-Frist hätte durchgeführt werden sollen.

Unser Außenminister legte unseren Vorschlag dem Sicherheitsrat vor, und der Rogers-Plan wurde erneuert. Jedoch geschah in diesen 90 Tagen (November, Dezember und Januar) nichts. Israel behauptete immer noch, Ägypten habe die Bedingungen des Planes verletzt, und die USA unterstützten unter dem Einfluß der mächtigen zionistischen Lobby diese Behauptung. Die Absicht war, den Plan zum Scheitern zu bringen und – wie es dann später auch geschah – William Rogers zu stürzen.

Am 24. Dezember 1970, also zwei Monate nach meiner Wahl zum Präsidenten, erlebte ich eine Überraschung: US-Präsident Nixon dankte brieflich dafür, daß Ägypten eine Delegation, geleitet vom damaligen Ministerpräsidenten Fauzi, zum Begräbnis von Präsident Eisenhower entsandt hatte. Ich berief sogleich jenen ausländischen Diplomaten zu mir, der die Interessen der Vereinigten Staaten in Ägypten vertrat, und zeigte ihm den Brief Nixons.

„Ich habe Sie rufen lassen," sagte ich, „um Ihnen meine Antwort an den amerikanischen Präsidenten mitzugeben."

In dieser Botschaft hieß es unter anderem wie folgt:

„Um zu beginnen: Ich hatte Ihnen eine Mitteilung durch Botschafter Richardson geschickt, als er uns Beileidswünsche anläßlich des Todes Nassers überbrachte. Sie haben aber leider niemals darauf geantwortet. Sie haben unterdessen die Behauptung Israels unterstützt, daß Ägypten die Klauseln des ‚Rogers-Planes' verletzt habe, obwohl Sie doch wissen, daß das Territorium östlich und westlich des Kanals ägyptisch ist.

Nun haben Sie unserem Ministerpräsidenten einen Dankbrief geschickt und gewünscht, daß dieser ihn mir übermittle. Ich schreibe Ihnen daher, um den Inhalt jener Mitteilung zu bestätigen, die ich schon durch Botschafter Richardson an Sie sandte, und auch um noch einige Dinge hinzuzufügen. Sie würden irren, falls Sie glauben, daß wir uns innerhalb der sowjetischen Einflußsphäre oder in der Einflußsphäre irgend jemandes anderen befinden. Sie sollen ferner wissen, daß niemand den Anspruch erheben kann, Ägyptens Schutzmacht zu sein. Wenn Sie daher über irgend etwas, das Ägypten betrifft, sprechen wollen, so muß der Ort hiefür Kairo sein. Gespräche sollten Sie mit mir führen und nicht mit irgend jemand anderem [damit meinte ich ganz klar – und betonte das auch gegenüber dem Diplomaten – die Sowjetunion, die sich als unser Herr und Meister aufspielte, ein „Recht", das Nasser ihr seinerzeit zugestanden hatte]. Ich möchte auch, daß Sie wissen, daß wir unsere eigenen Entscheidungen frei und unabhängig treffen. Wenn Sie sich daher als unsere Freunde erweisen, so werden wir zehnmal so freundlich sein, wenn Sie sich uns als Feinde erweisen, so werden wir zehnmal so feindlich sein. Entsprechend dem Naturgesetz, daß auf jede Aktion eine Reaktion erfolgt, wird auch eine gute Tat von Ihnen von einem Dutzend guter Taten von uns erwidert werden und umgekehrt."

Das war mein erster direkter Kontakt mit den USA, nachdem ich die Präsidentschaft übernommen hatte, denn die durch Richardson übermittelte Botschaft war unbeantwortet geblieben. Nun kam Nixons Antwort sofort. Die Geschwindigkeit erstaunte mich. Wenn ich der Sowjetunion in irgendeiner Angelegenheit schrieb, so bekam ich eine Antwort nie vor vier Monaten, und auch dann nur, nachdem ich den Sowjetbotschafter dutzendemal zu mir gerufen und ihn aufgefordert hatte, die Dinge zu beschleunigen.

Nixons Antwort erreichte mich innerhalb von 48 Stunden. Es war ein freundlicher Brief, in dem der amerikanische Präsident mir dankte und betonte, er wolle nicht, daß unsere Freundschaft sich auf Kosten anderer entwickle. Man wisse in den USA, daß ich in meinen

Entscheidungen unabhängig sei und niemand außer Ägypten selbst ein Recht habe, für Ägypten zu sprechen.

Bis Ende Januar 1971 geschah nichts weiter. Da die zweite 90-Tage-Waffenstillstandsperiode entsprechend dem „Rogers-Plan" am 4. Februar zu Ende ging, entschloß ich mich, noch vor diesem Termin etwas zu unternehmen. Es war klar, daß die USA – trotz Nixons Brief – unter dem Einfluß der zionistischen Propaganda nach wie vor die israelische Ansicht zu der ihren machten. Die USA gaben den israelischen Interessen den Vorzug, selbst gegenüber den eigenen. Nach 18 Jahren des Antagonismus (und angesichts des Bildes, das die Amerikaner sich von uns machten und das von der Sowjetunion stark beeinflußt wurde) war es für die USA nicht einfach, uns die Freundeshand zu reichen oder Maßnahmen zu treffen, die den Frieden in unserem Gebiet wiederhergestellt hätten. Dazu kam, daß die amerikanischen Diplomaten fest daran glaubten, daß ich nur für einige Wochen an der Macht bleiben würde. Im Februar 1971 war ich zwar schon seit einigen Monaten Präsident, aber sie hatten immer noch ihre Zweifel. Würde ich bleiben oder gehen? War ich imstande, mich durchzusetzen, oder war ich es nicht?

Angesichts all dessen mußte der „Rogers-Plan" für uns ein Ende haben, aber zur gleichen Zeit mußte ich auch eine konstruktive Aktion unternehmen, um den USA, Präsident Nixon und der Welt zu zeigen, daß meine Absichten gut waren, daß ich den Frieden wollte und imstande war, Entschlüsse in dieser Richtung zu fassen. So dachte ich zu jener Zeit. Ich weihte niemanden in meinen Plan ein, abgesehen von Dr. Mahmud Fauzi, dem damaligen Ministerpräsidenten. Ich rief ihn zu mir und sagte ihm, ich hätte mich entschlossen, eine Friedensinitiative zu unternehmen. Mein Plan sah so aus:

1. Israel sollte seine Streitkräfte innerhalb von sechs Monaten vom Ostufer des Kanals auf die Sinai-Pässe zurückziehen, innerhalb welcher Zeit UN-Botschafter Jarring den Nahen Osten noch einmal besuchen sollte, um zu für beide Seiten annehmbaren Bedingungen die Phasen des Rückzuges zu vereinbaren. Sobald einmal die israelischen Streitkräfte sich zurückgezogen hatten, würden ägyptische Streitkräfte auf das Ostufer des Kanals übersetzen.

2. Sobald der Rückzug zu den Pässen abgeschlossen sei, werde Ägypten sofort Beziehungen mit den USA aufnehmen. Da sie direkt in diese Krise verwickelt waren, sollten die USA aktiv an einer Lösung mitwirken.

3. Ägypten sei bereit, einen Friedensvertrag mit Israel abzuschließen, um den Kriegszustand, der seit 1948 zwischen den Arabern und Israel bestanden habe, zu beenden und Israel all die Garantien zu geben, die es verlangt. Dies würde eines der ernstesten Probleme

unserer Welt lösen – insoweit, als die Interessen der beiden Supermächte dazu in sehr enger Beziehung stünden.

Dr. Fauzi war sehr glücklich über diese Initiative und sagte, daß sie den toten Punkt überwinden werde und der ganzen Welt zeigen müsse, daß Ägypten wirklich Frieden wolle.

Am 4. Februar 1971 hielt ich in der Nationalversammlung eine Rede, in der ich meine Initiative darlegte. Wie erwartet, war meine Bereitschaft, einen Friedensvertrag mit Israel abzuschließen, eine gewaltige Überraschung für die gesamte Welt. Kein arabischer Führer, in welcher Stellung auch immer, hatte seit der Gründung Israels im Jahre 1948 genug Mut aufgebracht, so etwas zu sagen. Aber ich meinte, was ich sagte, denn ich wollte wirklich Frieden.

Als ich meine Rede beendet hatte, ging ich in die Präsidentenräume des Parlaments, wo die Minister der Regierung und andere „Führer" – die politische Führung, die mir Nasser hinterlassen hatte –, auf mich warteten. Sie sahen außerordentlich grimmig drein, verständlicherweise, denn diese Initiative war ja ihren eigenen Zielen entgegengesetzt.

Die Aufnahme meiner Initiative durch das Volk stand im scharfen Kontrast zu jener durch die politische Führung. In weniger als 24 Stunden hatte das ägyptische Volk meine Initiative begrüßt und auf das herzlichste bejubelt. Ich möchte hier vermerken, daß das ägyptische Volk politisch weit klüger ist als alle meine Mitarbeiter, die bis dahin mit mir gearbeitet hatten. Es passiert häufig, daß ein subtiler politischer Punkt den meisten meiner Assistenten unbegreiflich bleibt, während er vom Volk sofort verstanden und völlig akzeptiert wird.

In meiner Rede am 4. Februar vor dem Parlament hatte ich auch gesagt, daß, da die zweite 90-Tage-Waffenstillstandsperiode an diesem Tag zu Ende gegangen war, der „Rogers-Plan" tot sei. Jedoch lag nun meine eigene Friedensinitiative vor, die von der ganzen Welt in Betracht gezogen werden sollte. Es war ein Appell an die Welt, an den Weltsicherheitsrat, an die Sowjetunion und an die USA, ihre Verantwortung zu tragen. Ich setzte allen eine Frist von 30 Tagen, die am 7. März 1971 enden sollte, um auf meine Initiative zu reagieren. Nach diesem Termin jedoch würde ich mich durch nichts gebunden fühlen, nicht einmal durch meine eigene Initiative.

Rogers begrüßte mein Vorgehen. Die Welt war verblüfft. Israel war in einer schwierigen Situation, denn es stand nun zum ersten Mal einem Araberführer gegenüber, der seine Bereitschaft erklärte, ein Friedensabkommen mit Israel zu schließen. Dies vorauszusehen oder auch nur davon zu träumen war gewiß für die Israelis sehr schwierig. In Ägypten gab es keine ablehnenden Demonstrationen. Niemand protestierte oder äußerte auch nur den geringsten Einwand. Im Gegenteil, die Bevölkerung war außerordentlich glücklich und zeigte größtes und eindrucksvollstes Verständnis der Vorgänge. Hätten die USA genügend Interesse für diese Initiative gezeigt, so wäre der Oktoberkrieg nicht geführt und Friedensverhandlungen wären schon im Februar oder März 1971 eingeleitet worden.

5

Die USA begannen zu begreifen, daß ich aus einer Position der Stärke sprach, mich der Unterstützung meines ganzen Volkes erfreute und imstande war, Dinge zu sagen und zu tun, die kein Araber in den letzten 25 Jahren gewagt hätte. Dennoch taten die Amerikaner nichts. Nicht das geringste geschah bis zum Mai 1971. Dann kam William Rogers nach Ägypten, um mich am 4. Mai zu besuchen. Er war außerordentlich erfreut über meine Friedensinitiative. Er sagte:

„Wissen Sie, daß Sie eine Lösung für das Problem gefunden haben?"

„Wieso?" fragte ich.

Er sagte mir, daß Golda Meir den amerikanischen Botschafter in Tel Aviv zu sich berufen und aufgefordert habe, an Rogers und Nixon zu schreiben: Die Ministerpräsidentin Israels fordere jeden Führer der Araber heraus zu erklären, ob er bereit sei, ein Friedensabkommen zu schließen. Bei einer positiven Antwort sei sie – um Frau Meirs Worte zu zitieren – „bereit, all ihre Karten auf den Tisch zu legen".

Rogers setzte fort:

„Wir erhielten Frau Meirs Botschaft schon vor längerer Zeit. Wir waren überrascht zu hören, daß Sie nun am 4. Februar vor der ganzen Welt erklärten, Sie seien bereit, ein Friedensabkommen mit Israel zu schließen, ohne vorher Kenntnis von dem zu haben, was Frau Meir gesagt hatte. Wir bewunderten das sehr, und darum habe ich gebeten, von Ihnen empfangen zu werden."

„Es war auch wunderbar", sagte Rogers ferner, „zu erkennen, wie falsch unsere Berichte waren. Denn nach diesen Berichten hätte ich erwartet, bei meiner Ankunft in Ägypten mit Steinen beworfen zu werden. Nichts derartiges ist aber geschehen. Im Gegenteil, ich bin in den Straßen von Kairo spazierengegangen, ohne Bewachung, und bin von einigen Leuten erkannt worden, die mich begrüßt und willkommen geheißen haben."

Ich erwiderte: „Sie haben es mit einem Volk zu tun, das mehr als 7000 Jahre alt ist. Wäre es nicht an der Zeit, das ägyptische Volk kennenzulernen? Jedenfalls, was wollen Sie, daß ich tue?"

„Nichts", erwiderte er. „Sie haben mit Ihrer Initiative alles gesagt, was gesagt werden mußte, und wir stehen an Ihrer Seite. Ich werde nun zu Frau Meir nach Israel fahren, um ihr zu sagen, daß El-Sadat die Herausforderung angenommen hat, noch bevor er von ihr wußte. Sie sollte deshalb ihr Versprechen halten und die Karten auf den Tisch legen, so daß die USA eingreifen und das Problem lösen können."

Rogers reiste von Ägypten nach Israel. Ein paar Tage später setzte ich jene Leute ab, die bis dahin die Mehrheit unserer politischen Führerschaft darstellten, sich auf die Sowjetunion verließen und deren Instruktionen ausführten. Podgorni erschien daraufhin in großer Aufregung und Nervosität: Er wollte, daß ein Freundschaftsvertrag zwischen Ägypten und der Sowjetunion abgeschlossen werde.

Dieser Vertrag hat eine eigene Geschichte.

Nach unserer Niederlage im Juni 1967 zeigte es sich sehr klar, daß Lyndon Johnson, der Präsident der USA, entscheidend zu ihr beigetragen hatte. Er hatte im Interesse Israels eine Täuschungsoperation durchgeführt, indem er Nasser vorschlug, daß entweder der damalige Vizepräsident Humphrey Kairo besuchen oder aber ein ägyptischer Vizepräsident nach Washington kommen solle. Das geschah im Mai 1967 nach der Schließung des Golfes von Akaba für die israelische Schiffahrt durch Ägypten. Nasser und Johnson kamen überein, daß ein ägyptischer Vizepräsident am 7. Juni 1967 in Washington eintreffen solle. Unterdessen drängte Johnson die Israelis – nachdem er sie mit den allerneuesten Satellitenbildern über die Stellungen und den Aufmarsch der ägyptischen Truppen versorgt hatte –, auf Sinai anzugreifen, und zwar möglichst früh, bevor noch der ägyptische Vizepräsident in Washington angekommen sei. Er stellte diese Forderung, als die Israelis ihm im Weißen Haus ihren Plan vorlegten, in Gegenwart des Chefs der CIA und eines hohen Beamten des Pentagon.

Israel handelte nach dem Rat Johnsons und griff am 5. Juni 1967 an, zwei Tage bevor der ägyptische Vizepräsident in den USA hätte eintreffen sollen. Natürlich kam es nicht zu diesem Besuch. Doch dieser Täuschungsakt war noch keineswegs alles, was Johnson tat, um Israel zu helfen: Er benützte seinen „heißen Draht" zum Kreml, um den Sowjetführern zu beteuern, daß Israel keinen Angriff führen werde, und bat sie, Nasser hievon zu informieren. Die Sowjetführer reagierten auf diese Täuschung – daß sie bewußt an ihr teilgenommen haben, kann ich nicht kategorisch behaupten. Jedenfalls nahmen sie Verbindung mit Nasser auf. Der sowjetische Botschafter weckte ihn am frühen Morgen, um ihm die von den Sowjetführern bestätigte Nachricht Johnsons zu überbringen.

Als nach der Niederlage von 1967 die Rolle Johnsons klar geworden war, hatten wir gar keine Wahl, als die Sowjetunion zu bitten, uns Waffen zu verkaufen, um unsere Verluste – mehr als 85 Prozent unserer Rüstung – wiedergutzumachen. Es war nur natürlich, daß wir die Freundschaft mit der Sowjetunion um jeden Preis aufrechtzuerhalten versuchten.

Es ist eine wohlbekannte Tatsache, daß den Russen, ob nun der Zar oder der Marxismus über sie herrscht, der Argwohn zur zweiten Natur geworden ist. Diese Neigung zum Argwohn hat sich unter dem Marxismus auf Grund der Natur dieses Systems sogar noch verstärkt. Daß Rußland nach der bolschewistischen Revolution von 1917 tatsächlich von der ganzen Welt „belagert" wurde und der Bürgerkrieg auch sehr strenge Sicherheitsmaßnahmen erforderlich machte, führte dazu, daß man niemandem vertrauen zu können glaubte, solange er nicht Beweise für seine Vertrauenswürdigkeit erbracht hatte. Darum achteten wir sorgfältig darauf, unsere Freundschaft mit der Sowjetunion zu pflegen. Um ihren tiefen Argwohn zu beseitigen, hatten wir – wie berichtet – die Kremlführung gebeten, im Auftrag Ägyptens mit den USA über alle Angelegenheiten zu sprechen, die mit dem arabisch-israelischen Konflikt zusammenhingen. Denn wir hatten begriffen, daß die Sowjets jeden Kontakt gerade zwischen den USA und uns mit Argwohn beobachteten. Wir gingen so weit, daß wir die Sowjetunion baten, Kommandeure sowohl für die ägyptische Luftverteidigung wie für die ägyptische Luftwaffe einzusetzen – angesichts der ungehinderten Verletzungen unseres Luftraumes durch die Israelis. Aber beide Forderungen wurden zum Glück für uns abgelehnt. Wir konnten nicht mehr tun, als sie auffordern, mit uns einen Vertrag abzuschließen, der sie vielleicht zufriedengestellt und ihre Zweifel (die wir oft genug unbegreiflich fanden) beseitigt, aber auch uns eine ständige Versorgung mit Waffen garantiert hätte. Wir brauchten diese Waffen dringend, obwohl sie dem Rüstungsmaterial, das die Israelis von den Vereinigten Staaten erhielten, stets unterlegen waren.

Nasser schlug zweimal den Abschluß eines solchen Vertrages vor, und ich selbst bin auf Nassers Wunsch zweimal in die Sowjetunion gereist und habe zweimal ein solches Abkommen urgiert. Die Sowjets weigerten sich beständig. Vielleicht trauten sie uns damals nicht und trauen uns auch heute nicht. Sie mochten gefürchtet haben, durch einen solchen Vertrag in Dinge verwickelt zu werden, von denen sie sich lieber ferngehalten hätten. Kurz vor seinem Tod ging Nasser noch einmal so weit als nur irgend möglich, indem er ihnen wiederum vorschlug, einen Pakt mit uns zu schließen, falls sie meinten, dies könnte ihre Befürchtungen beseitigen. Aber sie lehnten wieder ab.

Ich war daher überrascht, als Podgorni, das sowjetische Staatsoberhaupt, gegen Ende Mai 1971 in Kairo eintraf und ungeduldig den sofortigen Abschluß eines sowjetisch-ägyptischen Vertrages forderte. Ich antwortete sogleich, daß ich keinen Einwand hätte. Ich sagte: „Nasser hat Sie um einen solchen Vertrag zweimal gebeten, aber Sie haben abgelehnt. Selbst bei seinem letzten Besuch bei Ihnen schlug er einen solchen Vertrag vor. Ich habe keinen Einwand, aber als Freund muß ich Ihnen sagen, daß der Zeitpunkt dafür falsch ist – sehr falsch. Es wird jedermann nur zu klar sein, daß Sie nun deshalb so eifrig den Abschluß eines solchen Vertrages verlangen – nachdem Sie ihn bisher abgelehnt hatten – weil einige frühere Mitglieder der ägyptischen Führerschaft gegenwärtig auf ihren Prozeß warten. Wird es da nicht so aussehen, als ob Sie in ihren Beziehungen mit Ägypten sich gerade auf diese Leute verlassen hätten? Was ein schwerer Irrtum war, vor dem ich Sie schon früher gewarnt hatte."

Selbst nach dem Abschluß des Vertrages mit den Sowjets hatte man in den USA begonnen, sich ein richtiges Bild von mir zu machen. Man lernte mich besser kennen und begriff meinen wahren Charakter. Dies traf freilich auf unsere sowjetischen Freunde nicht zu, die von allem Anfang an, unter welchen Umständen auch immer und trotz des geschlossenen Vertrages, immer noch ihr grobes, ja sogar unhöfliches Benehmen uns gegenüber zeigten. Es gab keine Anzeichen, daß sie die Wirklichkeit endlich begriffen hätten oder auch nur den leisesten Versuch machten, sie zu begreifen.

Nur zwei Monate später verursachte mir ein anderes Ereignis Sorgen und führte zu einem weiteren Zusammenstoß mit der Sowjetunion. Im Juli 1971 hatte ein kommunistischer Staatsstreichversuch im Sudan stattgefunden. Der sowjetische Botschafter in Kairo sprach bei mir vor, um eine Anerkennung dieses neuen Regimes zu fordern. Ich weigerte mich:

„Ich kann nicht gestatten, daß ein kommunistisches Regime in einem Land, mit dem wir gemeinsame Grenzen haben, an die Macht kommt. Das muß einmal grundsätzlich festgestellt werden. Ein anderer Punkt, den Sie bedenken sollten, ist, daß in diesem Teil der Welt niemals ein kommunistisches Regime wirklich Wurzeln schlagen wird, weil wir von Natur aus religiös sind. Es wäre viel besser, wenn Sie alle Versuche in dieser Beziehung aufgeben würden. Es wäre für alle besser."

Der sowjetische Botschafter war natürlich verärgert. Meine Haltung bekräftigte die Zweifel, die die Sowjetunion mir gegenüber hatte.

Doch verfielen die USA nun in eine Periode des Schweigens: Sie begann mit der Abreise Rogers Anfang Mai 1971 nach Israel, um Frau Golda Meir zu besuchen, und dauerte viele Wochen an. Ich berief im Juni und Juli 1971 häufig den ausländischen Diplomaten, der die amerikanischen Interessen in Ägypten vertrat, und bat ihn, Rogers zu drängen, mir Informationen über das Ergebnis seiner Gespräche in Israel zu geben. Aber all das war vergeblich. Israel verhielt sich weiter arrogant, und die Amerikaner blieben untätig. Aber am 6. Juli 1971 traf ein Beamter des amerikanischen Außenministeriums in Kairo ein und bat dringend, von mir empfangen zu werden, „es sei wichtig". Ich ließ ihn noch am Abend desselben Tages kommen. Er sagte, er bringe eine Botschaft von Präsident Nixon und Außenminister Rogers, habe aber ein paar Fragen, die er bitte, vorerst zu beantworten.

Die erste Frage:

„Hat der Vertrag, den Sie mit der Sowjetunion Ende Mai geschlossen haben, Ihre Position verändert oder Ihnen irgendwelche Verpflichtungen auferlegt, die Ihre Freiheit, mit uns über den Frieden in Ihrem Raum zu verhandeln, einschränken?"

Meine Antwort lautete:

„Gewiß nicht. Ich habe erklärt, daß dieser Vertrag keinerlei geheime Bedingungen oder Zusätze enthält. Jedermann muß sich an die Idee gewöhnen, daß ich als Privatmann nichts anderes sage, als ich öffentlich gesagt habe. Mein Volk hat mehr als jeder andere das Recht zu wissen, welche Verpflichtungen ich auf mich genommen habe: Ich bin nicht bereit, mein Volk, wann und unter welchen Umständen immer, zu betrügen. Die Bedingungen des Vertrages sind vor der Ratifizierung in aller Form im Parlament verlesen worden. Sie legen Ägypten keinerlei Einschränkungen auf. Wir werden niemals unsere Freiheit und Unabhängigkeit aufgeben."

Die zweite Frage lautete:

„Stehen Sie noch immer zu Ihrer Initiative, die Sie im Februar 1971 verkündet und Rogers während des Besuches in Ägypten erklärt haben?"

Meine Antwort lautete:

„Ja, natürlich. Falls irgendwelche Veränderungen notwendig wären, so würde ich sie selbstverständlich dem ägyptischen Volk mitgeteilt haben. Ich erinnere Sie wieder daran, daß Sie über alles, was Ägypten betrifft, nur mit mir und mit sonst niemandem reden sollten. Kontaktieren Sie aber jemand anderen, so können Sie sicher sein, daß wir nicht auf Sie hören werden."

Er sagte: „Ausgezeichnet! Entsprechend meinen Informationen darf ich Ihnen mitteilen, daß nun, da ich Ihre Antwort erhalten habe, der amerikanische Präsident ab Mitternacht (vom 6. auf den 7. Juli

1971) persönlich intervenieren wird, damit alles geschieht, um eine friedliche Lösung in diesem Raum zu erreichen."

Ich erwiderte:

„Das ist ganz ausgezeichnet! Was also hat Rogers in Israel erreicht?"

Er sagte: „Er sprach mit den Israelis, aber sie haben immer noch ihre Zweifel; darüber hinaus habe ich aber keine Instruktionen, Ihnen irgend etwas in diesem Zusammenhang mitzuteilen."

Er ging. Ich wartete. Diese Mitternacht und viele andere Mitternächte kamen und gingen, aber nichts rührte sich. Im Gegenteil: Golda Meir hielt in der Knesset eine Rede, die einer Lektion, und noch dazu einer harten, für William Rogers gleichkam. Aus unserem Studium der Persönlichkeit von Frau Meir wußten wir, daß sie es liebte, mit Ministern umzugehen – im täglichen Leben wie bei Kabinettsitzungen –, als ob sie Schüler in einem Klassenzimmer in Milwaukee vor sich hätte, wo sie als Lehrerin gearbeitet hat. Es scheint, daß Rogers sie aufforderte, ihre Karten auf den Tisch zu legen. Sie hatte ja in aller Form erklärt, sie werde dies tun, falls irgendein arabischer Führer seine Bereitschaft erklären sollte, einen Friedensvertrag mit Israel abzuschließen. Rogers wußte natürlich, daß Frau Meir keineswegs dazu bereit war. Er hätte auch verstehen müssen, daß sie ihre „Herausforderung" dem amerikanischen Botschafter nur übermittelte, weil sie sicher war, daß kein arabischer Führer jemals ein Friedensabkommen mit Israel verlangen könne. Warum redete also Rogers so viel? Konnte Rogers Naivität und Unwissenheit den USA und Israel etwas bringen? Frau Meirs Lektion war ein Signal an die zionistischen Gruppen in den USA, Rogers zu stürzen.

Sobald er aus dem Amt geschieden war, geriet Rogers tatsächlich in völlige Vergessenheit.

Später erfuhr ich, daß der amerikanische Präsident nichts von jener Botschaft wußte, die der amerikanische Diplomat – der Chef der ägyptischen Sektion im Außenministerium – mir am 6. Juli 1971 überbracht hatte und die angeblich vom Präsidenten und vom Außenminister an mich gerichtet war. Das war – gering gesagt – sehr merkwürdig.

Nach der Rede von Frau Meir gestalteten sich meine Beziehungen zu den USA schlechter als je zuvor. Die Rede beeinflußte die amerikanische Öffentlichkeit und erschreckte Rogers so sehr, daß er alles, was er gesagt hatte, zurücknahm. Es war nicht nur ein Rückzug, Rogers änderte vielmehr drastisch seine Position: Am 1. Janur 1972 gab er eine Erklärung ab, daß die USA Israel weiterhin Hilfe leisten und mit Israel bei gewissen Industrieprojekten zusammenarbeiten würden. Amerika werde seine Hilfe erst einstellen, bis Israel militärische Überlegenheit über alle arabischen Staaten zusammen erreicht habe.

Der arme Mann. Er wollte nach der strengen Lektion von Frau Meir gerne wieder von Israel gute Noten bekommen, aber es war zu spät: Bald darauf wurde er entlassen.

Angesichts der Erklärungen von Rogers und besonders, da ich mein Versprechen nicht halten konnte, daß 1971 das Jahr der Entscheidung sein werde, begann ich unter der „Schadenfreude" des Auslands, der Sowjetagenten in Ägypten und mancher anderer zu leiden, die sich von der Haltung der USA mir gegenüber beeinflussen ließen. Das Jahr 1971 war vorbei, und es war nichts Entscheidendes geschehen. Die Sowjetunion hatte mich absichtlich im Stich gelassen, indem sie das Rüstungsmaterial nicht gesandt hatte, um das ich gebeten hatte; so als ob Moskau mir sagen wollte, daß ich ohne sowjetische Zustimmung keinerlei Entscheidung über irgend etwas fällen könne. Breschnjew gab zwei Jahre später gegenüber General Ali zu – als dieser im Jahre 1973 eine Versöhnungsreise nach Moskau unternahm –, daß er uns mit voller Absicht keine Waffen geschickt hatte.

Die sowjetischen Agenten in Ägypten machten sich über das „Jahr der Entscheidung" lustig, während ich meinen Schmerz unterdrücken und meine Wunden verbergen mußte. Ich hielt im Parlament im Februar 1972 eine Rede, in der ich die Sowjetunion, trotz des Dolchstoßes, den ich in den Rücken erhalten hatte, verteidigte. (Denn ich war in weniger als zwölf Monaten viermal nach Moskau gereist, um die Lieferung von Rüstungsmaterial, das ich brauchte, dringend zu erbitten und zu urgieren, erzielte aber keinerlei Erfolg.) In derselben Rede griff ich, völlig bewußt, die USA und Rogers im besonderen an, und zwar in sehr heftigen Ausdrücken, was natürlich ein ganz neues Kapitel in den Beziehungen mit den USA einleitete: eine Periode der heftigen und totalen Konfrontation.

Die Amerikaner waren daher außerordentlich verblüfft, als sie von meinem Entschluß vom 16. Juli 1972 hörten, die sowjetischen Fachleute aus Ägypten auszuweisen. Aber angesichts des „Zeitalters der Entspannung", das inzwischen durch Nixons Besuch in der Sowjetunion im Mai 1972 eingeleitet worden war, taten sie ihr Bestes, um dieses Ereignis in ihren Medien herunterzuspielen. Es sah so aus, als bestünde eine Verschwörung des Schweigens.

Es wäre jedoch ein Irrtum gewesen zu glauben, daß ich diese Entscheidung getroffen hatte, um die Amerikaner oder irgend jemand anderen zu erfreuen. Es war vielmehr eine patriotische Entscheidung, über die das Volk von Ägypten sich in seiner großen

Mehrheit freute. Es war meine und meines Volkes Entscheidung. Mein öffentlicher Angriff auf Rogers und die USA wegen ihrer Haltung mir gegenüber war nicht weniger heftig als mein Angriff auf die Sowjetunion, als ich ihre Experten auswies.

6

Nicht lange danach wurde Rogers abgesetzt und Kissinger zum Außenminister ernannt. Anläßlich seiner Amtsübernahme wünschte Kissinger einen ägyptischen Vertreter zu sehen, jedoch, da 1972 ein „Wahljahr" war, war die amerikanische Regierung buchstäblich gelähmt (abgesehen von der Tatsache, daß schon „Entspannung" geübt wurde), und so kam es erst im Februar 1973 zu dem Treffen, das Kissinger gewünscht hatte. Hafis Ismail, mein Berater für Fragen der nationalen Sicherheit, wurde damals und später, im April, noch einmal nach Paris geschickt, um Kissinger zu treffen.

Die Essenz der Argumentation Kissingers war, den Bemühungen Rogers habe die Unterstützung des amerikanischen Präsidenten gefehlt, daher konnte natürlich nichts erreicht werden. Nun sei die Lage anders; der Präsident sei jetzt gerne bereit, an der Herstellung des Friedens mitzuarbeiten. Hafis Ismail hatte erklärt, daß unsere Ziele unverändert seien und wir zu ihnen stünden, obwohl die Rede, die Rogers im Januar 1972 gehalten hatte, einer Herausforderung an uns gleichkam.

Kissingers Antwort lautete:

„Sagen Sie Präsident Sadat: Obwohl ich ihn nicht persönlich kenne, sind wir doch zur Erkenntnis gelangt, daß unsere bisherige Einschätzung seiner Person (die auf dem Bericht basierte, den der US-Delegierte zu Nassers Begräbnis erstattet hatte) offensichtlich falsch gewesen ist. Alle Tatsachen zeigen das genaue Gegenteil der Behauptungen des Berichtes. Wir haben gesehen, daß er eine Friedensinitiative unternommen hat und darangegangen ist, die Sowjetexperten aus Ägypten auszuweisen. Das sind doch ohne Zweifel sehr bemerkenswerte Dinge.

Ich rate jedoch Sadat, realistisch zu sein. Wir leben in einer realen Welt und können nicht auf Träumen und Wunschdenken aufbauen. Nach den Begriffen der Realität sind die Ägypter nun einmal die besiegte Seite und sollten daher nicht Forderungen stellen, die man nur einem Sieger zugesteht. Sie müssen einige Konzessionen machen, wenn die USA Ihnen helfen sollen. Glauben Sie wirklich, daß Sie, als die Besiegten, der anderen Seite Bedingungen diktieren können?

Vielleicht sind Sie imstande, die bestehenden Realitäten zu ändern und dementsprechend auch unsere Haltung gegenüber einer ‚Lösung'; vielleicht aber auch nicht. Wenn nicht, dann müssen gewisse Lösungen gefunden werden, die sich aus Ihrer Position ergeben, und diese müssen anders sein als die Lösungen, die Sie nun vorschlagen. Ich hoffe, daß der Sinn meiner Worte klar ist. Ich fordere Sadat nicht auf, die militärische Lage zu ändern, denn wenn er das versucht, wird Israel euch wiederum besiegen. Es wird einen noch größeren Sieg erringen als im Jahre 1967, und das wird es uns noch schwieriger machen, etwas zu unternehmen. Es wäre ein großes Unglück und ein großer Verlust für Ägypten wie auch für Sadat persönlich, einen Mann, mit dem ich gerne eines Tages zusammenarbeiten würde. Ich bewundere ihn sehr, seiner Haltung und seines offenkundigen Mutes wegen. Er hat – zum ersten Mal in Ihrem Teil der Welt – eine vernünftige wissenschaftliche Methode angewendet und die Dinge in ihre richtigen Dimensionen gestellt. Außerdem hat er Schritte unternommen, die kein anderer arabischer Führer auch nur jemals versucht hat."

Das ist im wesentlichen der Inhalt dessen, was Kissinger meinem Beauftragten sowohl im Februar als auch im April 1973 sagte. Dazu dachte ich: Wir können also keinerlei Hoffnungen auf die Amerikaner setzen, weil Israel sie vollkommen im Griff hat. Die schon von Johnson festgelegte amerikanische Politik stellt immer noch die Sache Israels vor die eigene. Der Mann auf der Straße in Ägypten sagte dazu: Israel hat die Rolle der einzigen „Macht" übernommen, die die amerikanischen Interessen im Nahen Osten vertritt. Das war eine Rolle, die Israel sich selbst ausgesucht hatte oder mit der es sogar von den USA betraut worden ist. In keinem Fall konnten wir hoffen, Frieden durch amerikanische Anstrengungen zu erreichen, solange Israel nicht selbst den Frieden wollte.

7

Der Krieg im Oktober 1973 kam für die USA völlig unerwartet. Auch Kissinger war mehr als überrascht, er war sehr traurig und machte sich, wie er mir später sagte, Sorgen um mich. Der Grund war, daß die Israelis der ganzen Welt eingeredet hatten, sie würden in den ersten drei Tagen des Krieges die Knochen der Ägypter und Syrer zerschmettern. Es sei nur eine Frage von Stunden oder ein oder zwei Tagen, bis sie die Ägypter vernichtet und im Kanal ertränkt hätten.

Am vierten Tag des Krieges erhielt das amerikanische Außenministerium jene nun schon oft erwähnte Botschaft „Rettet Israel“. Kissinger muß sehr erschüttert gewesen sein, als er die Bestätigung der Berichte aus Israel durch die Aufnahmen des US-Beobachtungssatelliten erhielt. Als er sich erholt hatte, begann er sich um einen sofortigen Waffenstillstand zu bemühen, wobei alle Streitkräfte jene Stellungen wieder einnehmen sollten, die sie am 6. Oktober innegehabt hatten. Ich weigerte mich natürlich. Wir hatten bereits den Kanal überschritten und die sogenannte Bar-Lev-Linie erobert – das war das Ende der ersten Kriegsphase. Wir mußten nun die Sinai-Pässe erreichen und damit die zweite und letzte Phase abschließen.

Als die Position Israels immer schlechter wurde, trat Kissinger mit einem anderen Vorschlag auf, nämlich, einen Waffenstillstand entlang der bestehenden Frontlinien herbeizuführen. Da jedoch die syrischen Truppen aus den Stellungen geworfen worden waren, die sie am 6. Oktober innegehabt hatten, mußte ich auch dies zurückweisen. Ich erinnerte mich der Situation im Jahre 1948, als die Israelis einen Waffenstillstand verlangten und die Araber darauf eingingen: Sie verschafften ihnen eine Atempause und verhalfen ihnen so zum Sieg. Dieser zweite Vorschlag Kissingers enthielt einen ähnlichen Trick, und ein arabisches Sprichwort sagt: „Ein wahrer Gläubiger sollte niemals zweimal von derselben Schlange gebissen werden.“

Die Sowjetunion forderte mich dreimal auf, einer Feuereinstellung zuzustimmen, aber ich lehnte jedesmal ab. Der sowjetische Ministerpräsident Aleksei Kossygin traf in Ägypten ein und blieb vier Tage bei uns. Am 12. Oktober informierte die Sowjetunion die Vereinigten Staaten, daß El-Sadat einer Feuereinstellung zugestimmt habe. Kissinger hatte eine Bestätigung dessen gewünscht und deshalb Verbindung mit dem britischen Premierminister Edward Heath aufgenommen, wie ich schon früher erzählt habe. Ich bestritt natürlich den Bericht und sagte dem britischen Botschafter: „Sagen Sie bitte Kissinger, daß ich allein das Recht habe, für Ägypten zu sprechen.“

Die USA hatten zwar Israel schon vor Beginn und mehr noch nach Ausbruch des Krieges unterstützt, aber die immer schlechter werdende Situation an der Front machte es notwendig, daß diese Unterstützung die Form einer direkten, offenen und tatsächlichen Intervention annahm. Amerikanische Panzer wurden in die ägyptische Stadt El-Arisch transportiert, die Hauptstadt des Sinai. Die USA versorgten Israel auch mit anderen Waffen, von denen ich schon früher gesprochen habe.

Plötzlich fand ich mich den USA gegenüber, und das war es, was mich veranlaßte, der ganzen Welt am 19. Oktober anzukündigen, daß ich nicht bereit sei, gegen die USA zu kämpfen, und was mich im weiteren dazu brachte, einem Waffenstillstand zuzustimmen. Viermal hatte ich, solange ich gegen Israel kämpfte und nicht gegen die USA, einen Waffenstillstand abgelehnt.

Die Kanalüberquerung der Israelis, der Deversoir-Brückenkopf, war ausschließlich eine Sache der Amerikaner. Das Pentagon im besonderen war dafür verantwortlich. Nur die US-Hilfe für Israel – Luftaufnahmen, neue Waffen und Rüstungsmaterial, das zum ersten Mal verwendet wurde und bis dahin für niemanden außerhalb der USA zu haben gewesen war – ermöglichte diese Gegenoffensive.

Indem die Israelis starke Kräfte in dem Deversoir-Brückenkopf konzentrierten, einem Raum, der entschieden zu klein für sie war, hofften sie mir Schrecken einjagen zu können und mich glauben zu lassen, daß sie eine Bedrohung für Kairo darstellten. Sie wurden natürlicherweise enttäuscht. Psychologische Kriegführung mag bei gewissen Führern Ergebnisse erzielen, sie wird aber niemals bei mir wirksam sein können: Ich weiß immer, was ich tue und berechne alle möglichen Konsequenzen jedes Schrittes, den ich unternehme.

Ich war völlig überzeugt, daß der Gegenangriff eine naive, wenn auch tollkühne Operation war und zu einem Fehlschlag verurteilt sei. Hätte ich den militärischen Plan, den wir entworfen hatten, und der von mir bereits genehmigt war, in die Tat umgesetzt, so würde Israel Verluste von 400 Panzern und mehr als 10.000 Mann an Toten und Verwundeten erlitten haben. Dieses Ergebnis war nicht nur bloß möglich oder wahrscheinlich: es war eine absolute Gewißheit.

In solch einer Schlacht hätten meine Truppen keinen Kanal überqueren und keine Bar-Lev-Linie stürmen müssen, der Feind war an Ort und Stelle, zusammengedrängt auf einem schmalen Landstreifen, mit dem Rücken gegen den See und hinter ihm, auf dem Ostufer des Kanals, fünf ägyptische Armeedivisionen, die dort ihre Kampfstellungen einnahmen. Der Zugang vom Ostufer des Kanals zum Deversoir-Brückenkopf war eine Bresche von kaum 6 km Breite, an der Grenzlinie zwischen der zweiten und der dritten Armee, die leicht geschlossen werden konnte. Alle militärischen Überlegungen deuteten darauf hin, daß eine solche Schlacht zu einem historischen Blutbad geworden wäre.

Aber sie fand niemals statt. Warum? Weil es eben mehr Blutvergießen, mehr „böses Blut" und Haß bedeutet hätte. Ich würde bis zum Ende der Welt gehen – und mein Volk und meine Streitkräfte wissen das –, wenn ich dadurch in die Lage käme, auch nur einem Mann eine Wunde oder gar den Tod zu ersparen.

8

Kissinger traf ich zum ersten Mal, nachdem der Waffenstillstand am 22. Oktober 1973 um 19 Uhr in Kraft getreten war – nur um zwei Stunden später schon von den Israelis verletzt zu werden. Da die USA und die Sowjetunion gemeinsam die Einhaltung des Waffenstillstandes garantiert hatten, richtete ich einen Appell an beide Mächte, in dem ich sie für die Aktionen Israels verantwortlich machte. Ich erklärte, mich durch den Waffenstillstand nicht gebunden zu fühlen, falls die Sowjetunion und die USA Israel nicht zum Rückzug auf die Waffenstillstandslinien vom 22. Oktober veranlassen könnten. Diese Linien waren durch die Aufnahmen der Satelliten der USA und der Sowjetunion bestätigt worden, und ihr Verlauf war uns und den Israelis bekannt. Sollten die beiden Supermächte nicht in der Lage sein, den Rückzug zu bewerkstelligen, so würde ich die Israelis mit Gewalt dazu zwingen.

Daraufhin sandte Kissinger Nachricht, er wolle mich besuchen.

Unser erstes Gespräch dauerte drei Stunden. Schon am Anfang hatte ich den Eindruck, es mit einer neuen Mentalität, einer neuen politischen Methode zu tun zu haben. Ich spürte, daß ich zum ersten Mal das wirkliche Gesicht der USA erblickte, das ich schon immer gerne gesehen hätte – nicht jene Maske, die Dulles, Dean Rusk und Rogers aufgesetzt hatten. Hätte jemand Kissinger und mich im Tahirah-Palast nach der ersten Stunde unseres Gespräches gesehen, er hätte uns für alte Freunde gehalten. Es gab keinerlei Schwierigkeiten einander zu verstehen, und so einigten wir uns auf ein Sechs-Punkte-Programm, einschließlich einer Verpflichtung der USA, innerhalb des Rahmens der Truppenentflechtung für eine Rückkehr auf die Feuereinstellungslinien vom 22. Oktober zu sorgen.

Unser Abkommen über das Sechs-Punkte-Programm bedeutete den Beginn einer Beziehung gegenseitigen Verständnisses mit den USA, das in einem „Friedensprozeß“ kulminierte und kristallisierte. Zusammen leiteten wir diesen Prozeß ein, und die USA unterstützten bis heute unsere gemeinsamen Bemühungen.

Dieser Anfang wurde von der Sowjetunion als das Ende unserer Beziehungen gewertet, oder es schien doch zumindest so. Die Sowjets hatten mehrere unangenehme Pillen zu schlucken gehabt: Meine Entscheidung, die Sowjetexperten auszuweisen, die Liquidation der „Machtblöcke“, meine Opposition gegenüber dem fehlgeschlagenen kommunistischen Staatsstreich im Sudan, schließlich mein Entschluß Krieg zu führen und endlich mein Sieg! Dies erwies ihre Voraussagen als falsch, denn sie hatten den Syrern gesagt, ich würde im Kanal ersäuft werden, und zwar in weniger als einer Stunde, und dann die Syrer im Kampf gegen Israel allein lassen. (Dies berichtete mir persönlich Präsident Al-Assad.) Als dann das genaue Gegenteil eintrat, das heißt, als ich den Kanal überquerte, dieses schwierigste Wasserhindernis in der Geschichte, und in nur sechs Stunden die Bar-Lev-Linie stürmte und auf Sinai vordrang, behauptete die Sowjetunion immer noch dasselbe. Selbst in einem so fortgeschrittenen Stadium verlangte die Sowjetunion immer noch eine Feuereinstellung; sie tat dies dreimal. Und dann kam – wie ich berichtet habe – Ministerpräsident Kossygin zu mir, um mich zu überreden, doch zum vierten Mal eine Feuereinstellung anzunehmen. Wir hatten daraufhin eine sehr hitzige Auseinandersetzung.

Mein Übereinkommen mit Kissinger über jenes Sechs-Punkte-Programm, das den Friedensprozeß einleitete, erwies sich für die Sowjetunion als der Tropfen, der das Faß zum Überlaufen bringt. Von jenem Augenblick an bis heute hat mir die Sowjetunion weder Waffen verkauft, um meine Verluste im Krieg wettzumachen – während sie dies im Falle Syriens sehr wohl getan hat –, noch hat sie mich mit den notwendigen Ersatzteilen versorgt, noch mit irgend etwas anderem. Die Haltung der Sowjetunion mir gegenüber hat sich bis an die Grenze der Feindseligkeit verhärtet.

Am 11. Dezember 1973 kam Kissinger wieder zu mir, um die Durchführung des Sechs-Punkte-Programms zu erörtern. Nachdem ich betont hatte, daß alles, was ich verlangte, nur der Rückzug auf die Waffenstillstandslinien vom 22. Oktober sei, erklärte Kissinger, er werde alles, was in seiner Macht stehe, tun, um einen Plan für eine Truppenentflechtung zustande zu bringen.

Damals setzten wir den 19. Dezember für den Beginn einer Konferenz in Genf fest. Sie wurde dann auf den 21. verschoben. Ägypten, Jordanien und Israel hatten Delegierte nach Genf geschickt, Syrien jedoch nicht. Zwei oder drei Sitzungen wurden in Genf abgehalten, hierauf wurde die Konferenz vertagt. Kissinger und ich kamen dann überein, daß die Entflechtung der Truppen im Januar 1974 sowohl an der syrischen als auch an der ägyptischen Front stattfinden solle.

Ein paar Monate vorher, am 16. Oktober 1973 – als der Krieg zehn Tage alt und mein Sieg eine Tatsache war, die die Welt sprachlos machte –, hielt ich im Parlament eine Rede, in der ich meine Bereitschaft erklärte, nach Genf zu gehen. Israel möge sich von den 1967 okkupierten arabischen Gebieten zurückziehen, und wir könnten uns in Genf treffen, um einen Friedensvertrag zu entwerfen. Damals hätte ich Israels Landesinnere angreifen können – und Israel wußte, daß ich die notwendigen Waffen hiefür besaß. Jeder andere

Mann in meiner Position würde so gehandelt haben, und wenn es nur um der Vergeltung willen für drei vorangegangene israelische Kriege gewesen wäre. Aber ich tat es nicht, denn ich bin für den Frieden! Von demselben Prinzip ausgehend, entschloß ich mich zu einer friedlichen Liquidierung des Deversoir-Brückenkopfs.

Kissinger kam im Januar 1974 wieder und reiste eine Zeitlang zwischen Assuan und Tel Aviv hin und her.

Schließlich kam er zu mir und sagte:

„Es scheint nun, daß wir unglücklicherweise an einem toten Punkt angelangt sind. In Tel Aviv sträuben sie sich, zu einem Übereinkommen zu gelangen."

„Nun, das ist jetzt Ihre – der Amerikaner – Sache. Jetzt müssen Sie eben eingreifen und selbst eine Lösung herbeiführen."

„Würden Sie einen amerikanischen Vorschlag annehmen?"

„Gewiß, ich bin bereit, ihn entgegenzunehmen, zu studieren und darauf zu antworten."

Ich erhielt den amerikanischen Vorschlag, der zur gleichen Zeit an Israel übermittelt wurde. Nachdem ich einmal der ersten Truppenentflechtung an der ägyptischen Front zugestimmt hatte, gingen wir zu einer neuen, der zweiten Phase der Friedensbemühungen über. Hier muß ich wiederholen, daß niemand außer den USA diese Rolle hätte spielen können, nämlich als Vermittler zwischen zwei Seiten aufzutreten, die einander so inbrünstig hassen, die ein Meer von Feindseligkeit, von Gewalt und Massakern trennt. Die USA haben das erste Truppenentflechtungsabkommen nicht erzwungen. Sie intervenierten, um einen Durchbruch zu erzielen und einen offenkundigen Stillstand zu überwinden. Der Titel des ersten Dokumentes über die Truppenentflechtung lautete: „Amerikanischer Vorschlag." Daher meine Behauptung, daß die Amerikaner 99 Prozent der Karten in diesem Spiel in Händen hatten. Und ich werde dies stets wiederholen, auch wenn es manche Leute ärgern sollte.

9

Die dritte Phase der Friedensbemühungen sollte von uns im September 1974 eingeleitet werden, nämlich die zweite Truppenentflechtung, jedoch traten Ereignisse ein, die den Fortgang bedeutend verzögerten. Präsident Nixon besuchte Ägypten, als er aber nach Hause zurückkehrte, war die „Watergate-Affäre" auf ihrem Höhepunkt angelangt.

Sie stürzte die USA in eine gewaltige politische Verwirrung, die durch Jahre andauerte, von 1974 bis zu den Präsidentenwahlen im Herbst 1976. Im März 1975 kam Kissinger zu mir; Präsident Nixon war zurückgetreten, Präsident Ford hatte das Amt übernommen. Kissinger begann wieder seine Reisediplomatie zwischen Assuan und Tel Aviv, um das zweite Truppenentflechtungsabkommen zu erreichen.

Das erste derartige Abkommen hatte meiner Schätzung nach eine Woche oder zehn Tage an Verhandlungen bedurft. Diesmal war es anders. Kissinger reiste hin und her, mehr als zwei Wochen, ohne daß dabei irgend etwas herauskam. Nirgends war Hoffnung zu sehen, und so sagte ich ihm in Assuan:

„Henry, es wird diesmal keine Truppenentflechtung geben. Die Israelis werden nicht reagieren; weder auf deine gegenwärtigen Anstrengungen noch auf den Friedensprozeß. Sie wissen, daß die amerikanische Regierung im Augenblick schwach ist: angesichts der ‚Watergate-Affäre', die immer noch sehr lebendig ist, und weil der gegenwärtige Präsident nicht durch allgemeine Wahlen an die Macht gekommen ist."

„Im Gegenteil", sagte er, „ich glaube, daß es sehr gut vorangeht. Wir werden vielleicht längere Zeit brauchen als beim ersten Truppenentflechtungsabkommen, aber das ist unbedeutend . . ."

„Könntest du", so fragte ich, „heute irgendwelche amerikanischen Vorschläge vorlegen?"

„Nein."

„Siehst du jetzt, was ich meine? Du kannst es deiner innenpolitischen Schwierigkeiten wegen nicht. Deshalb werden die Israelis auch nicht auf dich eingehen . . ."

Zwanzig Tage später kam er zu mir und sagte:

„Du hattest recht, es ist eine hoffnungslose Sache."

„Gut", antwortete ich, „dann kündige dies aber nicht in Ägypten an, sondern geh zu den Israelis hinüber und teile dort das Scheitern der Verhandlungen mit."

In der Tat gab er in Tel Aviv bekannt, daß die erste Phase der zweiten Truppenentflechtung gescheitert sei. Zur gleichen Zeit hielt der ägyptische Außenminister in Assuan eine Pressekonferenz ab, in der er ankündigte, daß Kissingers Bemühungen gescheitert seien. Am folgenden Morgen flog Kissinger zurück in die USA.

Ich würde an diesem Punkt gerne dem amerikanischen Volk erklären, daß es Israel war, das sich weigerte, auf die amerikanischen Friedensbemühungen zu reagieren, obwohl sozusagen der Lebensstrom von den USA nach Israel fließt und es mit allem nur Denkbaren versorgt. Israel überlegte damals, daß die amerikanische Regierung schwach war und daher nicht vertrauenswürdig. Auch ich verstand die Situation der US-Regierung. Obwohl ich mich 18 Jahre lang in einer direkten, offenen und totalen Konfrontation mit den USA befunden hatte, traute ich den Amerikanern doch zu, sich für die Verwirklichung des Rechtes und die Herbeiführung des Friedens einzusetzen.

Eine Tatsache ist hier zu vermerken, die, wie ich glaube, vielen Leuten entgangen ist. Die allgemeine Meinung, daß Israel die amerikanischen Interessen in unserem Raum vertritt, ist ein Irrtum. Hat denn Israel die Interessen der Amerikaner vertreten, als das arabische Ölembargo eine ernsthafte Bedrohung für die amerikanische Wirtschaft und für die gesamte westliche Zivilisation bedeutete? Israel nimmt keinerlei Rücksicht auf irgend etwas, außer auf seine eigenen unmittelbaren Interessen. Die Frage liegt wirklich tiefer und ist weit komplexer als dies. Sie betrifft die politische Moral. Es ist mit anderen Worten die Frage, ob man den Frieden will oder ob man ihn nicht will, gleichgültig, wer den Preis für den Zusammenbruch der Friedensbemühungen zahlen müßte. Dies war es, was mich, trotz all meiner früheren Erfahrungen mit den USA, dem Außenminister sagen ließ:

„Wie immer die Haltung Israels sein mag, laß uns zusammen für den Frieden arbeiten!“

Müssen wir weitere Vergleiche zwischen der Haltung Israels und Ägyptens in diesem historischen Augenblick ziehen? Müssen wir uns weiter mit der Bedeutung der Haltung beider Länder befassen – das heißt feststellen, wer nun Bereitschaft für den Frieden an den Tag legt? Ich glaube nicht, daß das notwendig ist.

10

Ich habe niemals versucht, nur durch Worte den Beweis zu führen, daß ich ein Mann des Friedens bin. In dem Augenblick, als die Friedensbemühungen Kissingers an der israelischen Haltung scheiterten, erstattete ich über alles Geschehene meinem Volk in einer Rede vor dem Parlament Bericht. Dann verkündete ich meine Entscheidung, den Suezkanal für die internationale Schiffahrt am 5. Juni wieder zu eröffnen. Es war keine Entscheidung aus Nervosität oder eine Reaktion auf irgend etwas. Sie war von meinem Selbstvertrauen diktiert und dem Vertrauen in den schließlichen Triumph der Wahrheit. Die USA spielten zusammen mit Großbritannien und

Frankreich eine großartige Rolle bei der Räumung des Kanals. Die Sowjetunion räumte nur den Golf von Suez, sie erschien erst spät auf der Szene. Mein Volk und die gesamte arabische Nation hörten, wie ich dies erklärte. Die Welt hörte auch meine Ankündigung, daß die Evakuierten nun in die Kanalstädte zurückkehren und wir die exhumierten Leichen der auf dem Schlachtfeld getöteten israelischen Soldaten übergeben würden.

Ich tat dies alles um des Friedens willen. Freilich warnte ich Israel davor, die Kanalstädte oder den Kanal unter Beschuß zu nehmen; in diesem Fall würde auch ich das israelische Hinterland beschießen lassen.

Ich hatte inzwischen in Salzburg am 1. und 2. Juni 1975 Präsident Ford getroffen – nach dem Zusammenbruch der Gespräche im März – und mich mit ihm darauf geeinigt, daß er persönlich einen neuen Versuch unternehmen werde.

Im August 1975 erschien Kissinger wieder im Nahen Osten und begann wiederum mit seiner Reisediplomatie zwischen Ägypten und Tel Aviv. Aber er war nun ein Mann mit einem gebrochenen Herzen. Die Situation der amerikanischen Regierung hatte sich seit März sehr verschlechtert. Täglich kamen neue Skandale ans Licht. Der Mangel an Stabilität dauerte fort, und die Israelis ergriffen jede Gelegenheit, um Schläge gegen die amerikanischen Interessen zu führen, wenn diese im Konflikt mit ihren eigenen standen.

Ich sagte zu Kissinger:

„Ich habe dir gesagt, daß diesmal nichts zustande kommen wird. Ich habe der Welt bei der Wiedereröffnung des Suezkanals die wahren Absichten Israels aufgezeigt, ich habe die Evakuierten zurückgeführt und die weiteren Schritte unternommen, um den Frieden in unserer Region wiederherzustellen. Wenn nun Israel versucht, die gegenwärtigen Friedensbemühungen zum Scheitern zu bringen, dann wird die Wahrheit deutlich zu sehen sein. Die Welt wird begreifen, daß Israel allein für den Mißerfolg verantwortlich ist."

Israel hatte nun keine Wahl, als zuzustimmen, und so wurde am 1. September 1975 das zweite Truppenentflechtungsabkommen unterzeichnet. Die dritte Phase des Friedensprozesses war abgeschlossen.

Dies hat offensichtlich die Phase der „Schritt-für-Schritt-Lösungen" beendet. Heute arbeiten wir an einer umfassenden Regelung, an einem endgültigen Friedensabkommen, das den Kriegszustand beenden soll, der nun seit 30 Jahren zwischen uns geherrscht hat. Wir sollten trachten, einen dauerhaften und gerechten Frieden herbeizuführen, nun, da bewiesen ist, daß – nach 18 Jahren der Konfrontation mit den USA – zwar Ägypten auf die Friedensbemühungen positiv reagierte, Israel aber, das in Wirklichkeit Amerikas Stieftochter ist, bereit war, die Interessen der USA zu opfern, falls es zur Ansicht kam, daß dies helfen könnte, einige seiner Ziele zu erreichen.

11

Ich habe Mr. Carter nach dessen Wahl zum Präsidenten der USA einen Besuch abgestattet und mit ihm alle abgeschlossenen Stadien des Weges zum Frieden besprochen. Ich habe ihm den Plan einer endgültigen Friedensstrategie vorgelegt. Ich glaube nicht, daß Israel imstande oder auch nur bereit wäre, eine gleiche oder eine der meinen auch nur entfernt ähnliche Friedensstrategie zu entwerfen.

Worin besteht nun diese Friedensstrategie, die ich Präsident Carter vorgelegt habe und die ich heute der ganzen Welt vorlege? Bevor ich auf Einzelheiten eingehe, möchte ich all jene, die sich mit der Nahost-Frage befassen, ersuchen, sich klarzumachen, daß das Problem der Palästinenser das Herzstück bildet. Wir müssen daher mit einer Lösung dieses Problems beginnen. Sinai und die Golanhöhen sind nur Symptome eines zentralen Übels, nämlich der Lage der Palästinenser. Es klingt ironisch, wenn manche heute von den Palästinensern verlangen, sie sollten Israel anerkennen. Wie kann man von einem Volk, das sein Land verloren hat, seinen Staat und seine Menschenrechte, wie kann man von den heimatlos gewordenen Palästinensern fordern, sie sollten den Staat Israel anerkennen, der schon von 140 UN-Mitgliedstaaten anerkannt worden ist und sich der Unterstützung der USA und der Sowjetunion erfreut? Die Sowjetunion hat übrigens niemals versucht, ihre Unterstützung für das Existenzrecht Israels zu verhehlen. Als Jassir Arafat kürzlich die Sowjetunion besuchte, forderte Breschnjew die Anerkennung Israels durch die PLO* als Basis, von der man zu einer Lösung des Problems weiterschreiten könne.

Nun bestreite ich keineswegs das Recht Israels, von allen Ländern dieses Raumes anerkannt zu werden. Voraussetzung hiefür ist aber, daß die gesamte Situation normalisiert wird: In einem Friedensabkommen sollte sowohl Vorsorge für die Gründung eines Palästinen-

* Palestinian Liberation Organisation: Jassir Arafat ist der Führer dieser Bewegung, die von den UN als Vertreter der Rechte der Palästinenser anerkannt worden ist.

serstaates am Westufer des Jordans und im Gazastreifen getroffen werden, wie auch dafür, daß Israel sich aus jenen Gebieten zurückzieht, die es seit 1967 besetzt hält. Wenn wir uns in Genf zusammensetzen, kann dann eine formelle Erklärung über die Beendigung des Kriegszustandes, der seit der Gründung Israels geherrscht hat, abgegeben werden.

Ich sagte Präsident Carter, Israel solle alle Garantien, die es nur wolle, erhalten. Wenn Israel jeden seiner Bürger mit einem Panzer und einem Flugzeug bewaffnen wolle und solches Rüstungsmaterial von den USA bekomme, so würden wir dagegen keinen Einwand erheben, vorausgesetzt natürlich, daß diese Waffen nur auf Israels eigenem Boden und nicht auf dem Gebiet anderer Völker eingesetzt werden. Niemals würden wir Einspruch gegen irgend etwas erheben, was Israel an Garantie wünscht, ob von den USA, der Sowjetunion oder dem Sicherheitsrat und in welcher Form immer: sei es eine Streitmacht der Vereinten Nationen, um die Grenzen zu bewachen; seien es entmilitarisierte Zonen zu beiden Seiten der Grenzen; oder sei es ein Verteidigungspakt mit den USA.

In meiner Friedensstrategie erkläre ich mich zu all dem bereit. Ich habe keinerlei Einwände dagegen. Ich glaube nur, daß es richtig und gerecht ist, daß jede Garantie, die Israel erhält, auch wir Araber erhalten sollten, mit einer Ausnahme: Wenn Israel einen Verteidigungspakt mit den USA abschließen sollte, dann werde ich nicht einen ähnlichen Pakt fordern. Ich werde auch nicht den Abschluß eines solchen Paktes zwischen Ägypten und der Sowjetunion oder irgendeiner anderen Macht verlangen. Wir sind ein blockfreies Land und wollen das auch weiterhin bleiben. Wir allein entscheiden über uns.

Ich habe dies alles Carter vorgetragen. Ich habe klar gesprochen und betont, daß wir heute, 1977, zum Frieden ebenso, ja noch mehr bereit sind, wie wir das schon 1971 waren, als ich meine erste Friedensinitiative vorlegte. Ich betonte auch, daß ich bereit sei, alle Bedingungen der Resolution 242 des UN-Sicherheitsrates zu erfüllen, vorausgesetzt, daß Israel dasselbe tue. Wir können aber keinerlei Handel über die Rechte des palästinensischen Volkes oder auch nur über einen Zollbreit arabischen Territoriums, das im Jahre 1967 geraubt wurde, zulassen. Nur unter solchen Voraussetzungen kann es einen dauerhaften und gerechten Frieden geben.

12

Wie ist nun die Reaktion Israels gegenüber all dem?

Wir alle kennen die „Sicherheitstheorie", die von Ben Gurion vertreten wurde und eine Basis für die Errichtung des Staates Israel bildete. Sie besagt offen, daß der Friede den Arabern mit Waffengewalt aufgezwungen werden müsse. Während ich im Weißen Haus war, sagte ich zu Carter:

„Friede kann nicht aufgezwungen werden! Wird er aufgezwungen, so hört er auf, Friede zu sein, insofern, als eine Seite der anderen ihre Bedingungen diktiert. Israel", so fuhr ich fort, „ist es bisher nicht gelungen, uns seine Bedingungen zu diktieren, trotz der schrecklichen Niederlage von 1967. Und wir waren trotz unseres Sieges von 1973 nicht imstande, unsere Bedingungen den Israelis zu diktieren. Die Idee, Frieden erzwingen zu können, um absolut gesicherte Grenzen zu haben, sollte daher aufgegeben werden."

Es war das ein Mythos, der im Oktoberkrieg zuschanden wurde, zusammen mit dem Mythos vom unbesiegbaren israelischen Soldaten. Man begreift das in Israel sehr wohl, und das ist auch der Grund, warum sie aufgehört haben, über die „Theorie der Sicherheit" zu reden, und nun von einem neuen Thema zu sprechen beginnen, nämlich von der „Natur des Friedens".

Was meinen sie mit „Natur des Friedens"? Meinen sie offene Grenzen und die Aufnahme diplomatischer und wirtschaftlicher Beziehungen zwischen Israel und den arabischen Ländern? Sie wissen nur zu gut, daß das neue Hindernisse auf dem Weg zum Frieden wären. Wenn man 30 Jahre in Konfrontation mit Israel gelebt, vier Kriege geführt, Massaker und Blutvergießen gesehen, Haß und Gegnerschaft in jeder Hinsicht mitgemacht hat, dann kann niemand in der arabischen Welt von heute bereit sein, die Grenzen plötzlich zu öffnen – so einfach über Nacht!

Abgesehen davon: Ist das Öffnen der Grenzen der einzige Weg, um Frieden zu erreichen? Wie war es denn mit jenen Ländern, die offene Grenzen hatten und doch miteinander kämpften? Dasselbe könnte auch über diplomatische Beziehungen gesagt werden: Haben sie wirklich Kriege verhindert? Man nehme nur den japanischen Angriff auf Pearl Harbor. Der japanische Botschafter besuchte den amerikanischen Außenminister Cordell Hull, als die Japaner Pearl Harbor bombardierten.

Offene Grenzen und diplomatische Beziehungen sind Fragen der nationalen Souveränität. Jedes Land hat das Recht, seine Grenzen zu öffnen oder diplomatische Beziehungen mit einem anderen Land herzustellen, ohne daß dies einen Krieg verhindern würde oder der Herbeiführung des Friedens hilft. Ich bat Präsident Carter, sich der Haltung der USA gegenüber der Sowjetunion nach der Revolution von 1917 zu erinnern. Die USA brauchten 19 Jahre, um die Sowjetunion anzuerkennen, aber die fehlende Anerkennung bedeutete weder, daß zwischen ihnen Krieg herrschte, noch daß notwendigerweise ein Krieg zwischen ihnen hätte ausbrechen müssen. Dasselbe gilt auch für die Beziehungen zur Volksrepublik China. Die Ebene der diplomatischen Vertretung zwischen den USA und der Volksrepublik China – nun, nachdem die chinesische Revolution schon fast 30 Jahre alt ist – ist keineswegs höher als etwa die eines Konsulats. Warum dann von den Arabern als eine Bedingung für den Frieden fordern, daß sie volle diplomatische Beziehungen mit Israel herstellen? Dies zu verlangen bedeutet zu behaupten, daß der Frieden von solchen Beziehungen abhängt, was nicht wahr ist und auch niemals wahr gewesen ist.

Die „Natur des Friedens", den Israel behauptet herbeiführen zu wollen, ist in Wirklichkeit nichts als ein neuer Versuch, die Verwirklichung des Friedens zu verhindern – ein Trick, um Zeit zu gewinnen und uns ein „fait accompli" aufzuzwingen: auf kurze Sicht durch die Gründung israelischer Siedlungen auf arabischem Gebiet (das es gegenwärtig noch besetzt hält) und auf lange Sicht durch Beilegung des gegenwärtigen Konflikts zwischen den amerikanischen und den israelischen Interessen, wenn im Lauf der Zeit die Energiekrise selbst eine Lösung findet.

An diesem Punkt bitte ich den Leser, die Haltung der Araber und der Israelis im Hinblick auf die amerikanischen Interessen zu vergleichen: Ich würde sagen, 99 Prozent der amerikanischen Interessen im Nahen Osten liegen in arabischen Ländern. Wir sind Freunde und wollen weiterhin Freunde der USA bleiben. Wir schützen ihre Interessen. Alles, was wir von den USA verlangen, ist, daß es den Expansionsdrang und die Aggressivität Israels nicht unterstützen sollen. Wir verlangen nicht von den USA, daß es Israel ins Meer wirft oder auch nur die Beziehungen zu ihm abbricht! Möge Amerika ihm geben, was immer es will, vorausgesetzt, daß es sich mit seinen Grenzen zufriedengibt. Dies wird niemals unsere Beziehungen zu den USA in irgendeiner Weise beeinträchtigen. Wir als Freunde der Amerikaner sorgen uns um ihre Interessen. Ein Beispiel dafür ist unsere Entscheidung, das Ölembargo aufzuheben, als wir bemerkten, daß es die Interessen des amerikanischen Volkes zu beeinträchtigen begann.

Das ist genau das Gegenteil dessen, was Israel tut und in all den Jahren getan hat. Obwohl seine Beziehungen zu den USA eng und lebenswichtig sind – und als „speziell“ beschrieben werden –, hat dies Israel noch niemals daran gehindert, die amerikanischen Interessen zu opfern, um die eigenen ehrgeizigen expansionistischen Pläne zu fördern. Dies ist eine Tatsache, die die gesamte Welt nunmehr verstanden hat, und ich hoffe, daß die USA sie ebenfalls verstanden haben. Ich glaube, daß die USA eine große Verantwortung tragen: nicht nur als eine Supermacht, die den Frieden in diesem Raum herbeiführen sollte, sondern auch sich selbst und ihren Interessen in diesem wichtigen Teil der Welt gegenüber. Alles, was wir von den USA verlangen, ist, daß sie bei der Planung ihrer diesbezüglichen Politik in amerikanischen Kategorien denken und sich bemühen sollten, den Interessen des amerikanischen Volkes zu dienen. Ich hoffe, die amerikanischen Leser durch diese Ideen nicht zu kränken. Sie mögen bedenken, daß die USA häufig gestattet haben, daß ihre Politik von Israel bestimmt wurde, besonders in den Tagen Johnsons. Damals sagte man uns, daß die USA nichts tun könnten und – falls wir das wollten – es an uns liege, eine Verständigung mit Israel zu suchen. Da wir aber die Art des Denkens und die Arroganz Israels nur zu gut kannten, wurde uns klar, was eine solche Haltung bedeutete, daß sich nämlich die USA ihrer Verantwortung sowohl als Supermacht als auch für den Frieden entzogen.

Ich hoffe, daß sich dies nicht wiederholen wird. Ich bin sehr optimistisch, nachdem ich mit Präsident Carter zusammengetroffen bin, und vertraue darauf, daß er seine Verantwortung als Präsident des mächtigsten Landes der Welt auf sich nehmen wird. Ich glaube, daß er den Friedensprozeß fortsetzen wird, den wir zusammen eingeleitet haben und der hoffentlich in Genf seinen Abschluß finden wird, trotz der Kampagne, die Israel starten wird, um die amerikanische öffentliche Meinung und den amerikanischen Kongreß zu beeinflussen, den Arabern die Bedingungen der Israelis zu diktieren. So etwas würden wir nicht annehmen. Wir haben es damals in der Niederlage zurückgewiesen, wie könnten wir es jetzt, da wir im Oktoberkrieg gesiegt und unsere Kraft unter Beweis gestellt haben, annehmen?

Ein Letztes sollte noch dem befreundeten amerikanischen Volk gesagt werden: Wir sind zum Frieden bereit, wir wollen ihn, und wir heißen ihn willkommen. Ich habe die Friedenshand schon 1971 durch meine Initiative ausgestreckt und tue das bis zu diesem Augenblick. Wie ernst mein Wunsch ist, daß Israel dasselbe tue, ist der ganzen Welt durch die historische Reise nach Jerusalem, die ich im November 1977 unternommen habe, klargeworden.

13

Fast zwei Monate vor meiner Reise nach Jerusalem erhielt ich eine Meldung der ägyptischen Botschaft in Washington, wonach dort ein „persönlicher" Brief von Präsident Carter (handgeschrieben und mit einem Wachssiegel verschlossen) an mich eingelangt sei. Dieser Brief wurde aber nicht durch den diplomatischen Dienst zugestellt, sondern – was mich überraschte – mir durch einen unserer Diplomaten persönlich überreicht. Ein Mitglied des Botschaftsstabes – der Sohn des verstorbenen Feldmarschalls Achmed Ismail Ali – traf in Kairo ein und überbrachte mir das Schreiben. Ich las diese persönliche Botschaft, von der niemand irgend etwas wußte, und beantwortete sie. Meine Antwort – ebenso handgeschrieben und ebenso versiegelt – reiste mit demselben Abgesandten nach Washington zurück, wo sie Präsident Carter direkt übergeben wurde.

Manche Leute mögen annehmen, daß Präsident Carter in jenem Brief mich aufforderte, meine „Friedensinitiative" zu unternehmen; aber das verhielt sich nicht so. Wir haben seit meinem Besuch in Washington im April 1977 über unsere Botschafter eine ständige Korrespondenz geführt und auf diese Weise laufend unsere Ansichten ausgetauscht und die Situation neu eingeschätzt, und wir sind übereingekommen, welche Schritte in Zukunft zu unternehmen seien. Ich glaube, daß Präsident Carter mit den anderen Verhandlungspartnern ähnlich verfährt, im besonderen mit Israel. So habe ich während meines Aufenthaltes in Jerusalem erfahren, daß der US-Präsident einen „heißen Draht" als Verbindung zum israelischen Präsidenten hat einrichten lassen.

Ich kann hier den Inhalt des Briefes Carters an mich nicht wiedergeben, weil es sich um ein persönlich gehaltenes Schreiben gehandelt hat, aber ich kann immerhin so viel andeuten, daß es eine sehr aktuelle Einschätzung der Situation enthielt, die mich zum ersten Mal auf den Gedanken an jene Initiative brachte, die ich zwei Monate später verwirklichte.

Präsident Carter kannte das gewaltige psychologische Hindernis, das zwischen den beiden Seiten stand. Als ich ihn im April 1977 in Washington aufsuchte, muß er diese Situation begriffen haben und damals zu dem Schluß gelangt sein, daß diese Barriere ihn daran hindere, eine solche Initiative zu forcieren. Um der historischen Wahrheit willen muß ich betonen, daß Präsident Carter ehrlich sich selbst gegenüber und ehrlich gegenüber anderen ist. Weil er mit sich selbst aufrichtig ist, kann er auch mit anderen aufrichtig sein; deshalb habe ich bei Verhandlungen mit ihm keine Schwierigkeiten. Ich weiß, daß ich es mit einem Mann zu tun habe, der mein Wollen versteht, mit einem Mann, dem die Kraft des religiösen Glaubens und hohe Ideale Antrieb sind – er ist ein Bauer wie ich. Sein Brief enthielt, wie ich schon sagte, einen Überblick der Situation; meine Antwort war von gleicher Art und auch im gleichen Geist geschrieben – dennoch hatte er mich indirekt zu einem völlig neuen Kurs des Handelns angeregt. Warum?

Nachdem ich meine Antwort abgesandt hatte, begann ich eine tiefschürfende, völlig neue Einschätzung der Situation. Mir wurde bewußt, daß wir im Begriff waren, uns in einem schrecklichen Teufelskreis zu verfangen, der genau jenem glich, den wir in den vergangenen 30 Jahren erduldet hatten. Die Ursache all dessen war aber ebenjene schon erwähnte psychologische Barriere. Diese Barriere war der Grund, daß Israel in der Vorbereitungsphase des Friedensprozesses Einwände gegen Formalitäten und Verfahrensfragen erhob, bis hinunter zu den unwesentlichsten Kleinigkeiten wie einem Beistrich oder einem Punkt, ob ein Wort in einem Textentwurf hier hinzugefügt oder dort weggenommen werden solle. Israels Delegierte gaben sich jede erdenkliche Mühe, um festzulegen, daß das Arbeitspapier für die Genfer Konferenz ein gemeinsames Dokument der USA und Israels sein solle. Doch dieses psychologische Hindernis war ebenso der Grund dafür, daß wir Araber gegen Formalitäten automatisch Einspruch erhoben und erklärten, ein amerikanisch-israelisches Arbeitspapier nicht akzeptieren zu können. Ja selbst wenn ich für mich allein ein amerikanisch-israelisches Arbeitspapier angenommen hätte, so würden doch meine arabischen Kameraden das Wort „amerikanisch" abgelehnt haben, obwohl sie wissen, daß eine Lösung ohne Teilnahme der USA nicht erreicht werden kann. So fanden wir uns also gefangen in dem Teufelskreis von Verfahrensfragen und entfernten uns immer mehr von den substantiellen Dingen – vom Kern der ganzen Frage.

Mit dem „psychologischen Hindernis" meine ich jene gewaltige Mauer des Argwohns, der Angst, des Hasses und der Mißverständnisse, die so lange Zeit zwischen Arabern und Israelis gestanden hat. Sie machte jede Seite unwillig, der anderen Seite zu glauben, und bewirkte eine Voreingenommenheit, alles abzulehnen, was durch die Vereinigten Staaten übermittelt wurde. Nahmen solche Botschaften aber ihren Weg über andere Gesprächspartner, so wurden sie mit noch weit größerem Argwohn betrachtet. Ich habe daher häufig diese Barriere mit dem großen australischen Barriere-Riff verglichen, das in der südlichen Hemisphäre die Schiffahrt so sehr gefährdet. Auch wenn das „sichtbare" Hindernis nur an die 30 Jahre zurückdatiert, so hat es doch in Wirklichkeit viel tiefer in die Geschichte reichende

Wurzeln. Wenn das Problem, wie Begin behauptet, für die Israelis eine religiöse Bedeutung hat, so besitzt es ebenso gewiß auch eine solche Bedeutung für uns. Deshalb beschloß ich, die Situation aus einem neuen Blickwinkel einzuschätzen und neue Überlegungen anzustellen, die alle Dimensionen einbezogen.

Damals holte ich fast unbewußt Stärke aus jener inneren Kraftquelle, die ich in der Zelle 54 des Kurah-Maidan-Gefängnisses in mir entwickelt hatte – eine Stärke, die man Talent oder Befähigung zur Veränderung nennen könnte. Ich bemerkte, daß ich mich einer äußerst komplizierten Situation gegenübersah und für mich keine Hoffnung bestand, sie zu ändern, solange ich mich nicht selbst mit den notwendigen psychologischen und intellektuellen Fähigkeiten gerüstet hatte. Meine Versenkung in das Wesen des Lebens und der menschlichen Natur an jenem abgeschlossenen Ort hatte mich gelehrt, daß der, der sein Gedankengebäude nicht zu verändern imstande ist, niemals fähig sein wird, die Realität zu verändern, und daß er daher niemals irgendeinen Fortschritt erreichen wird. Die Tatsache, daß die Veränderung Voraussetzung des Fortschrittes ist, mag unbezweifelbar sein, aber die Tatsache, daß die Veränderung zuerst auf einem tieferen und vielleicht verfeinerten Niveau als dem des Bewußtseins vor sich gehen sollte, hatte ich als eine Grundlage der Aktion erfahren, seit dem Augenblick, als ich mein wahres Ich in der Zelle 54 entdeckt hatte.

Was aber mußte ich denn nun verändern? Wir waren daran gewöhnt – und eine ganze Generation war so erzogen worden –, Israel als tabu zu betrachten; die mit ihm verknüpften emotionellen Assoziationen hinderten einfach jedermann daran, auch nur eine Annäherung zu versuchen. Die Lage verschlechterte sich immer mehr, da die kumulative Wirkung der Dinge, die all die Jahre hindurch gesagt und getan wurden, jede Veränderung immer schwieriger machte, ja sie vielleicht überhaupt für die Araber wie auch für die Israelis ausschloß. So gelangte ich zu der Ansicht, daß jede mögliche Veränderung an der Substanz dieser Haltung selbst vorgenommen werden mußte. Wenn wir das Kernproblem dieses Streites – und damit die Basis – in den Griff bekommen wollten, um einen dauerhaften Frieden herbeizuführen, so mußten wir einen völlig neuen Weg gehen, der alle Hindernisse aus Formalitäten und Verfahrenstechniken vermied, indem wir die Barriere des gegenseitigen Mißtrauens niederrissen. Nur auf diese Weise konnten wir hoffen – so schloß ich meine Überlegungen –, aus dem Teufelskreis auszubrechen und die Sackgassen der Vergangenheit zu vermeiden.

Dies galt für die Position der beiden unmittelbar Betroffenen: Araber und Israelis! Aber wie stand es mit den USA? Was konnte

Amerika tun? Dies war ein Thema, mit dem man sich ausschließlich auf der Grundlage der Fakten befassen mußte, und vor allem jener Tatsache, daß die Handlungsfreiheit Präsident Carters von der aktuellen internationalen Situation bestimmt wurde. Außerdem wurde das Ausmaß der Hilfe, die Amerika zur Herbeiführung eines gerechten Friedens leisten konnte, durch die spezielle Beziehung zwischen den Vereinigten Staaten und Israel bestimmt. Es wäre unvernünftig, so dachte ich, von Präsident Carter Dinge zu verlangen, die offensichtlich nicht in seiner Macht standen. Ich konnte von ihm nicht fordern, daß er jene „spezielle Beziehung" aufgebe oder sich gar in Opposition zu Israel auf meine Seite stelle. Daß dies nicht möglich war, habe ich stets gewußt. Und mein Wissen wurde während meiner Gespräche mit Präsident Carter in Washington im April 1977 weiter bestärkt.

Angesichts dieser Tatsachen und ausgehend von einem objektiven, realistischen Standpunkt, wurde mir bewußt, daß ich von Präsident Carter nichts anderes verlangen konnte, als eine Politik zu verfolgen, die echt amerikanisch war – das heißt eine Politik, die erstens die Interessen der USA in Betracht zieht und zweitens den Vereinigten Staaten als Großmacht gestattet, ihre Verantwortung für den Weltfrieden auf sich zu nehmen. Das bedeutete ein Ende der *carte blanche*, die die USA in den Tagen der Johnson-Regierung Israel gegeben hatten – mit anderen Worten ein Ende der bedingungslosen Unterstützung aller Unternehmungen Israels, was und wie immer diese sein mochten.

Noch wichtiger als all dies waren vielleicht die neuen Tatsachen, die der ganzen Welt durch den Oktoberkrieg bekannt geworden waren. Die entscheidende war wohl, daß das arabische Volk nicht länger ein „Körper ohne Leben", sondern jetzt eine Weltmacht war – wir waren imstande zu kämpfen und Israel zu besiegen. Außerdem waren die Araber in der Lage, die Waffe des Erdöls („Energie" ist das Lebensblut der westlichen Zivilisation) zum ersten Mal und mit bemerkenswerter Wirksamkeit einzusetzen. Ich möchte hier das amerikanische Volk daran erinnern, daß wir das Ölembargo im Augenblick, als wir bemerkten, daß es das tägliche Leben des amerikanischen Bürgers zu beeinträchtigen begann, aufgehoben haben. Es war niemals unser Ziel, die Bevölkerung Amerikas oder des Westens zu bestrafen, sondern einfach klarzustellen, daß blinde Parteilichkeit für Israel ihren Preis hat. Der Westen hat seine Interessen und sollte diese fördern, genauso wie wir uns um die unseren kümmern. Der Westen sollte sich besinnen und erkennen, wie den Interessen jedes Beteiligten am besten gedient wird.

Diese Tatsachen in ihrer Gesamtheit bildeten den Brennpunkt

meiner Überlegungen, nachdem ich Carters Brief erhalten hatte. In meiner Vorstellung nahm die Initiative schon Gestalt an, als ich einen Abgesandten des syrischen Präsidenten Hafis Al-Assad empfing, der dieselben Worte wiederholte, die seit Jahren die arabische Welt beherrscht haben. Darin eben liegen die Handikaps, die die Positionen der beiden Seiten beschwert haben. Er sagte, Israel wolle keine Lösung und suche nur Zeit zu gewinnen (was richtig war), aber er meinte auch, daß ebenso die Vereinigten Staaten nicht bereit seien, das Problem zu lösen. Selbst wenn die Amerikaner es wollten, sie wären dazu doch nicht imstande. Ich konnte mich dieser Ansicht nicht anschließen und sagte dem syrischen Abgesandten, daß Präsident Carter sowohl eine Lösung wünsche, als auch imstande sei, sie herbeizuführen. Ich erinnerte an das zweite Truppenentflechtungsabkommen, das zustande kam, obwohl zu jener Zeit das amerikanische Staatsoberhaupt – Gerald Ford – ein nicht gewählter, sondern ernannter Präsident war, das Land noch völlig unter dem erschrekkenden Eindruck der „Watergate-Affäre" stand und zugleich vom Wahlkampf für die bevorstehenden Präsidentenwahlen erschüttert wurde. Obwohl also, kurz gesagt, die US-Regierung damals schwächer war denn je, so gelang es ihr doch, das zweite Entflechtungsabkommen durchzusetzen, weil Präsident Ford entschlossen genug dazu war. War aber Präsident Ford unter solchen Umständen zu einer solchen Politik imstande gewesen, so konnten wir doch wohl noch höhere Hoffnungen auf Präsident Carter setzen.

Noch war ich dabei, in meinen Überlegungen die Lage zu klären, aber meine Ideen begannen schon deutlicher zu werden und konkrete Formen anzunehmen. Es hatte sich bereits ein moralischer Standpunkt herauskristallisiert, der aus meiner festen Überzeugung – entwickelt in der Zelle 54 – herrührte, wonach in der realen Welt keinerlei Veränderungen herbeigeführt werden können, wenn nicht auch eine echte Veränderung in den Ideen vor sich geht. Nun wurde mir klar, daß meine Verantwortung gegenüber meinem Volk – gegenüber unserer eigenen Generation, wie auch den kommenden Geschlechtern – mir auferlegte, meine Pflicht zu erfüllen, gleichgültig, welches Amt ich innehatte. Wenn ich in die Lage käme, diese meine Pflicht zu erfüllen und der nächsten Generation die Leiden zu ersparen, die wir hatten erdulden müssen, so würde ich sehr übel handeln, wenn ich mich dieser Aufgabe entzöge. Ich hätte sowohl gegen mich selbst, wie auch gegen meinen Gott gesündigt, der für alles, was ich tue, von mir eines Tages Rechenschaft fordern wird.

14

Dieses Stadium meiner Überlegungen hatte ich zwei Monate vor meiner Initiative erreicht, noch bevor ich meine Reisen nach Rumänien, dem Iran und Saudi-Arabien unternahm. In Rumänien führte ich lange Gespräche mit Präsident Nicolae Ceausescu, in deren Verlauf er mir von einer Unterredung mit dem israelischen Ministerpräsidenten Begin berichtete. (Sie hatte acht Stunden gedauert, von denen sechs vertraulichem Gespräch gewidmet waren.) Ich fragte Ceausescu nach seinen Eindrücken. Er antwortete:

„Begin wünscht eine Lösung."

„Meine Hauptsorge in dieser Hinsicht", so sagte ich, „ist, ob Israel wirklich und wahrhaftig Frieden will. Ich für meinen Teil wünsche den Frieden und habe dies, über jeden Zweifel erhaben, bewiesen. Will aber die israelische Regierung heute – insbesondere unter Begin, dem Führer des fanatischen Likud-Blocks – Frieden? Kann ein Extremist wie Begin wirklich Frieden wollen?"

„Ich kann Ihnen kategorisch versichern", bekräftigte Ceausescu, „daß er Frieden will."

Ceausescu klang sehr überzeugt, und ich vertraue dem Urteil dieses Mannes. Außerdem hat der rumänische Präsident eine ständige Verbindung mit den Israelis aufrechterhalten. Seine Bekräftigung, Begin sei ein „starker Mann" und wünsche den Frieden, bestätigte meine Schlußfolgerung, wonach eine Veränderung dringend notwendig war – eine Veränderung in der Position beider Seiten. Unterwegs auf dem Flug nach dem Iran, trat eine Initiative klar vor meine Augen und nahm endgültig Gestalt an. Ich war mit unserem Außenminister allein, der, wie sich später herausstellte, der Meinung war, daß die Initiative zu kühn und zu phantasievoll sei, als daß er sie durchführen könnte. Im Gespräch mit ihm sagte ich, daß ich eine Einladung an die Großen Fünf – Carter, Breschnjew, Giscard d'Estaing, Callaghan, Hua Kuo-feng – zu einem Treffen in Jerusalem in der Knesset in Erwägung zöge.

Meine Überlegung lautete, daß man nicht auf Erfolg hoffen dürfe, wenn man in einem bestimmten Plan direkt von der Phase A zur Phase C übergeht, denn keine Phase, so kurz sie auch sein mag, darf übergangen werden. Wenn wir also wirklich wollten, daß die Genfer Konferenz zum Erfolg werde, so mußten wir alle notwendigen Vorbereitungen für sie treffen – in der Phase B sozusagen. Frühere Versuche zu solchen Vorbereitungen waren erfolglos geblieben. Mein Vorschlag, ein Arbeitskomitee einzusetzen (den Außenminister Vance den Beteiligten übermittelt hatte), war aber angesichts des arabisch-israelischen Klimas des Mißtrauens und Argwohns ohne Echo geblieben. Kurz gesagt, die Vorbereitungen mußten eine andere Form erhalten und auf völlig neuen Wegen vorangetrieben werden. Deshalb dachte ich daran, die Großen Fünf (die ständigen Mitglieder des UN-Sicherheitsrates, denen das absolute Veto zusteht) zu einem Treffen mit den sogenannten „Front-Staaten", Syrien, Jordanien, Libanon, den Palästinensern und Ägypten, einzuladen. Das Treffen sollte in Jerusalem stattfinden, um Ministerpräsident Begin absolut klarzumachen, daß wir zu ernsthaften Vorbereitungen für Genf entschlossen seien und nun ein Arbeitspapier entwarfen, das die Hauptrichtlinien enthielt, um die Genfer Konferenz zu einem Erfolg zu machen.

Was den Zeitplan betraf, so dachte ich, daß der Besuch mir eine gute Gelegenheit geben würde, um die Gebete des „Großen Bairam"* oder etwa die Freitagsgebete in der El-Aksa-Moschee zu verrichten und die Auferstehungskirche zu besuchen – zwei Gotteshäuser, die Moslems und Christen auf das höchste schätzen. In meiner Vorstellung sah ich schon meine Freunde Carter, Giscard d'Estaing und Callaghan diese heiligen Orte besuchen, aber auch Hua Kuo-feng.** Ich war nicht sicher, ob Breschnjew die Einladung annehmen würde, obgleich er immerhin der einzige politische Denker unter den Sowjetführern ist, weswegen ich auch niemals mit ihm Differenzen hatte. Dagegen hatte ich ständig Meinungsverschiedenheiten mit seinen Genossen vom ZK-Präsidium und mit den sowjetischen Spitzenbürokraten.

Dies war die früheste Version, ja sozusagen der Prototyp meiner Friedensinitiative. Ich war gewiß, daß sie von meinen Freunden Carter, Giscard d'Estaing, Callaghan und Hua Kuo-feng begrüßt werden und Breschnjew gar keine Wahl haben würde, die Einladung ebenfalls anzunehmen, wenn alle anderen zugesagt hatten. Eine Konferenz in Jerusalem, an der alle an der Frage des Nahen Ostens Interessierten teilnahmen, würde eine ausreichende Vorbereitung für die Genfer Konferenz sein und den Israelis klarmachen, daß sie unausweichlich die zwei Voraussetzungen für eine echte Lösung im Nahen Osten erfüllen mußten: Rückzug von den arabischen Terri-

* Bairam: a) Großes Bairam-Fest: Zum Gedenken an das Opfer Abrahams wird im Monat der Pilgerfahrt nach Mekka durch vier Tage hindurch gefeiert. b) Kleines Bairam-Fest: Das Ende der Fastenzeit im Monat Ramadan wird drei Tage lang gefeiert (A. d. Ü.).

** Mao Tse-tung sagte auf seinem Totenbett zu dem ägyptischen Vizepräsidenten Husni Mubarak: „Hua Kuo-feng ist ein ausgezeichneter Mann ... Er ist sehr bemerkenswert, und ich empfehle ihn sowohl euch als auch der übrigen Welt." Dies war Maos letzte Empfehlung.

torien, die sie nach 1967 besetzt hatten, und Zustimmung zur Errichtung eines Palästinenserstaates, denn dies war der Schlüssel zur Lösung des Palästinenserproblems und damit der Schlüssel zur Krise im Nahen Osten.

Die Umrisse dieser Initiative wurden mir auf meiner Reise immer deutlicher. Nach Rumänien besuchte ich den Iran und Saudi-Arabien, entschloß mich aber, niemandem etwas über meinen Entschluß mitzuteilen, um zu vermeiden, daß irgend jemand dort in die Sache verwickelt werde, da ich die volle Verantwortung selbst übernehmen mußte. Wieder in Kairo, kam ich zu der Ansicht, daß die „Großen-Bairam"-Gebete eindrucksvoller sein würden als die Freitagsgebete und der Bairam mir eine gute Gelegenheit bieten würde, unsere Angehörigen in den besetzten arabischen Gebieten zu besuchen. Das alles war natürlich eine Frage der Zeit. Der Bairam stand kurz bevor, und es schien unmöglich, in einer so kurzen Zeit einen Besuch der Großen Fünf in Jerusalem zu organisieren – wenn sie nicht ohnehin schon andere Verpflichtungen für diese Zeit eingegangen waren.

So wurde nun diese früheste Version der Initiative durch eine andere ersetzt, nämlich meinen persönlichen Besuch in Jerusalem, um die Bairam-Gebete in der El-Aksa-Moschee zu sprechen. Dieser Besuch sollte in Erfüllung meines Versprechens erfolgen, um Frieden zu erzielen, überallhin, ja bis ans Ende der Welt zu gehen. Konnte ich da gerade Israel ausschließen?

Stets habe ich gemeint, was ich gesagt habe, und die Verantwortung dafür getragen. Daher entschloß ich mich, direkt in die Knesset zu gehen, in das Parlament des israelischen Volkes. Ich wollte den Repräsentanten des israelischen Volkes die vollständigen Tatsachen vorlegen, die Alternativen zeigen und ihnen klarmachen, daß es nun bei ihnen lag, die Wahl zu treffen, wenn sie wirklich in diesem Teil der Welt in Frieden leben wollten. Mein Ziel war es, nunmehr ihnen den Ball zuzuspielen. Diese modifizierte Form der Initiative kristallisierte sich bald heraus und schien mir immer akzeptabler zu werden. Ich beschloß, sie in meiner Rede bei der Eröffnung der neuen Session des Parlaments in Kairo zu verkünden. Als ich dies tat, betonte ich erneut meine Bereitschaft, bis ans Ende der Welt, ja selbst nach Israel zu gehen, wenn ich dadurch die Verwundung oder gar den Tod auch nur eines einzigen Soldaten vermeiden konnte. Ich hob hervor, daß ich genau das meinte, was ich sagte, und daß ich bereit sei, in die Knesset zu gehen, wenn dies der Erreichung unserer Ziele half. Jedermann war anwesend – von den Ministern bis zu Jassir Arafat. Die unmittelbare Reaktion war ausgesprochen komisch. Die einen meinten, ich hätte mich nur versprochen, andere glaubten an einen Gefühlsausbruch, dem die entsprechende Überlegung fehle. Manche

Leute betonten aber auch, daß Politiker immer Dinge sagen, die sie nicht meinen – etwas, das ich niemals tun würde.

Unmittelbar bevor ich ins Parlament ging, um meine Rede zu halten, rief mich Präsident Hafis Al-Assad an, um mich an mein Versprechen zu erinnern, ihn zu Gesprächen in Latakia zu besuchen. Ich sagte, daß ich bald kommen würde, und reiste auch tatsächlich kurz nach meiner Parlamentsrede nach Syrien ab.

„Meinst du wirklich, was du in deiner Rede gesagt hast?" fragte er mich ungläubig. „Würdest du wirklich nach Jerusalem gehen?"

„Ich werde es gewiß tun!" erwiderte ich. „Ich sage niemals etwas, das ich nicht meine."

„Aber wie? Wie soll das möglich sein?"

Ich schloß unser vierstündiges Zusammensein mit den Worten:

„Höre, Hafis, selbst wenn dies mein letzter Akt als Präsident sein sollte, so werde ich doch diese Reise unternehmen und dann zurückkehren, um unserem Parlament meine Demission zu unterbreiten, wie es der Verfassung entspricht. Persönlich bin ich von der Notwendigkeit dieser Initiative absolut überzeugt."

Wir trennten uns, nachdem es uns beiden nicht gelungen war, die Position, die jeder von uns einnahm, zu ändern. Ich sagte dies auch bei einer Pressekonferenz, an der Hafis Al-Assad nicht teilnahm, und kehrte dann geradewegs nach Ismailia zurück, wo der amerikanische Botschafter erschien, um mir eine offizielle Einladung des israelischen Ministerpräsidenten Menahem Begin zu überreichen. Es war nun Donnerstag, mir blieben nur zwei Tage, um die Rede, die ich in der Knesset halten wollte, vorzubereiten. Ich mußte am Samstag abreisen, um am Sonntagmorgen die Bairam-Gebete in der El-Aksa-Moschee verrichten zu können.

Zu diesem Zeitpunkt ergab es sich, daß mein Außenminister sich der Initiative nicht gewachsen fühlte. Schon als wir nach Syrien abreisen wollten, hatte er erklärt, er könne nicht mitkommen, weil er sich nicht wohl fühle. „Nun gut", sagte ich zu dem Vizepräsidenten, „dann wird er aber doch mit mir nach Israel fliegen!" Aber der Vizepräsident erklärte, daß die Sache ganz anders liege und der Minister die gesamte Initiative ablehne.

„Ganz in Ordnung!" sagte ich. „Ich kann von niemandem erwarten, daß er etwas gegen seine Wünsche tut."

Im folgenden nahm ich seine Demission an.

15

Mein Flugzeug startete vom Abu-Suwair-Flugplatz in der Kanalzone und landete nach weniger als 40 Minuten auf dem Flughafen von Lod. Ich war in Israel. Niemand in der Welt wollte daran glauben, das Erstaunen war allgemein. Im Augenblick, als ich aus dem Flugzeug stieg, fand ich mich Angesicht zu Angesicht mit Frau Golda Meir, die ihre Reise durch die USA abgebrochen hatte, um mich bei der Ankunft zu empfangen. Wir begrüßten einander. Der nächste, den ich sah, war Dayan. Ich erkannte sogleich den Mann, gegen den ich den Krieg von 1973 durchgefochten hatte. Die nächsten waren Abba Eban und General Ariel Scharon, der den berühmten Gegenangriff geführt hatte.

„Wenn Sie noch einmal versuchen, auf das Westufer überzusetzen", sagte ich zu ihm, „dann werde ich Sie ins Gefängnis sperren."

„O nein!" sagte er, „ich bin jetzt Kulturminister!"

Als nächsten entdeckte ich Mordechai Gur, den israelischen Stabchef; er hatte gewarnt, mein Besuch sei ein Trick, um einen unmittelbar bevorstehenden Angriff zu tarnen. Ich versicherte ihm sogleich, daß ich niemals unter dem Deckmantel der Ethik einen solchen Betrug verüben würde. Strategische, taktische Täuschung ist für mich akzeptabel, aber niemals eine moralische Täuschung. Danach wurden Präsident Kazir – ein Universitätsprofessor und eine hervorragende Persönlichkeit – und ich zum Hotel „König David" im israelischen Teil Jerusalems gefahren.

Früh am Sonntagmorgen begab ich mich zur El-Aksa-Moschee, um dort die Bairam-Gebete zu verrichten. Ich befand mich zum zweiten Mal innerhalb von 22 Jahren im arabischen Jerusalem. Das erste Mal hielt ich mich dort als Staatsminister und Generalsekretär des Islamischen Kongresses auf. Ich bemerkte sogleich, daß sich der Zustand der Moschee seit damals sehr verschlechtert hatte. Die Auswirkungen des Brandes von 1969 waren noch sichtbar: Die Saladin-Kanzel ist vollkommen ausgebrannt, und die Wiederherstellung dauerte viel zu lange. Ich ordnete an, daß sie sofort wiederaufgebaut werden soll. Ägyptische Handwerker, deren Ahnen ursprünglich schon die alte Saladin-Kanzel erbaut hatten, werden nun diese Arbeiten durchführen. Sodann kehrte ich in mein Hotel zurück.

Am Nachmittag ging ich in die Knesset. Ich hielt meine Ansprache, der die Reden von Ministerpräsident Begin und des Oppositionsführers Perez folgten. Damit war die Sitzung der Knesset vorbei. Trotz der emotionellen und körperlichen Erschöpfung fühlte ich mich doch sehr glücklich. Außerdem erhielt ich die freudige Nachricht, daß meine Tochter um 8 Uhr an diesem Morgen ein Mädchen zur Welt gebracht hatte, zur selben Zeit, als ich in der El-Aksa-Moschee betete. Die Ermüdung – ja ein Gefühl gewaltiger Erschöpfung – war nicht die Folge der Überarbeitung oder der Hektik, die ich seit meiner Ankunft (angesichts der pausenlosen Zusammenkünfte, Gespräche usw.) durchgestanden hatte, sondern das Ergebnis außerordentlicher geistiger Anstrengung. Mein Verstand arbeitete mit höchster Intensität, und meine Konzentration war von kaum dagewesener Stärke: aus dem einfachen Grund, weil ich meine Mission in Israel als eine wahrhaft heilige Aufgabe betrachtete. Obgleich ich mich der Unterstützung meines Volkes sicher fühlte, war ich doch bereit, wenn nur das leiseste Zeichen der Ablehnung sichtbar werden sollte, bei meiner Heimkehr dem Parlament meine Demission zu unterbreiten.

Mein Vertrauen wurde aber belohnt. Bei meiner Rückkehr strömten fast fünf Millionen Bewohner Kairos auf die Straßen, um mich willkommen zu heißen. Sie veranstalteten eine noch nie dagewesene Demonstration zu meiner Unterstützung. Jedermann sorgte sich um meine Sicherheit. Da sie meine Initiative für sehr riskant gehalten hatten, war ihre Dankbarkeit ganz echt; sie waren noch erschüttert und unfähig, ihrer Freude Ausdruck zu geben. Ich war natürlich über diese Haltung meines Volkes sehr glücklich, fühlte aber auch die damit verbundene absolute Verpflichtung, meine Mission zu einem erfolgreichen Ende zu bringen. Es war, als hätte ich den Befehl erhalten, meinem Volk bis zur Erreichung des Zieles dieser Initiative zu dienen.

Bevor ich über die Ergebnisse spreche, muß ich doch noch verzeichnen, daß der Präsident des Sudans Gafar El-Numeiri im Augenblick meiner Rückkehr nach Kairo zu mir eilte, um mir seine volle Unterstützung zu bezeugen – genauso, wie er nach der „korrektiven Revolution" vom 14. Mai 1971 zu mir gekommen war. Ich muß ihm persönlich und dem ganzen Volk des Sudans meine Dankbarkeit für diese Haltung aussprechen.

16

Was ist nun das Ergebnis? Hat mein Plan Erfolg gehabt?

Ich hatte damit gerechnet, daß meine Reise nach Jerusalem den Teufelskreis aufbrechen werde, in dem wir seit Jahren gefangen waren. In dieser Beziehung haben sich meine Berechnungen als richtig erwiesen, denn so wie der Empfang durch mein Volk bemerkenswert, ja überwältigend war, so hat auch das israelische Volk – Frauen, Kinder, junge und alte Männer – eine bemerkenswerte und überraschende Reaktion gezeigt. Selbst die israelischen Spezialtruppen und die Fallschirmjäger, die zu meinem Schutz aufgeboten waren, tanzten buchstäblich vor Freude. Sie leisteten mir die Ehrenbezeigung, obwohl ich im Jahre 1973 gegen sie gekämpft und ihnen noch nie dagewesene Verluste zugefügt hatte. Warum? Wohl, so glaube ich, weil sie Männer, die kämpfen, respektieren und, was vielleicht noch wichtiger ist, weil sie einen Mann achten, der nach seinem Sieg nun aufstehen und sagen kann: „Laßt den Oktoberkrieg das Ende aller Kriege sein. Nun wollen wir uns wie zivilisierte Leute rund um den Verhandlungstisch setzen und über das, was ihr haben wollt – nämlich Sicherheit –, diskutieren, statt Gewalt anzuwenden.“

Ich kehrte aus Israel zurück, nachdem wir uns auf zwei Punkte geeinigt hatten: erstens, daß der Oktoberkrieg der letzte unserer Kriege gewesen sein muß, zweitens, daß wir die Frage der Sicherheit, sowohl für sie als auch für uns, am Verhandlungstisch diskutieren werden. Ich berichtete unserem Parlament alles, was sich zugetragen hatte, und legte dann dieses Ergebnis den Abgeordneten zur Beschlußfassung vor. Ich war glücklich, eine fast einstimmige Bestätigung zu erhalten. Nur zwei oder drei von 360 Abgeordneten stimmten dagegen. Als Konsequenz dessen änderte ich meinen Plan, ein paar Tage in der Kanalzone zu verbringen und dort auszuspannen. Ich entschloß mich, statt dessen die Kairo-Konferenz einzuberufen, mit der Absicht, die Bewegung für den Frieden lebendig zu erhalten und den Weg für die Genfer Konferenz freizumachen.

Ich weiß nicht, wie die Situation sein wird, wenn in einigen Monaten dieses Buch erscheint. Was ich aber weiß, ist, daß ich zu meiner Friedensinitiative stehen und keinerlei Chancen vergeben werde, um zu sichern, daß für das Friedensproblem im Nahen Osten eine radikale und zivilisierte Lösung gefunden wird. Lassen Sie mich hier jenen Punkt wiederholen, den ich vor der israelischen Knesset unterstrichen habe: Ich wünsche kein bilaterales Abkommen über den Sinai (das die Probleme nicht lösen würde), sondern suche einen Frieden auf einer breiteren Basis, begründet auf Gerechtigkeit für alle Betroffenen. Ich werde auch in der Zukunft für die Erreichung eines gerechten Friedens in unserem Raume arbeiten, eines Friedens, der die Rückgabe der im Jahre 1967 besetzten arabischen Territorien sowie die Lösung des Palästinenserproblems durch die Errichtung eines nationalen palästinensischen Staates oder, um einen Ausdruck Jim Carters zu verwenden, einer „Heimstatt“ einschließt.

Mein Hauptziel ist es, der Krise im Nahen Osten durch eine

Lösung des Palästinenserproblems und durch die Herbeiführung eines Rückzuges der Israelis von den seit 1967 besetzten arabischen Gebieten ein Ende zu machen. Ich werde mich stets von dem Prinzip eines gerechten Friedens leiten lassen und bin bereit, jede Anstrengung zu unternehmen und jedes notwendige Opfer zu bringen, solange dieser Prozeß auch dauern mag. Sollte es sich aber herausstellen, daß eine Seite den Versuch unternimmt, ihren Willen der anderen aufzuzwingen, so versichere ich hier, daß, genauso wie ich meine Bereitschaft erklärt habe, bis ans Ende der Welt zu gehen, um Frieden zu erreichen, ich auch um desselben Zieles wegen bereit bin, bis ans Ende der Welt zu kämpfen. Ich habe meinen jüngeren Bruder, den ich wie einen Sohn liebte, fünf Minuten nach Beginn des Oktoberkrieges verloren. Ich habe die Opfer dieses Krieges gesehen – junge Menschen, deren Schicksal es nun ist, den Rest ihres Lebens im Rollstuhl zu verbringen. Ich habe ähnliche Fälle in Israel gesehen und habe für sie dieselbe Trauer empfunden. Bei dem Anblick der Kriegsopfer kann man tief bewegt sein, wer immer sie sind und woher sie kommen. Es war dieser Geist des Mitgefühls, der mir half, meine beiden Ziele bei meinem Besuch in Jerusalem zu erreichen.

17

Abschließend möchte ich feststellen, daß das ägyptische Volk sich von den vielen anderen Völkern, auch innerhalb der arabischen Welt, unterscheidet. Wir haben unseren Stolz und das Selbstvertrauen nach den Schlachten des Oktoberkrieges 1973 wiedergewonnen, genauso wie es unsere Streitkräfte getan haben. Wir sind nicht länger von Komplexen „motiviert", ob es sich um defätistische Minderwertigkeitskomplexe handelt oder um jene, die aus Argwohn und Haß geboren werden. Darum konnten sich die gegnerischen Seiten, sobald sich der Pulverdampf verzogen hatte, zusammensetzen und über die Probleme diskutieren. Wir taten das, als wir das erste und zweite Truppenentflechtungsabkommen schlossen, und ebenso, als ich Frau Meir in Israel traf. Nun, da der Kampf vorüber ist, hegen wir nichts als Respekt füreinander. Unser kultiviertes Volk weiß das; das war es ja, was fünf Millionen Bürger veranlaßte, auf die Straßen zu kommen und mich bei meiner Rückkehr zu begrüßen, und was die Streitkräfte veranlaßte, mich in einer eindrucksvollen, noch nie dagewesenen Art zu ehren.

Unser geistiges Erbe ist groß. Unsere kulturellen Wurzeln sind lebendig, so kräftig wie eh und je seit 7000 Jahren. Jene, die von dem, was wir tun, überrascht sind, verstehen diese Tatsache einfach nicht. Sie begreifen die wirkliche Natur eines Volkes nicht, das für eine moderne Zivilisation arbeitet, die jener vergleichbar ist, die vor Tausenden von Jahren in Freiheit und Frieden errichtet wurde.

Epilog

Dies ist weder die Geschichte des arabisch-israelischen Konflikts, noch der Befreiung Ägyptens von der britischen Besetzung, noch ein Bericht über die Leistungen und Fehler der Revolution von 1952. Es mag all das und mehr sein, aber es ist vor allem eine Geschichte der Suche nach Identität, meiner eigenen und jener Ägyptens. Sie sind ein und dasselbe, weil ich mich seit meiner Kindheit mit meinem Lande, mit seiner Erde und mit seinen Menschen identifiziert habe.

Ist diese Suche erfolgreich gewesen? War ich imstande, das Bild meines wahren Ich und meines Landes, das ich seit früher Jugend mit mir trage, darzustellen? Möge der Leser dies selbst beurteilen. Alles, was ich sagen kann, und alles, was ich weiß, ist nur dies:

Niemals habe ich mich von materiellen Versuchungen verlocken lassen, noch jemals versucht, mein Glück auf Kosten anderer aufzubauen. In jeder Entscheidung, die ich getroffen habe, in jeder Handlung, die ich unternahm, wurde ich stets von meinem festen Glauben an das Recht der Menschen auf Freiheit, auf Frieden und auf Gleichheit geleitet.

Ich habe Freundschaft und Liebe erfahren, ich habe Arbeit geleistet, die meinen Mitbürgern zu einem besseren Leben verholfen hat, ich habe den Triumph der Wahrheit über die Verleumdung erlebt: all jene Dinge, die die Verwirklichung meiner und meines Landes Ideale sind.

Ich habe niemals die Macht gesucht, denn schon früh in meinem Leben habe ich entdeckt, daß die mir innewohnende Kraft in meiner völligen Hingabe an das besteht, was ich als das Rechte und Gerechte und Schöne empfinde.

Ich danke Gott, daß ich heute derselbe bin wie vor vielen Jahren, als ich bei Sonnenaufgang hinaus auf die Felder ging, um Seite an Seite mit den anderen zu arbeiten, damit die Erde Leben hervorbringe und die Bäume Früchte tragen.

Bis heute ist die Suche noch nicht zu Ende gegangen –, noch glaube ich, daß sie jemals enden wird. Denn mit jeder Tat, die wir unternehmen, verwirklichen wir uns selbst, erfüllen den Willen Gottes. Und sein Wille ist ewig. Es liegt vor mir und meinem Volk noch ein langer Weg, den wir gehen müssen, um ein Leben in Gerechtigkeit, Liebe, Frieden, Wohlstand und Menschenwürde führen zu können. Möge Gott unsere Schritte und jene unserer Mitmenschen leiten.

Anhang I

DIE BOTSCHAFT PRÄSIDENT SADATS AN PRÄSIDENT LEONID BRESCHNJEW AM 30. AUGUST 1972

Lieber Freund, Präsident Leonid Breschnjew,
Erster Sekretär der Kommunistischen Partei der Sowjetunion.

Ich schreibe Ihnen persönlich, weil ich – im Vertrauen auf unsere freundschaftlichen Gefühle, die ich selbst in zahlreichen Zusammenkünften als Wirklichkeit erfahren habe – hoffe, den Teufelskreis, in dem die Beziehungen zwischen unseren beiden Ländern gefangen sind, zu durchbrechen. Unsere bilateralen Beziehungen werden heute durch ein Mißverständnis belastet, das, meinem Gefühl nach, noch vergrößert werden wird, wenn wir nicht gewisse Punkte klären.

Ich werde daher in diesem Brief völlig offen sein, soweit mich dies auch führen mag, damit unsere Ansicht Ihnen völlig dargelegt wird, und zwar frei von allen tendenziösen Interpretationen und frei von dem Einfluß von Verfälschungen.

I. Wir erinnern uns noch Ihrer eigenen Erfahrungen im Zweiten Weltkrieg. Das sowjetische Volk lehnte die Okkupation durch die Nazis ab und duldete deren Fortdauer nicht. Sie kämpften tapfer, brachten alle notwendigen Opfer für die Befreiung ihres Landes und kämpften ohne Einschränkung, um ihre Ehre zu schützen. Daher ist es kaum erstaunlich, daß das arabische Volk Ägyptens ebenso eifrig darauf aus ist, sein Land zu befreien, und ebenso bereit ist, alle notwendigen Opfer zu bringen, wie groß sie auch sein mögen. Diese Feststellung sollte, so glaube ich, den richtigen Ausgangspunkt für uns bilden.

II. Mein Eifer, unsere Freundschaft zu erhalten, erfordert von mir, dort zu beginnen, wo unser Dialog abgebrochen wurde: bei unserem letzten Gespräch im April 1972, um auf diese Weise zum Kern des Problems zu kommen, nämlich zu der wahren Ursache der gegenwärtigen „Pause“. Ich hoffe, daß uns dies ermöglichen wird, unseren Dialog fortzusetzen. Sobald wir einmal gegenseitig unsere Standpunkte begriffen haben, werden wir imstande sein, auch mit allen anderen Angelegenheiten fertig zu werden.

III. Sie werden wahrscheinlich, lieber Freund, zustimmen, daß ich die äußerste Bereitwilligkeit gezeigt habe, um unsere Freundschaft in allen Bereichen zu erhalten und zu konsolidieren. Aus diesem Grund habe ich Moskau vier Besuche abgestattet – im Mai und Oktober 1971 und dann im Februar und April dieses Jahres. Das Hauptthema unserer Gespräche bei all diesen Treffen war das Problem der israelischen Aggression und der Schritte, die unternommen werden müssen, um unser Land zu befreien.

Erlauben Sie mir hier, Sie daran zu erinnern, daß ich mich bei all diesen Zusammenkünften mit sowjetischen Führern unter Ihrem Vorsitz bemüht habe, zwei Hauptprinzipien hervorzuheben:

Erstens: Wir wollen nicht, daß jemand anderer als unsere Soldaten unsere Schlachten für uns schlagen.

Zweitens: Wir wollen weder jetzt noch in Zukunft, daß unser Kampf eine Konfrontation zwischen der Sowjetunion und den USA verursacht, weil dies für die gesamte Welt eine Katastrophe wäre. Ich sagte wörtlich, daß jeder, der etwas Derartiges wünsche, ohne Zweifel ein Wahnsinniger sei.

IV. In unseren verschiedenen Zusammenkünften haben wir darin übereingestimmt – insbesondere bei unserem letzten Treffen im April 1972 –, daß Israel und sein Protektor, die Vereinigten Staaten von Amerika, solange nichts unternehmen werden, um eine Lösung des Problems, sei es friedlicher oder anderer Art, herbeizuführen, bis nicht Israel zu der Meinung gelangt, daß unsere militärische Kraft soweit gewachsen ist, daß sie eine Herausforderung für seine militärische Überlegenheit darstellt. Erst dann würde Israel, genauso wie die Vereinigten Staaten, begreifen, daß es in seinem Interesse liegt, eine Lösung des Problems zu finden.

Ich habe in unseren häufigen Diskussionen erwähnt, daß wir eine Vergeltungswaffe brauchen, die den Feind davon abhält, ägyptische Ziele tief im Landesinnern anzugreifen, wie er das in der Vergangenheit getan hat, weil er dann weiß, daß wir in der Lage sind, entsprechende Vergeltung zu üben und seine Stellungen im Landesinnern anzugreifen.

Es war und ist offenkundig, daß wir ohne eine solche Vergeltungswaffe weiterhin unfähig sein werden, irgendeine militärische Aktion zu unternehmen und daher Israel keinerlei Notwendigkeit sehen wird, seine unnachgiebige Haltung gegenüber einer Regelung des Problems aufzugeben.

V. Dies war der Anlaß für die Botschaft, die ich Ihnen durch Marschall Gretschko sandte, als dieser uns im Mai 1972, ein paar Tage vor unserem Treffen in Moskau, besuchte. Ich war damals äußerst bemüht, diesem Besuch ein höchstes Maß an Erfolg zu verschaffen und stimmte daher zu, jene Erklärung zu veröffentlichen, die er aus Moskau mitgebracht hatte – eine Erklärung, in der behauptet wurde, daß ägyptische Piloten die Überschallmaschine MIG 23 bei drei Gelegenheiten erprobt hätten und daß neue Jagdbomber nun in Ägypten in Verwendung stünden.

All das war unwahr. Ich habe trotzdem der Veröffentlichung dieser Erklärung zugestimmt, um diesen Besuch, wie ich schon sagte, zu einem Erfolg zu machen, und weil mir auch die politischen Ziele dieses Besuches bewußt waren, besonders angesichts der Tatsache, daß er ein paar Tage vor der Zusammenkunft in Moskau stattfand. Als ein Freund wollte ich ermöglichen, daß Sie Ihre Gespräche in Moskau aus einer Position der Stärke führen.

Ich gab jedoch Marschall Gretschko eine klar verständliche Botschaft für Sie mit, die den Zustand unserer Beziehungen nach dem Treffen in Moskau betraf. Es war nicht schwierig, die Ergebnisse des Moskauer Treffens, soweit sie unser Problem betrafen, vorauszusehen: Es gab da tatsächlich nichts so besonders Geheimnisvolles. Ich hatte den 31. Oktober als äußersten Termin festgelegt, für all das, was wir während dieser Periode erreichen wollten – eine Periode, die gerade ausreichte, um unsere Vorbereitungen für die Runde nach den amerikanischen Wahlen abzuschließen. Ich sagte Marschall Gretschko, daß wir jede Minute brauchten – und es uns nicht leisten konnten, Zeit zu verlieren –, um jenen festen Boden zu gewinnen, den wir für eben jene neue Runde, deren Termin festgelegt war, brauchten.

VI. Als mir am 6. Juni Ihr Botschafter Ihre Botschaft über das Ergebnis der Moskauer Zusammenkunft überbrachte – also fast zehn Tage, nachdem die Zusammenkunft endete –, war ich nicht überrascht: Sie enthielt für uns keinerlei Neuigkeiten. Am selben Tag sandte ich Ihnen eine aus sieben Punkten bestehende Botschaft . . ., die die Position noch weiter darlegte. Ich urgierte ernstlich, daß zwischen jenem Zeitpunkt und dem 31. Oktober keinerlei Zeit verschwendet werden sollte: Jede Minute zählte.

In jener Botschaft habe ich, wie Sie wissen werden, offiziell eine sofortige Lösung des Problems des Kommandos und der Befehlsgewalt gefordert: Es war unvernünftig, daß sowjetische Einheiten in Ägypten stationiert sein sollten, ohne sich unter unserem Befehl zu befinden.

VII. Einen ganzen Monat später und nach wiederholten Anfragen, sowohl durch den Ministerpräsidenten als auch durch den Außenminister, erhielt ich am 8. Juli eine Botschaft von Ihnen. Sie hatten einen ganzen Monat für die Antwort gebraucht, obwohl ich Ihnen mitgeteilt hatte, daß ich die Tage, die Stunden und die Minuten zählte.

Es war eine enttäuschende Botschaft. Sie ignorierte alles das völlig, was ich Ihnen durch Marschall Gretschko und sodann am 6. Juni mitgeteilt hatte. Es bestätigt mir jedoch die Tatsache, daß jene Methode, die Sie in den Beziehungen mit uns anwandten – unsere Position und den Kampf, der uns bevorsteht, zu ignorieren –, aus einer bestimmten Mentalität entspringt, unter der wir seit der Aggression – seit fünf Jahren – Jahr für Jahr gelitten hatten. Ich habe durch eineinhalb Jahre immer wieder versucht, darauf aufmerksam zu machen, doch blieb dies vergeblich.

Darum habe ich diese Botschaft zurückgewiesen und auch die Methode abgelehnt. Nun gibt es diese Pause, in der wir – als Freunde – unsere Positionen offen definieren sollten. Ich würde gerne meine Eindrücke über diese Periode kurz darlegen, weil es Ihr Recht als ein Freund ist, die Gründe zu kennen, welche, wie ich glaube, meine Entschlüsse rechtfertigen.

Die Krise ist „eingefroren" und es ist kein Mittel vorhanden, um den Stillstand zu überwinden.

Die Behauptung der Amerikaner, daß allein die Vereinigten Staaten in der Lage sind, eine Lösung zu finden, hat sich mehr und mehr bestätigt, selbst nach dem Treffen in Moskau. Israels ungezügelte Aktionen in unserem arabischen Raum dauern unwidersprochen fort.

Die nach dem Moskauer Treffen veröffentlichte Erklärung fordert „militärische Entspannung" in dem Raum nach der Lösung des Problems.

Ihre Botschaft vom 8. Juli ignoriert völlig die Maßnahmen, über die wir uns geeinigt hatten, und die wir insoweit für absolut notwendig halten, als sie uns ermöglichen würden, nach den Wahlen in den USA notfalls zu militärischen Aktionen überzugehen.

Die Vereinigten Staaten liefern weiterhin Waffen in unbegrenzten Mengen an Israel und modernisieren die gesamte israelische Luftwaffe, abgesehen von anderen Arten der Rüstung.

Ihre Haltung in der Folge jener Botschaft zeigt, daß das teilweise Embargo, das Sie in den letzten fünf Jahren über uns in Bezug auf „Vergeltungswaffen" verhängt haben, nun in dieser kritischen Periode auch auf jene notwendigsten Dinge ausgedehnt worden ist, die ich in meiner Botschaft an Sie hervorgehoben hatte und die Sie vollständig ignorieren.

Angesichts all dieser Überlegungen war meine Entscheidung, die Mission der Berater zu beenden, dazu angetan, uns eine Pause zu geben – um das unvermeidliche Ende einer bestimmten Ära zu betonen und den Beginn einer anderen Ära einzuleiten, die auf neuen Konzepten, neuen Berechnungen und neuen Definitionen unserer Standorte beruht.

VIII. Lassen Sie mich, mein Freund, einige Beispiele dafür zitieren, was sich in den Streitkräften abspielt – und dementsprechend auch in unserem Volk, denn die Streitkräfte sind ein Teil des Volkes. Die Berater hätten Sie über diese Dinge informieren sollen, noch bevor sich die Situation zu sehr verschlechterte.

a) *In der Marine:* Der Befehlshaber unserer Marine hat in den letzten vier Jahren ein neues Gerät zur Entdeckung von U-Booten gefordert, um das gegenwärtig in Gebrauch stehende sowjetische Gerät zu ersetzen, dessen Wirkungsbereich nur 500 Meter beträgt. Ihre Antwort lautete stets, daß die Sowjetunion kein anderes U-Boot-Spürgerät besitze, während jeder Marineoffizier in Ägypten weiß, daß Ihre Kriegsschiffe mit einem Gerät ausgerüstet sind, das U-Boote in einer Entfernung bis zum Horizont entdeckt. Auch der Westen hat es, und es ist keineswegs ein Geheimnis. Wir sind kein rückständiges Land: Wir lesen, was der Westen ebenso wie der Osten besitzt und verfolgen den Fortschritt auf allen Gebieten der Welt. Was es noch ironischer sein läßt, ist die Tatsache, daß Ihre Kriegsschiffe unter uns „leben"! Das Horizontspürgerät ist im Westen auf dem Markt. Es ist keine Geheimwaffe. Andere Geräte sind erhältlich, die zumindest den zwanzigfachen Wirkungsbereich unseres Gerätes besitzen und auch sie sind kein Geheimnis. Was sollen unsere Marineoffiziere angesichts einer solchen Situation sagen?

b) *In der Luftwaffe:* Alle unsere Luftwaffenoffiziere, die in Ihren Kriegsschulen ausgebildet worden sind, wissen, daß Sie überlegene Flugzeuge besitzen, wie die M 500, wie jene, die wir bis vor kurzem hatten. Aber alles, was Sie besitzen, wird als geheim und nicht erhältlich betrachtet.

Das raketenbestückte Flugzeug, das wir haben, fliegt, mit Raketen beladen, mit einer Geschwindigkeit, die fast nur die Hälfte jener eines Passagierflugzeuges vom Typ Iljuschin 62 oder der Boeing beträgt. Seine Raketen werden mit Unterschallgeschwindigkeit abgeschossen und sind durch mehr als sechs Minuten für antiballistische Raketen verwundbar. Dagegen sind die Phantom-Maschinen, die mit Mach 2,25 fliegen, mit den amerikanischen Shrike-Raketen ausgestattet, die natürlich Überschallgeschwindigkeit erreichen. Ich hatte durch Ihren Botschafter Ihre Aufmerksamkeit auf diese Tatsache hingelenkt, noch bevor zehn solcher Raketen auf uns abgefeuert worden waren.

Was sollen unsere Luftwaffenoffiziere dazu sagen?

c) *In der Armee:* Sie haben uns 180-mm-Geschütze geschickt, nachdem die USA Israel mit 175-mm-Geschützen ausgerüstet hatten, aber die ersten können sich niemals mit den letzten vergleichen.

Das amerikanische Geschütz ist auf einer Panzerlafette montiert, ist höchst beweglich und besitzt einen eingebauten Feuermechanismus, so daß es die entferntesten Ziele, für die seine Reichweite bestimmt ist, treffen kann. Ihr Geschütz ist unbeweglich (um es zu bewegen, bedarf es nicht weniger als zwanzig Mann), hat keinen eingebauten Feuermechanismus und erreicht daher nicht seine volle Schußweite.

Wie bekanntgegeben wurde, haben die USA Israel eine unbegrenzte Zahl dieser Offensiv-Geschütze geliefert, während Sie uns nicht mehr als vier dieser Geschütze geschickt haben, um sie an einer 160 Kilometer langen Front einzusetzen.

Unsere Offiziere wissen, daß Sie ein kampfstärkeres Geschütz haben als die Amerikaner, ebenso auf einer Panzerlafette. Aber, wie üblich, ist es geheim, und Ihre Fachleute bestreiten uns gegenüber, daß Sie irgend etwas Derartiges besitzen. Es wird uns verweigert, da Sie einen Offensiv-Einsatz verhindern wollen, entsprechend dem Embargo für Offensiv-Waffen, das Sie über uns verhängt haben.

Was sollen da unsere Artillerieoffiziere sagen?

Bei der Infanterie weiß jeder Offizier und jeder Soldat, daß die Waffen, die verwendet werden, um Breschen in die feindlichen Linien zu schlagen, am Beginn der militärischen Operationen einfach eine Lebensfrage für ihn bedeuten. Alles, was wir auf diesem Gebiet haben, ist jedoch Material aus dem Zweiten Weltkrieg. Unsere Offiziere, die ihre militärische Ausbildung auf Ihrer Frunse-Akademie erhalten haben, wissen, daß Sie und der Westen – was keineswegs ein Geheimnis ist – Raketen besitzen, um solche Breschen zu schlagen. Wir haben nunmehr seit über zwei Jahren solche Waffen wiederholt verlangt und stets dieselbe Antwort erhalten: daß die Sowjetunion keine besitzt.

Dies ist nur ein Beispiel. Ich könnte Ihnen Hunderte weitere Beispiele geben – die jeder Offizier und jeder Soldat unserer Streitkräfte kennt, die daher auch das Volk kennt.

Ist dies die Methode einer Zusammenarbeit mit einem Freund?

Unserem Verteidigungssystem fehlt eine ganze Reihe von wichtigen Rüstungsgeräten, obwohl wir dem Volk und der übrigen Welt das Gegenteil sagen. Und darum würde ich gerne eine „Pause“ haben, um die Mentalität, die hinter all dem steht, zu diskutieren.

Sie behandeln uns, als ob wir ein rückständiges Land wären, während unsere Offiziere an Ihren Kriegsschulen ausgebildet werden, genau wie Ihre eigenen Offiziere. Außerdem verfolgen wir die Entwicklungen in der ganzen Welt – im Osten und im

Westen –, die nicht länger geheim sind. Rüstungsfragen werden in Büchern behandelt, die in der ganzen Welt verbreitet sind. Fragt man aber die sowjetischen Berater nach einem bestimmten Gerät, dann verfallen sie entweder in Schweigen oder antworten, daß die Sowjetunion dies nicht besitzt – während wir und alle anderen wissen, daß die Sowjetunion alles besitzt.

IX. Lassen Sie mich Ihnen, mein Freund, offen sagen, daß ich eine ernste Beeinträchtigung unserer zukünftigen Beziehungen befürchte. Das ernsteste aber daran ist das Gefühl der Bitterkeit, das gegen die Sowjetunion in unserem Volk zurückbleiben wird.

Sie besitzen jedes Recht, angesichts meiner jüngsten Entschlüsse, einen Standpunkt einzunehmen, der Ihrer Meinung nach Ihren Interessen dient. Ich glaube aber nicht, daß es in Ihrem Interesse liegen kann, unser Volk gegenüber der Sowjetunion so verbittert sein zu lassen, nach einer so langen Periode der Freundschaft und der konstruktiven Arbeit, in der wir einen gemeinsamen Weg gegangen sind.

Ihre Entscheidung, das M-500-Flugzeug abzuziehen, besonders nachdem das gemeinsame sowjetisch-ägyptische Kommuniqué während des Besuches von Marschall Gretschko veröffentlicht worden ist, wonach ägyptische Piloten das Flugzeug geflogen hatten, war, wie ich glaube, eine der schlechtesten Entscheidungen, die man sich vorstellen kann, weil sie unser Volk und die Streitkräfte verbittert. Ebenso unglücklich war Ihre Entscheidung, die von sowjetischem Personal bedienten Störsender, unter dem Vorwand entweder, daß sie „geheim" seien oder daß wir sie nicht bedienen könnten oder einer anderen Ausrede, abzuziehen. Dies war eine höchst unselige Entscheidung, die der sowjetisch-ägyptischen Freundschaft einen schweren Schlag versetzt hat. Beide Beschlüsse bedeuteten, daß die Sowjetunion uns ihre Bedingungen aufzwang.

Und doch hatten wir gemeinsam dem Rüstungsmonopol der westlichen Welt seit 1955 ein Ende gesetzt.

Es gibt noch eine ernstere Überlegung. Wir stehen in diesem Kampf einem Gegner gegenüber, der mit jeder nur möglichen Waffe ausgerüstet ist. Was soll da der einfache Bürger dazu sagen?

Ich überlasse es Ihnen, die wahren Dimensionen all dessen abzuschätzen. Ich würde aber unserer Freundschaft Gewalt angetan haben, wenn ich dies alles nicht offen aussprechen würde.

X. Es gibt noch eine Angelegenheit, in der ich wünsche, daß Sie völlig klarsehen: Der Endtermin, der 31. Oktober, ist Ihnen in der Botschaft, die ich schon Marschall Gretschko mitgegeben hatte sowie in einer weiteren Botschaft, die ich durch Ihren Botschafter an Sie übersandt habe, und schließlich auch noch durch unseren Ministerpräsidenten während seines letzten Besuches in Moskau mitgeteilt worden.

Das Ziel des Besuches unseres Ministerpräsidenten war, daß ein gemeinsames Kommuniqué ausgegeben werden solle, um uns alle Arten von bösartigen Berichten und Schadenfreude zu ersparen. Aber Sie haben es verweigert.

Ich möchte Ihnen in aller Ehrlichkeit und Offenheit sagen, daß ich immer noch diesen Endtermin, den 31. Oktober, für den entscheidenden Faktor in unseren Beziehungen betrachte.

Ich hoffe aufrichtig – und im Geiste wahrer Brüderlichkeit –, daß Sie dies nicht als eine Drohung aufnehmen werden, wie manche Leute es vielleicht interpretieren könnten; wir richten niemals Drohungen an jemanden, weil auch wir von niemandem Drohungen annehmen.

Dieser Endtermin beruht auf zwei Faktoren: Der eine ist politischer, der andere militärischer Art.

Hinsichtlich des politischen Faktors finden wir uns – wie wir bei unserem letzten Treffen übereinkamen und wie ich es in meinen Botschaften an Sie ausdrückte – nach der Präsidentenwahl in den USA in einer Lage, die durch gemeinsame amerikanisch-israelische Bemühungen charakterisiert wird, eine Lösung zugunsten Israels zu erzwingen. Ohne eine solide militärische Basis werden wir in den Teufelskreis wieder hineinschlittern – eine Jarring-Mission, eine Resolution des Sicherheitsrates, und ein Israel, das sich militärisch viel zu überlegen fühlt, als daß es uns einen Schritt entgegengehen könnte.

Was nun den zweiten, den militärischen Faktor betrifft, so fragen Sie Ihre militärischen Fachleute, welcher Art die militärische Überlegenheit sein wird, die Israel im nächsten November und Dezember besitzen wird.

Israel wird dann alle modernsten Ergänzungen seiner Luftwaffe „assimiliert" haben – die große Zahl von Phantoms und Skyhawks – und der Abstand zwischen uns, der ohnehin schon so groß ist, wird noch größer werden.

Sie können daher, mein Freund, sehr deutlich sehen, daß ein solcher Endtermin auf politischen und militärischen Überlegungen beruht, über die schon Übereinstimmung herrschte.

Nachdem ich dies gesagt habe, lassen Sie mich Ihnen erklären, daß wir in Ägypten weiterhin für Ihre Hilfe dankbar sein werden. Den Beweis hiefür finden sie in dem Nachdruck, mit dem ich stets die Rolle hervorgehoben habe, die die sowjetische Unterstützung für uns spielt. Ich habe dies in allen Reden, die ich an das arabische Volk in Ägypten und im arabischen Raum überhaupt gehalten habe, getan, sogar als ich meinen Entschluß bekanntgab, die Mission der sowjetischen Berater in Ägypten zu beenden.

Jedoch muß ich, um völlig aufrichtig zu sein, erklären, daß in der Zusammenarbeit mit uns der Befreiung unseres Landes die Priorität gebührt, beziehungsweise unserer Befähigung hiezu. Wir wollen in größtmöglichem Ausmaß die Zusammenarbeit mit Ihnen konsolidieren – freilich muß dieses Ausmaß auch dem Ausmaß der Hilfe entsprechen, die wir von unseren Freunden in der Sowjetunion zur Lösung unserer grundlegenden und hauptsächlichsten Probleme, nämlich der Befreiung unseres Landes, erhalten.

Ich schreibe Ihnen und bitte Sie, persönlich zu intervenieren, weil ich volles Vertrauen zu Ihren Gefühlen, Ihrem Verständnis für unsere Sache und Ihrer Bereitschaft, das Problem zu lösen, habe. Die Befreiung des Landes bedeutet uns alles. Alles ist ihm gewidmet: unser Leben, unser Verhalten, unsere Beziehungen, unsere Aktionen. Ich fürchte aber ernsthaft, daß manche Leute nicht imstande sein könnten, dies entsprechend richtig einzuschätzen, und daß daher Verbitterung den Platz der Freundschaft einnehmen könnte.

Falls Sie nun die obenstehenden Erklärungen für ausreichend halten, um unsere Verhältnisse besser zu verstehen, wird unser Ministerpräsident, Dr. Asis Sidki, sich bereithalten, um der Sowjetunion einen privaten Besuch abzustatten, und zwar zu einem Zeitpunkt, den Sie für geeignet halten. Dies sollte den Weg für ein Treffen zwischen uns ebnen und eine detaillierte Studie aller Fragen ermöglichen, mit dem Ziel, unsere Beziehungen in der Zukunft von dem festen Boden des Vertrauens und der auf gegenseitiger Offenheit beruhenden Zusammenarbeit – um unseren gemeinsamen Interessen zu dienen – ausgehen zu lassen.

Bitte, seien Sie meiner wahren freundschaftlichen Gefühle und meiner Hochschätzung versichert.

Mit den besten Wünschen für Sie persönlich, Ihre Kollegen in der Sowjetführung und das befreundete sowjetische Volk

gezeichnet
Anwar el-Sadat
Präsident der Republik

Kairo
30. August 1972

Anhang II

WEISUNGEN DES PRÄSIDENTEN SADAT AN DEN OBERBEFEHLSHABER DER STREITKRÄFTE AM 1. OKTOBER 1973

DER PRÄSIDENT

Im Namen Gottes

Weisungen, erlassen an den Oberbefehlshaber der Streitkräfte, Kriegsminister Marschall Achmed Ismail Ali:

I. Die allgemeine Lage

1. Der israelische Feind hält Teile arabischen Landes seit mehr als sechs Jahren besetzt.

2. Da es sich auf die Hilfe der USA, besonders hinsichtlich Waffenlieferungen, verlassen kann, hat Israel versucht, und versucht noch immer, uns seinen Willen aufzuzwingen und die Nahostkrise in einer Art zu lösen, die es ihm ermöglicht, nahezu völlige Kontrolle über den arabischen Raum, seine Sicherheit und sein Schicksal auszuüben.

3. Seit die Entscheidung des Sicherheitsrates über eine Feuereinstellung am 8. Juni 1967 erlassen wurde, hat Ägypten auf jede mögliche Weise versucht, eine Lösung der Krise zu finden. Um dies zu erreichen, hat Ägypten eine Anzahl Anstrengungen unternommen: Es akzeptierte die Resolution 242 des Sicherheitsrates vom 22. November 1965; es ging auf die Vermittlungsbemühungen der Großen Vier ein sowie auf die folgenden Bemühungen der beiden Supermächte sowie auf die Initiative des US-Außenministers William Rogers. Es ging dann dazu über, selbst eine eigene Initiative vorzuschlagen, die eine Lösung, beginnend mit der Wiedereröffnung des Suezkanals, vorsah. Dies wäre der erste Schritt für einen Rückzug der Israelis gewesen, der in mehreren Phasen durchgeführt werden sollte, entsprechend der Resolution des Sicherheitsrates. Alle diese Anstrengungen blieben jedoch ergebnislos. Entweder schlugen sie überhaupt fehl oder sie wurden abgebrochen. Unsere Gegner versuchten sogar, diese Bemühungen von den ursprünglich gesetzten Zielen abzulenken.

4. Ägypten hat 1967, 1969 und 1970 militärische Operationen in begrenzter Art durchgeführt. Es hat ferner den Widerstandsgruppen der Palästinenser umfangreiche Hilfe gegeben, um ihnen die Durchführung von Guerillaaktionen sowohl an den Frontlinien als auch innerhalb des besetzten Gebietes zu ermöglichen. Obwohl sie, im ganzen, bedeutsame Folgen hatten, konnten doch diese Operationen aus einer Vielzahl von Gründen nicht den erwünschten Druck auf den Feind ausüben.

5. Ägypten war sich stets darüber klar, daß ein Zeitpunkt kommen würde, wo es selbst die Verantwortung werde übernehmen müssen. Von höchster Bedeutung für uns war, für diesen Tag so gut als möglich vorbereitet zu sein, entsprechend unserem Potential und im Lichte unserer Verpflichtung, unser Land und unsere Ehre zu verteidigen.

6. Das ägyptische Volk hat mehr Toleranz gegenüber dem Verhalten seiner Feinde wie seiner Freunde gezeigt, als man sich vorstellen kann. Die physischen und moralischen Lasten, die unser Volk tragen mußte, sind wahrhaft schwer gewesen: Nur ein Volk, das von dem Glauben an die Freiheit und von der Bereitschaft erfüllt ist, die notwendigen Opfer zu bringen, konnte solche Lasten ertragen.

7. Politisch haben die Araber aber im allgemeinen ihre Stellung bedeutend verbessert. Mit der Verschärfung der Energiekrise – und der Währungskrise – in der Welt kann der Druck der Araber, ausgeübt in den richtigen Augenblicken, ein Faktor sein, mit dem man rechnen muß.

8. Die potentielle Effektivität der arabischen Position im allgemeinen, läßt sich deutlich an dem Niveau unserer Rüstung ersehen. Abgesehen von dem, was wir von der Sowjetunion und dem Ostblock – und dies ist viel – erhalten haben, haben wir andere Arten von Waffen, die bisher nicht erhältlich waren, aus anderen Quellen erworben.

9. Auf der internationalen Ebene ist der Feind praktisch isoliert, entsprechen den erfolgreichen ägyptischen Bemühungen im Sicherheitsrat, der UN-Vollversammlung, der letzten OAU-Gipfelkonferenz in Addis Abeba und der folgenden Konferenz der blockfreien Staaten in Algier.

10. Die internationale Situation verändert sich und weist Anzeichen noch weiterer Veränderung auf. Es könnte daher zu Abmachungen über ein langfristiges, internationales „Gleichgewicht" kommen, die unsere Bewegungsfreiheit und unser Recht, die günstigsten Alternativen zu wählen, einschränken könnten.

II. Die Strategie des Feindes

Der israelische Feind hat, wie wir sehen, sich für eine Politik entschieden, die auf Einschüchterung beruht und auf der Behauptung, eine Überlegenheit zu besitzen, die die Araber angeblich niemals erreichen können. Dies ist die Basis der israelischen Sicherheitstheorie, die auf psychologischer, politischer und militärischer Abschreckung beruht.

Der zentrale Punkt der israelischen Sicherheitstheorie läuft darauf hinaus, Ägypten und die arabische Nation davon zu überzeugen, daß es vergeblich wäre, Israel herauszufordern, und daß es daher für uns unvermeidlich ist, die Bedingungen Israels anzunehmen, selbst wenn diese gewisse Verletzungen unserer nationalen Souveränität einschließen.

III. Die Strategie Ägyptens in diesem Stadium

Das strategische Ziel, das ich hiemit den ägyptischen Streitkräften setze und für das ich die volle Verantwortung übernehme – im Licht all dessen, was ich über ihre Vorbereitung gehört und erfahren habe –, läßt sich wie folgt zusammenfassen:

Die israelische Sicherheitstheorie in Frage zu stellen, indem eine militärische Aktion durchgeführt wird, die den Möglichkeiten der Streitkräfte entspricht und darauf abzielt, dem Feind die schwersten Verluste zuzufügen und ihn davon zu überzeugen, daß die fortgesetzte Okkupation unseres Landes einen zu hohen Preis von ihm fordert. Ferner, daß in Konsequenz dessen, seine Sicherheitstheorie – die auf psychologischer, politischer und militärischer Einschüchterung beruht – keinen undurchdringlichen Stahlschild mehr darstellt, der ihn heute oder in Zukunft schützen könnte.

Eine erfolgreiche Erschütterung der israelischen Sicherheitstheorie wird bestimmte, kurzfristige und langfristige Folgen haben. Auf kurze Sicht wird eine Erschütterung der israelischen Sicherheitstheorie zum Ergebnis haben, daß eine ehrenhafte Lösung der Nahostkrise erreichbar werden könnte. Auf lange Sicht kann die Zerstörung der israelischen Sicherheitstheorie Veränderungen herbeiführen, welche, eine auf den Fersen der anderen folgend, zu einer grundlegenden Änderung im Denken, der Moral und den aggressiven Tendenzen des Feindes führen kann.

IV. Zeitplan

Die Zeit ist nun vom politischen Gesichtspunkt aus für eine Aktion, wie ich sie in der Sektion III dieser Weisung erwähnt habe, außerordentlich günstig.

Die Lage an unserer Heimatfront – der arabischen Front im allgemeinen, einschließlich unserer genauen Koordination mit der Nordfront – und die internationale Situation schaffen von nun an eine günstige Gelegenheit, um einen Beginn zu setzen.

Die internationale Isolierung des Feindes und die Atmosphäre, die bei ihm herrscht, hervorgerufen durch die Streitigkeiten seiner Parteien anläßlich der Wahlen und der personellen Auseinandersetzungen, verbessern unsere Chancen, ihn im günstigsten Augenblick zu schlagen.

Kairo
5. Ramadan 1393
1. Oktober 1973

gezeichnet
Anwar el-Sadat
Präsident der Republik

Anhang III

STRATEGISCHE WEISUNG DES PRÄSIDENTEN SADAT AN DEN OBERBEFEHLSHABER DER STREITKRÄFTE, AM 5. OKTOBER 1973

DER PRÄSIDENT

Strategische Weisung

Von: Der Präsident und Oberste Befehlshaber der Streitkräfte
An: Feldmarschall Achmed Ismail Ali, Kriegsminister und Oberbefehlshaber der Streitkräfte.

1. Entsprechend der politisch-militärischen Weisung, erlassen von mir an Sie am 1. Oktober 1973, und auf Grund der Umstände der gegenwärtigen politischen und strategischen Situation, habe ich entschieden, die Streitkräfte anzuweisen, die folgenden strategischen Missionen durchzuführen:

a) Die gegenwärtige militärische Patt-Stellung durch Brechung der Feuereinstellung ab 6. Oktober 1973 zu beenden.

b) Dem Gegner größtmögliche Verluste an Personal, Waffen und Ausrüstung zuzufügen.

c) In aufeinanderfolgenden Phasen für die Befreiung der besetzten Gebiete zu arbeiten, entsprechend dem Wachstum und der Entwicklung des Potentials und der Möglichkeiten der Streitkräfte.

2. Diese Missionen sollen von den ägyptischen Streitkräften unabhängig oder in Zusammenarbeit mit den syrischen Streitkräften durchgeführt werden.

gezeichnet
Anwar el-Sadat
Präsident der Republik

9. Ramadan, 1393
5. Oktober 1973

Anhang IV

TELEGRAMM AN PRÄSIDENT HAFIS AL-ASSAD 20. OKTOBER 1973

Die arabische Republik von Ägypten,
das Informationssekretariat des Präsidenten.
Telegramm Nr. 20, 20. Oktober 1973

An: Präsident Hafis Al-Assad
Wir kämpfen nun schon den fünfzehnten Tag gegen Israel. Israel hat in den ersten vier Tagen allein gegen uns gekämpft und seine wahre Situation wurde an den ägyptischen und syrischen Fronten aufgedeckt: Es verlor nach eigenen Angaben 800 Panzer und mehr als 200 Flugzeuge an beiden Fronten.

In den letzten zehn Tagen jedoch habe ich an der ägyptischen Front gegen die Vereinigten Staaten gekämpft, die mit den modernsten Waffen aus ihrem Besitz ausgerüstet ist. Ich kann einfach gegen die USA nicht kämpfen oder die historische Verantwortung dafür tragen, daß noch einmal unsere Streitkräfte vernichtet werden.

Ich habe daher die Sowjetunion informiert, daß ich einer Feuereinstellung an den bestehenden Frontlinien zustimme, unter den folgenden Bedingungen:

1. Die Sowjetunion und die Vereinigten Staaten werden einen Rückzug der Israelis, wie ihn die Sowjetunion vorschlägt, garantieren.
2. Eine Friedenskonferenz soll im Schoße der UN stattfinden, um ein Abkommen über eine umfassende Regelung, wie sie die Sowjetunion vorschlägt, herbeizuführen.

Mein Herz blutet, da ich Dir dies sagen muß, aber mein Verantwortungsgefühl zwingt mich, diese Entscheidung zu treffen. Ich werde zur gegebenen Zeit mich unserem Volk und unserer Nation mit all dem stellen, so daß das Volk mich dafür zur Rechenschaft ziehen kann.

Mit den besten Wünschen

gezeichnet
20. Oktober 1973 Anwar el-Sadat

Anhang V

REDE VOR DER ISRAELISCHEN KNESSET, AM 20. NOVEMBER 1977

Im Namen Gottes! Herr Vorsitzender der Knesset, meine Damen und Herren! Erlauben Sie mir zuerst, dem Vorsitzenden der Knesset aufs herzlichste dafür zu danken, daß er mir die Gelegenheit gegeben hat, zu Ihnen zu sprechen.

Ich beginne meine Ausführungen mit dem Wunsch: der Friede und die Gnade Gottes, des Allmächtigen, seien mit euch. Möge uns allen Friede nach dem Willen Gottes beschert sein. Friede für uns alle, für die arabischen Länder und für Israel, aber ebenso auch Friede für jeden Teil dieser großen Welt, die so sehr unter Konflikten leidet, die ernste Gegensätze in Unruhe halten und die da und dort von vernichtenden Kriegen bedroht wird; Kriegen, die der Mensch begonnen hat, um seine Mitmenschen zu vernichten.

Am Ende, zwischen den Ruinen dessen, was der Mensch erbaut hat und unter den Überresten der geopferten Menschheit, wird es keine Sieger, sondern nur Besiegte geben. Und dieser Besiegte bleibt stets ein Mensch und der Höhepunkt göttlicher Schöpfung: Der von Gott geschaffene Mensch ist, wie Gandhi, der Apostel des Friedens gesagt hat, dazu bestimmt, voranzuschreiten, das Leben zu gestalten und Gott den Allmächtigen zu verehren.

Ich komme heute zu Ihnen, um von einer festen Basis aus eine neue Form des Lebens zu gestalten und Frieden herbeizuführen. Wir alle lieben dieses Land, dieses Land Gottes, wir alle, Moslems, Christen und Juden, die wir Gott verehren.

Gottes Lehren und Gebote sind: Liebe, Ehrlichkeit, Sicherheit und Frieden.

All jenen, die meinen Entschluß, hierher zu kommen, mit Verwunderung aufnahmen, mache ich keinen Vorwurf. Manche mag, als ich vor dem ägyptischen Parlament meinen Entschluß der ganzen Welt ankündigte, sogar gewaltige Überraschung ergriffen haben. Andere wieder interpretierten meinen Entschluß als politischen Schachzug oder als Tarnung meiner Absicht, einen neuen Krieg zu beginnen.

Ich will Ihnen sogar nicht verhehlen, daß mich nach meiner Rückkehr aus dem Parlament einer meiner Mitarbeiter ansprach und in tiefer Besorgnis fragte: „Herr Präsident, was würde unsere Reaktion sein, wenn Israel nun tatsächlich eine Einladung senden würde?"

Ich erwiderte darauf ruhig: „Ich würde sofort annehmen. Ich habe erklärt, daß ich bis ans Ende der Welt gehen würde, ich werde daher auch nach Israel gehen. Denn ich will dem Volk Israels alle Tatsachen vor Augen führen."

Ich kann mir die verblüfften Gesichter all jener sehr wohl vorstellen, die angesichts meiner Entscheidung erstaunt waren und ihre Zweifel an der Ehrlichkeit der Absichten hatten, die hinter dieser Erklärung standen. Niemand hatte es für möglich gehalten, daß der Präsident des größten arabischen Staates, der die schwerste Last trägt, die Hauptverantwortung für Krieg und Frieden im Nahen Osten, sich bereit erklären werde, in das Land seiner Gegner zu gehen, obwohl wir uns noch im Krieg miteinander befinden.

Wir alle tragen an den Konsequenzen von vier blutigen Kriegen, die wir innerhalb von 30 Jahren geführt haben. Und heute noch leiden die Familien der Opfer des Krieges von 1973 unter dem bitteren Schmerz, einen Vater, Bruder oder gar Sohn verloren zu haben.

Wie ich schon erklärt habe, konsultierte ich in dieser Angelegenheit im vorhinein keinen meiner Kollegen, keinen der Staatschefs der Konfrontationsstaaten oder der arabischen Länder überhaupt: Doch die meisten, die nach meiner Erklärung mit mir Verbindung aufnahmen, bekundeten ihre Ablehnung; aus dem Gefühl des höchsten Argwohns und des absoluten Mangels an Vertrauen zwischen den arabischen Staaten sowie dem palästinensischen Volk einerseits und Israel andererseits. Es ist das ein in uns allen immer noch aufwallendes Gefühl.

Viele Monate, in denen der Friede hätte zustande gebracht werden können, wurden durch Streitigkeiten und fruchtlose Diskussionen über die Verfahrensweise bei einem Zusammentritt der Genfer Konferenz verschwendet. Dieser Argwohn und dieser völlige Mangel an Vertrauen waren allgemein.

Ich will Ihnen aber offen sagen, daß ich meinen Entschluß nach reiflichem Überlegen gefaßt habe, im Wissen, daß er ein großes Risiko einschloß. Gott der Allmächtige hat als mein Schicksal verfügt, die Verantwortung für das ägyptische Volk zu tragen und die Verantwortung für die arabische Nation zu teilen. Damit fällt mir als hauptsächliche Pflicht die eben von dieser Verantwortung diktierte Aufgabe zu, jedes nur denkbare Mittel anzuwenden, um mein ägyptisch-arabisches Volk, die panarabische Nation vor den Schrecken neuer Leiden und weiterer vernichtender Kriege, deren Ausmaße nur Gott selbst voraussehen kann, zu schützen.

Nach langem Nachdenken war ich zur Überzeugung gekommen, daß diese Verantwortung vor Gott und meinem Volk mir auferlegt, bis zum letzten Winkel der Welt zu gehen – auch nach Jerusalem, um vor den Abgeordneten der Knesset zu sprechen und Sie mit all den Gedanken, die mich erfüllen, bekanntzumachen, damit Sie dann selbst Ihre Entscheidung treffen. Danach möge Gott, der Allmächtige, unser Schicksal bestimmen.

Es gibt im Leben der Nationen und Völker Augenblicke, in denen die Weisen und Einsichtigen die Pflicht haben, ein Problem in seiner ganzen Kompliziertheit und in allen seinen Zusammenhängen – in einem kühnen Aufbruch zu neuen Horizonten – zu erforschen.

Jene, die ebenso wie wir Verantwortung tragen, müssen als erste den Mut haben, kühne Entscheidungen zu treffen, die der Größe der Probleme entsprechen. Wir müssen alle über die veralteten „Überlegenheitstheorien“ hinauswachsen. Vor allem aber dürfen wir niemals vergessen, daß Unfehlbarkeit allein das Vorrecht Gottes ist.

Wenn ich sage, daß ich alle arabischen Völker vor den Schrecken neuer vernichtender und furchtbarer Kriege bewahren will, so erkläre ich Ihnen, daß ich aufrichtig dieselben Gefühle und dieselbe Verantwortung gegenüber jedermann auf Erden empfinde und ganz gewiß auch gegenüber dem israelischen Volk.

Jedes im Krieg verlorene Leben ist ein menschliches Leben, ob es nun das eines Arabers oder eines Israelis ist. Eine Frau, die zur Witwe gemacht wird, ist ein menschliches Wesen, das um sein Recht auf ein glückliches Familienleben gebracht worden ist, ob sie nun Araberin oder Israelin ist. Unschuldige Kinder, die der Obsorge ihrer Eltern entbehren müssen, sind die unseren, ob sie nun auf arabischem oder israelischem Boden leben. Wir sind verpflichtet, ihr Anrecht auf ein besseres Leben heute und in Zukunft zu verwirklichen.

Um all dieser willen, um des Lebens all unserer Söhne und Brüder willen, um unserer Gesellschaft die Möglichkeit zu geben, für den Fortschritt und das Glück der Menschen zu arbeiten, im Gefühl der Sicherheit und mit dem Recht auf ein menschenwürdiges Dasein, um der kommenden Generationen willen, um des Lächelns auf dem Gesicht jedes in unserem Land geborenen Kindes willen – um all dessentwillen, habe ich mich trotz aller Schwierigkeiten entschlossen, hierher zu kommen und zu Ihnen zu sprechen.

Ich habe die Konsequenzen der historischen Verantwortung auf mich genommen und daher schon am 4. Februar 1971 erklärt, zur Unterzeichnung eines Friedensabkommens mit Israel bereit zu sein. Es war dies die erste Erklärung zu diesem Thema seit dem Ausbruch des arabisch-israelischen Konfliktes. Von all diesen Faktoren motiviert und geleitet von der Verantwortung des Staatsmannes, habe ich am 16. Oktober 1973 vor dem ägyptischen Parlament dazu aufgerufen, eine internationale Konferenz abzuhalten, die einen dauerhaften, auf Gerechtigkeit basierenden Frieden herbeiführen soll. Man hat aber nicht auf mich gehört.

Ich war nicht in der Lage eines Mannes, der um Frieden oder um einen Waffenstillstand bitten mußte. Durch die Verpflichtungen der Geschichte und der Staatsführung motiviert, habe ich später das erste Truppenentflechtungsabkommen unterschrieben, dem das zweite Abkommen auf Sinai gefolgt ist. Wir sind dann weiter fortgeschritten und haben alle Türen zu öffnen versucht, in dem Bemühen, einen Weg zu einem dauerhaften und gerechten Frieden zu finden.

Wir haben unsere Herzen den Völkern der gesamten Welt geöffnet, damit sie unsere Motive und Ziele verstehen und um sie davon zu überzeugen, daß wir Gerechtigkeit und Frieden wünschen. All diese Faktoren haben zu meinem Entschluß zusammengewirkt, vorurteilslos und offenen Herzens zu Ihnen zu kommen, bewußt und entschlossen, mit Ihnen gemeinsam einen dauerhaften, auf Gerechtigkeit gegründeten Frieden herbeizuführen. Das Schicksal will es, daß meine Friedensreise zu Ihnen zusammenfällt mit dem islamischen Heiligen Fest des Opfers Abrahams – Friede sei mit ihm –, dem Vorfahren der Araber und der Juden, dem Knecht Gottes, der nicht aus Schwäche, sondern aus einer gewaltigen geistigen Kraft und aus freiem Willen seinen eigenen Sohn opferte und auf diese Weise einen festen und unerschütterlichen Glauben an Ideale personifizierte, die für die Menschheit größte Bedeutung gehabt haben.

Meine Damen und Herren, seien wir offen miteinander. Sprechen wir eine klare Sprache, und verwenden wir ein klares Konzept ohne jede Zweideutigkeit, seien wir heute offen miteinander, heute, während die ganze Welt – sowohl Ost wie West – diese einzigartigen Ereignisse verfolgt, die sich als ein radikaler Wendepunkt der Geschichte dieses Teils der Welt, wenn nicht sogar für die Geschichte der ganzen Welt, erweisen könnten.

Seien wir bei der Beantwortung dieser wichtigen Fragen offen: Wie können wir einen dauerhaften, auf Gerechtigkeit gegründeten Frieden erreichen? Nun, um meine klare und offene Antwort auf diese große Frage zu geben, bin ich zu Ihnen gekommen, damit das Volk von Israel und auch die gesamte übrige Welt sie hören. Denken wir an all jene frommen Gebete, die zu Gott, dem Allmächtigen, rufen, daß dieses geschichtliche Treffen schließlich zu dem von Millionen erhofften Ergebnis führen möge.

Meine Antwort beruht auf einer Anzahl unbestreitbarer Tatsachen.

Die erste Tatsache: Niemand kann sein Glück auf dem Elend anderer erbauen.

Die zweite Tatsache: Meine Rede ist niemals doppelzüngig gewesen, noch wird sie das jemals sein. Ich habe niemals eine doppelbödige Politik betrieben, noch werde ich dies je tun. Ich werde stets nur in einer Sprache und mit einer politischen Linie verhandeln.

Die dritte Tatsache: Die direkte Konfrontation ist die geradeste und auch erfolgreichste Methode, um ein klares Ziel zu erreichen.

Die vierte Tatsache: Der Ruf nach einem dauerhaften und gerechten Frieden, basierend auf dem Respekt für die Resolutionen der Vereinten Nationen, ist nun eine Forderung der gesamten Welt geworden. Er wurde zum Ausdruck des Willens der internationalen Gemeinschaft, ob in den Hauptstädten, wo die Politik gemacht wird und die Entschlüsse gefaßt werden, oder auf der Ebene der „öffentlichen Meinung", die Politik und Entscheidungen beeinflußt.

Die fünfte Tatsache – und wahrscheinlich die klarste und wichtigste – ist, daß die arabische Nation in ihrem Streben nach dauerhaftem, auf Gerechtigkeit gegründetem Frieden, nicht aus einer Position der Schwäche handelt. Im Gegenteil, sie besitzt die Kraft und die Stabilität, um den Frieden ehrlich zu wollen. Die deklarierten Absichten der Araber entstammen dem Bewußtsein, das aus der Erbschaft ihrer Kultur herrührt, nämlich daß, um eine Katastrophe, die uns, Sie und die ganze Welt befallen wird, zu vermeiden, es keine Alternative gibt, als dauerhaften, auf Gerechtigkeit beruhenden Frieden zu schließen, der nicht durch Argwohn beeinträchtigt oder durch böse Absichten geschmälert wird.

Im Licht dieser Tatsachen, die ich Ihnen so vorlege, wie ich sie selbst sehe, möchte ich Sie auch in aller Aufrichtigkeit vor manchen Gedanken warnen, die Ihnen vielleicht kommen könnten. Offenheit macht es notwendig, Ihnen das Folgende zu sagen:

Erstens: Ich bin nicht hierhergekommen, um ein Separat-Abkommen zwischen Ägypten und Israel zu schließen. Dies entspricht nicht der Politik Ägyptens. Das Problem, um das es geht, betrifft nicht Ägypten und Israel.

Kein Interimsfriede zwischen Ägypten und Israel oder zwischen irgendeinem arabischen Konfrontationsstaat und Israel kann einen dauerhaften, auf Gerechtigkeit gegründeten Frieden für diese ganze Region herbeiführen.

Ohne eine gerechte Lösung des Problems der Palästinenser kann selbst ein Friede zwischen sämtlichen Konfrontationsstaaten und Israel niemals zu einem dauerhaften und gerechten Frieden führen, den doch die ganze Welt wünscht.

Zweitens: Ich bin nicht gekommen, um einen Teilfrieden zu

suchen, nämlich den Kriegszustand in diesem Stadium zu beenden und die Lösung des ganzen Problems auf eine nächste Phase zu verschieben. Dies wäre nicht die radikale Lösung, die uns zum permanenten Frieden führt.

Ebenso bin ich nicht gekommen, um ein drittes Truppenentflechtungsabkommen auf Sinai oder auch auf den Golanhöhen oder auf dem Westufer abzuschließen. Denn dies würde nur bedeuten, daß wir das Zünden des Sprengsatzes hinausschieben. Es würde auch bedeuten, daß es uns an Mut zum Frieden fehlt, daß wir zu schwach sind, die Last und die Verantwortung eines dauerhaften, auf Gerechtigkeit gegründeten Friedens auf uns zu nehmen.

Ich bin zu Ihnen gekommen, damit wir gemeinsam einen dauerhaften, auf Gerechtigkeit gegründeten Frieden erarbeiten und dadurch verhindern, daß hüben oder drüben auch nur noch ein einziger Tropfen Blut vergossen wird. Aus diesem Grund habe ich meine Bereitschaft, bis zum entferntesten Winkel der Welt zu gehen, proklamiert.

Nun will ich zu der Hauptfrage zurückkehren:

Wie können wir einen dauerhaften und gerechten Frieden erreichen? Meiner Meinung nach, und das erkläre ich der ganzen Welt von diesem Forum aus, ist die Antwort weder schwierig noch unmöglich, trotz der langen Jahre der Kämpfe, des Blutvergießens, der Zwietracht, des Hasses und tief verwurzelter Abneigung.

Die Antwort ist weder schwierig, noch ist sie unmöglich, wenn wir uns ehrlich bemühen und einer geraden Linie folgen.

Sie wollen mit uns als Teil dieser Welt leben!

Ich sage Ihnen ganz aufrichtig, daß wir Sie unter uns willkommen heißen, und zwar in der Gewißheit absoluter Sicherheit. Dies ist an und für sich schon ein Wendepunkt von gewaltiger Bedeutung, ein Symbol für eine entscheidende historische Veränderung.

Bisher haben wir Sie abgelehnt. Wir hatten unsere Gründe dafür und unsere Befürchtungen; gewiß!

Wir weigerten uns, mit Ihnen irgendwo auch nur zusammenzutreffen; gewiß!

Wir nahmen ebenso wie Sie an internationalen Konferenzen teil und gehörten denselben Organisationen an, aber unsere Repräsentanten haben niemals auch nur Grüße mit Ihren Delegierten ausgetauscht. So ist es geschehen, und so geschieht es noch immer.

Es ist auch wahr, daß wir als Voraussetzung für jedes Verhandeln mit Ihnen die Einsetzung eines Mittelsmannes verlangten, der separat mit jedem der Streitteile verhandeln sollte.

Ja! Und nach dieser Methode wurden die Gespräche über das erste und zweite Truppenentflechtungsabkommen geführt.

Unsere und Ihre Delegierten kamen auf der ersten Genfer Konferenz zusammen, ohne daß sie direkt auch nur ein Wort gewechselt hätten. Ja, so hat sich das abgespielt! Aber heute sage ich Ihnen und erkläre dies der ganzen Welt, daß wir bereit sind, mit Ihnen in ständigem, auf Gerechtigkeit begründeten Frieden zusammenzuleben. Weder wollen wir Sie mit den startbereiten Raketen, noch mit Granaten der Abneigung und des Hasses einschließen, noch wollen wir von Ihnen mit solchen Waffen bedroht werden.

Ich habe bei mehr als einer Gelegenheit erklärt, daß Israel ein von der Welt anerkanntes *fait accompli* geworden ist. Für seine Sicherheit und für die Verteidigung seiner Existenz haben die beiden Supermächte die Verantwortung übernommen. Da wir wahrhaftig und ehrlich Frieden suchen, heißen wir Sie wahrhaftig und ehrlich willkommen, damit Sie unter uns in Frieden und Sicherheit leben.

Zwischen uns stand eine große Mauer, die Sie seit mehr als einem Vierteljahrhundert aufgebaut hatten, die aber im Jahre 1973 zerstört worden ist. Es war die Mauer einer unüberwindlichen und immer stärker werdenden psychologischen Kriegführung.

Es war eine Mauer der Angst vor Macht, die die gesamte arabische Nation erfaßt hatte. Es war eine Mauer der Propaganda, daß wir eine zur Bewegungslosigkeit verurteilte Nation seien. Einige von Ihnen sind so weit gegangen zu erklären, daß selbst in 50 Jahren die Araber ihre Kraft nicht wiedergewinnen würden. Es war eine Mauer der ständigen Drohung mit einem langen Arm, dessen Schläge überallhin reichten. Es war eine Mauer der Bedrohung mit Ausrottung und Vernichtung, wenn wir unsere legitimen Rechte, die besetzten Territorien zu befreien, ausüben wollten.

Nun ist es an uns, gemeinsam festzustellen, daß diese Mauer im Jahre 1973 zusammengebrochen ist. Jedoch gibt es noch eine andere Mauer, die aus einer psychologischen Barriere zwischen uns besteht, einer Barriere des Argwohns, der Angst, des Betruges, einer Barriere der Halluzinationen, ohne jede Aktion, Tat oder Entscheidung. Eine Barriere der verfälschten und entstellten Darstellung jedes Ereignisses und jeder Erklärung. Dies ist die psychologische Barriere, von der ich in meinen offiziellen Erklärungen sagte, daß sie 70 Prozent des ganzen Problems ausmache.

Heute bin ich durch meinen Besuch bei Ihnen in der Lage, Ihnen die folgenden Fragen zu stellen: Warum reichen wir nicht einander unsere Hände in Ehrlichkeit und Aufrichtigkeit, so daß wir zusammen diese Barriere zerstören können? Warum sollten nicht unser und Ihr Wille in Ehrlichkeit und Aufrichtigkeit zusammenwirken, so daß wir allen Argwohn und alle Angst vor Betrug und vor bösen Absichten beseitigen können?

Warum setzen wir nicht gemeinsame Taten mit dem Mut von Männern und der Kühnheit von Helden, die sich einem hohen Ziel widmen? Warum stehen wir nicht mit demselben Mut und derselben Kühnheit zusammen, um ein gewaltiges Gebäude des Friedens zu errichten, ein Gebäude des Aufbaus und nicht der Zerstörung, ein Gebäude, das ein Signal für kommende Generationen darstellen würde? Warum verkünden wir nicht gemeinsam die humane Botschaft des Aufbaues, der Entwicklung und der Würde des Menschen?

Warum sollten wir kommenden Generationen die Last des Blutvergießens, ja der Waisen, der Witwen, der Zerstörung von Familien, die Tränen der Opfer vererben?

Warum glauben wir nicht an die Weisheit Gottes, die uns durch die Weisheit der Sprüche Salomons vermittelt wird: „Die zu Bösem raten, betrügen, aber die zum Frieden raten, schaffen Freude."

„Es ist ein trockener Bissen, den man sich genügen läßt, besser, denn ein Haus voll Geschlachtetes mit Hader."

Und warum sprechen wir nicht gemeinsam die Psalmen Davids, des Propheten: „Höre die Stimme meines Flehens, wenn ich zu dir schreie, wenn ich meine Hände aufhebe zu deinem heiligen Chor. Raffe mich nicht hin mit den Gottlosen und mit den Übeltätern, die freundlich reden mit ihrem Nächsten und haben Böses im Herzen. Gib ihnen nach ihrer Tat und nach ihrem bösen Wesen. Gib ihnen nach dem Werk ihrer Hände und gib ihnen, was sie verdient haben."

Meine Damen und Herren, um Ihnen die Wahrheit zu sagen, Friede ist seines Namens nicht wert, wenn er nicht auf Gerechtigkeit beruht, sondern auf der Besetzung des Landes anderer. Wie können Sie für sich selber etwas verlangen, was Sie anderen verweigern? In aller Offenheit und im Geiste, in dem ich heute zu Ihnen gekommen bin, sage ich Ihnen, daß Sie ein für allemal den Traum der Eroberung und den Glauben, daß Gewalt die beste Methode ist, um mit den Arabern fertig zu werden, aufgeben müssen.

Sie sollten die Lehre der Konfrontation zwischen Ihnen und uns klar verstehen. Die Expansion macht sich nicht bezahlt. Offen gesagt: unser Land ist kein Verhandlungsgegenstand, es ist kein Thema, um darüber zu diskutieren. Uns ist der Boden unserer Nation ebenso wertvoll wie das heilige Tal, wo Gott der Allmächtige zu Moses – Friede sei mit ihm – gesprochen hat.

Wir können keinen Versuch dulden, auch nur einen Zoll unseres Landes zu annektieren oder auch nur danach zu trachten, und ebenso können wir prinzipiell weder eine Debatte noch einen Handel darüber akzeptieren.

Ich sage Ihnen ebenso aufrichtig, daß heute eine gute Chance für den Frieden vorhanden ist. Wenn wir unsere Bemühungen um

Frieden wirklich ernsthaft betreiben, dann haben wir heute eine vielleicht niemals wiederkehrende Gelegenheit. Lassen wir sie vorübergehen, so würde das daraus herrührende Blutbad uns den Fluch der Menschheit und der Geschichte eintragen.

Was bedeutet Frieden für Israel? Es bedeutet, daß Israel in dieser Region mit seinen arabischen Nachbarn in Sicherheit und Frieden lebt. Ist das logisch? Ich sage ja. Es bedeutet, daß Israel innerhalb seiner Grenzen lebt, sicher vor jeder Aggression. Ist das logisch? Und ich sage ja. Es bedeutet, daß Israel alle Arten von Garantien, die diese beiden Faktoren sichern, erhalten wird. Zu dieser Forderung sage ich ja.

Darüber hinaus erklären wir, daß wir alle internationalen Garantien, die Sie wünschen, akzeptieren. Wir erklären, daß wir alle Garantien, die Sie von den beiden Supermächten oder von einer von ihnen oder von den Großen Fünf oder irgendeiner Macht wünschen, akzeptieren. Und noch einmal, ich erkläre klar und unzweideutig, daß wir jeder Garantie, die Sie annehmen, zustimmen, weil wir dafür dieselben Garantien erhalten werden.

Wenn wir daher fragen, was Friede für Israel bedeutet, so ist, kurz gesagt, die Antwort die, daß Israel in seinen Grenzen leben soll; daß es unter seinen arabischen Nachbarn in Sicherheit leben soll, innerhalb des Rahmens aller Garantien, die es annimmt und die ihm angeboten werden. Aber wie kann dies erreicht werden? Wie können wir zu einem Übereinkommen gelangen, das uns einen dauerhaften, auf Gerechtigkeit beruhenden Frieden bringt? Es gibt einige Tatsachen, die anzuerkennen man den Mut und die Klarsicht besitzen muß. Es gibt arabische Territorien, die Israel besetzt hat und immer noch gewaltsam besetzt hält. Wir bestehen auf einem vollständigen Rückzug aus diesen Gebieten, einschließlich des arabischen Jerusalem.

Ich bin nach Jerusalem, der Stadt des Friedens, gekommen, die stets lebendige Verkörperung der Koexistenz der Gläubigen der drei Religionen sein wird. Ein spezieller Status der Stadt Jerusalem innerhalb eines Rahmens der Annexion oder des Expansionismus ist unmöglich. Jerusalem soll eine freie und offene Stadt für alle Gläubigen sein.

Vor allem aber sollte diese Stadt nicht von jenen abgetrennt werden, denen sie durch Jahrhunderte Heimat gewesen ist. Statt den Präzedenzfall der Kreuzzüge noch einmal lebendig zu machen, sollten wir lieber den Geist des Omar Ibn Khtab und des Saladin wieder beleben, nämlich den Geist der Toleranz und des Respekts für das Recht.

Die Heiligen Stätten des Islams und der Christenheit sind nicht nur Orte der Verehrung, sondern auch lebendiges Zeugnis unserer ununterbrochenen Anwesenheit hier. Politisch, spirituell und intellektuell darf kein Irrtum über die Wichtigkeit und die Verehrung entstehen, die wir, Christen und Moslems, Jerusalem zumessen und entgegenbringen.

Lassen Sie mich ohne jedes Zögern sagen, daß ich nicht zu Ihnen, unter dieses Dach, gekommen bin, um den Rückzug Ihrer Truppen von den besetzten Gebieten zu erbitten. Der vollständige Rückzug von den 1967 besetzten arabischen Territorien ist eine logische und unbestreitbare Sache. Niemand sollte darum bitten. Jedes Gespräch über einen dauerhaften und auf Gerechtigkeit beruhenden Frieden und jede Bemühung, um unsere Koexistenz in Frieden und Sicherheit in der Welt herbeizuführen, würden bedeutungslos werden, solange Sie immer noch gewaltsam arabisches Gebiet besetzt halten.

Denn es kann keinen Frieden geben, der auf der Besetzung des Landes anderer aufbaut; ein solcher wäre kein ernsthafter Frieden. Aber das ist eine abgeschlossene Angelegenheit, die gar nicht mehr der Leidenschaft einer Debatte ausgesetzt werden sollte, falls unsere Absichten ehrlich und die Bemühungen, einen gerechten und dauerhaften Frieden für uns und für die kommenden Generationen abzuschließen, echt sind.

Was die Frage der Palästinenser angeht: Niemand kann bestreiten, daß dies der Kern des gesamten Problems ist. Niemand in der Welt akzeptiert heute noch Schlagworte, wie sie hier in Israel propagiert werden und die die Existenz eines palästinensischen Volkes ignorieren, ja sogar sein Vorhandensein überhaupt in Frage stellen. Denn die legitimen Rechte des palästinensischen Volkes werden heute von niemandem mehr bestritten, zumindest kann niemand, der Urteilsfähigkeit besitzt, sie bestreiten oder ignorieren.

Das ist eine von der gesamten Weltgemeinschaft – dem Osten wie dem Westen – anerkannte Tatsache, die durch internationale Dokumente und offizielle Erklärungen gestützt und anerkannt wird. Es ist sinnlos, dem Ruf dieser Tag und Nacht zu hörenden Stimme die Ohren zu verschließen oder diese historische Realität zu übersehen.

Selbst die Vereinigten Staaten von Amerika, Ihr wichtigster Verbündeter, der sich für absolut verpflichtet hält, die Sicherheit und Existenz Israels zu schützen, und nach wie vor Israel jede moralische, materielle und militärische Unterstützung bietet – selbst die Vereinigten Staaten haben sich entschlossen, die Realität anzuerkennen und räumen ein, daß das palästinensische Volk legitime Rechte besitzt und daß das palästinensische Problem die Ursache und der Kern des ganzen Konfliktes ist und ferner daß, solange diese Fragen ungelöst bleiben, der Konflikt sich nur noch verschärfen und neue Ausmaße erreichen kann.

In aller Aufrichtigkeit sage ich Ihnen, daß es keinen Frieden ohne die Palästinenser geben kann. Es wäre ein ernster Irrtum mit nicht voraussagbaren Konsequenzen, diese Frage zu übersehen oder beiseite zu schieben.

Ich will mich hier nicht mit Dingen der Vergangenheit, wie etwa der Balfour-Deklaration vor 60 Jahren, befassen. Sie kennen ja den entsprechenden Text. Wenn Sie für sich darin die moralische und legale Berechtigung gefunden haben, ein nationales Heim in einem Land zu errichten, das Ihnen keineswegs gehörte, dann ist es doch unerläßlich, daß Sie auch Verständnis für den beharrlichen Wunsch des palästinensischen Volkes zeigen, wiederum einen eigenen Staat in seinem eigenen Land zu begründen. Wenn manche Extremisten von den Palästinensern fordern, sie sollten auf dieses höchste Ziel verzichten, so heißt das, von ihnen den Verzicht auf ihre Identität und auf jede Zukunftshoffnung zu verlangen.

Ich begrüße jene israelischen Stimmen, die die Anerkennung des Rechts des palästinensischen Volkes, für sich den Frieden zu erreichen und zu sichern, fordern.

Ich sage Ihnen, meine Damen und Herren, daß die Weigerung, das palästinensische Volk und sein Recht auf eigene Staatlichkeit sowie auf Rückkehr anzuerkennen, sinnlos ist. Wir, die Araber, haben dieselbe Erfahrung schon früher gemacht, und zwar mit Ihnen! Angesichts der Realität der Existenz Israels, angesichts des Streites, der uns von Krieg zu Krieg geführt hat, zu immer neuen Opfern, bis Sie und wir heute am Rand eines furchtbaren Abgrundes und einer schrecklichen Katastrophe angelangt sind, gibt es keine Alternative, als die Gelegenheit zu ergreifen und einen dauerhaften, gerechten Frieden zu schließen. Sie müssen der Wirklichkeit ebenso mutig ins Antlitz schauen, wie ich es getan habe. Es kann niemals eine Lösung des Problems geben, indem man ihm ausweicht oder sich taub stellt. Der Frieden kann nicht von Dauer sein, wenn Versuche gemacht werden, phantastische Konzepte zu verwirklichen, von denen sich die Welt schon längst abgewandt hat. Die Weltmeinung fordert vielmehr einstimmig die Anerkennung der Rechte und Tatsachen.

Es gibt keinen Grund, sich in bezug auf die Rechte der Palästinenser in einen Teufelskreis hineinzumanövrieren. Hindernisse zu schaffen würde den Marsch zum Frieden aufhalten und den Frieden selbst zerstören. Wie ich Ihnen schon gesagt habe, gibt es kein Glück, das auf dem Unglück anderer beruht.

Direkte Konfrontation und offene Ehrlichkeit scheinen mir der rascheste und erfolgreichste Weg, um ein klares Ziel zu erreichen: die direkte Konfrontation bezüglich des palästinensischen Problems und seine eindeutige Bewältigung mit dem Ziel, einen dauerhaften und gerechten Frieden zu erreichen. Angesichts all der Garantien, die Sie fordern, sollte es keine Angst vor einem neugeborenen Staat geben, der der Unterstützung aller Länder der Welt bedarf.

Wenn die Friedensglocken läuten, wird es keine Fäuste geben, die die Kriegstrommeln schlagen. Und selbst, wenn es sie gäbe, wird man sie doch zur Ruhe bringen.

Erarbeiten Sie mit mir in Genf ein Friedensabkommen, das wir der nach Frieden dürstenden Welt verkünden können. Ein Friedensabkommen, das auf den folgenden Punkten beruht:

Räumung der seit 1967 besetzten arabischen Territorien.

Anerkennung der fundamentalen Rechte des palästinensichen Volkes und seines Rechts auf Selbstbestimmung, einschließlich seines Rechts, einen eigenen Staat zu gründen.

Anerkennung des Rechts aller Staaten in diesem Raum, in Frieden zu leben, innerhalb ihrer Grenzen, und zwar sicherer Grenzen, die durch noch zu beschließende Maßnahmen gesichert und garantiert werden. Diese Maßnahmen geben, zusätzlich zu entsprechenden internationalen Garantien, auch eine entsprechende Sicherheit für international anerkannte Grenzen.

Eine Verpflichtung aller Staaten in diesem Raum, ihre Beziehungen untereinander entsprechend den Zielen und Prinzipien der Charta der Vereinten Nationen zu regeln, besonders jener Prinzipien, die sich auf die Nichtanwendung von Gewalt und auf Lösung von Meinungsverschiedenheiten durch friedliche Mittel beziehen.

Beendigung des Kriegszustandes in diesem Raum.

Meine Damen und Herren, der Friede besteht nicht darin, daß ein paar geschriebene Zeilen offizielle Bestätigung finden. Friede ist vielmehr eine Art Neuschreibung der Geschichte.

Friede ist nicht ein Spiel, in dem man nach ihm ruft, nur um dadurch absonderliche Wünsche zu verteidigen und gewisse Eingeständnisse vermeiden zu können. Friede ist in seinem Wesen ein harter Kampf gegen alle und jede ehrgeizigen Ansprüche und Wünsche.

Die Beispiele aus der alten und modernen Geschichte lehren uns, daß Raketen, Kriegsschiffe und Kernwaffen Sicherheit nicht herstellen können. Statt dessen zerstören sie, was Frieden und Sicherheit aufgebaut haben.

Um unserer Völker und um unserer von Menschen geschaffenen Zivilisation willen müssen wir überall den Menschen gegen die Beherrschung durch Waffengewalt verteidigen, um auf diese Weise die Herrschaft der Menschlichkeit mit aller Macht ihrer Werte und Prinzipien auszustatten, die die hohe Stellung der Menschheit weiter fördern.

Erlauben Sie mir, mich von dieser Tribüne aus an das Volk von Israel zu wenden. Ich verpflichte mich mit wahren und ehrlichen Worten jedem Mann, jeder Frau und jedem Kind in Israel. Ich bringe Ihnen vom ägyptischen Volk, das diese heilige Mission des Friedens gesegnet hat, die Botschaft des Friedens. Das Volk Ägyptens beherbergt in seinem Herzen keinen Fanatismus; seine Söhne, Moslems, Christen und Juden, leben in Herzlichkeit, Liebe und Toleranz miteinander.

Dies ist Ägypten, dessen Volk mich mit dieser geheiligten Botschaft betraut hat. Eine Botschaft der Sicherheit und des Friedens für jeden Mann, für jede Frau und jedes Kind in Israel, die Ihre Führung ermutigen möge, für den Frieden zu kämpfen. Laßt alle unsere Anstrengungen der Errichtung eines gewaltigen Bollwerks für den Frieden gelten, statt zerstörende Raketen zu bauen.

Zeigen wir der ganzen Welt das Bild des neuen Menschen in diesem Raum, so daß er für die Menschen unserer Zeit, für die friedliebenden Menschen überall, ein Beispiel sein kann. Läutet die Glocken für eure Söhne. Sagt ihnen, daß diese Kriege die letzten Kriege und das Ende aller Sorgen waren. Sagt ihnen, daß wir einen neuen Beginn herbeiführen wollen, ein neues Leben, ein Leben der Liebe, des Wohlstandes, der Freiheit und des Friedens.

Ihr trauernden Mütter, ihr verwitweten Frauen, ihr, die ihr Söhne, die ihr den Bruder oder den Vater verloren habt, all ihr Opfer des Krieges, füllt Luft und Raum mit Friedensliedern, füllt eure Brust und euer Herz mit der Hoffnung des Friedens. Schafft eine blühende, lebendige Wirklichkeit, macht die Hoffnung zu einem Gesetz des Verhaltens und des Wollens.

Der Wille der Völker ist ein Teil des Willen Gottes. Meine Damen und Herren, bevor ich hierherkam, habe ich mit jedem Herzschlag und mit all meinen Gefühlen zu Gott, dem Allmächtigen, gebetet. Während ich meine Gebete in der El-Aksa-Moschee verrichtete und während ich das Heilige Grab besuchte, bat ich den Allmächtigen, mir Kraft zu geben und meinen Glauben zu bestätigen, daß dieser Besuch das Ziel erreicht, das ich um einer glücklichen Gegenwart und einer noch glücklicheren Zukunft willen erhoffe.

Ich habe mich entschlossen – obwohl die Besetzung arabischen Territoriums immer noch andauert –, alle sonst zwischen kriegführenden Staaten bekannten Präzendenzfälle und Traditionen beiseite zu schieben. Die Erklärung meiner Bereitschaft, nach Israel zu reisen, kam als eine große Überraschung, die die Gefühle mancher erregte und das Denken vieler verwirrte. Manche haben sogar an meinen Absichten gezweifelt.

Trotz alledem war dieser Entschluß durch die Klarheit und

Reinheit des Glaubens, durch die wahren Leidenschaften meines Volkes und seine Absichten inspiriert, und so habe ich diesen Weg gewählt, den manche für den schwierigsten halten.

Ich habe mich entschlossen, zu Ihnen mit offenem Herzen und ohne Vorurteile zu kommen. Ich habe mich entschlossen, den internationalen Bemühungen für den Frieden neuen und großen Schwung zu geben. Ich habe mich entschlossen, Ihnen in Ihrer eigenen Heimat die Realitäten darzulegen, ohne irgendeinen Hintergedanken oder irgendwelche Wünsche. Nicht um zu manövrieren oder um eine Runde zu gewinnen, sondern damit wir alle zusammen diese allergefährlichste Runde der modernen Geschichte gewinnen, nämlich den Krieg um einen dauerhaften und gerechten Frieden.

Es ist nicht mein Kampf allein, noch ist es der Kampf der Führung Israels allein. Es ist der Kampf aller Bürger in allen unseren Ländern, deren Recht es ist, in Frieden zu leben. Es ist eine Verpflichtung des Gewissens und die Verantwortung in den Herzen von Millionen.

Als ich diese Initiative verkündete, fragten viele, was ich denn glaube, durch diesen Besuch erreichen zu können, und was meine Erwartungen seien. In Beantwortung dieser Fragen erkläre ich vor Ihnen, daß ich den Gedanken an diese Initiative nicht in der Erwartung gefaßt habe, was ich während dieses Besuches erreichen könnte. Ich bin hierhergekommen, um eine Botschaft zu verkünden. Und ich habe die Botschaft verkündet, möge Gott mein Zeuge sein.

Ich wiederhole mit Zacharias: „Liebe, Recht und Gerechtigkeit!"

Und aus dem Heiligen Koran zitiere ich die folgenden Verse:

„Wir glauben an Gott und daran, was uns offenbart worden ist und was Abraham, Ismael, Isaak, Jakob und den dreizehn jüdischen Stämmen enthüllt worden ist. Und in den Büchern, die Moses und Jesus und den Propheten von ihrem Herrn gegeben worden sind, der keinerlei Unterscheidungen zwischen ihnen gemacht hat." Dem stimmen wir zu. Salam Aleikum, Friede sei mit Euch!

Register

Abduh, Scheik Mohammed 59
Abraham, Major s. Eppler, John W.
Achmed Fuad, Kronprinz v. Ägypten 139, 153
Ali, Abu Omar 71
Ali, Achmed Ismail 31, 108, 218, 228, 279, 281, 284 f., 287, 289, 291, 295 ff., 305 f., 331, 373, 377
Ali, Kamal Hassan 216
Amer, Abdel-Hakim 118, 123 ff., 153, 168, 182 f., 185 ff., 193, 195 ff., 203, 205 ff., 220 ff., 244, 342, 354
Amer, Hussein Sirri 123
Arabi, Achmed 26
Arafat, Jassir 235
Assad-al, Hafis 249 f., 280, 284 f., 289, 295 f., 303, 307, 337, 351, 355, 379
Atallah, Ibrahim Pascha 40
Atatürk, Kemal Pascha 21, 23, 26 f., 29, 40

Badran, Schams 188, 196, 200 f., 204
Bagdadi-Al, Abdel-Latif 31, 44, 118, 179 f.
Banna-el, Scheik Hassan 32 ff., 84
Bataata, Dr. 226
Begin, Menahim 349, 352 f., 355 f.
Ben Bella, Ahmed 195, 282
Ben Gurion, David 117, 173, 175 f., 182, 344
Berija, Lavrenti 302
Boumedienne, Houari 195, 237, 282 f., 307, 310
Bourguiba, Habib 282
Bouvre, General 311
Breschnjew, Leonid 231, 254 f., 260, 262, 297 f., 307, 331, 342, 352 f., 363

Caffery, Jefferson 126, 154
Callaghan, James 352 f.
Carter, Jimmy 342 f., 345 ff., 350 ff., 358
Ceausescu, Nicolea 352
Churchill, Sir Winston 50
Chruschtschow, Nikita 183 f., 194 f., 302

Dayan, Moshe 205, 217, 285 f., 300, 303, 356
Dschabir-el, Achmed 282
Dulles, John Foster 154, 171 f., 173, 336

Eban, Abba 356
Eden, Sir Anthony 162, 172 ff.
Eisenhower, Dwight D. 175 ff., 321
Elazar, David 303
Eppler, John W. 45 f., 48 ff., 56
Eschkol, Levi 203, 205

Fachmi, Mohammed Ali 306
Fadil, Mohsen 65
Fahmi, Hikmat 45, 56
Faisal, König v. Irak 173, 181
Farid, Hussein 124
Faruk, König v. Ägypten 16, 24, 40, 42 f., 67, 70, 74, 126 ff., 141, 245
Fatah-abdel, Achmed 123
Fauzi, Dr. Mahmud 173, 238, 252, 321, 323 f.
Fauzi, Mohammed, General 190, 215, 218, 220, 223 f., 257, 278
Feisal, König v. Saudi-Arabien 181, 187, 193, 220, 235, 282

Fitzpatrick, Dr., oberster Mil.-Arzt 25
Ford, Gerald 59, 339, 341, 351
Franschijeh, Hamid 282
Franschijeh, Suleinman 282 f.
Faud, König v. Ägypten 16, 24

Gaafar, Hassan 45, 48, 59
Gaddafi-el, Muammar 234 f., 249 ff., 276
Gamasi-el, Muhammed-Abdel 273, 284, 305 f., 311
Gazar-el, Polizeibeamter 78
Ghali, Fuad Asis 286
Ghandi, Mahatma 22, 381
Giscard d'Estaing, Valéry 352 f.
Glubb Pascha 164
Gretschko 254, 263, 364 ff., 369
Gur, Mordechai 356

Haidar, El Farik Mohammed Pascha 116, 124
Hamid-Abdel, Scheik 13
Harriman, Averell 198
Hassan II., König v. Marokko 282
Hassan, Dr. Ibrahim 35
Hatem, Dr. Abdel-Kader 297
Heath, Edward 300 f.
Herr, Raymond 175
Hickman, Gefängnisdirektor 53, 55
Hilali-el, Said 14
Hitler, Adolf 23, 31 f., 36, 107
Hua Kuo-feng 352 f.
Hull, Cordell 344
Humphrey, Hubert 326
Hurani, Akram 180
Hussein, König v. Jordanien 164, 181, 234 f., 245
Hussein, Achmed Saudi 31

Ibrahim, Hassan 31, 44, 118, 123
Idris El-Senussi, König v. Libyen 244
Imam, Mohammed Ibrahim 51
Ismail, Hafis 275, 281, 332
Izzat, Hassan 31, 44, 46 ff., 56 f., 63, 65, 67 f., 111 ff.

Jagouri, Assaf 298
Jàrring, Dr. Gunnar 231, 253, 321, 323, 370
Jasal-el, Saif 47 f.
Johnson, Lyndon B. 194, 205, 326 f., 333, 346
Junis, Mahmud 156

Kabil, Kommandant 306, 310
Kalil, Wagih 60
Kamal El-Din, Hussein 118
Kamil, Mohammed 77, 81
Kamil, Mustafa 14, 21, 26 f.
Kauisch, Kamil 75, 79 ff., 86 ff.
Kassem, sowjet. Agent 203
Kazir, Ephraim 356
Keilali-el, Ali Raschid 39
Khairi, Ibrahim Pascha 24 f.
Khtab, Omar Ibn 389
Kissinger, Henry 59, 275, 281, 298, 300 f., 308, 311 ff., 317, 319, 332, 334, 336 ff., 345
König, Dr. Franz 60
Kreisky, Dr. Bruno 60
Kossygin, Alexej 254, 301 f., 334, 337
Kuddus-abdel, Ihsan 112, 126
Kutub, Said 62
Kuwatli-al, Schukri 175, 180 f., 183

Labib, Mahmud 34
Lampson, Sir Miles (später Lord Killearn) 35, 42 f.
Lavon, Pinhas 176

Mamun, Saad 279, 313
Maher, Achmed 35, 37, 67, 72
Maher, Ali 126 ff., 137 ff., 147 f., 150 f., 157
Maksi-el, Abdel-Rahman 58
Mao Tse-tung 353
Maragi-el, Mohammed Mustafa 37
Marai, Said 157, 275
Marwan, Aschraf 258
Masri-el, Asis Pascha 29, 35, 39 ff.
Mehanna, Raschid 153
Meir, Golda 175, 298, 303, 325 f., 329 ff., 356, 359
Mindler, Ibrahim 298, 304
Mohammed V., König v. Marokko 184

Mohammed Ali, Kronprinz 25, 70
Mohieddin, Khaled 31, 118, 160
Mohieddin, Zakaria 43, 137 f., 194 f., 199, 203, 210, 223 ff.
Mollet, Guy 173
Montgomery, Bernard 50 f., 58
Mubarak, Husni 292 f., 306 f., 353
Mursi, Offizier d. Luftwaffe 73 f.
Mussolini, Benito 43
Muwafi, Ali Pascha 50

Naguib, Mohammed 124, 128, 138, 141, 148, 151 ff., 157, 160, 162, 164
Nahas Pascha 22 f., 25, 42, 62, 67, 71 f., 120
Napoleon Bonaparte 22, 60
Nasr-el, Hamdi Saif Pascha 25 f.
Nasser-Abdel, Gamal 25, 30 ff., 42, 44, 63, 68, 93 ff., 97 f, 104, 107, 116 ff., 143 ff., 155, 158 ff., 162 ff., 167 ff., 218 ff., 252 f., 278, 282, 286 ff., 301, 320, 322, 326 ff., 332
Nawal, Generalmajor 277
Nehru, Jawaharlal 163, 166
Nixon, Richard M. 231, 249, 262 f., 321 ff., 325, 329, 338 f.
Nuhri-el, Said 164, 173
Numeiri-el, Gaafar Mohammed 250, 260, 357
Nur-Abdel, Abdel-Mohsen 238

Osman, Amin 72, 75, 88, 107, 137

Pahlevi, Schah Mohammed Reza 245 f.
Perez, Shimon 356
Podgorny, Nikolai 259, 285 f., 326, 328

Raschid, Dr. Jussuf 40, 115 f., 121 f., 138 f.
Rauf-Abdel, Abdel Moneim 31, 34, 38, 40 ff., 117 f.
Riad, Abdel-Moneim 215, 218, 223 f., 286
Riad, Achmed 47
Riad, Kamal 48
Richardson, Elliot 249, 320 ff.
Rogers, William 255, 261, 320 f., 324 ff., 329 ff., 336, 373
Rommel, Erwin 42 ff., 46, 50 f., 71
Rusk, Dean 336

Saad-Abdul, Iskander Fahmi 31
Sabah-el, Abdullah Mubarak 282
Sabah, Salem 282
Sabri, Ali 126, 194 f., 199 f., 203, 225, 244, 249 ff., 256 f.
Sabri, Hussein Zulfikar 40 f.
Sadat-el, Atif 292
Sadat-el, Gihan 112 ff.
Sadek, Mohammed 275, 277 ff.
Said, Abdel Mugni 46
Saladin, Sultan v. Ägypten u. Syrien 389
Salem, Gamal 141, 151, 164 f.
Salem, Mamdu 275, 309
Salem, Salah 118, 149, 185
Sampson, amerik. Botschaftssekr. 138
Saud-el, Abdel-Asis, König v. Saudi-Arabien 74, 178, 193
Saudi, Achmed 44
Saudi, Hussein 71
Schaaraui, Goma 200, 249, 251, 256, 258
Schadi, Abu 62
Schadli-el, Saad 305 f.
Schafi-el, Hussein 141, 203, 223 ff., 227, 229, 251 f.
Schamun, Präs. v. Libanon 164, 181
Scharaf, Sami 200, 239 f., 249
Scharif-el, Dr. Hassan 16
Scharon, Ariel 356
Schatir-el, Hassan 14
Schazuf, Dr., sowj. Arzt 233
Schazurow, Dr., sowj. Arzt 229
Scheljepin, Alexander, sowj. Politiker 194 f.
Schepilow, Dimitrij 171
Semjonow, Nikolaj 203
Serradsch-al, Abdel-Hamid 186 f.
Sharkaui-el, Adam 14, 21
Sidah, Abu 298
Siddik, Jussuf 124
Sidki, Dr. Asis 280, 371
Sidki, Mahmud 205
Sidki, Pascha 22

Sidki, Suleiman 195, 200, 203 f.
Stack, Sir Lee 16
Stalin, Josef 155, 302

Taufik-el, Said 78, 80 f.
Taufik, Hussein 26, 71 ff., 75 f., 108 f.
Tito (Josip Broz), jug. Staatspräs. 158, 182, 219, 222, 297 f., 310
Tschu En-lai 155, 163, 195

Vance, Cyrus 352

Wassil, Abdel-Monein 278
Winogradow, sowj. Botschafter 231

Zaglul, Saad 22, 67
Zahran, Held von Denshway 15, 21, 27, 51, 143
Zaki, Dr. Hassan Abbas 248
Zeidan, Schukri 113

Bildquellennachweis

Associated Press: 268 oben, 270 unten, 271 oben
Bilderdienst Süddeutscher Verlag, München: 129, 133 oben, 133 unten, 134 unten, 266 oben, 266 unten, 267 oben, 267 unten, 269, 272 oben
Camera Press, London: 131, 132
Keystone: 134 oben, 136 oben, 265 unten, 268 unten, 271 unten
Stern, Hamburg: 130 (Foto: Bollinger), 136 unten (Foto: Heidemann), 265 oben (Foto: Heidemann), 272 unten (Foto: Seeliger)
UPI: 135 oben, 135 unten
Votava, Wien: 270 oben

Schutzumschlagfoto: Peterhofen/Stern

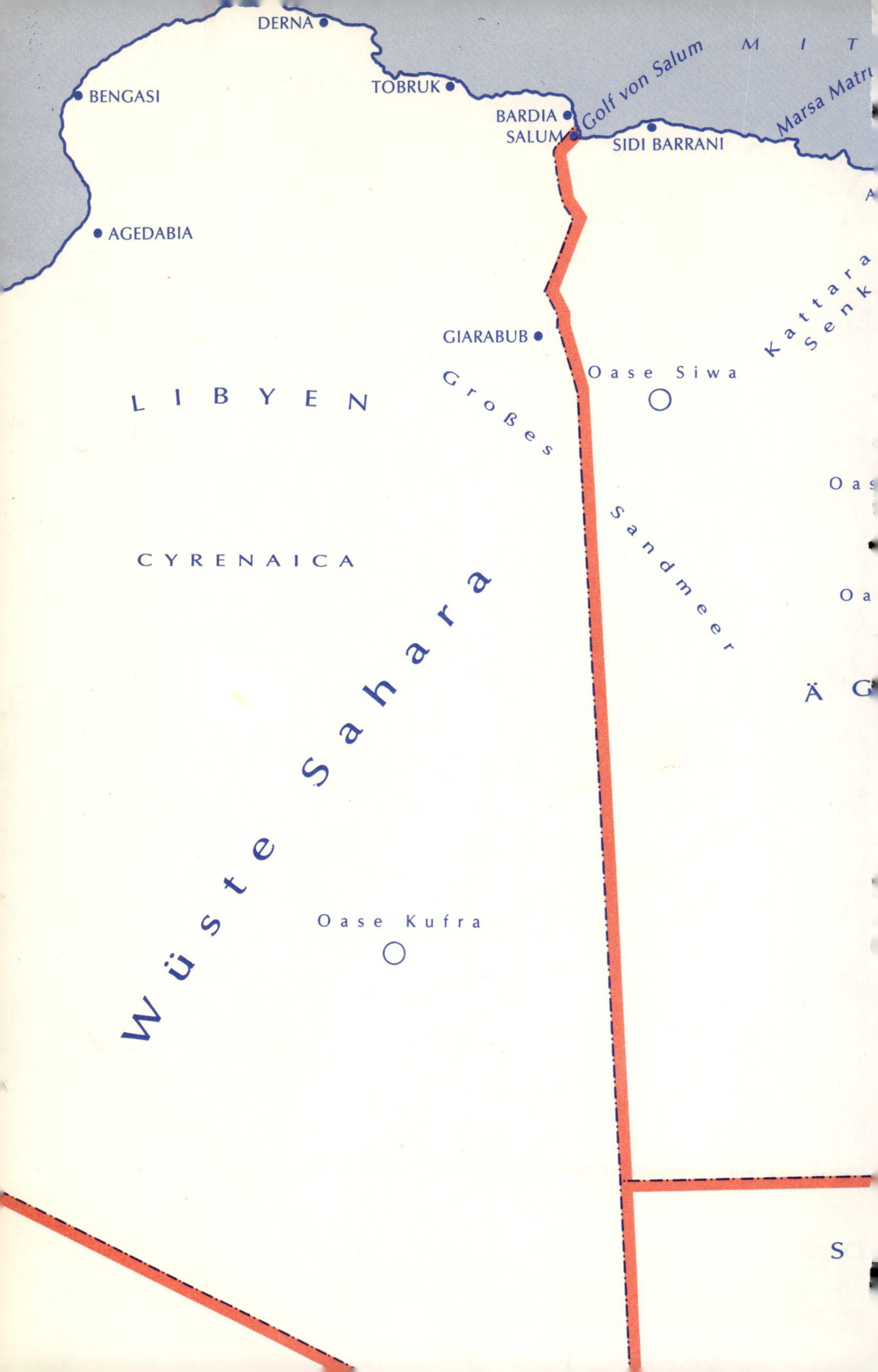
DERNA
BENGASI
TOBRUK
BARDIA
SALUM
Golf von Salum
SIDI BARRANI
Marsa Matr
AGEDABIA
GIARABUB
Oase Siwa
Kattara Senk
LIBYEN
Großes Sandmeer
CYRENAICA
Wüste Sahara
Oase Kufra